Jürgen Kuczynski   Memoiten

Die Erziehung des J. K.
zum Kommunisten und Wissenschaftler

Jürgen Kuczynski
Memoiren

Die Erziehung des J. K.
zum Kommunisten und Wissenschaftler

Pahl-Rugenstein

Pahl-Rugenstein Verlag GmbH, Köln 1983
© by Aufbau-Verlag Berlin und Weimar
Vom Aufbau-Verlag genehmigte Lizenzausgabe
Alle Rechte vorbehalten
Druck: Plambeck & Co Druck und Verlag GmbH, Neuss
ISBN 3-7609-0839-X

Einleitung Vorgeschichte der Familie

> Der Freiheit Kampf, einmal begonnen,
> Vom Vater blutend auf den Sohn vererbt,
> Wird immer, wenn auch schwer, gewonnen.
>
> Byron

Man mag vielleicht befürchten, daß schon hier, gleich am Anfang, vom Thema abgewichen wird, um, aus welchen Gründen auch immer, liebe oder amüsant erscheinende Menschen aus J. K.s Familie „der Nachwelt im Gedächtnis zu erhalten". Dem ist jedoch nicht so. Es gilt vielmehr, den beachtlichen Einfluß der Familientradition auf die politische und wissenschaftliche Entwicklung von J. K. darzulegen. Denn wenn er als junger Mensch Vertreter der Intelligenz in sechs Generationen seiner Familie vor sich sah – heute sind es acht Generationen –, von denen fünf dieses und jenes Mitglied in politischem Exil gehabt haben, und wenn in drei Generationen Vertreter in Gefängnissen, Zwangs- und Todeslagern waren, dann mußte sich das auf seine Entwicklung auswirken, wenn er nur den geringsten Sinn für Tradition aufbringen konnte.

Und das konnte er wahrhaftig. Mit freundlicher Ironie wurde bisweilen von den Eltern an ein Verhalten des Siebenjährigen erinnert, das er selbst heute noch sehr gut im Gedächtnis bewahrt und über das er so erzählt:

Eine Urgroßmutter, eine kleine, altmodisch gekleidete Frau von Ende Siebzig oder Anfang Achtzig, war aus

Paris zu Besuch gekommen. Mein Vater, der diese seine Großeltern sehr geliebt und verehrt hatte, bereitete mich in einem Gespräch, bei dem ich mich von ihm zum ersten Male wie ein erwachsener Freund behandelt fühlte, auf die Urgroßmutter vor. Er erzählte mir, daß sie viele große Gegner des Kaisers Napoléon III. gut gekannt, mit vielen in Frankreich gebliebenen Emigranten von 1848 befreundet gewesen war. Er sprach von dem Urgroßvater, der 1846 als Führer der fortschrittlichen Studenten in Königsberg von den Preußen ins Gefängnis geworfen worden und dann nach Frankreich ausgewandert war. Damals hörte ich wohl auch zum ersten Male die Namen von Engels und Marx, den Verfassern „einer kleinen Broschüre", im Februar 1848 erschienen, die mein Vater von seinem Großvater, der sie damals natürlich gleich gekauft, als Geschenk erhalten hatte. Später erfuhr ich, wie der Urgroßvater dem Kaiser eine Ohrfeige versetzt hatte. Napoléon glaubte nämlich, ein Spezialist für die Schlacht von Cannae zu sein, und hielt, als er noch Präsident von Frankreich war, einen Vortrag darüber in der Sorbonne. Der Urgroßvater war zu dem Vortrag von einem Freund eingeladen worden, ohne daß der ihm gesagt hatte, wer sprechen würde. Als er jedoch Napoléon, der sich durch Volksbefragungen politisch heraufgearbeitet hatte, als Redner entdeckte, glaubte er seine Anwesenheit nicht mit seinem politischen Gewissen vereinen zu können und verließ die Tischrunde. Der Vorsitzende rief ihn zur Ordnung, worauf mein Urgroßvater antwortete: „Man wird doch noch ohne Volksbefragung austreten gehen dürfen."*

---

* Mein Onkel Otto Gradenwitz, Schüler und Mitarbeiter von Theodor Mommsen, erzählte mir folgende, in diesem Zusammenhang interessierende Geschichte: Ein Vater fragt Mommsen, ob er die Cäsar-Biographie von Louis Napoléon für seinen Sohn als Lektüre für geeignet halte. Darauf erkundigt sich Mommsen, wie alt der Sohn sei. „Zwölf Jahre", antwortet der Vater. Darauf Mommsen: „Dann ist er schon über sie hinausgewachsen."

Was immer ich von dem Erzählten verstand, es war genug für mich, um der Urgroßmutter, die auch von mir die kindliche Umarmung der anderen Urenkel erwartete, in einer Mischung von Verlegenheit und Ehrfurcht die Hand zu küssen. So war dieses alte Urmütterchen die erste Frau, der ich einen Handkuß gab; und wenn im Verlauf der folgenden Jahrzehnte die Verlegenheit beim Handkuß verschwunden ist, von der Ehrfurcht blieb doch zumindest stets die Achtung.

Wenn Lenin in seiner Studie „Drei Quellen und drei Bestandteile des Marxismus" zuerst die „deutsche Philosophie" nennt, dann sollte man die Vorgeschichte der Familie mit einem Großvater des Urgroßvaters beginnen. Nicht einmal seinen Vornamen weiß J. K., und doch hat er stets ein besonderes Verhältnis zu ihm gehabt und berichtet von ihm in dem Büchlein über seine Bibliothek:

Eines der Bücher unserer Bibliothek, das ich schon als Kind, unfähig noch, es zu verstehen, ja auch noch des Lesens nicht kundig, ganz besonders liebte, gelegentlich in die Hand nehmen und leise streicheln durfte, hatte der Großvater meines Urgroßvaters gekauft. Es händelte sich um Fichtes „Versuch einer Kritik aller Offenbarung". In einer alten Auflage von Meyers Großem Konversations-Lexikon lesen wir darüber: Fichte ging, um Kants „persönliche Bekanntschaft zu machen, 1792 nach Königsberg und schrieb, um sich bei demselben würdig einzuführen, binnen vier Wochen seinen ‚Versuch einer Kritik aller Offenbarung' (Königsberg 1792, 2. Aufl. 1793). Diese Schrift war so ganz im Geiste der kritischen Philosophie, daß sie für ein Werk Kants gehalten wurde, bis dieser selbst den Verfasser nannte, empfahl und dadurch mit einemmal zum berühmten Mann machte."

Verschämt verschweigt das Lexikon, daß man in dieser Zeit von Kant ein Werk über Fragen der Religion erwartete (es erschien faktisch 1793 unter dem Titel „Religion innerhalb der Grenzen der bloßen Vernunft") und, als Fichtes Arbeit anonym erschien, man mit Unrecht vermutete, daß Kant nicht den Mut gehabt hätte, sein Buch unter den Bedingungen feudalabsolutistischen Terrors im eigenen Namen zu veröffentlichen. Nicht also die Ähnlichkeit der damaligen Anschauung Fichtes mit der Kants, die auch bei anderen Philosophen der Zeit zu finden war, sondern die Erwartung einer Schrift von Kant zu diesem „heißen Eisen" ideologischer Diskussion und die Vermutung, daß er sich nicht trauen würde, mit seinem Namen hinter seiner wissenschaftlichen Überzeugung zu stehen, veranlaßten das umlaufende Gerücht, daß die Schrift von Kant sei.

Der Großvater des Urgroßvaters kaufte nun Fichtes Schrift offenbar ziemlich bald nach ihrem Erscheinen, und zwar broschiert. Man kann annehmen, daß sie ihm ungewöhnlich gefiel, denn er ließ sie gleich binden und auf den Rücken als Verfasser setzen: Kant.

Vieles war für uns mit diesem Bändchen verbunden – bis die Faschisten es raubten:

Einmal die lange Zeit, sechs Generationen der Familie hindurch, in der es von uns gelesen und gepflegt worden war – gepflegt schon vom ersten Besitzer, der es binden ließ.

Sodann war es einzig in seiner Art – denn wer von denen, die Fichtes anonymes Werkchen 1792 kauften, ließ es binden? Wer von denen aber, die es damals doch binden ließen, gab einen falschen Autor als Verfasser? Doch wohl niemand außer dem Großvater des Urgroßvaters! (Und wenn auf Grund eines unwahrscheinlichen Zufalls es doch ein anderer noch getan haben sollte, ist dann anzunehmen, daß das Buch auf unsere Tage gekommen ist?)

Offenbar weit bekannter war ein Onkel des Urgroß-vaters, dessen Name Hirschmann Brandeis sich in allen zuständigen Lexiken und Enzyklopädien seiner und späterer Zeit findet, denn er war ein berühmter Arzt und Historiker der Medizin. Wir gedenken seiner jedoch noch heute als Übersetzer und nicht wegen guter Heilung, die er vollzog, oder wegen seiner Schrift „Die Krankheit zu Athen nach Thukydides, mit erläuternden Anmerkungen von Dr. H. Brandeis, kaiserlich russischem Hofrathe", in deren Vorwort es heißt: „Am Abend meines einsamen Lebens finde ich im Lesen der Griechen und der Römer Trost und einen wahrhaft beglückenden Genuß ... Freiburg im Breisgau, den 27. Mai 1845."

Als er, der sehr sprachbegabt war und Hebräisch, Griechisch, Lateinisch, Russisch, Tschechisch, Französisch, Jiddisch und natürlich Deutsch fließend in Wort und Schrift beherrschte, 1839 bei sich eine Tuberkulose feststellte, wollte er das letzte Jahr seines Lebens möglichst lustig und doch auch nützlich verbringen. Er gab daher alle seine Ämter und Verpflichtungen auf und zog nach Paris. Dort amüsierte er sich in der Nacht, während er am Tag die 1834 erschienene Schrift von Puschkin „Geschichte des Pugatschewschen Aufruhrs" ins Deutsche übersetzte – bis in unsere Tage die einzige Übersetzung in deutscher Sprache. Zu seinem Erstaunen mußte er nach diesem so verbrachten Jahr feststellen, daß er geheilt war. Als fast hundert Jahre später eine Schwester von J. K. an Tuberkulose erkrankte und er den Eltern eine ähnliche Kur für sie vorschlug, folgten sie seinem traditionsmäßig doch wahrlich gerechtfertigten Rat nicht – und zwar nicht etwa deswegen, weil die Tochter nicht genug Russisch konnte, um eine bessere Puschkin-Übersetzung als der Vorfahre anzufertigen. Jedenfalls schloß J. K. die Diskussion mit der Feststellung: „Manche Leute wollen eben nicht aus der Geschichte lernen."

Der Großvater des Urgroßvaters war also der älteste

Vertreter der Familie, dessen Intelligenzeinfluß bis zu J. K. wirkte, indem er ihn mit der deutschen idealistischen Philosophie in erste Berührung brachte. Der Onkel des Urgroßvaters war der erste, der zumindest Übersetzerinteresse an einem Volksaufstand zeigte.

Weitaus stärker jedoch war der politische Einfluß des Urgroßvaters, über den J. K. in der Biographie seines Vaters so berichtet:

Begnügte sich Hirschmann Brandeis gewissermaßen noch mit der Übersetzung eines Aufruhrs, so half Samuel Brandeis, der Urgroßvater, aktiv, einen „Aufruhr" vorzubereiten. Ihn nannte die Familie stets „unseren ersten wirklich weißen Raben" – denn er begründete eine durch fünf Generationen der Familie sich hindurchziehende „Tradition": wegen guten Kampfes gegen die Reaktion und für den Fortschritt entweder ins Gefängnis zu kommen oder in der Emigration leben zu müssen. Samuel Brandeis geschah beides: Er saß in einem preußischen Gefängnis und mußte in Paris in der Emigration leben.

Brandeis schilderte 1847 „Meine Ausweisung aus Preußen" in einem der von Biedermann herausgegebenen Bänden „Unsere Gegenwart und Zukunft" (Bd. 5, S. 189–222). Von besonderem Interesse auch heute noch ist die im „Königsberger Freimüthigen" damals gegen Brandeis gebrachte Denunziation durch den Redakteur Pflugk: „Student B. ist Mitglied einer Verbindung, Germania, die ihre Versammlungen in einer Bieranstalt in der polnischen Predigerstraße hält und den Zweck hat, durch Lesung verbotner Bücher unter ihren Mitgliedern eine höhere politische Bildung, als aus den erlaubten Schriften zu schöpfen ist, zu verbreiten. Jetzt werden Püttmanns Deutsches Bürgerbuch und Heinzens Bureaukratie gelesen. – Gestern hat die Germania eine Generalversammlung gehalten, Präsident ist Student Brandeis."

Was die Lektüre von Püttmanns „Deutschem Bürger-buch" betrifft, so ist die Denunziation von Brandeis eine Antwort auf die Frage, die Engels Marx gegenüber auf-warf, als er ihm am 20. Januar 1845 schrieb: „Wir wer-den an Püttmanns Bürgerbuch sehen, wie weit man etwa gehen darf, ohne gefaßt oder geschaßt zu werden."

Klassisch aber und „würdig", in die Geschichtsschrei-bung einzugehen, ist die Formulierung der Denunzia-tion: „... durch Lesung verbotner Bücher eine höhere politische Bildung, als aus den erlaubten Schriften zu schöpfen ist, zu verbreiten." Das ist eine beispielhaft klare Formulierung des antidemokratischen und antibür-gerlichen Charakters der preußischen Regierung vor der Revolution von 1848. Denn hier wird ausdrücklich ge-sagt, daß es der (bürgerlichen) Intelligenz verboten ist, sich auf politischem Gebiet soweit wie möglich zu bil-den, daß es eine sehr genau vom Staate bestimmte Grenze ihrer politischen Bildung gibt und geben muß, daß es wohl Bücher gibt, die eine „höhere politische Bil-dung" vermitteln, aber daß auf dem Wege des Verbots der Lektüre solcher Bücher eine solch höhere politische Bildung der Bürger von Staats wegen verhindert wer-den soll.

Interessant in Brandeis' Schrift ist sonst nur noch die klare Scheidung bereits zwischen Staatsbürger und Bour-geoisie. Während es über den Denunzianten Pflugk heißt: „Jede Gesellschaft der Bürger ist ihm verschlossen, ihr Umgang ihm versagt", ruft Brandeis an einer anderen Stelle, an der er sich mit den Kaufleuten Königsbergs auseinandersetzt und wieder mal eine Zitierung vor ein Gericht vermeldet, pathetisch aus: „Gott Merkur war mir nicht günstig, seine Priester (die Kaufleute – J. K.) sollte ich beleidigt haben, und wer hat je der Bour-geoisie mißfallen, ohne das hart zu empfinden?" –

Brandeis verblieb bis zu seiner Ausweisung bei Be-ginn des Krieges 1870 in Paris, wo er sich vor allem durch Unterricht im Griechischen und Lateinischen ernährte. Aus der Zeit seines Aufenthaltes in Deutschland nach 1870 berichtet der talentierte Dirigent Siegfried Ochs in seinen Lebenserinnerungen: „Daß in der Schule Unterricht im Lateinischen erteilt wurde, habe ich schon früher gesagt. Aber auch im Griechischen wurde ich unterwiesen. Es war da ein im Jahre 1870 aus Paris vertriebener alter Herr, Professor Brandeis, nach Frankfurt gekommen, der sich in großer Not befand. Um ihn zu unterstützen, nicht etwa, um mein ferneres Wissen noch zu fördern, ließ man mir von diesem Herrn Unterricht im Griechischen geben. Das war nun so eine eigene Art von Lehren. Er war über siebzig Jahre alt, durch die Ereignisse des Krieges sehr angegriffen und geschwächt und befand sich in einem traurigen Zustand. Meistens schlief er während der Stunde ein und wachte immer erst wieder auf, wenn ich ein Buch zuklappte oder zu meiner Erfrischung auf den Balkon ging. Ich habe auch nicht viel bei ihm gelernt, und mein ganzes Können, soweit es sich auf die griechische Sprache bezieht, hat sich in späterer Zeit wieder verloren."

Sobald die Verhältnisse es erlaubten, kehrte Brandeis wieder nach Paris zurück. Seine Frau, die bis unmittelbar vor dem ersten Weltkrieg lebte, erzählte noch den Urenkeln von den „Untaten der preußischen Reaktion" vor 1848.

Noch unter einem weiteren Gesichtspunkt spielte der Urgroßvater eine Rolle für den jungen J. K. auf dem Wege zum politischen Wissenschaftler. In dem Büchlein über seine Bibliothek berichtet er:

Mit dem Urgroßvater, der niemals Geld und immer Bücher hatte, beginnt ein stärkerer Ausbau der Bibliothek, und zwar vor allem in drei Richtungen: Einmal gehörte er zum linken Flügel der Intelligenz, wurde schon 1846 von der preußischen Regierung ins Gefängnis gesteckt und dann ausgewiesen, worauf er nach Paris emigrierte. Hatte er schon vorher die laufenden Neuerscheinungen der „Linken", darunter selbstverständlich auch Weitling, Heine, Börne, Gutzkow und so weiter, gekauft, so erstand er in Paris natürlich im Frühjahr 1848 das „Kommunistische Manifest", nachdem er vorher schon sich so manchen französischen Utopisten besorgt hatte. Vieles von diesem ist im Laufe der Jahre verlorengegangen, vor allem, als der Urgroßvater 1870 mit Kriegsausbruch ausgewiesen wurde, vieles ist „falsch" vererbt oder später von den Faschisten geraubt worden. Aber das „Kommunistische Manifest" haben wir immer gerettet, als kostbarstes Kleinod, zum letzten Male 1936, als ich die illegale Arbeit in Deutschland aufgeben mußte und die Sowjetfreunde mir diesen Schatz nach England, wohin ich emigrierte, nachsandten. Heute steht das „Manifest" wieder an seinem Platz – eines der zwei Exemplare dieser Ausgabe, die wir in unserer Republik besitzen.

Sodann gehörte des Urgroßvaters besondere Neigung der Literatur der Griechen und Römer – er lebte vom Unterricht in diesen beiden Sprachen und soll, was ich nicht überprüft habe, auch einmal an der Sorbonne angestellt und als Lehrer des Griechischen und Lateinischen dort tätig gewesen sein. Da in dieser Zeit das Zentrum der Editionstätigkeit antiker Schriftsteller in Frankreich lag – vor allem bei der großen Drucker- und Verlegerfirma Didot –, so fügte er der Bibliothek eine ganz herrliche Sammlung von Didot-Drucken, aber auch viel ältere Ausgaben bis in das 16. Jahrhundert zurück hinzu. Seitdem ich in Untertertia anfing, diesen Teil der Bibliothek zu katalogisieren, erhielt ich durchaus erträgliche Noten in Griechisch und Latein; seitdem schwanden meine in den vorangehenden drei Jahren stets durchaus berechtigten „Versetzungssorgen". Diesem Teil der

Bibliothek verdanke ich es, daß ich am Ende meiner Gymnasialzeit als einer der ganz wenigen Schüler Deutschlands in dieser Zeit ziemlich fließend griechisch und lateinisch lesen konnte – was in den ersten zwei Dritteln des 19. Jahrhunderts noch recht allgemein unter den Gymnasiasten üblich war.

Der dritte Interessenzweig des Urgroßvaters gehörte der französischen Kultur, der Kultur des Landes, das ihm politisches Asyl gegeben hatte. Eng befreundet mit Cousin, dem Schüler und Freund Hegels und Schellings, war er ein eifriger Leser und Käufer französischer Werke der Philosophie und Schönen Literatur seiner Zeit.

Nur ein Teil dieser Bibliothek ging jedoch an uns – die Großmutter nahm sich die Bücher des dritten Interessenzweiges. Der Enkel, mein Vater, erbte direkt, entsprechend seinem Wunsch (er ging beim Tode des Urgroßvaters noch zur Schule), die antike Literatur sowie einige politische Schriften – natürlich das „Manifest", Weitling, Heine, Börne und anderes. So manches davon ist von den Faschisten geraubt worden. Aber „Das Evangelium des armen Sünders" und die „Garantien der Harmonie und Freiheit", noch aus den besten Zeiten Weitlings, sind der Bibliothek erhalten geblieben – wenn auch mit beschädigtem Umschlag, so daß mein Vater sie neu binden lassen mußte.

Ganz natürlich nahm so der junge J. K. die zweite Quelle, den zweiten Bestandteil des Marxismus in sich auf: den französischen Sozialismus, dazu die deutsche „sozialistische" Literatur des Vormärz. Und wie selbstverständlich gestaltete sich seine erste Beziehung zu dem Werk von Engels und Marx – lange bevor er etwas davon verstand, es mehr als eine Kostbarkeit ansehend.

Die Tochter des Urgroßvaters, Lucy, setzte die Tradition der Familie fort. Sie wurde in Frankreich, im Exil, geboren und war als Kind ein Liebling des greisen

Victor Cousin. Nachdem dieser lange Zeit hindurch mit Flaubert die Geliebte geteilt hatte – deren Mann, ein Musiklehrer, spielte eine Rolle nur am Rande des Bettes –, vernarrte er sich in das kleine Mädchen, das noch nicht lesen konnte, dem er aber seine Werke mit Widmungen schenkte, die sich bis zu ihrem Raub durch die Faschisten in der Bibliothek Kuczynski befanden.

Lucy Brandeis wuchs in Kreisen der französischen und deutschen Intelligenz in Paris auf. Ihre Neigung zur Systematisierung übertrug sie auch auf die häusliche Tätigkeit; sie hatte eine Sammlung von Büchern über die „Ökonomie im Hause", zum Teil mit Widmungen der Verfasser, und verstand es später, ihr intensives Interesse für die Arbeiten ihres Sohnes, der ihr noch als Student täglich schrieb, mit der Entwicklung feinster Kochkunst zu verbinden.

Unbegreiflicherweise heiratete sie Wilhelm Kuczynski, einen durchschnittlichen, jedoch überaus erfolgreichen Bankier, das eine der beiden „schwarzen Schafe" der Familie – er wurde nämlich Millionär (das andere, aus dem gleichen Grunde „schwarze Schaf" war der Vater der Mutter von J. K., Adolf Gradenwitz).

So gut J. K.s Vater mit seiner Mutter bis zu ihrem Tode im Jahre 1913 stand, so mäßig war sein Verhältnis zum Vater. Die Bekannten, mit denen der Vater verkehrte, die Bleichröders und Mendelssohns, die Direktoren der D-Banken und ihre Frauen – „mit Diamanten und Perlen behangene Puten" nannte der Sohn die letzteren – waren René Kuczynski stets widerwärtig. Und ähnlich mäßig, um nicht zu sagen, schlecht, war später das Verhältnis zu seinem Schwiegervater, der mit städtischem Grundbesitz handelte und von dem als einzig nützliche Tat wohl nur die Anlage des zauberhaften Waldsees in Zehlendorf bleibt.

Als älterer Schüler begann J. K. das Verhältnis des Vaters zu den Großvätern zu erkennen und paßte sich ihm insofern an, als er sie in der Erinnerung stets ironisch sah, ohne aber den persönlichen Ärger des Vaters zu empfinden. Später jedoch, als er im Exil mit Gerhart Eisler zusammen von 1936 bis 1939 französische Lotterielose kaufte und in England beim Fußballtoto mitspielte, wurde ihm der Großvater Gradenwitz zum unerreichten Vorbild, da dieser zweimal das Große Los in der preußischen Lotterie gewonnen hatte. Auch dem Großvater Kuczynski gegenüber wurde J. K. später versöhnlicher gestimmt: nicht etwa, weil er in einem Handbuch gefunden hatte, daß Wilhelm Kuczynski sich „besondere Verdienste um den Ausbau des Kassaverkehrs der Berliner Banken erworben" hätte, sondern weil dieser – in seiner Eigenschaft als einer der „Ältesten der Berliner Kaufmannschaft" Mitbegründer der Handelshochschule – die heute durch fünf Generationen sich hinziehende Verbindung der Familie K. mit der Berliner Universität begründet hatte. J. K. war nach 1945 aktiv an der Umwandlung der Handelshochschule, an der bereits sein Vater gelehrt hatte, in die Wirtschaftswissenschaftliche Fakultät der Humboldt-Universität beteiligt.

Von den Eltern wird noch oft die Rede sein. Darum sei hier nur eine Einschätzung des Vaters gegeben: nicht, weil er einen größeren Einfluß auf den Menschen J. K. gehabt hat als die Mutter, wohl aber, weil er ihn auf dem Weg zum Kommunisten und Wissenschaftler stärker formte. Durch ihn, den Wirtschaftswissenschaftler, ist die dritte Quelle, der dritte Bestandteil des Marxismus in das Denken des jungen J. K. eingeflossen: die englische politische Ökonomie. Die folgende Einschätzung von R. Kuczynski bildete die Vorbemerkung zur Biographie, die J. K. über seinen Vater schrieb:

René Kuczynski war ein fortschrittlicher Wissenschaftler und Politiker. Er war der beste Statistiker seiner

Zeit – doch ist Quetelet als Statistiker bedeutender als Kuczynski, der aber über seine Lehrer Böckh und Wright hinausragt. Als Politiker konnte Kuczynski, der keiner Partei angehörte und von dem der Monopolkapitalist Walther Rathenau einmal voll Wut sagte: „Kuczynski bildet immer eine Einmannpartei und steht auf deren linkem Flügel", in entscheidenden Momenten unserer Geschichte Nützliches leisten, das nicht vergessen werden wird, ohne daß er etwa, wie so manche Funktionäre der sozialdemokratischen Linken bis 1918 und der Kommunistischen Partei danach, ein Führer unseres Volkes war.

Wenn wir aber auch Kuczynski nicht groß als Wissenschaftler und Politiker nennen können, ist die folgende Beschreibung seines Lebens und Wirkens doch gerechtfertigt, weil Leben und Wirken recht bedeutsam waren – bedeutsam für die Geschichte der bürgerlichen Intelligenz, die im Stadium des Imperialismus nur noch Tüchtiges leisten kann, wenn und soweit sie die führende Rolle der Arbeiterklasse anerkennt.

Neben Einstein war Kuczynski in dem Halbjahrhundert vor 1945 der einzige deutsche bürgerliche Wissenschaftler von internationalem Ruf, der der Arbeiterklasse wirklich verbunden und durch diese Verbundenheit in die Lage versetzt war, unserem Volke und der Gesellschaftswissenschaft nicht unbedeutende Dienste zu leisten. Wenn zum Beispiel Lenin Kuczynskis Buch über „Arbeitslohn und Arbeitszeit in Europa und Amerika, 1870 bis 1909" eine „Hauspostille der Löhne" genannt hat und wenn Kuczynskis Lebenshaltungskostenberechnungen in den dem ersten Weltkrieg folgenden Jahren der Inflation nach dem einheitlichen Urteil der Kommunistischen Partei, der SPD und der Gewerkschaften für Millionen deutsche Arbeiter eine große Hilfe waren, dann kann man nicht umhin, zu bemerken, daß solche Auszeichnung keinem anderen deutschen bürgerlichen Gesellschaftswissenschaftler des 20. Jahrhunderts zuteil wurde. Und zugleich muß man verstehen, daß solche Auszeichnung eines bürgerlichen Gesellschaftswissenschaftlers nur möglich war, weil er eben mit der Arbeiterklasse verbunden war – nach 1918 und bis 1922 zunächst speziell mit der USPD und dann mit der Kommunistischen Partei, der er hinfort bei den Wahlen stets seine Stimme gab.

Bedenken wir weiterhin, wie reaktionär die Geschichte der deutschen Intelligenz in den letzten einhundert Jahren gewesen ist, wie selten solche Gestalten der bürgerlichen Intelligenz wie Albert Einstein, Heinrich Mann, Kurt Tucholsky in der ersten Hälfte des 20. Jahrhunderts waren, dann ist es unsere Pflicht, das Gedenken an Männer wie Kuczynski wachzuhalten.

Erster Teil

Bis zum Eintritt
in die Kommunistische Partei
Deutschlands

Kapitel I   Kindheit

Die Kindheit vieler Wissenschaftler war alles andere als eine Vorbereitung auf ihren Beruf, ganz gleich, was ihre Neigungen und Interessen schon in jüngsten Jahren. Und erst recht gibt es wenige, die aus dem Bürgertum zur Arbeiterklasse stießen und schon in frühester Zeit auf diesen Weg vorbereitet wurden.

J. K. hatte in dieser Beziehung großes Glück, und wenn wir seinen Weg zum Kommunisten und Gesellschaftswissenschaftler verfolgen wollen, ist es nicht verfehlt, schon die ersten Schritte in der Kindheit zu beobachten.

Im Klassenkampf von einer Seite auf die andere zu wechseln ist entweder eine Sache der Überzeugung oder ein Zeichen der Schwäche und oft mit irgendeiner Form der Korruption verbunden. Der Übertritt von der einen Seite der Barrikade zur anderen bedeutet aber fast niemals, daß man sich auf der anderen Seite leicht „einlebt", sich natürlich bewegt. Ganz wenige, die aus dem Bürgertum zur Arbeiterklasse fanden, waren in Arbeiterfamilien „zu Hause".

J. K. wuchs in seiner Kindheit in den verschiedensten Klassen und Schichten auf. Wenn man von den Kindern wohlhabender Eltern sagt, sie wurden mit einem silbernen Löffel im Mund geboren, dann kann man von den Kuczynski-Kindern sagen: sie wurden mit zwei Löffeln im Mund geboren, einem silbernen und einem blechernen.

Das Leben in Friedenau, wohin die Eltern nach Berufung des Vaters zum Direktor des Statistischen Amts der damals noch selbständigen Stadt Schöneberg im Jahre 1907 gezogen waren, schildert J. K. so:

Unsere Wohnung lag nur wenige Minuten vom Bahnhof Friedenau entfernt, in der Spohnholzstraße, die voll ausgebaut war, zum Teil mit großen Mietshäusern. Inmitten dieser Häuser stand unsere kleine Villa mit einem Garten, und hinter der Straße, zwischen den Häusern und der Eisenbahn, befand sich ein riesengroßer Park, der dem letzten der Großbauern-Millionäre von Schöneberg* gehörte, mit Wild und alten Bäumen, ein ganz unwahrscheinliches Stück Natur. Das gab uns das Gefühl, eigentlich außerhalb der Stadt zu wohnen.

Das Haus hatte im Parterre nach dem Garten gelegen ein Arbeitszimmer für meinen Vater, das an drei Seiten mit vom Boden bis zur Decke reichenden Regalen voller Bücher bestückt war, ein Zimmer mit guten Möbeln und schönen Bildern für meine Mutter, ein Eßzimmer und die Küche. Im oberen Stockwerk lagen die Schlafzimmer. Die Wohnung einer gutbürgerlich situierten Familie mit drei Kindern. Dazu im Garten ein Hühnerstall, in dem ich auch Kaninchen hielt und in dem später ein Hammel – eine Großmutter hatte uns Kindern ein Lämmchen schenken wollen – Platz fand; ferner einige Obstbäume, auf denen wir und die nachbarlichen Freunde herumklettern durften, zumal der Garten vernünftigerweise ungepflegt blieb.

In dem einen Nachbarhaus war ein Lebensmittelgeschäft, ein winziger Laden, dessen Anziehungskraft für uns Kinder in wunderbar großen und süßen Himbeerbonbons bestand, von denen man eine ganze Tüte für das wöchentliche Taschengeld von fünf Pfennig kaufen konnte. Auf der anderen Seite stand ein Mietshaus, aus dem zwei kleine Mädchen, etwas älter als ich, oft zu uns kamen und zu denen mich auch noch 1945, als ich aus der Emigration nach Deutschland zurückkehrte, mein Weg führte. In der typischen Mietskaserne gegen-

* Über diesen Typ vgl. zum Beispiel den Roman von M. Kretzer, Der Millionenbauer.

über wohnten kleine Beamtenfamilien und gelernte Arbeiter, mit deren Kindern wir die Friedenauer Jahre (1907–1913) hindurch spielten, entweder in unserem Garten oder auf der Straße – Zeck, Rollschuh, Kreisel, Reifen waren damals unsere Lieblingsspiele und -beschäftigungen.

So wuchsen wir aus einer „herrschaftlichen Villa" recht eigentlich auch als Straßenkinder auf, ohne daß wir uns der merkwürdigen sozialen Mischung unseres Lebens, ohne daß wir uns je irgendeiner sozialen Differenzierung bewußt waren, ohne daß es in der Kindheit zu einem spürbaren Konflikt der Welten kam.

Etwas von dieser Atmosphäre des Straßenkindes aus der „herrschaftlichen Villa" ist insofern geblieben, als es mir später ganz natürlich schien, aus Geldmangel im New Yorker Slum zu schlafen oder in der Emigrationszeit „weltgewandt" bei Wallstreet-Bankiers Geld für den geheimen Sender unserer Partei zu sammeln.

Im Grunde war diese soziale Seite der Kindheit eine Widerspiegelung des gesellschaftlichen Lebens meiner Eltern, die bei einem Abendessen im Hause meines väterlichen Großvaters einen Direktor der Deutschen Bank trafen und am nächsten Tag im eigenen Haus einen Sozialdemokraten zu Besuch hatten. Ein sozial und klassenmäßig so gemischtes Leben, wie es meine Eltern führten, war unter der Intelligenz jener Jahre vor dem ersten Weltkrieg selten. Es ist nur dadurch zu erklären, daß beide Großväter völlig aus der Generationen- und Berufsfolge herausfielen und sich nach der Gründung des Deutschen Reiches zu Millionären, wie mein Vater meinte, „herabarbeiteten", während die politische Haltung der Eltern damals „linksbürgerlich" radikal war. Neben dem Verkehr mit der wissenschaftlichen Intelligenz hatte mein Vater nicht wenige politisch Tätige zu guten Bekannten, meine Mutter, die malte, manche Künstler zu Freunden.

Uns Kindern war all das nicht bewußt; harmlos, ohne

jedes Nachdenken über soziale Differenzierungen, lebten wir fröhlich in so „gemischter" Gesellschaft von Erwachsenen und Spielgefährten.

Welch ein Glück war es für die künftige Entwicklung von J. K., so aufwachsen zu können!

Noch eine Erinnerung aus der Zeit vor der Schule sei hier wiedergegeben, da sie kennzeichnend für die Intelligenzatmosphäre des Hauses ist:

Ich lag bäuchlings auf dem Fußboden im Arbeitszimmer meines Vaters, vor mir eine Zeitung. Noch konnte ich nicht lesen – meine Eltern entwickelten niemals einen falschen Ehrgeiz mit ihren Kindern, ich lernte es also ganz normal erst in der Schule. Aber natürlich hatte ich den Wunsch, genau wie Vater und Mutter gelegentlich etwas aus der Zeitung mitzuteilen, und so las ich ihnen den folgenden Satz vor: „Der Kaiser reist doch recht viel, jedoch sind die Löhne der Maurer in Köpenick höher als in Berlin." Noch heute verspüre ich meinen Stolz über das einzige originelle Wort des Satzes – alles andere waren aufgefangene Gesprächsfetzen der Eltern –, das Verbindungswort „jedoch". Es schien mir der unschlagbare Beweis dafür, daß das Ganze eben keine Wiederholung von Gehörtem, sondern original aus der Zeitung war. Die Eltern, klug genug, nicht zu lachen, kamen später öfter auf diese Zeitungslektüre zu sprechen, besonders wenn ich intellektuell hochstapelte, wozu ich in der Jugend neigte.

J. K., im September 1904 geboren, kam im Herbst 1910 „in die Schule" – in Anführungsstrichen, denn der Unterricht war privat. Eine Gruppe von vielleicht acht Schülern erhielt ihn von einem Fräulein E. Schmidtke, einer ganz vorzüglichen Lehrerin, die neben ihrem normalen Schulunterricht noch Stunden gab und die insofern

eine Seltenheit an „höheren Schulen" im Kaiserreich darstellte, als sie eine, wie sie es selbst nannte, „rabiate
Demokratin" war. J. K. hat sie später öfter besucht, das
letzte Mal 1946, bald nach seiner Rückkehr aus dem Exil.

In dieser Zeit war er ein ordentlicher Schüler, „aufgeweckt" wie viele andere Kinder, aber in keiner Weise
„vielversprechend". Nur in einer Beziehung zeigte er sich,
zur Freude des Vaters, anormal. Er rechnete gerne, ja
mit Leidenschaft. Nicht, daß er in dieser Richtung besondere Fähigkeit verriet und seinen Mitschülern voraus war, im Gegenteil: seine Rechenleidenschaft spielte
sich auf niedrigstem Niveau ab und mathematisch-lo-
gisch völlig unbegabt, wie das folgende Beispiel zeigt:

Sobald er gelernt hatte, größere Zahlen zu dividieren
und zu multiplizieren, setzte er sich daran, etwa 16 566
durch 33 zu teilen; er hatte auch gelernt, daß, wenn er
das Resultat wieder mit dem Divisor multiplizierte, er
als Ergebnis die Ausgangszahl erhält. Nun bildete er
sich ein, die Möglichkeit der Umkehrung des Verfah-
rens beruhe nur auf „Erfahrungen", von denen es Ausnahmen geben müsse. So verbrachte er viele Monate
hindurch an vielen Tagen viele Stunden damit, solche
Rechnungen und Kontrollrechnungen durchzuführen,
in der Hoffnung, auf eine solche Ausnahme zu stoßen.
Oft genug schien das wirklich der Fall zu sein, aber immer stellte sich dann heraus, daß er einen Rechenfehler
gemacht hatte. Nach einiger Zeit glaubte er, die Ausnahme von der Regel sei bei größeren Zahlen wahrscheinlicher, und so dividierte er Milliarden durch Millionen – aber die Kontrollrechnung stimmte zu seinem
Kummer letztlich immer. Schließlich gab er seine Versuche auf. Sein Vater hatte ihn nie auf die Unsinnigkeit
seines Vorhabens aufmerksam gemacht, wofür J. K. ihm
stets dankbar gewesen ist. So hatte er nicht nur seine
Freude an einem „Rechenexperiment", lernte nicht nur,
stundenlang zu rechnen, immer voller Spannung auf das

Resultat, sondern gewöhnte sich auch daran, zu rechnen und dabei gleichzeitig an anderes zu denken. Diese Fähigkeit ist ihm bis in sein Alter geblieben, so daß er heute noch beim Rechnen gleichzeitig über die Problematik, die die jeweiligen Rechnungen lösen helfen sollen, nachdenken kann – außer bei Kontrollrechnungen, bei denen man natürlich „scharf aufpassen" muß. Er hat auch die Freude an stundenlangem Rechnen behalten, hat – mit Ausnahme der Zeit, in der er eine ganz einfache Addiermaschine für seine Arbeitslosigkeitsstatistik in den USA benutzte – die Hunderttausende Rechnungen, die er für seine Statistiken in einem halben Jahrhundert durchführte, stets mit der Hand am Schreibtisch gemacht.

1913 zogen die Eltern nach Schlachtensee. Darüber und über die nachfolgende Schulzeit hören wir J. K. direkt:

Schlachtensee ist im wahrsten Sinne des Wortes meine Heimat, wo ich auch heute noch am liebsten wohnen würde. Dort lag ausgedehnter Grundbesitz eines Großvaters, den er zu Spekulationszwecken gekauft hatte. Als junges Mädchen, in den neunziger Jahren des vorigen Jahrhunderts, hatte meine Mutter manchen Familienausflug am Sonntag dorthin gemacht oder war mit Freunden, darunter auch meinem Vater, nach Zehlendorf geradelt, um den Tag auf dem väterlichen Land zu verbringen.

Aus diesem großväterlichen Besitz kauften meine Eltern 1912 ein Grundstück und ließen sich von ihrem Freund, dem Architekten Hermann Muthesius, ein Haus direkt am Schlachtensee bauen, das wir 1913 bezogen. Später, 1919, entstand im Garten ein Bibliothekshäuschen. Noch später, nach dem Tode des Großvaters, kauften die Eltern das benachbarte Grundstück, ebenfalls aus dem ehemaligen Besitz des Großvaters, auf dem wir als Kinder immer gespielt hatten. Dort ließ mein Vater Marguerite und mir, als wir 1929 aus Amerika zurückkamen, nach den Plänen meines Schwagers Rudi Hamburger ein kleines Häuschen bauen, das im zweiten Weltkrieg fast völlig zerstört wurde. Gleich nach meiner Rückkehr 1945 baute ich es wieder auf, und wir bewohnten es bis 1950, als wir aus politischen Gründen Westberlin verlassen mußten.

Durch den Grundbesitz meines Großvaters galten wir als die ältesten Einwohner des Ortes, und es ist in der Tat ein Sonderfall, daß im 20. Jahrhundert vier Generationen (mit unseren Kindern) auf ein und demselben Grundstück einer Großstadt gelebt haben. Kein Wunder, daß die Nazis uns – obgleich Marguerite „durch und durch arisch" war – die jüdischen Erbhofbauern nannten.

Kurz bevor wir nach Schlachtensee zogen, wurde ich in das Gymnasium nach Zehlendorf-Mitte umgeschult. Da der Privatunterricht im Oktober begonnen hatte, das Gymnasium aber zu Ostern versetzte, meinten die Eltern, ich sollte ein halbes Jahr gewinnen, und so war ich alle Jahre hindurch der Jüngste in der Klasse. Ganz offenbar hatten die Eltern jedoch meine intellektuellen und moralischen Fähigkeiten überschätzt.* In Sexta, Quinta, Quarta und Untertertia, bis fast zu meinem dreizehnten Lebensjahr, war ich ein schlechter Schüler, mit dem sich die arme Mutter in Deutsch und Latein und in

* Später, in einem Nachruf auf den im Jahre 1918 gefallenen Max Dickmann, meinen Klassenlehrer, den meine Mutter sehr hochschätzte, schrieb sie: „Vom ersten Tage an, als ich ihm meinen Sextaner übergab, besaß er mein Vertrauen. Es ist Jahre her – der Sextaner ist inzwischen Sekundaner geworden –, aber bis in jede Einzelheit besinne ich mich des ersten Besuches bei Max Dickmann. Mein Junge war privat vorbereitet worden, seine etwas eigenbrötlerischen disziplinfeindlichen Neigungen hatten Förderung statt Hemmung gefunden, und ich hatte allerlei Befürchtungen für die schwere erste Schulzeit. Aber Dickmann schien in meinem Mutterherzen zu lesen. Ganz tröstlich und warm machte er es mir, und die Versicherung, daß er sich des schwierigen Schülers ganz besonders annehmen würde, klang so ehrlich und herzlich, daß ich gar nicht anders konnte als ihm glauben … Das war der erste Besuch, und viele, viele folgten – er war nämlich wirklich ein schwieriger Schüler, unser Jürgen."

manchen anderen Fächern herumquälen mußte. Ich begann zu schwindeln und wurde, da ich „neu" war und der Jüngste und schlecht in den Leistungen, oft verprügelt und entwickelte mich zu einem Feigling.

Das änderte sich in jeder Beziehung mit der Versetzung nach Obertertia. Ich wurde ein ordentlicher Schüler* und auch Sportler – abwechselnd der Beste und Zweitbeste „ganz Zehlendorfs" im Hochsprung; auch schwamm ich so gut und so lange, daß später Becher und ich *die* Langstreckenschwimmer in der Partei waren. Die Feigheit verlor sich ebenfalls, und nur noch einmal wurde ich ernstlich, diesmal von fast der ganzen Klasse, verprügelt – im Juni 1919, als ich völlig unmarxistisch, aber doch zumindest antinationalistisch behauptete, daß der Vertrag von Versailles gerecht sei, weil wir schuld am Kriege wären und soviel Schaden bei anderen Völkern angerichtet hätten. Als ich zerschlagen vom Boden aufstand, fühlte ich mich wie Galilei, über den ich gerade gelesen hatte, und erklärte stolz zur Verblüffung der anderen, die gar nicht verstanden, was ich meinte: „Und sie bewegt sich doch!" Die Erklärung des Ausspruchs bahnte dann wieder „geordnete Verhältnisse" zwischen der Klasse und mir an.

Im ganzen stand ich mit den Mitschülern gut, hatte stets einige Freunde und ging zumeist außerordentlich

---

* Das schloß nicht aus, daß ich noch öfter Schulsorgen hatte. So notierte ich am 29. März 1918 in ein Tagebuch: „Heute abend las ich zu meinem Glück im Zehlendorfer Anzeiger, daß vom Provinzial-Schulkollegium angeordnet ist, daß große Milde bei der Versetzung herrschen soll!" Das schloß auch nicht aus, daß ich häufig durch schlechtes Betragen auffiel. So beginnt eine Karte vom 16. September 1919 an meine Mutter: „Die Oktoberrüge ist eingetroffen. Nicht wie vor zwei Jahren wegen Abschreibens, nicht wie voriges Jahr, weil ich einen Apfel in der Stunde aß, sondern weil ich über Prof. Dickmann (ein Bruder des zuvor genannten – J. K.) ein stilles Lächeln auf dem Gesicht hatte." Die Karte hat noch ein typisches Postskriptum: „Mach Dir nur nichts aus der Rüge." Was für ein rücksichtsvoller und um das Wohl meiner Mutter besorgter Sohn war ich doch damals!

gern zur Schule. Die Lehrer, im allgemeinen deutschnational, um im Stil der Weimarer Jahre zu sprechen, waren zum Teil sehr geschickte Pädagogen, und wenn wir einen Schlachtenbericht von ihnen hörten, etwa aus dem Siebenjährigen Krieg, wenn Zieten plötzlich aus dem Busch kam, ärgerten wir uns über das Klingelzeichen zur Pause. Vor dem Abitur las ich Griechisch und Lateinisch fließend und konnte, wenn auch in schlechter Haltung, die „Riesenwelle" am Barren. Griechisch habe ich heute fast ganz vergessen, das klassische Latein verdarb ich mir durch die Lektüre der Kirchenväter, als ich Philosophie studierte, und habe es dann ebenfalls ziemlich vergessen; ob ich heute auch nur noch die halbe Welle am Barren kann, möchte ich bezweifeln, zumal ich sie seit der Schulzeit nicht mehr versucht habe.

Die Klasse bestand aus den Söhnen sehr wohlhabender (nicht sehr reicher) Industrieller, Beamter und Intellektueller, einige wenige stammten aus alter oder jüngerer Adelsfamilie, und zwei, drei waren Kinder heraufgekommener Kleinbürger. Keiner von uns zeigte ungewöhnliche Begabung, aber viele waren aufgeweckt und interessiert an Politik, Kultur und Wissenschaft. Wir hatten einen Verein für Kunst und Wissenschaft. Mit keinem Mitschüler dauerte eine Freundschaft oder gute Bekanntschaft über die Schulzeit hinaus,* und doch hörte ich nicht ohne Interesse gelegentlich, bei einem zufälligen Treffen, was aus diesem oder jenem geworden ist.

Diese Schule tat nicht mehr und kaum Nützlicheres für die Entwicklung von J. K., als es hundert andere Gymnasien in Deutschland damals getan hätten.

* Ich wurde zwar nach Abgang Mitglied des Vereins ehemaliger Zehlendorfer Gymnasiasten, doch habe ich von dieser Mitgliedschaft wohl niemals Gebrauch gemacht – zumal zum Beispiel die Einladung zum „Gesellschaftsabend" vom 5. Januar 1926 einen „Gesellschaftsanzug erbittet", über den ich nicht verfügte und verfügen wollte.

Um so mehr wirkte das Elternhaus, die ganze Atmosphäre außerhalb der Schule auf ihn ein.

Sozial gesehen, war die „Mischung" die gleiche wie zuvor, nur wurde sich J. K. im Laufe der Zeit ihrer bewußter, besonders als die drei Jahre jüngere Schwester Ursula in den Kommunistischen Jugendverband eintrat. Widerspruch bildete sich im häuslichen Leben in materieller Beziehung heraus. Man stelle sich vor: eine große Villa auf einem großen Grundstück, an einem See gelegen, voll schöner Möbel und Bilder, mit einer herrlichen Bibliothek, alles scheinbar voller „silberner Löffel" – und dann höre man J. K. das Leben dort seit etwa 1916 schildern:

Mein Vater war nebenberuflich zu ehrenamtlicher Arbeit in das neuerrichtete Kriegsernährungsamt geholt worden und sah sehr darauf, daß nichts – weder Nahrungsmittel noch Kleidung, Kohlen oder Holz – auf dem schwarzen Markt gekauft wurde. Außer der Kinderfrau, die an dreißig Jahre in der bis auf sechs Kinder anschwellenden Familie blieb, hatten wir für das große Haus oft nur eine Hilfe, und die älteren Kinder mußten ordentlich zupacken. Ich mußte die Heizung übernehmen, lernte, Bäume auf dem Grundstück alleine zu fällen und zu zersägen, mit wenig Kohlen das Feuer hochzuhalten; aber schließlich war es doch so kalt im Haus, daß Ursula und ich an Frostfingern und Frostzehen litten. Auch einholen mußte ich – wie ich das haßte, weil es Arbeit oder Spiel unterbrach –, mir heute gewaltig erscheinende Mengen von Kohlrüben, die es in jeder Form gab, von der Suppe bis zur Torte. Damals lernte ich auch, bisweilen zu hungern und zumeist nicht satt zu werden, was mir später sehr zugute kam, und dazu, was noch schwieriger ist, am Sonntag beim väterlichen Großvater – und später bei einem guten Freund oder Bekannten – für die ganze Woche zu essen, ohne daß mir von der reichlichen Mahlzeit schlecht wurde. So habe ich eigentlich bis zum Ende meines Studiums im Februar 1925 gelebt – und dann wieder in den Jahren der illegalen Arbeit vom Februar 1933 bis zum Januar 1936 sowie in der ersten Zeit meiner endgültigen Rückkehr nach Deutschland im November 1945. Was die Kleidung betrifft, so bekam ich zur ersten Tanzstunde einen „guten Anzug", der bis zum Abitur hielt, der zweite „gute Anzug" hielt nicht nur bis zum Doktorexamen, sondern viele Jahre länger. Und zum Kummer von Marguerite hält der gegenwärtige „gute Anzug" auch schon etwa zehn Jahre. Umgekehrt haben Marguerite und ich nach unserer Rückkehr aus Amerika 1929, seit wir 1930 in das Häuschen zogen, zumeist über unsere Verhältnisse gewohnt, und ich habe stets weit über unsere Verhältnisse Bücher gekauft. In dieser materiellen Beziehung war unser Leben Jahrzehnte hindurch eine recht getreue Reproduktion des Lebens meiner Eltern und ihrer Kinder im frühen Alter.

Man erkennt, daß die Kindheit von J. K. eine gute Vorbereitung für das spätere Leben war. Genau wie Geist und Umgangsformen es konnten, lernte auch der Körper, sich in allen Klassen zu bewegen: er wußte, was Hunger ist, er konnte hungrig seine Arbeit leisten, aber auch ganz selbstverständlich wie die Wohlhabenden sehr reichlich essen. –

Doch bedeutsamer für unsere Thematik ist der politische und wissenschaftliche Einfluß des Elternhauses auf J. K.

Zwei Dinge beschäftigten den Vater in den letzten Jahren vor dem Weltkrieg ganz besonders: die schlimmen Wohnverhältnisse in Berlin und – das bereits seit dem Ende seines Studiums – die Lage der Arbeiter allgemein, besonders die Entwicklung von Löhnen und Arbeitszeit.

Aus der Zeit des Kampfes um bessere Wohnverhältnisse, gegen die Slums in Berlin, datiert die herzliche persönliche Verehrung von René und Bertha Kuczynski für Käthe Kollwitz. Ein von ihr für die Kuczynskis signierter Druck, eine ihrer schönsten und zartesten „Mutter-und-Kind"-Arbeiten, schmückte seitdem deren Wohnung.

Auch zu dem kleinen Jungen J. K. war Käthe Kollwitz, wie zu vielen Kindern, voller Freundlichkeit. Wann immer er sie später wiedersehen durfte – einmal nahm die Mutter ihn mit in ihr Atelier –, war er beglückt, und je älter er wurde, desto größer wurde seine Verehrung für sie – und durch sie sein Verständnis für Kunst im Klassenkampf. (Er lernte auch ihren Bruder Conrad Schmidt, über den sich Engels lobend geäußert hat, kennen. Als Schmidt dann zur Rechten in der SPD rückte, störte das den Studenten J. K. in keiner Weise, da er ihn nur über Engels ausfragen wollte.)

In der Antislumkampagne kommt R. Kuczynski vielen sozialdemokratischen Funktionären näher – noch ohne jedes ernste Unterscheidungsvermögen zwischen Kautsky, Bernstein, Südekum, Liebknecht: kein Wunder, wo doch selbst die am klarsten Denkenden der Linken keine Parteischeidung trafen!

J. K. lernt viele von ihnen wie auch Bürgerlich-Liberale kennen, bisweilen ganz vertraulich an der Hand des einen oder anderen gehend. Der Vater wanderte sommers nämlich in einem kleinen Kreis, zu dem unter anderen Friedrich Naumann und Albert Südekum gehörten, fast jeden Sonntag für ein paar Stunden durch den Grunewald, und der Sohn durfte oft mitkommen.

Seine Arbeit über Löhne und Arbeitszeit bringt den Vater vor allem mit Gewerkschaftsfunktionären in Verbindung. Mit weit über hundert steht er in Korrespondenz, und manche kommen in das Haus, wo J. K. ihnen die Tür aufmachen und sie in die Bibliothek des Vaters bringen darf – hin und wieder begleitet er sie nachher zum Bahnhof, damit sie den Weg nicht verfehlen.

All das hat natürlich Einfluß auf das Kind, und es ist nicht verwunderlich, daß der Ausbruch des ersten Weltkrieges ihn anders trifft als andere Kinder aus bürgerlichem Hause.

Johannes R. Becher schildert in dem autobiographischen Roman „Abschied", mit welchen Wünschen er als Kind das neue Jahrhundert erwartete: „Dabei fiel mir ein, was ich mir zu wünschen vergessen hatte. Ganz vergessen hatte ich die vielen Schlachten, die Völkerschlacht bei Leipzig, die Erstürmung der Düppeler Schanzen, die Schlacht bei Mars-la-Tour und die bei Sedan, und es war schrecklich, dort überall nicht dabeigewesen zu sein. Einen großen Krieg nämlich hatte ich mir immer schon gewünscht, wenn ich einmal erwachsen sei. So wollte ich gleich den Vater fragen, ob er glaube, daß es auch im neuen Jahrhundert Krieg gebe und wann ein solcher wohl ausbreche."

Ivor Montagu, Träger des Lenin-Friedenspreises, berichtet in seiner Autobiographie, daß unmittelbar vor Ausbruch des ersten Weltkrieges seine Eltern zahlreiche Gäste über das Wochenende gehabt hätten – auch der österreichisch-ungarische und der serbische Botschafter waren eingeladen gewesen. Wegen der vielen Gäste wurde der kleine Ivor in sein Zimmer verbannt und zu Bett geschickt; dort betete er dann: „O Gott, laß nicht aus alledem nichts werden. Mach doch einen Krieg, selbst wenn er nur klein ist."

Wie anders erlebte J. K. diese Tage. Am 30. oder 31. Juli hatten die Eltern Gäste zum Abendbrot, unter ihnen Südekum. Man saß auf der großen Terrasse mit dem schönen Blick auf den See. Ein letzter Sommertag im Frieden? Bald nach dem Essen verabschiedete sich Südekum und sagte zur Mutter: „Das war ein gutes Essen. Ob es die Henkersmahlzeit vor dem Zuchthaus war, werden die nächsten Tage zeigen." Keiner der Anwesenden bezweifelte die Ehrlichkeit der Worte; keiner wußte, daß Südekum bereits am 28. Juli mit Bethmann Hollweg besprochen hatte, wie man den Vorstand der SPD in die Kriegspartei einreihen könne.

Für J. K. bedeutete ein Krieg, daß der Vater der zwei Südekum-Kinder, die er gut kannte, daß ein Gast der Eltern, mit dem er oft am Sonntag gewandert war, ins Zuchthaus kommen könnte – eine unheimliche, eine schlimme Sache. Und einen Monat später schluchzte er hilflos in den Armen der Mutter, als der Vater sich verabschiedet hatte, um „ins Feld zu ziehen".

Doch im September schon – der Vater war im letzten Moment als überzähliger und ältester Unteroffizier zurückgeblieben und dann von der Regierung für Arbeiten auf dem Gebiet der Ernährung reklamiert worden – legte sich seine „Antikriegsstimmung". Zwar herrschte im Elternhause keine Kriegsbegeisterung, aber die Atmosphäre in der Schule fing ihn ein, und bis zur Februarrevolution empfand er keinen Zwiespalt zwischen Elternhaus und Schule.

Die Februarrevolution war für die Wandlung der „Stimmung" in ganz Deutschland von entscheidender Bedeutung, und Menschen wie die Eltern von J. K. spürten plötzlich eine neue Weltatmosphäre, ein scharfer frischer Wind ließ sie aufmerken, viele Geister begannen sich zu scheiden, weil links tendierendes vages Ahnen sich präzisierte und Vagheit anderer Art erschreckte und sich in die allgemeine Folgsamkeit gegenüber der Obrigkeit zurückzog. Aus dieser Zeit datiert die gute Bekanntschaft von R. Kuczynski mit Einstein, der von Anfang an klarer gesehen hatte auch als der größte Teil der einigermaßen vernünftig gebliebenen Intelligenz, zu dem man die Eltern von J. K. rechnen konnte. Jetzt begann sich J. K. eines scharfen Unterschiedes in der Atmosphäre zu Hause und in der Schule klarzuwerden, die Eltern sprachen in Gegenwart des Zwölfeinhalbjährigen offener, und er wurde politisch gefesselt von all dem Neuen, das er zu begreifen begann.

Das war die Zeit, in der er ein ordentlicher Schüler wurde, ohne die Hilfe der Mutter oder Nachhilfeunterricht auskam und sich geistig stärker entwickelte.

Die Oktoberrevolution brachte nicht nur weiteres Reifen der politischen Haltung der Eltern, sondern – zum ersten und letzten Mal – ein politisches Dominieren der Mutter. Später wird sie – im Gegensatz zum Vater – niemals restlos glücklich sein, daß fünf von ihren sechs Kindern Kommunisten waren und die entsprechenden fünf Schwiegerkinder es ebenfalls waren oder wurden. Sie war auch im Oktober 1917 politisch in vielem hinter dem Vater zurück, aber eine Tatsache dominierte ihr Denken: Lenins Friedensappell.

Die Mutter hatte keine Ahnung von der Bedeutung der Oktoberrevolution, ebensowenig von der Geschichte der russischen Partei und den Kämpfen zwischen Bolschewiken und Menschewiken in dem vorangegangenen Jahrzehnt. Aber sie ist ganz eindeutig und ohne Zögern auf seiten der Bolschewiki – und nur aus einem einzigen Grunde: Bolschewismus bedeutet für sie Frieden. Am 21. November 1917 notiert sie in ihr Tagebuch:

„Die Regierung der Bolschewiki läßt durch ihren Oberbefehlshaber die feindlichen Staaten ansprechen wegen eines Waffenstillstandes zwecks Eröffnung von Friedensverhandlungen. Vorläufig Reuter-Telegramm, aber es sieht ernst und richtig aus! – Wenn nur die Bolschewiki Macht und Ansehn genug hätten, vielleicht bringt ihnen dieser Schritt, was ihnen noch fehlt! – Wenn's nur rasch ginge und wenn wir's nur klug machen..."

Die Novemberrevolution brachte dem Dreizehnjährigen für sein weiteres Leben das politische Engagement. Die Haltung des Vaters wurde für längere Zeit auch die seine; sie hatten keine politischen Meinungsverschiedenheiten, weil der Sohn dem Vater bis zum Ende der Schulzeit getreu folgte. J. K. charakterisiert die Haltung des Vaters in seiner Biographie:

In solcher Stimmung, bitter, zynisch in bezug auf die herrschende Klasse, in vielem noch reformistisch naiv, doch voll Ahnung der Bedeutung der Großen Sozialistischen Oktoberrevolution, in Verbindung – aber noch nicht verbunden – mit der Arbeiterklasse, durchlebte Kuczynski das letzte Jahr des Krieges. Aus dem kühlen und unbegeisterten Gläubigen an den Verteidigungskrieg von 1914 war ein erbitterter Gegner des imperialistischen Weltkrieges, jedoch noch kein stets hoffnungsvoller Kämpfer für den Fortschritt unter Führung der Arbeiterklasse geworden...

Die militärische Niederlage hatte Kuczynski seit längerem erwartet – eine Revolution nicht.

Immerhin findet er sich schnell genug soweit zurecht, daß er engste Verbindung zu den Unabhängigen (Unabhängige Sozialdemokratische Partei Deutschlands) aufnimmt und eine konsequent klare Haltung gegen das Monopolkapital zeigt – ohne jede Ahnung jedoch von der Strategie der proletarischen Revolution, wie sie die Bolschewiki unter Führung Lenins entwickelt hatten...

Ein Schreiben von August Müller als „Staatssekretär des Reichswirtschaftsamts" vom 20. Dezember 1918 bestätigt, daß Kuczynski dort ehrenamtlich als „Beirat der Sektion III/2 für die Bearbeitung statistischer Fragen, insbesondere zur Vorbereitung der Friedensverhandlungen", tätig war. Kaum vier Monate später liegt ein zweites Schreiben in dieser Angelegenheit vor, das das Zentralorgan der Unabhängigen, die „Freiheit", vom 12. April 1919 mit folgendem Vorspann veröffentlichte:

„Wir geben den nachstehenden Artikel Direktor Kuczynskis um so lieber wieder, als es sich um die Äußerungen eines Mannes handelt, dessen fachmännische

Autorität und Unabhängigkeit des Charakters seinen Worten großes Gewicht verleiht. Die Behandlung dieses Mannes durch das Wirtschaftsamt ist ein neuer Skandal, der sich an die übrigen reiht. Zur Untätigkeit und Unfähigkeit, die die ganze Regierung kennzeichnet, tritt bei diesem Amte noch die anmaßende Überheblichkeit besonders aufreizend hervor."

Die ganze Angelegenheit ist an sich völlig unwichtig. Sie ist aber deswegen nicht uninteressant. Sie zeigt die schon wenige Monate nach dem November wieder gefestigte reaktionäre Bürokratie im Sattel gegen alle fortschrittlichen Kräfte. Sie deutet auch die eisige Unbekümmertheit um alle „Formen des Umgangs" an, mit der Kuczynski dieser reaktionären Bürokratie begegnet. So heißt es in dem „offenen Brief" Kuczynskis:

„Berlin-Schöneberg, den 4. April 1919

Sehr geehrter Herr Unterstaatssekretär,

ich erhielt gestern das folgende Schreiben:

‚Reichswirtschaftsministerium

Berlin NW 7, den 31. März 1919

Luisenstr. 32/34

H. B. 626

Euer Hochwohlgeboren haben Herrn Dr. Franke gegenüber den Wunsch geäußert, mit Rücksicht auf sonstige starke Inanspruchnahme von der weiteren Tätigkeit für das Reichswirtschaftsministerium entbunden zu werden. Indem ich diesem Wunsche Rechnung trage, danke ich bestens für die dem Reichswirtschaftsministerium bisher ehrenamtlich geleisteten wertvollen Dienste, die meine volle Anerkennung gefunden haben.

In Vertretung: W. v. Moellendorff'

Es ist nicht richtig, daß ich Herrn Dr. Franke gegenüber den Wunsch geäußert habe, mit Rücksicht auf sonstige starke Inanspruchnahme von der weiteren Tätigkeit für das Reichswirtschaftsministerium entbunden zu werden, und es ist auch nicht richtig, daß meine dem Reichswirtschaftsministerium bisher ehrenamtlich geleisteten wertvollen Dienste Ihre volle Anerkennung gefunden haben. Der Sachverhalt ist vielmehr folgender:

Ich hatte von Ihnen unter anderem auch den Auftrag erhalten, den von dem Herrn Staatssekretär des Auswärtigen Amtes angeforderten Bericht betreffend unsere wirtschaftliche Schädigung durch die völkerrechtswidrige Blockade abzufassen, und hatte ihn nach den mit Ihnen vereinbarten Grundsätzen und im dauernden Zusammenarbeiten mit den Fachsektionen des Reichswirtschaftsamtes und anderen Sachverständigen angefertigt. Ich kam zu einem Gesamtschaden von vier Milliarden. Mein Entwurf wurde von allen Instanzen gebilligt. Herr Staatssekretär Dr. Müller verweigerte aber die Unterschrift und erteilte einem gänzlich unvorbereiteten Hilfsarbeiter des Statistischen Reichsamts den Auftrag, binnen vierundzwanzig Stunden einen neuen Bericht zu schreiben. Zur Charakteristik dieses neuen Berichts möchte ich nur daran erinnern, daß er allein den volkswirtschaftlichen Schaden durch Mindererzeugung von Fleisch infolge des Fortfalls von ausländischen Futtermitteln auf fünfunddreißig Milliarden bezifferte. Der Bericht hatte überhaupt ganz das Gepräge jener verlogenen amtlichen Auslassungen, die Sie in unserer Besprechung vom 17. Januar über ‚Ehrlichkeit bei den Reichsstellen' so streng verurteilt hatten, und es zeigte mir, wie gering Sie meine Arbeit einschätzten, als Sie jenen Bericht ohne Rücksprache mit mir unterschrieben und an das Auswärtige Amt abschickten.

Hätte ich das Hauptziel meiner ehrenamtlichen Tätigkeit im Reichswirtschaftsministerium darin erblickt, die volle Anerkennung seiner Leiter zu finden, so hätte ich damals sofort ausscheiden müssen. So aber hielt ich mich zur weiteren Verfügung des Amtes. Ich bin jedoch seitdem (Ende Januar) zu keiner einzigen Beratung zugezogen und mit keiner weiteren Arbeit betraut worden."

Damit hatte die Tätigkeit Kuczynskis in einem Regierungsamt nach viermonatiger Dauer für immer ein Ende erreicht. Er war als ehrlicher Wissenschaftler politisch nicht mehr tragbar, weil er als ehrlicher Wissenschaftler die Interessen des Volkes vertreten mußte und das in der Regierung der Weimarer Republik schon damals nicht möglich war.

Ganz offenbar hatte der Vater Freude an der politischen Entwicklung des Sohnes, denn seit 1919 nimmt er ihn auch zu Versammlungen mit, auf denen er spricht. Eine Tagebucheintragung des Vierzehnjährigen vom 22. Juli 1919 lautet: „Heute war ich in einer Volksversammlung der SPD in Schöneberg in der Fichte-Realschule. Hier sprach Vat über das Finanzprogramm Erzbergers mit besonderer Berücksichtigung des Reichsnotopfers. Zuerst, als Vat sprach, machten sie großen Lärm – es waren auch eine ganze Menge von der USPD da. Aber als Vat erklärte, er könne wohl so laut schreien wie jeder von ihnen, aber nicht wie alle zusammen, wurde es stiller. Dann hörten sie sehr gespannt zu und klatschten zum Schluß. Eine Resolution, die Vat aufgestellt hatte, wurde angenommen. In dieser stand, daß das Finanzprogramm Erzbergers völlig unzureichend sei. Am Ende von Vats Rede flog etwas durch die Luft in der Größe eines Kienapfels. Als es eine Frau traf, hatte sie eine Brandwunde. Unerhört!!!"

1920, während des Kapp-Putsches, nimmt ihn der Vater mit zu einer Freundin der Mutter, Vicky Calé, der Geliebten Oskar Vogts, der später Lenins Hirn sezieren wird. Dort wohnt illegal Karl Kautsky. Und wie bei Conrad Schmidt, wie auch bei Bernstein, den er wenig später kennenlernt, interessiert den Schüler nur Engels, nach dem er jeden ausfragt. Doch ist ihm von den Erzählungen nichts weiter im Gedächtnis geblieben, als was er später in veröffentlichten Erinnerungen nachlesen konnte, ganz im Gegensatz zu einer Mitteilung, die er siebenunddreißig Jahre später, 1957, in Peking erhielt und die in diesem Zusammenhang gleich notiert sei: Dort hatte er den einzigen jüdischen chinesischen General, Two-Gun-Cohen, den es gab, gibt und geben wird, kennengelernt. Er war vor dem ersten Weltkrieg von London nach Kanada ausgewandert und hatte dort als Holzfäller gearbeitet. Einen Chinesen, den man in einer Kneipe belästigte, schützte er, wurde sein body-guard (Schatten) und ging in dieser Eigenschaft mit ihm nach China. Der Chinese wurde nach dem Sturz des Kaisertums der erste Präsident Chinas: Sun Yat Sen. In seinem Dienst avancierte Two-Gun-Cohen zum General und Verbindungsmann von Sun Yat Sen zur Kommune in Kanton, ohne selbst Kommunist zu werden. Auch als China kommunistisch geworden und er nach England zurückgekehrt war, blieb er, wie er sagte, „den Interessen Chinas treu" und vor allem der Frau von Sun Yat Sen, die Vizepräsidentin der Volksrepublik wurde, ergeben. Als J. K. und seine Frau ihn kennenlernten, vertrat er englische Konzerne in China. Sie waren viel mit ihm zusammen, und er hatte interessante Geschichten zu berichten, um derentwillen ihm die Genossin Kuczynski selbst die unanständigsten Sachen, die er hin und wieder einstreute, gern, wenn auch stets rot geworden, vergab. Als sie sich nach einigen Wochen, am Ende des letzten Zusammenseins, von ihm verabschiedeten, sagte er: „Und nun will ich Ihnen noch etwas erzählen, was Ihnen Freude machen wird. Sie wissen, ich bin kein Kommunist. Aber mein Onkel, der im Textilhandel war, hat mir immer erzählt, was für ein grundanständiger Geschäftsmann Ihr Friedrich Engels war."

Seine „Engels-Forschungen" als Schüler bei Kautsky, Bernstein und Conrad Schmidt hatten nichts Mitteilenswertes gebracht. Doch mehr als sechzig Jahre nach dem Tode von Engels erhielt er diese Nachricht, die er in keinem Buch verzeichnet fand. –

Seine politische Entwicklung schied J. K. 1917 von allen Mitschülern, von denen die „linkesten" liberal-demokratisch waren, keiner auch nur mit den Rechten der Sozialdemokratie sympathisierte und die große Mehrheit sich rechts orientierte. Doch genügte diese politische Scheidung nicht, um J. K., außer bei Einzelgelegenheiten, zu isolieren. Es gab zu viele Berührungspunkte im Unterricht, und weder die politische Haltung von J. K. noch die der anderen war so gefestigt und alles durchdringend, um sie daran zu hindern, sich in gemeinsamer Freude an zahlreichen Werken der schönen Literatur oder auch der Wissenschaft treffen zu können. Meinungsverschiedenheiten auf diesen Gebieten nahmen nicht so prinzipiellen Charakter an, daß sie Schulfreundschaften zerstörten.

Die politische Entwicklung von J. K. in dieser Zeit trug noch nicht entscheidend zu seiner allgemeinen kulturellen Entwicklung bei, die, weltanschaulich und in manch anderer Beziehung, ein erstaunlicher Mischmasch war. Vor allem fand er sich nicht zwischen künstlerischer und wissenschaftlicher Haltung zurecht. So erzählt er im Rückblick:

Irgendwann gegen Ende der Schulzeit, in den Ferien, fanden mich die Eltern, als sie von einem Spaziergang zurückkehrten, auf einer Wiese liegen und den „Faust" lesen; ich sah auf und erklärte ihnen, weltschmerzlich verärgert: „Ihr lastet wie zwei Seelen auf meiner Brust." Meine Mutter meinte lächelnd, solange die Seelen nicht wie im „Faust" in der Brust, sondern nur auf der Brust ringen, könne es nicht so schlimm sein. Ich aber entgegnete: „Du hast es gut, du hast nur die Familie und die Kunst, Vater hat nur dich und die Wissenschaft. Ich aber habe von euch die Kunst und die Wissenschaft mitbekommen – wie soll man das schaffen?!"

Früh hat mich die Mutter gelehrt, Schönheit zu sehen und zu lieben. Nicht an ihr – das konnte ich von selbst –, aber in der Malerei, in der Architektur, in der Landschaft und im Menschen. Und was für ein gelehriger, genußsüchtiger Schüler war ich! Bis heute bin ich selten in Paris, ohne fast täglich in den Louvre zu gehen, oder in Leningrad, ohne möglichst häufig die Ermitage zu besuchen, und wie gern sehe ich schöne Frauen an, lese Verse von Hölderlin oder Becher, höre Haydn und Mozart.

Aber mein Vater hat gesiegt, und ich bin Wissenschaftler geworden – zumal ich, außer für Tanzen, auf keinem Gebiet der Kunst wirkliche Begabung zeigte.

In den frühesten Gesellschaftsordnungen pflegte das Eintreten der Pubertät damit gefeiert zu werden, daß der junge Mann die ersten Waffen tragen darf, in der Familie Kuczynski ist es „ein Zeichen der Pubertät", daß man anfangen darf, die Bibliothek zu katalogisieren. Wie jede richtige private Bibliothek weist auch die der Familie Kuczynski eine Reihe Katalogkästen auf, die vielversprechende Anfänge allgemeinverständlicher Ordnung darstellen, über die man aber niemals sehr weit hinausgekommen ist.

Über seine erste aktive Berührung mit der Familienbibliothek erzählt J. K. heute:

So richtig es mir aus den verschiedensten Gründen erscheint, daß Don Juan durch Leporello einen Katalog seiner Freundinnen anfertigen ließ, so wichtig finde ich es, daß man sich in seiner eigenen Bibliothek, mag sie auch wie die unsrige von Zeit zu Zeit die Zahl von fünf-

zigtausend Büchern überschreiten, ohne Katalog zurecht-
findet. Auf der anderen Seite ist das Katalogisieren für
einen Schuljungen ein ausgezeichnetes Mittel, mit einer
Bibliothek, deren Bücher ihm inhaltlich zumeist noch
nicht zugänglich sind, vertraut zu werden. Ich begann
mit der griechischen und lateinischen Literatur.

Später nahm ich mir die Literatur – schöne und Geschichte – Frankreichs vor, um meine Sprachkenntnisse
zu verbessern. Als mein Vater einen Teil der Bibliothek
seines Lehrers Brentano erhielt, stürzte ich mich, ich war
damals vierzehn Jahre alt, auf die Originalwerke der
I. Internationale, auf alte merkantilistische Schriftchen,
überhaupt auf englische politische Ökonomie. Den Text
verstand ich wegen der Sprache noch kaum, ich strei-
chelte und ordnete aber die Originale aus dem 16., 17.
und 18. Jahrhundert, die erste, zweite und dritte Ausgabe von Ricardos „Principles", die Erstausgaben von
Malthus und James Mill, Flugschriften der I. Internationale auf englisch, französisch und deutsch, mit Rand-
notizen von Brentano.

Den Einfluß, den die Beschäftigung mit der Bibliothek auf die geistige Entwicklung von J. K. ausübte,
kann man nicht hoch genug einschätzen und auch nicht
die Tatsache, daß ihm in kürzester Zeit ein wesentlicher
Teil der schönen und der wissenschaftlichen Literatur
der Welt auf einmal und auf die verschiedenste Weise
bekannt wurde: der geringste Teil durch Lesen (wobei
er selbst von dem Gelesenen vieles noch nicht verstand),
mehr durch Herumblättern, das meiste durch die Titel-
aufnahme und vielleicht einen Blick in das Inhaltsver-
zeichnis oder das Vorwort. Solch umfassender, überwäl-
tigender, wenn auch ganz oberflächlicher Eindruck (im
wahrsten Sinne des Wortes) der Weltliteratur auf einen
Schüler hat einerseits natürlich eine große positive Bedeutung, ist aber auch nicht ungefährlich, da er zur

„Hochstapelei" ermutigt – und auch J. K. dazu ermutigte: man kann „viel leichter mitreden", kann „gelehrt mit Namen und Titeln" prahlen und so weiter. Wenn solches Hochstapeln damals nicht charakteristisch für ihn wurde, hat er dafür dem Vater zu danken, der teils mit seiner ernsten, soliden Arbeit ein gutes Beispiel gab, teils aber auch durch „bescheidene" Fragen bei „gelehrten Feststellungen" des Sohnes diesen schnell auf den ganz kleinen Boden seiner Realität zurückbrachte.

Die überaus erfreuliche geistige Entwicklung von J. K. in den letzten fünf Schuljahren macht es verständlich, daß er noch heute den geistigen Lebenseifer jener Zeit so nachempfinden kann:

Damals wurde ich zum begeisterten Leser schöner Literatur. Am 18. Juli 1919 bemerkte ich ins Tagebuch: „Ich arbeite jetzt für Lohn im Garten, um mir dann Storms Werke zu kaufen." Bedenkt man, daß das verhaßte Unkrautausreißen zu den selbstverständlichen Pflichten gehörte, dann nimmt diese zusätzliche Gartenarbeit geradezu heroisches Opfermaß für Bücherkäufe an. Aus demselben Jahr stammen Notizen über die Lektüre von Heinrich Manns „Untertan", über Tolstois „Kaukasische Erzählungen" und „Sewastopol", „Wilhelm Meisters Lehr- und Wanderjahre", den Jahrgang 1904 der „Deutschen Rundschau", R. M. Meyers Literaturgeschichte sowie natürlich über häufige Theaterbesuche deutscher Klassikeraufführungen.

Bald darauf erfolgte eine Wendung zu den Expressionisten in Malerei und schöner Literatur. Ich las Gedichte von Becher und Rudolf Leonhard, meinen späteren Genossen, und im Tagebuch finden sich 1920 nicht weit voneinander entfernt ein „Beweis" für die Nichtexistenz Gottes (der in früheren Jahren keine geringe Rolle beim „Erringen besserer Zensuren" gespielt hatte) und das einzige Gedicht, das im übrigen schon „über den Expressionismus hinausgeht" und Schmerz beim Abschied von zu Hause vor einer Ferienreise ausdrücken soll.

In Anbetracht seiner mangelnden Begabung für das Dichten – von der er später stolz zu sagen pflegte, „wie Marx" – hat er nur sehr wenige und nach der Studentenzeit nur ein einziges Gedicht geschrieben, nämlich auf seine Frau, vor der Heirat. Er war aber vernünftig genug, ihr davon nur zu schreiben, es ihr nicht zu zeigen.

Nach den Expressionisten wurden Keller, Kleist und E. T. A. Hoffmann zur Lieblingslektüre. Hier zeigt sich das typische begeisterte Durcheinander geistigen Erwachens – das natürlich auch die Lehrer bekümmerte. Da steht als Beurteilung unter einem Aufsatz mit der Thematik „Das ‚ewige Stirb und Werde' in Natur und Menschenleben": „Die Arbeit ist zu aphoristisch und nicht mit der nötigen Gründlichkeit zu einem harmonischen Ganzen zusammengefaßt. Einige Beispiele sind gesucht. Die impressionistisch gefaßte Bilderform darf nicht zur Manie werden." Oder milder und weiser unter dem Aufsatz „An gutem Alten in Treue gehalten, an kräftigem Neuen mitschaffend sich freuen": „Bei aller Anerkennung der Ansätze zu selbständiger Stilgestaltung ist doch vor der Gefahr der Effekthascherei und eines zu großen Intellektualismus zu warnen. Die Beispiele sind nicht immer glücklich; das Thema nicht immer scharf genug betont. Immerhin als Schülerleistung durchaus befriedigend." –

Wichtiger für unser Vorhaben ist jedoch die Verfolgung der wissenschaftlichen Lektüre des J. K. Darüber kann er leicht amüsiert berichten:

Mit sechzehn begann ich, wie ich das damals nannte, „Ernsthaftes" zu lesen, Hartmanns „Philosophie des Unbewußten", Nietzsche und vor allem Kant. Deutlich sehe ich noch vor mir, wie ich eines Tages, als der Vater aus der Stadt nach Hause kam, die Treppe hinabstürzte und ihn mit der für mich überwältigenden Mitteilung umarmte: „Ich habe ‚das Ding an sich‘ verstanden." In einem Brief an die verreiste Mutter vom 7. Januar 1921 heißt es: „Kant ‚Zum ewigen Frieden‘ ist beendet. Ich habe sehr viel daraus gelernt und viele neue Gesichtspunkte auch für die jetzige Zeit gewonnen." Für mein damaliges Verhältnis zu den Eltern ist auch der Schluß des Briefes kennzeichnend: „Abends lese ich immer noch und gehorche Dir hierin sehr wenig; denn am Abend bemerke ich immer besonders, daß Du nicht da bist. Ich freue mich schon sehr auf Vat. Er ist doch immerhin schon ein gutes Surrogat für Dich."

Mit Begeisterung las ich Platon – ich verkaufte einen Teil meiner Briefmarken, um die Schleiermachersche Übersetzung im Georg Müller Verlag zu erwerben, las ihn mit noch größerem Vergnügen in Diederichs Bänden und auch auf griechisch und wurde so vertraut mit ihm, daß ich, als uns beim Abitur ein Stück aus einem Dialog – ich habe vergessen, welchem – zur Übersetzung gegeben wurde, es sofort placieren konnte. Leider fühlte ich mich dadurch so sicher, daß ich bei der Übersetzung zwar bei weitem als erster fertig wurde, aber so viele Flüchtigkeitsfehler machte, daß ich statt der gewohnten Zwei im Schriftlichen nur eine Drei bekam.

Die erste Berührung mit wirtschaftswissenschaftlicher und politischer Literatur war schon bei der Darlegung des Einflusses des Bücherkatalogisierens kurz angemerkt worden. Zu erwähnen ist, daß J. K. im vorletzten Schuljahr den ersten Band des „Kapitals" las. Das fiel ihm sehr schwer, weit schwerer als Adam Smith und Ricardo. Ja man kann vielleicht sagen: von allen wissenschaftlichen Werken, die er las, begriff er zwar nur einen geringen Teil des Inhalts, erkannte ihre Bedeutung auch nur zum geringen Teil, doch er bildete sich ein, sie wirklich verstanden zu haben – beim „Kapital" aber hatte er wohl als einzigem wissenschaftlichen Werk das Gefühl, gescheitert zu sein, es später, wenn er mehr wüßte, „noch einmal lesen" zu müssen. Das war für ihn ein großes, wenn auch unerwartetes und ihm keineswegs erfreulich scheinendes Erlebnis. Es wird noch zwei Jahre dauern, bis er wieder an den ersten Band geht und sich dann einbildet, auch „das ‚Kapital' verstanden" zu haben. Bis er es wirklich versteht, das heißt begreift, daß es unausschöpflich ist, wird noch viel Zeit vergehen. Dann wird er erkennen, wie recht sein späteres Vorbild, der große Politökonom Eugen Varga, hatte, als er ihm sagte: „Ein Politökonom muß das ‚Kapital' jedes Jahr einmal lesen."

In die Zeit der Lektüre des „Kapitals" fällt ein Beispiel grausamer Kulturlosigkeit des J. K., das jedoch erwähnenswert ist als erstes Anzeichen wirklicher Arbeitsdisziplin, deren Ausprägung er später viel verdanken wird. Er berichtet darüber:

Als „schöne" Lektüre las ich neben dem „Kapital" Dantes „Göttliche Komödie", die mich entsetzlich langweilte, die ich aber „in jedem Fall gelesen haben" wollte. Um zu vermeiden, daß sie mich an der Lektüre anderer schöner Literatur hinderte, griff ich zu folgendem Trick – wie mir heute scheint, der erste Schritt zu arbeitsdisziplinierter Lektüre: ich stellte den Wecker von siebeneinhalb Minuten nach sieben auf siebeneinhalb Minuten vor sieben und quälte mich jeden Morgen eine Viertelstunde mit der „Göttlichen Komödie", bis ich zu meiner Erleichterung „durch war". (Später habe ich sie mit mehr Verständnis noch einmal gelesen, teilweise im Original, als ich mich kurze Zeit für George interessierte.)

Die Schulzeit ging dem Ende zu. Lassen wir J. K. über seine weiteren Pläne direkt berichten, und diesmal auch mit einem Blick in sein „Privatleben", um nicht den

Eindruck zu erwecken, daß er ein unangenehm „strebsamer junger Mensch voller Pflichtbewußtsein und Pflichteifer" war:

Daß ich studieren würde, „war klar". Schon als Primaner hatte ich begonnen, an der Berliner Universität bei Wilamowitz-Moellendorff einmal wöchentlich je eine Vorlesung über athenische Demokratie und über die griechischen Götter zu hören. Obgleich ich natürlich vieles nicht begriff, war ich doch von dem greisen Gelehrten, der souverän und weise sprach, so beeindruckt, daß er mir noch heute deutlich vor Augen steht. Zu dem, was ich sofort begriff, gehörte sein Ausspruch, daß Kenntnis der Grammatik nicht entscheidend für das Verstehen der griechischen Autoren wäre. Als ich in der Schulstunde bei irgendeiner grammatischen Frage versagte und diesen Ausspruch recht stolz vorbrachte, meinte der Lehrer ganz richtig, daß ich ihn wiederholen dürfte, sobald ich die Grammatik so beherrschte wie Wilamowitz; da ich dem zustimmen mußte, hatte ich nie wieder im Leben Gelegenheit dazu.

Was aber sollte ich studieren? Die Arbeiten meines Vaters auf dem Gebiet der Wirtschaftswissenschaften beziehungsweise der Wirtschaftspolitik kamen mir immer etwas „untergeordnet" vor, ohne genügend Theorie, und ich meinte, es wäre nützlicher und lohnender, Philosophie zu studieren und Wirtschaftswissenschaften nebenbei zu treiben. Mein Vater hörte sich mein Zukunftsgeschwätz mit der weisen Milde des tüchtigen Gelehrten gegenüber der Überheblichkeit des Primaners freundlich an und ließ mich Philosophie studieren, zumal das in einen Plan paßte, den er selbst noch als Student gefaßt hatte. Als er nämlich in Straßburg Wirtschaftswissenschaften studierte und nebenbei Philosophie bei dem jungen Dozenten Paul Hensel hörte, war er von diesem so begeistert, daß er nach der ersten Vorlesung zu ihm ging und – mein Vater war damals weder verheiratet, noch hatte er Kinder – seinen Sohn, wenn er das entsprechende Alter erreicht hätte, für dessen erste Vorlesung bei Hensel anmeldete. Wenn in England die Söhne der Spitzenvertreter der herrschenden Klasse nach der Geburt für die vornehmsten Internatsschulen des Landes Eton und Harrow eingetragen werden, war ich bereits lange vor der Konzeption bei Paul Hensel für seine Philosophievorlesung angemeldet. Ich habe diese Vorplanung meines Vaters niemals zu bereuen gehabt.

Die Monate vor dem Abitur standen wenig unter dem Schatten dieses Ereignisses. Am 21. Oktober 1921 notierte ich ins Tagebuch: „Ich tanze viel und gerne und lese Boccaccio ‚Dekameron‘.“ Den ganzen Winter wurde mindestens ein-, öfter zweimal in der Woche getanzt. Am 21. Januar 1922 heißt es: „Tanzstundenball bei Vera Kantorowicz. Einer der schönsten Tage meines Lebens. Ich gewann den Onestep-Preis beim Preistanzen. Vera tanzte wundervoll graziös. Wir beide hätten auch den Boston-Preis bekommen, wenn wir nicht schon den Onestep-Preis gehabt hätten. Nach dem Preistanzen tanzte ich mit Marianne. Sie bot mir das Du an. Ich bin sehr glücklich.“ In dem halben Jahr vor dem Abitur war ich in mindestens drei Mädchen „rettungslos“, „endgültig“, „so intensiv wie noch nie“ verliebt. Bei einem Tanz bei mir zu Haus erhielt jeder Partner eines Paares als Tischkarte die Hälfte eines von mir verfaßten Schüttelreimes, unter denen einige, wie es mir schien mit Recht, bewundert wurden:

Ich würde selbst für ohne Löhne schippen
dürft ich nur küssen Deine schöne Lippen

Es liegen auf der Lauer Diebe
und gefährden Deine Dauerliebe

Als wenn's mich mit der Macht des Leuen triebe
häng ich an Dir mit meiner treuen Liebe

Gleichzeitig las ich viel Gorki und schrieb, „Marianne gewidmet", ein Gegenmärchen zu Gorkis „Die alte Isergil".

Am 4. März 1922 muß ich dann betrübt über das Abitur notieren: „Heute vor acht Tagen mit dem Schriftlichen begonnen. Ich glaube, ich habe alles verhauen." Vierzehn Tage später heißt es aber wieder: „Heute war Maskenball bei L.s. Mit Hanna" (die inzwischen Marianne gefolgt war – J. K.) „Riesenkrach. Ich habe sie sechsmal vergeblich zum Tanz aufgefordert." Die nächste Eintragung vermeldet am 23.: „Reifeprüfung vorm Schulrat bestanden." Zwei Tage später fand wieder ein Tanz statt, auf dem Hanna sehr gnädig war.

Am 29. April schreibe ich: „Fünf Minuten nach zwölf Uhr nachts. Also früh am Morgen. Der letzte Tag zu Haus. Morgen früh (30.) nach Erlangen."

Schätzen wir J. K.s Entwicklung am Ende seiner Schulzeit ein, dann sehen wir, daß Familientradition und das stete Beispiel des Vaters den im ganzen normalen, durch keine besondere Begabung allgemein oder auf einem Spezialgebiet auffallenden Jungen formten. Jeder seiner Lehrer – und manche von ihnen waren wirklich gute Pädagogen – hätte neben ihm mit vollem Recht mehr als ein halbes Dutzend seiner Mitschüler nennen können, die ebenso „versprechend" waren wie er.

Man kann auch nicht sagen, daß er, im Vergleich zu allen anderen Mitschülern, etwa besonders einseitig wissenschaftlich interessiert war. Er tanzte und schwamm mehr und besser als die anderen, ging wie andere, wann immer er genug Taschengeld hatte, ins Theater, schrieb selbstverständlich ab, wenn es sich ergab, und stand seinem Nachbarn und Hintermann zu dem gleichen Zweck kameradschaftlich zur Verfügung. Was ihn vor anderen auszeichnete, war der Beginn eines organisierten Arbeitsfleißes, den er unbewußt vom Vater übernahm.

Ein Glücksumstand für seine Entwicklung war die geistige Atmosphäre, in der er aufwuchs: die Unterhaltungen der Eltern beim Mittagessen oder ein Spaziergang mit dem Vater brachten, ohne daß der Junge darauf achtete und bewußt das Gehörte verarbeitete, ein natürliches geistiges Reifen, das weder in Schulleistungen noch etwa gar in schriftlichen Ausarbeitungen zu Hause konkreten Ausdruck fand. Es war mehr eine Vorbereitung auf das, was die Universität und die Zukunft überhaupt fordern würden. In ähnlicher Richtung wirkten die Beschäftigung mit der Bibliothek und vielleicht auch, was schwer zu sagen ist, der künstlerische Einfluß der Mutter.

Ganz anders ist die politische Entwicklung des Jungen einzuschätzen. Nicht, daß er politisch besonders reif war. Die älteste, drei Jahre jüngere Schwester Ursula wurde vor ihm Kommunist! Dem Vater gegenüber war er politisch weder weiter noch „radikaler". Aber unter seinen Mitschülern und Freunden stand er allein, er war fortschrittlicher als sie und hatte sich sowohl geistig wie auch gelegentlich körperlich gegen sie zu verteidigen. Scharf zu diskutieren, zu streiten, zu kämpfen, sich seiner Haut zu erwehren, lernte J. K. nicht zuerst auf wissenschaftlichem, sondern auf politischem Gebiet. Natürlich auf niedrigem Niveau, bedingt schon dadurch, daß sein „Held" Lassalle war. Als der Kommunist J. K. 1930 in Moskau auf dem Obelisken, der die von Lenin ausgesuchten Namen der großen Revolutionäre trug, auch den Namen Lassalle las, erinnerte er sich lächelnd seiner „Jugendsünde".

Merkwürdig diese Kindheit – nichts deutet klar auf die zukünftige Entwicklung, aber rückblickend ist es leicht zu sehen, wie gut die Zukunft schon in dieser frühen Zeit vorbereitet wurde. Vorbereitet nicht etwa durch J. K., sondern durch die verschiedensten Umstände, die seine Entwicklung begünstigten.

Kapitel II Universitätsstudium

Verhältnismäßig jung, mit siebzehneinhalb Jahren, begann J. K. sein Studium in Erlangen. Er wohnte als „zahlender Gast" bei Hensel, bei dem ihn ja, lange vor seiner Geburt, der Vater zum Studium angemeldet hatte. Über Hensel und sein Haus soll J. K. direkt berichten:

Welch andere und wieder so eindrucksvolle Umgebung! Paul Hensel war „Neukantianer der südwestdeutschen Richtung", Schüler von Windelband, eng verbunden mit den anderen, hochgebildeten, in der alten deutschen bürgerlichen Kultur verankerten Neukantianern – mit Cassirer, Kühnemann, vor allem auch Rickert. Das Haus voller Erinnerungen an den Ururgroßvater Moses Mendelssohn, den Freund von Lessing – so besaß er einen der Affen, die Mendelssohn, um preußischer Bürger zu werden oder um heiraten zu dürfen (ich weiß es nicht mehr genau), von der Preußischen Porzellanmanufaktur kaufen mußte –, voller Erinnerungen an die Großmutter Fanny Mendelssohn-Bartholdy, die Schwester von Felix, die Frau des Hofmalers Wilhelm Hensel, an den Vater, der den Kaiserhof in Berlin gebaut hatte, und an viele Freunde der Vorfahren. Ein Bruder Hensels war der Marburger Mathematiker Kurt Hensel, eine seiner Schwestern hatte den Sohn des bedeutenden Naturwissenschaftlers Du Bois-Reymond zum Mann – beide gute Freunde meiner Eltern –, eine andere den Göttinger Latinisten Leo. Politisch waren Hensels deutsch-national, doch vernünftig genug, um stets Verachtung für den Kaiser und natürlich scharfe Feindschaft gegenüber den „Völkischen" und Nazis zu haben. Elisabeth war Hensels zweite Frau, Tochter eines Generals, ehemalige Frau des Philosophen Nelson, eine etwas laute Walküre, groß, blond, stark, musikalisch, eingebildet auf die intellektuelle Atmosphäre, in der sie sich bewegte, doch in keiner Weise das Verhältnis zwischen dem bei ihr logierenden Studenten und Paul Hensel störend.

J. K., dessen Sinn für Familientradition und Geschichte seit der Begegnung mit der Urgroßmutter stetig gewachsen war, sah in Paul Hensel einen ganz besonderen Menschen, ein „Stück deutscher Kultur". Seine große Herzensgüte und Aufgeschlossenheit, seine blendende und witzige Erzählkunst, seine hervorragende Lehrtätigkeit, die Fähigkeit, weise zu resignieren – er hatte so schlechte Augen, daß ihm schon seit Jahren täglich vorgelesen werden mußte –, und zugleich vieles noch voll genießend – die Ehe, gutes Essen, eine gute Zigarre und vor allem gute Bücher und einen guten Gesprächspartner –, machten ihn dem jungen Studenten zu einem wundervollen Freund.

Seine glänzende Diskutierkunst brachte J. K. oft in Verlegenheit. In einer Karte vom 22. Juni 1922 schrieb er an seinen Vater: „Wann kommst Du eigentlich her? Mutti schrieb früher einmal davon. Es wäre doch herrlich. Wenn Onkel Paul mich immer durch seine dialektischen Fähigkeiten besiegt in Sachen, wo ich wirklich recht habe, wie zum Beispiel, daß die Mehrwerttheorie von Marx stimmt, tröste ich ihn immer auf die Zeiten, wo Du da bist und wir beide ihn unterkriegen werden."

Von Hensels witzigen Bemerkungen und Geschichten seien einige hier angemerkt:

Über zweite Ehen: „Man kann seiner ersten Frau kein besseres Kompliment machen, als noch einmal zu heiraten." – „Wer zum zweiten Mal heiratet, verdient gar nicht, die erste Frau verloren zu haben." – Wann soll man heiraten? „Nicht wahr, glauben Sie nicht auch, daß es falsch ist, am Freitag zu heiraten?" – „Selbstverständlich! Warum soll der Freitag eine Ausnahme machen?" –

Er behauptete, sich bei einem Kollegen, der noch in

hohem Alter geheiratet hatte, nach dessen Rückkehr von der Hochzeitsreise erkundigt zu haben, wie er seine Zitterwochen verbracht hätte. – Sein liebster Titel einer Erlanger Dissertation: „Die Abtreibung der Frucht und ihre strafrechtliche Verfolgung. In Dankbarkeit meinen Eltern gewidmet." – Nach einer Wurstvergiftung (in einem Brief an J. K. vom 29. Januar 1924): „Dabei wurde mir klar, wieviel mich doch von Sokrates trennt. Denn diesem war das Gift Wurst, mir aber wurde die Wurst Gift."

Am Abend seines ersten Tages bei Hensel erzählte J. K., wie der alte Statistiker Böckh* ihm in seinem ersten Lebensjahr – von J. K.s Mutter sehr genau aufgeschriebene – Ratschläge für das Studentenleben auf Grund seiner eigenen Bummeleien und der seiner älteren Freunde Heine, Felix Mendelssohn-Bartholdy und anderer Mitglieder der Berliner jeunesse dorée jener Zeit gegeben hätte, daß aber seine, J. K.s, Studienzeit aus Geldmangel ja wohl ganz anders aussehen würde. „Ja", meinte Paul Hensel, „da hast du wohl recht. Und dann ist Erlangen eine ganz bornierte Kleinstadt, und neunzig Prozent der Studenten sind wilde Antisemiten."

Die Legitimationskarte der Universität nennt J. K. merkwürdigerweise stud. rer. pol., obwohl sein Hauptfach Philosophie war und er wenig anderes hörte. Alles, was Hensel las, belegte er: eine Einführung in die Philosophie, von der er in einem Brief an die Mutter schrieb: „...witzsprühend, man möchte sagen, witzduschend", eine Vorlesung über Carlyle und ein Seminar über Descartes; daneben liefen ein Seminar bei Brunstäd über Erkenntnistheorie und Logik, eine Vorlesung des Reaktionärs Theodor von Eheberg über Nationalökonomie und ein gesellschaftswissenschaftliches Kolloquium bei dem relativ liberalen Günther. Schon bald

---

* Vgl. dazu: J. Kuczynski, René Kuczynski. Berlin 1957, S. 18 f.

schrieb er dem Vater, daß er Eheberg, Brunstädt und Hensel über Carlyle aufgeben möchte, um mehr Zeit für „vernünftige Arbeit" zu haben. Der Vater antwortete ihm: „Wenn Du findest, daß Dir die Kollegs, auf die Du verzichten willst, gar so wenig bieten ... dann rate ich Dir nicht davon ab, sie aufzugeben. Aber dann würde ich an Deiner Stelle statt dessen eine andere *rezeptive* Arbeit leisten, also lesen, eventuell Dir dabei Auszüge machen, aber nicht versuchen, *produktiv* zu arbeiten, worauf Deine Bemerkung betreffs Referat für Günther hindeutet. Ich kann da aus eigenster Erfahrung sprechen. Ich habe im vierten Semester angefangen, produktiv zu arbeiten, und das war viel zu früh. Ich wäre sicher besser durchgebildet, wenn ich später damit begonnen hätte. Also eventuell statt Kolleg: lesen, aber nicht schreiben."

In Anbetracht seiner späteren Entwicklung ist es nicht uninteressant, wie früh J. K. den Wunsch hatte, mit dem Schreiben zu beginnen – denn das ist, wie der Vater richtig erkannte, die Übersetzung von „vernünftige Arbeit", und dessen selbstkritische Belehrung muß gut auf ihn gewirkt haben. Doch der Vater brauchte sich nicht darum zu sorgen, daß der Sohn zuwenig las. Wie es sich für einen Philosophiestudenten damals gehörte, las er die griechischen Philosophen, Descartes und Geulincx (ein Schüler von Descartes, über den J. K. ein Referat hielt) in den Originalsprachen, dann die grundlegenden deutschen Werke über die griechische Philosophie, dazu allgemein Windelband und Kuno Fischer. An politökonomischen Schriften findet sich bei ihm nur der Hinweis auf „Schäffle, Bau und Leben des sozialen Körpers, 2 Bände", worüber er ein Referat im Seminar von Günther hatte. Eigenartig zusammengewürfelt ist seine historische Lektüre: Masson über Napoléon I. und die Frauen, Heidenstams zwei Bände über Karl XII. und seine Krieger, Schwartz über Charakterköpfe der antiken Literatur und Hardens „Köpfe". Ein gleiches Durcheinander zeigt die schöne Literatur: Bücher von Conrad Ferdinand Meyer, Anatole France, Helene Christaller (eine Freundin von Elisabeth Hensel), Meyrink, Wildenbruch und Kolbenheyer. Diese Aufzählung macht offenbar, daß außer bei den philosophischen Werken alle andere Lektüre vom Zufall bestimmt war.

Zu einem großen Erlebnis für J. K. wurde in dieser Zeit die Teilnahme an einer Tagung der Kant-Gesellschaft in Erlangen und der mit ihr verbundenen Gründung einer „Akademie auf dem Burgberg". Er hatte das Gefühl, sich zum ersten Male „ganz selbständig unter den großen Philosophen der Zeit" zu bewegen und mit ihnen „auf gleicher Ebene" zu sprechen. Zu den Anwesenden zählten der Präsident der Kant-Gesellschaft Liebert, der „Philosoph des Als-ob" Vaihinger, der führende nordische Philosoph Liljeqvist und der Philosoph und Schachweltmeister Lasker. Begeistert berichtet er der Mutter, daß Vaihinger ihm gegenüber Hensel hinsichtlich der materialistischen Geschichtsauffassung recht gegeben, daß er mit Liljeqvist über das Lernen von Sprachen in der Schule und den Vorzug des Gymnasiums gesprochen hätte. Über die Begegnung mit Lasker schreibt er später zu dessen hundertstem Geburtstag:

„Wie gut erinnere ich mich an ihn, an seine Geduld mit dem jungen Studenten, an sein reizendes und verständnisvolles Eingehen auf dessen ungestümes und bestimmt nicht sehr bescheidenes Fragen und Argumentieren. Als jedoch das Hauptgericht auf den Tisch kam – Schinken und Blumenkohl mit Kartoffeln –, meinte er: ‚Sollten wir uns nicht, auch wenn unsere Ahnen das mißbilligen würden, diesem schönen Schinken mit rechter Andacht widmen?'

Natürlich war ich erstaunt, wie man sich statt der Problematik ‚Philosophie und Wirtschaft bei den Griechen' dem Schinken mit Andacht widmen könne. Erst nach vielen Jahren begriff ich, in wie netter Weise Lasker versucht hatte, wenigstens eine kleine Ruhepause in meinem Gerede zu erreichen.

Damals glaubte ich, ein höchst bedeutsames Gespräch mit Lasker geführt zu haben. Und ein solches Gefühl sollen junge Studenten ruhig haben, wenn sie mit einer so viel älteren, so weisen Persönlichkeit gesprochen haben. Später im Leben werden sie schon den Sinn für Proportionen entwickeln. Viel wichtiger in diesem Zusammenhang ist, daß ihnen die ungetrübte Erinnerung an eine solche Gestalt bleibt, daß sie sie nur noch höher schätzen, noch mehr verehren, weil sie ihnen eine solche Stunde von Bedeutung gegeben hatte."

Ganz gefangen hielt ihn das Philosophiestudium. Verkehr mit Studenten hatte er kaum, denn sie waren fast alle politisch rechts orientiert und zumeist antisemitisch. Vielmehr verbrachte J. K. praktisch das ganze Semester in den Hörsälen der Universität und im Hause Hensel, das eine herrliche philosophische Bibliothek beherbergte. Nur einige Wanderungen machte er, durch die Fränkische Schweiz, nach Bamberg, Banz und anderen kleineren Orten, und einer in Nürnberg verheirateten Jugendfreundin (Tochter einer Jugendfreundin seines Vaters, Schwester des später besonders für die humanistische bürgerliche Intelligenz der Zeit Hitlers wichtig gewordenen Verlegers Fritz Landshoff) stattete er monatlich einen Besuch ab und auch einer Freundin seiner Mutter; außerdem hörte er alle Brandenburgischen Konzerte von Bach. Später schätzt er das erste Semester so ein:

Wenn ich am Ende meiner Schulzeit glaubte, daß ich „doch schon eine ganze Menge Philosophie wußte", wurde mir jetzt klar, „wieviel ich noch zu tun hatte". Wie unreif ich aber trotz dieser Erkenntnis in jener Zeit und noch lange während des Studiums war, läßt sich daraus schließen, daß ich politisch „ganz links" stand und mir einbildete, Marxist zu sein, die philosophischen Werke jedoch unter dem idealistischen Einfluß von Hensel las, ohne darin einen grundlegenden Widerspruch zu sehen. Geschadet hat mir das nichts. Viel wichtiger und bedeutungsvoller war, daß ich jetzt überhaupt lernte, in einem Wissenschaftszweig so zu lesen, daß ich das Anzueignende unter einem Gesichtspunkt und nicht mehr eklektisch, ohne Standpunkt, in mich aufnahm. Hegel vom Kopf auf die Beine zu stellen, wie Marx es verlangt, ist nicht schwer, nachdem man ihn einmal in seiner verkehrten Haltung, genau wie er gesehen werden wollte, verstanden hatte. Mein großes Erlebnis bestand darin, daß ich mich auf Grund der Werke der bedeutendsten Philosophen der Vergangenheit mit einem System nach dem anderen bekannt machen und täglich darüber mit Paul Hensel sprechen konnte.

Hensel jedoch lenkte mich mit der Hand des klugen Lehrers und riet mir, nach Heidelberg zu gehen und bei Rickert, von dem er – mit Recht – überaus viel hielt, weiterzustudieren. Zum Ende des Studiums sollte ich dann zu ihm zurückkommen und bei ihm promovieren (damals erhielt man zum Abschluß des Universitätsstudiums automatisch den Doktorgrad; das machte ihn in Deutschland so billig.)

Blicke ich heute auf mein erstes Semester zurück, so meine ich, daß es mir, auch wenn das „Studentenleben" ganz fehlte, sehr, sehr viel gegeben hat. Ich lernte, wissenschaftlich zu arbeiten, ich nahm viel an Kultur, deutscher und allgemeiner, mit einem gewissen Verständnis in mich auf, bekam auf sehr praktische Weise einen Begriff von der Feindlichkeit der Reaktion selbst einem harmlosen Philosophiestudenten gegenüber, der politisch nicht aktiv war, und fühlte mich ganz umgeben von der freundlichen und freundschaftlichen Atmosphäre des Hauses Hensel. Ich konnte mir keine schöneren Verhältnisse wünschen, um mir all das wissenschaftliche

Rüstzeug und die gesellschaftliche Erfahrung anzueignen. Wie oft in entscheidenden Dingen des späteren Lebens hatte ich bereits als Student des ersten Semesters „unwahrscheinliches Glück".

Als ich nach Beendigung des Sommersemesters nach Hause zurückkehrte, hatte ich nur ein Ziel: so bald wie möglich nach Heidelberg zu fahren. Die Eltern wünschten aber, daß ich mein Studium zunächst in Berlin fortsetzte – im nächsten Frühjahr könnte man dann weitersehen.

Das Berliner Semester war im ganzen eine Enttäuschung – außer einer merkwürdigen psychologischen „Arbeitserfahrung", die sich in den folgenden Jahren noch öfter wiederholen wird. Doch lassen wir J. K. in eigenen Worten über dieses Halbjahr berichten:

Mir gefiel das Berliner Semester im Winter 1922/23 gar nicht. Ich hörte Philosophie bei dem trockenen Maier, Finanzwissenschaft bei dem ebenso trockenen Jastrow. Merkwürdigerweise beeindruckte mich die Geschichte der neueren Philosophie von Troeltsch ebensowenig wie Breysigs Entwicklungsgang des deutschen Volkes oder Stammlers Grundlinien des bürgerlichen Rechts. Nur eine Vorlesung bewegte mich ganz stark: die Geschichte der Renaissance und Reformation bei Marcks. Ich war so begeistert, daß ich Material für eine Arbeit über ein soziales Thema aus der Renaissancezeit zu sammeln begann – Notizen dazu sind noch in meinem Besitz.

Dieser Winter ist mir weniger durch das Studium als durch zwei merkwürdigerweise eng zusammenhängende Ereignisse in Erinnerung. Der alte Tanzstundenkreis der letzten zwei Schuljahre schloß sich von neuem zu einem Tanzzirkel zusammen, zu dem auch die Tochter des bekannten Industriepsychologen Otto Lipmann gehörte, in die ich mich ebenso intensiv wie hoffnungslos verliebte.

Zugleich fand mein Vater, es sei an der Zeit, daß ich eine kleinere, solide Arbeit machte – und zwar über ein Thema, von dem er (!) etwas verstand. So begann ich eine Studie über französische Steuergesetzgebung. Je intensiver meine Verliebtheit zunahm, desto energischer arbeitete ich an den französischen Steuern, eine Thematik, die mich alles andere als begeisterte; und je energischer ich über die Steuern arbeitete, desto verliebter wurde ich. Die Steuerstudie ging später in eine Veröffentlichung ein. Aus dem Verliebtsein ergab sich nichts. Ich bin froh, daß das Resultat dieses „Doppellebens" nicht umgekehrt war.

Sicherlich hat mich dieses Semester wissenschaftlich weitergebracht – aber in der Erinnerung an meine wissenschaftliche Entwicklung mache ich gern einen Sprung von dem Erlebnis des Erlanger Semesters zu dem noch weit größeren der Heidelberger Zeit.

Heidelberg war im ersten Viertel dieses Jahrhunderts die bedeutendste gesellschaftswissenschaftliche Universität Deutschlands – so wie Göttingen bis heute in der BRD das Zentrum naturwissenschaftlicher Forschung geblieben ist.

Als J. K. im Sommer 1923 nach Heidelberg kam, lebte Max Weber, der größte bürgerliche Gesellschaftswissenschaftler Deutschlands seiner Zeit, nicht mehr, aber seine Frau Marianne sammelte noch jeden ersten und dritten Sonntag im Monat den alten Kreis um sich, zu dem damals Karl Mannheim, Jakob Marschak, Salin, Lederer, wenn er in Heidelberg zu Besuch war, und unter den Jüngeren Voegelin, Bergsträsser und als Jüngster dann auch J. K. gehörten. Karl Mannheim wird später, von Hitler vertrieben, die bürgerliche Soziologie in England von der reinen Empirie zu stärkerem Interesse für Theorie veranlassen, Marschak in den USA zu den Mitbegründern der Ökonometrie gehören, Voegelin ein führender „Politologe" werden, Bergsträsser mit dem bedeutenden Romanisten Ernst Robert Curtius zusammen ein interessantes zweibändiges Werk über Frankreich schreiben; Salin war damals schon einer der „vielversprechendsten konservativen Politökonomen", Lederer ein bekannter Theoretiker und Soziologe der rechten Sozialdemokratie. Was für ein interessanter und begabter Kreis junger und, als Ausnahmen, schon im mittleren Alter stehender Menschen, in den J. K. trat!

Ein zweiter Kreis, in den J. K. aufgenommen wurde, war der um Rickert, mit Glockner, der später die neue Hegel-Ausgabe besorgte, als „Glanz-Schüler".

Ein dritter Kreis hatte sich um Gundolf, den George-Schüler, gebildet.

Als Rickert-Schüler hatte J. K. „natürlich" nur mitleidige Verachtung für einen vierten Kreis um Jaspers – was nicht ausschloß, daß er persönliche Abendeinladungen zu Jaspers „annahm".

Da J. K. zum Kreis um Marianne Weber gehörte, war es ihm „selbstverständlich unmöglich", zum Kreis um den Bruder von Max, um Alfred Weber, zu gehören.

Ungestört durch seine Anhänglichkeit an die Kreise von Marianne Weber und Rickert, konnte er jedoch Mitglied des Kreises um Eberhard Gothein werden.

Ohne in juristische Kreise einzudringen, verkehrte J. K. dort auch gelegentlich, da ein Vetter seiner Mutter, Otto Gradenwitz, eines der Heidelberger Universitätsoriginale war. Nur ein Beispiel seines blitzartig funktionierenden Witzes sei hier gegeben. Eines Tages ging er mit Thomas Mann an den Ufern des Neckars spazieren, als er seinem Kollegen, dem Staatsrechtler Thoma, den Mann nicht kannte, begegnete. Er stellte vor: „Herr Thomas Mann – Frau Thoma's Mann."

Da J. K. bei der Familie des Arztes Fraenkel wohnte – ein Schwager von Siegmund Schott, Freund und Kollege seines Vaters, er war Direktor des Statistischen Amtes in Mannheim –, lernte er auch Universitätsärzte kennen. Das ermöglichte ihm, ohne Medizin zu studieren, an einer Präparierübung teilzunehmen. J. K. „präparierte" so lange, bis man ihm erzählte, daß der Oberschenkel, von dem er gerade die Haut abzog, einer Kellnerin gehörte, die die Studenten sehr gern hatten.

Heidelberg, damals von der Universitätsatmosphäre beherrscht, umfing J. K. mit einem reichen geistigen Leben in schönster landschaftlicher Umgebung.

Doch das war nur ein Teil seines Lebens. Lassen wir J. K. über einen anderen hier direkt berichten:

In einer Tabakfabrik gab es eine Jugendgruppe, die ich aufgespürt hatte und bei der ich einen Kursus über „Lohnarbeit und Kapital" abhielt. Hier lernte ich, lebendig vorzutragen, und das kam so: Zur ersten Stunde – wir lagen nach Arbeitsschluß auf einer Wiese – hatte ich mich sorgfältig schriftlich vorbereitet und las meine komplizierten Sätze vor. Es dauerte nicht lange, und die Mehrzahl meiner acht oder neun Zuhörer schlief, erschöpft von den Auswirkungen des anstrengenden Arbeitstages und der Langweiligkeit meines Vortrages. Seitdem habe ich bei solchen Lektionen stets frei gesprochen.

Zu diesem anderen Teil des Lebens in Heidelberg gehörte auch unser Parteiorgan in Mannheim, für das ich zu schreiben begann, ohne schon Mitglied der Partei zu sein. Damals war mein späterer guter Freund Stefan Heymann einer der Redakteure, und er nahm mir meinen ersten Beitrag, ein Gedicht über eine Hure, freundlich ab. Als es am nächsten Tag erschien, fuhr ich mit dem frühesten Zug, den ich erreichen konnte, nach Mannheim, um mir das dringend benötigte Honorar zu holen und um ihn zu fragen, ob er das Gedicht auch so gut fände wie ich. Er aber erklärte mir, daß ein Delikatessengeschäft eine Anzeige für Heringe in letzter Minute zurückgezogen hätte, weil sie schlecht geworden wären; der frei gewordene Platz sei „gerade so groß wie dein Gedicht" gewesen. Voller Bedauern, weil dieser Platz der Partei kein Geld einbrachte, sondern sie etwas kostete, gab er mir den Honorarzettel für die Kasse.

Selten war J. K. so naiv und unbefangen, so harmlos und doch durchaus, sagen wir, niveauvoll glücklich wie in den eineinhalb Jahren seines Heidelberger Studiums. In einem seiner ersten Briefe (30. April 1923) schrieb er an die Mutter - die meisten aller Briefe an die Eltern sind, bis zu ihrem Tode, an die Mutter gerichtet; im allgemeinen schrieb er ihr, wenn sie getrennt waren, zwei- bis dreimal, später, nach der Heirat, mindestens einmal wöchentlich:

„Das Leben hier ist unbeschreiblich schön. Die Universität fabelhaft. Ich höre noch viel mehr, als ich mir vorgenommen hatte. Bisher (in Erlangen und Berlin) war ich in den Kollegstunden aus Enttäuschung immer mehr zurückgegangen. In Heidelberg höre ich immer mehr. . Ich muß schon jetzt beginnen, Dich auf ein Heidelberger Wintersemester vorzubereiten. Ich fühle, daß ich hier ungeheuer viel lerne."

Gegen Ende des Semesters ist die Begeisterung noch größer. Am 13. Juli 1923 schreibt er:
„Liebe Mutter!
Vielen, vielen Dank für Deinen langen Brief. Er hat mir sehr viel Freude gemacht und meine Sehnsucht nach Hause verstärkt. Solche Briefe sind sehr nötig, denn Heidelberg nimmt mich immer mehr gefangen. Ich betrachte meinen Aufenthalt zu Hause als eine, allerdings sehr angenehme, Unterbrechung meines Lebens hier. Heidelberg gibt die Synthese von Mensch und Wissenschaftler. Nicht Wissenschaft und Leben, sondern lebende Wissenschaft und wissenschaftliches Leben."

Zehn Monate später sind sogar die Ferien zu Hause mißlungen. Am 1. Mai 1924 schreibt er an die Mutter, die mit ihm während seines Berliner Aufenthaltes „nicht zufrieden" war und die Schuld bei sich suchte:

„... Im Gegenteil, ich weiß genau, daß die Schuld bei mir liegt. Ich war in den letzten Wochen so unzufrieden mit mir und mit meinem ganzen Leben, das ich zu Hause führte, daß auch mein äußeres Benehmen unter dem inneren Druck gelitten hat ... Ich glaube, der entscheidende Grund ist der, daß ich in Heidelberg alleine wohne ... Außerdem kommt noch ein zweites Moment hinzu. Die geistige Sphäre, die in unserem Hause wie auch in den besten – aber nur dort – Gesellschaften Berlins herrscht. Sie ist zu weit für mich, glaube ich; sie ist so politisch und so wenig problemwissenschaftlich. Du kannst Dir nicht denken, was ich wieder durch den Aufenthalt zu Hause weitergekommen bin, wie sich wieder mein Horizont geweitet hat, aber dafür hätten die ersten Wochen meines Aufenthalts gereicht. Die letzten verlor ich mich in dieser Weite. Und schließlich verlieren sich alle Leute in Berlin und nur ganz wenige nicht, wie Vat, der alles, was auf ihn einstürmt, von seinem festen Standpunkt aus übersehen und einordnen kann. Diesen Standpunkt habe ich aber noch nicht gewonnen und werde es auch nicht, indem ich weiter in der rein politischen Sphäre umherirre, sondern indem ich mich wieder zur Theorie und Geschichte zurückziehe* und dann von neuen Gesichtspunkten aus versuche, die Tagesereignisse geordnet in mich aufzunehmen. Deshalb mußte ich wirklich wieder hierher zurückkehren, wo vielleicht alles viel kleinlicher, theoretischer, weniger real ist, wo ich aber einen festen Standpunkt gewonnen habe, äußerlich wie innerlich. – So habe ich mir jedenfalls das

* In einem Brief vom 26. April 1923 hatte J. K. schon geschrieben: Rickerts Kolleg „unglaublich eindrucksvoll und bedeutend. Ich bin wieder vollkommen abstrakter Philosoph. Wenn ich aus Vatis Atmosphäre herauskomme, verfalle ich scheinbar unfehlbar dieser Wissenschaft."

merkwürdige Phänomen zu erklären gesucht, daß ich von den Ferien zu Hause nicht so ganz befriedigt war, obgleich ich bestimmt weiß, daß kein Mensch es so gut gehabt hat oder in einer solchen geistigen Sphäre gelebt hat. Ich bin eben noch zu jung und unreif, um das vollständig davon zu haben, was ich, gefestigt und in meinen Anschauungen selbstsicher, davon haben könnte. Bitte schreibe doch, was Du dazu meinst. Vielleicht kannst Du als Außenstehende alles besser beurteilen."

Überaus deutlich geht aus diesem Brief hervor, was entscheidend für den Studenten in Heidelberg war: das Primat des „problemwissenschaftlichen Lebens", aus dessen Bereich er, wann immer es ihn drängte, „in die Politik trat", sei es in Kursen für jugendliche Arbeiter, sei es in Beiträgen für die Parteizeitung. Natürlich eine völlig verfehlte Haltung – „zu jung und unreif", wie er ganz richtig schreibt. Doch vielleicht weniger schädlich für den künftigen marxistischen Wissenschaftler als das Umgekehrte: ganz in der Politik aufzugehen und nur, wann immer eine politische Arbeit ihn dazu drängt, sich mit Wissenschaft zu beschäftigen. Vieles fällt in Heidelberg zusammen, um dem jungen Studenten das Gefühl eines sicheren Hortes zu geben, in dem er einen festen Platz hat. Die Universität ist der Kern der Stadt. Das wissenschaftliche Problem ist der Kern der Universität. Also ist der problemzentrierte Student der „Nabel" seiner Heidelberger Welt.

Und in der Tat, manches von dieser „Logik" des Studenten hatte einen objektiven Rückhalt in der Wirklichkeit.

Ein Vergleich der besten Universitätslehrer der Bundesrepublik mit den Universitätskoryphäen der Heidelberger Zeit ergibt einen wirklich großen Unterschied. Hätte Lenin heute sein philosophisches Hauptwerk zu schreiben, würde er sein polemisches Feuer auf amerikanische und französische Philosophen konzentrieren und die westdeutschen als zu unbedeutend links liegenlassen. Damals aber schrieb er gegen russische und vor allem auch gegen deutsche und österreichische Philosophen.

Unter den deutschen war Heinrich Rickert zweifellos der bedeutendste. Darum setzte sich auch Plechanow scharf mit ihm auseinander, und in der Gegenwart widmet I. S. Kon ihm und Windelband rund fünfundzwanzig Seiten seiner „Geschichtsphilosophie des zwanzigsten Jahrhunderts". Als J. K. bei Rickert studierte, hielt er, der unter Platzangst litt, kaum noch Vorlesungen. Wohl aber veranstaltete er in seiner Wohnung ein Seminar mit zehn bis zwanzig Teilnehmern, unter denen J. K. der jüngste und nur auf Grund der Empfehlung von Hensel zugelassen war. In allen drei Semestern beteiligte er sich relativ wenig an der Diskussion, hörte aber sehr aufmerksam zu und lernte viel, vor allem logisches Denken. So falsch die Prämissen waren, von denen Rickert ausging, so logisch war in vieler Beziehung der Aufbau seines philosophischen Systems. Und hatte J. K. unter Hensel vor allem die großen Philosophen der Vergangenheit studiert, beschäftigte er sich jetzt mit deutscher Philosophie der Gegenwart, mit Rickert und seinem Gegner Husserl, mit Simmel und Cassirer und manchen anderen.

Über Rickert und andere Professoren, die er hörte und zum Teil gut kannte, mag es besser sein, ihn direkt zu hören:

Rickert war kein so guter Lehrer wie Hensel, aber er war in deutscher Philosophie und schöner Literatur überaus gebildet und hatte einen äußerst gepflegten Vortrag. Für die pragmatische Philosophie der Amerikaner und die mathematisch-logische Schule der Engländer, für die psychologisierenden Franzosen empfand er nur Verachtung, die er natürlich auch seinen Schülern mitteilte. (Bergson lernte ich durch Jaspers kennen.) Für Dilthey jedoch hatte er Hochachtung, denn es war unmöglich, diesen feinsinnigen Wissenschaftler ohne Bewunderung zu lesen. Ich hörte bei ihm nicht nur viel Erkenntnistheorie, sondern auch Philosophie der Religion und Philosophie der Kunst. Letztere interessierte mich so, daß ich über Ästhetik und Kunstsoziologie zu schreiben anfing. Die „Kunstsoziologie" beginnt, heute zu meiner Freude, mit den Worten: „Marx hat uns gewiesen, den Menschen als Gesellschaftswesen zu betrachten ... Es soll in den folgenden Zeilen versucht werden, den Künstler unter diesem Gesichtspunkt zu betrachten." Über l'art pour l'art heißt es: „Die Kunst hat in sich ihren Zweck gefunden, sie ist nicht mehr da, um zu erfreuen. Sie hat den Zusammenhang mit der Gesellschaft verloren, sie ist eine losgelassene Funktion geworden, ohne noch einen Leib zu besitzen."

Neben Rickert hörte ich auch ständig bei Hoffmann, einem Schüler und Freund von Hensel, damals wohl der beste idealistische Platon-Spezialist in Deutschland.

Nach Rickert beeinflußte mich der Wirtschaftshistoriker Eberhard Gothein am stärksten – reine Güte und eine Akkumulation von Fakten, die sein einzigartiges Gedächtnis jederzeit parat hatte. Ich besinne mich, daß ich auf einer seiner Exkursionen eine Bemerkung über die Eigenart eines Ofens machte – und wir erhielten einen Fachvortrag über die Geschichte des Ofens. Hätte sich meine Bemerkung auf die heilige Therese bezogen, hätte er uns ebenso ausführlich über sie und ihre Eltern unterrichtet. Der Ofen befand sich übrigens im Schlosse des Grafen Douglas, der Gothein und seine engeren Studenten zu einem Studienbesuch seiner Besitzung eingeladen hatte. Graf Douglas beschäftigte damals eine reizende Sekretärin namens Boden, die wir natürlich umschwärmten und der wir auf der nachfolgenden Wanderung zum Bodensee ein Telegramm sandten, das ich im Namen aller, wegen des guten Textes, den ich entworfen hatte, zeichnen durfte; es lautete: „Bodenlos unglücklich."

Auf dieser Reise war ich übrigens das einzige Mal in meinem Leben betrunken. Wir besuchten mit Gothein ein Weingut am Bodensee, und der Besitzer lud uns zum Abschluß in seine Keller, wo wir nach Herzenslust probieren durften. Nach einiger Zeit wunderten wir uns darüber, wieviel wir doch vertrugen. Um uns zu prüfen, diskutierten wir Probleme wie das der komparativen Kosten bei Ricardo, Bürokratie und Verwaltung bei Max Weber, die Herausbildung der Durchschnittsprofitrate bei Marx und ähnliches. Es klappte ausgezeichnet: also waren wir noch nüchtern, also konnten wir weiter probieren. Schließlich fanden wir, genug getrunken und uns voll bewährt zu haben. Kaum standen wir jedoch im Freien in der prallen Sonne, da überfiel es uns so, daß wir uns an Ort und Stelle hinlegten und den Rausch ausschliefen – wir kamen überhaupt nicht mehr dazu, Unsinn zu reden und anzustellen. Kellerarbeiter zogen uns Gefallene in den Schatten, in dem wir einige Stunden später ebenso erstaunt wie beschämt aufwachten. Der gute Gothein hatte inzwischen anderswo einen Vortrag über Binnenseeschiffahrt gehalten.

Gotheins Frau arbeitete über Gartenbaukunst, speziell in Indien, und da sie Geld für eine Reise nach dort sparte, mußte der alte Gothein in der Mensa Mittag essen, wo er natürlich ebensowenig satt wurde wie wir. Als er sich am Ende des Sommersemesters 1923 emeritieren ließ, um eine ganze Reihe angefangener Arbeiten fertigzustellen, bekam er bald die Grippe, die er infolge allgemeiner Entkräftung nicht überstand. Seine Frau fuhr einige Zeit später nach Indien und schrieb ihr Buch über den dortigen Gartenbau.

Für George, der in Heidelberg einen beachtlichen Kreis hatte, interessierte ich mich eine Zeitlang, ohne stärker von ihm berührt zu werden. Ich übernahm lediglich viele Jahre hindurch die Handschrift der George-Jünger, mit dem Vorteil, daß ich wesentlich leserlicher schrieb und später meinen Sekretärinnen in dieser Beziehung keinen Kummer machte. Zu den George-Jüngern in Heidelberg gehörten Gundolf und Salin.

Gundolf war wohl der bedeutendste deutsche bürgerliche Literaturwissenschaftler jener Zeit, im ganzen recht reaktionär, aber hochintelligent und ein Meister der Prosa. Bei seinen Vorlesungen saßen in der ersten Reihe zumeist nur Frauen. Ich ging (auch mit meiner Mutter, wenn sie mich besuchte) öfter – stets mit ästhetischem Genuß – in seine Kollegs und habe viel von ihm gelernt: nicht, weil ich ihm in seinen Gedankengängen folgte, sondern weil ich ihnen widersprach.

Salin zählte zu den Begabtesten und Gebildetsten unter den deutschen Wirtschaftswissenschaftlern jener Jahre, in mancher Beziehung nicht unfortschrittlich, in anderer recht konservativ. Vor allem sein Seminar machte mir Freude, wenn ich ihm auch meist widersprach, einmal sogar mit ganz durchschlagendem Erfolg, obwohl ich völlig unrecht hatte. Wir diskutierten die gerade erfolgte Stabilisierung der Mark anläßlich eines Referates von mir über die Rentenmark. Ich prophezeite nicht nur falscherweise, daß sie keinen preisstabilisierenden Erfolg haben würde, sondern in meinem Haß gegen die deutschen Konzernherren stellte ich diesen die französischen Adligen gegenüber, die am 4. August 1789 von sich aus auf ihre Privilegien verzichtet hätten. Salin zitierte gegen mich Tocqueville, der bemerkt hatte, daß dieser Verzicht erst erfolgt wäre, als ihre Schlösser von den empörten Bauern überall in Frankreich in Brand gesetzt worden waren. Statt nun zu entgegnen: Also sollten wir das gleiche heute tun, bemerkte ich, stolz auf meine Quellenkenntnis: „Diese vernünftige Bemerkung hat Tocqueville von dem großen Revolutionär Marat abgeschrieben." Alle waren von meinem „tiefen Wissen" beeindruckt, und die Diskussion wurde von Salin auf ein anderes Problem geleitet.

Später kam Salin nach Basel, wo meine Schwester Brigitte 1933 und 1934 bei ihm studierte und ihn sehr konservativ, ganz in die Baseler Atmosphäre eingepaßt fand. Ich sah ihn erst nach zweiundvierzig Jahren wieder, auf einer Diskussion gegen kalten Krieg und für den Frieden in Westdeutschland, klug wie immer und mir politisch näher.

Mit besonderem Genuß besuchte ich die Gastvorlesungen Lujo Brentanos während des ersten Wintersemesters. Er war nicht nur der allgemein verehrte oder bekämpfte Altmeister der Wirtschaftswissenschaften, sondern auch der hoch verehrte Lehrer meines Vaters und nicht zum wenigsten für mich der Neffe von Clemens Brentano und Bettina von Arnim, der großartig aus den alten Zeiten erzählen konnte.

Öfter begleitete ich ihn von der Universität zu seiner Wohnung. Eines Tages sagte mir der Achtundsiebzigjährige, ihm sei eine wunderschöne Villa auf den Bergen hier in Heidelberg angeboten worden – „aber wird es nicht zu anstrengend für mich sein, täglich den Berg hinaufzugehen, wenn ich einmal ein alter Mann sein werde?" fügte er hinzu. An meine Mutter schrieb ich (8. November 1923): „Brentano ist entzückend. Absolut nicht imponierend, reizend, goldig, möchte man sagen. Fast neunundsiebzig, ziemlich klein geworden, aber sehr rüstig, *steht* er eine Stunde während des Kollegs, meistens beide Hände in den Hosentaschen oder eine in der Luft, und doziert mit wichtiger, noch volltönender Stimme Dinge, die nur dadurch, daß gerade er sie in so reizender Art sagt, interessant sind. Ich begleite ihn heute nach Hause. Er geht ganz allein ins Kolleg und ist überhaupt, glaube ich, allein in Heidelberg, denn er sprach von zwei kleinen Zimmern, die er gemietet hätte. Du würdest große Freude an ihm haben. Wir sprachen über Sombart, und er sagte: ‚Ach, wissen Sie, Sombart ist ein ganz frivoles Huhn, das bunte Seifenblasen macht und empört ist, wenn man diese für wissenschaftlich nicht wertvoll hält.' "

In all den Jahren meines Studiums hörte ich nur wenig Wirtschaftswissenschaften, da ich (nicht mit Unrecht) meinte, das meiste entweder schon durch die Gespräche mit meinem Vater oder aus Büchern zu kennen. Jedoch ging ich regelmäßig zu den Vorlesungen von Gumbel, eines glänzenden mathematischen Statistikers (Gumbel sichtete als erster im Auftrag der Sowjetregierung den mathematischen Nachlaß von Marx) und mutigen Linken. Er hatte zum Beispiel große Schwierigkeiten an der Universität, als er vorschlug, ein Denkmal für den ersten Weltkrieg in Form einer Kohlrübe zu errichten. Bis in die Zeit nach dem zweiten Weltkrieg sah ich Gumbel öfter – doch nach 1951, als er zu einem rabiaten Antikommunisten geworden war, nur noch einmal, kurz vor seinem Tode, auf der Tagung des Internationalen Statistischen Instituts in Belgrad im Jahre 1965. Gumbel verdanke ich nach meinem Vater die meiste Kenntnis in der Kunst des Aufdeckens von betrügerischen Tricks der kapitalistischen Statistik. Später lernte ich vor allem von Eugen Varga, die kapitalistischen Statistiken trotz dieser Tricks zu einer gründlichen Analyse zu benutzen.

Gelegentlich hörte ich bei dem Ökonomen Altmann und bei dem Kunsthistoriker Carl Neumann; bei Olschki besuchte ich ein französisches Seminar über Stilanalyse von Descartes und stand überhaupt gut mit ihm, zumal er eine Freundin von mir liebte und dann heiratete. Bei Glockner hörte ich Ästhetik, bei Herrigel Logik. Unter Bubnoff begann ich zum ersten Male Russisch zu lernen und hörte ihn auch über russische Geschichts- und Religionsphilosophie. Nachdem ich in meinem Italienisch so weit gekommen war, daß ich mit starker Lexikonhilfe etwas Dante lesen konnte, stürzte ich mich auf das Spanische, wo ich es hinsichtlich Cervantes ebenso weit brachte. Da ich aber in keiner der beiden Sprachen firm war, brachte ich sie später durcheinander, bis ich sie praktisch völlig vergaß. Als ich vierzig Jahre später nach Kuba kam, lernte ich in wenigen Tagen die Zeitung so gut zu lesen, daß ich mich in den wichtigsten politischen Berichten zurechtfand, ohne selbst nach meinem dritten Aufenthalt dort einen einzigen vernünftigen Satz sprechen zu können.

Unter dem Dutzend Studenten, mit denen ich mich in den verschiedenen Kreisen fast täglich traf, war keiner von ungewöhnlicher, herausragender Begabung, aber wir alle begeisterten uns für die Wissenschaft, arbeiteten tüchtig und führten endlose Diskussionen, in denen ich viel lernte – nicht zuletzt, logisch zu denken, schnell antworten zu können und eine Unzahl von Problemen aufzuwerfen. Darüber schrieb ich an meine Mutter (18. Januar 1924): „Ich lese jetzt gerade die Memoiren von Alexander Herzen. Bei der Schilderung seiner Universitätsjahre beschreibt er seinen Kreis, zu dem wirklich fast alle späteren Größen Rußlands gehörten, ihre Art zu debattieren und die Probleme (Hegel, Leibeigenschaft und so weiter), die sie beschäftigen. Entfernt erinnert daran unser Leben. Zwar sind wir sicher nicht so bedeutend wie jene; aber die Art zu arbeiten und die Probleme sind dieselben geblieben, ebenso die Erbitterung und Leidenschaft, mit der jeder seine Ansichten verficht. Endeten jene bei einem Champagnergelage, so wir bei Tee oder Suppe in der Mensa und später bei irgendeinem von uns (im Zimmer). Gestern zum Beispiel hatten wir im Hegel-Seminar eine so scharfe Debatte, daß Professor Jaspers begütigend und damit allerdings die Probleme zerstörend eingriff. Du brauchst nicht zu fürchten, daß ich mich zu sehr hervordränge. Ich sitze fast immer still dabei und werfe nur ab und zu ein paar Worte dazwischen, wenn die Sache zu versanden droht." Sicher entspringen die beiden letzten Sätze einem apologetischen Bedürfnis der mit Recht über mein bestimmt nicht sehr zurückhaltendes Wesen besorgten Mutter gegenüber.

Eigentlich gab es nur einen in unserem Kreis, einen guten Freund von Arnold Bergsträsser und mir, der nicht arbeitete und seinen Doktor in meinem letzten Heidelberger Semester auf folgende Weise bei Gothein machte: Seine Dissertation behandelte einen Marmorbetrieb, an dessen Leiter er schrieb, sie würde sicher besser werden, wenn der Betrieb die Hauptmaterialien selbst bearbeiten würde. Da der Betriebsleiter sich davon eine gewisse Reklame versprach, wurde die Dissertation praktisch vom Betrieb geschrieben. Die mündliche Prüfung bei Gothein konzentrierte sich natürlich auf die Marmorindustrie, was den Kandidaten zu seinem Kummer zwang, seine eigene Doktorarbeit zu lesen. Bei Gundolf ließ er sich auf Grund der Lektüre eines Buches des George-Schülers Ernst Bertram über Nietzsche prüfen; dem Prüfer in Volkswirtschaftslehre gab er als sein Lieblingsgebiet Getreidezölle an, weil er ein Buch von Brentano darüber bei mir gesehen hatte. So promovierte er auf Grund einer nicht von ihm geschriebenen Dissertation und der Lektüre von zwei Büchern. Entsprechend fröhlich fiel dann auch das Doktoressen aus, das er uns mit fünf Gängen und reichlich Wein geben mußte.

Es mag nützlich sein, hier einige allgemeine Bemerkungen anzufügen über das System, über das Funktionieren der deutschen Universitäten jener Zeit, über die Technik des Betriebes, also nicht über den Inhalt, die Ideologie der Belehrung und Ausbildung des Gesellschaftswissenschaftlers, die selbstverständlich fast ausschließlich der herrschenden Klasse dienten.

Die Universität Heidelberg (entsprechend ihrer minderen Qualität die anderen Universitäten in geringerem Maße) galt als die ideale Ausbildungsanstalt für wirklich begabte, arbeitsame Studenten – auf Kosten von fünfundneunzig Prozent der anderen Studenten, die entweder nicht besonders begabt waren oder nicht die Absicht hatten, ernsthaft zu arbeiten.

Es gab nicht die mindeste Kontrolle über den Besuch von Vorlesungen, nachdem man sich in der ersten Stunde eingetragen hatte. War die Vorlesung langweilig und glaubte man den Stoff auch einem Buch entnehmen zu können, ersparte man sie sich, um etwas Vernünftiges zu tun: lesen, schreiben, diskutieren. War die Vorlesung gut, ging man mit Freude hin. Alle Professoren hielten Seminare ab, zum Teil für Assistenten und die besten Studenten, und es bedeutete eine Ehre, daran teilnehmen zu dürfen. Der Kontakt zwischen den Professoren und den wirklich guten Studenten war wissenschaftlich eng, bisweilen auch persönlich freundlich. Für die herrschende Klasse war es nicht von allzu großer Bedeutung, daß fünfundneunzig Prozent der Studenten nicht viel lernten, denn das dargebotene Wissen war von relativ geringem ökonomischem Nutzeffekt (im Gegensatz zum politisch-propagandistischen Effekt), und außerdem kam die Mehrzahl der Studenten aus der Bourgeoisie und war bereits entsprechend ausgerichtet. Für die meisten Studenten begann der „Ernst des Lebens" nach dem Studium, in der Praxis – für die Juristen bereits im letzten Semester, in dem sie für die bei ihnen relativ strengere Prüfung in intensivem Extraunterricht „paukten". Bis zum Abschluß der Universität, das heißt bis zum Doktor, gab es keine Prüfungen.

Unsere sozialistischen Universitäten sind nicht nur im ideologischen Gehalt, sondern auch insofern genau das Gegenteil von den alten deutschen Universitäten, als die Technik ihres Funktionierens genau die gegenteilige ist – was wohl mit ihrer Fortschrittlichkeit, nichts aber mit dem gesellschaftlichen System zu tun hat. Ihre Technik folgt vielmehr in einer Beziehung der amerikanischen, die in der zweiten Hälfte des 19. Jahrhunderts nach dem fortschrittlichen Bürgerkrieg eingeführt wurde. In jenen

Jahren eilten sehr viele Farmersöhne, allgemein Söhne eines „gehobenen" Kleinbürgertums, auf die Colleges und Universitäten, und die Zahl der Colleges und Universitäten stieg schnell. Um die Massen der neuen Studenten, um die relativ übergroße Zahl von Fach- und Hochschulschülern „richtig" ausbilden zu können, verbreitete sich ein sehr striktes Lehr- und Lernsystem mit häufigen, zumindest aber jährlichen Prüfungen. Die Folge war, daß fünfundneunzig Prozent der Studenten so lernten, wie es ihren Fähigkeiten entsprach, die fünf Prozent besonders begabten Studenten aber nicht ihren Fähigkeiten entsprechend vorwärtskamen.

Es ist offenbar, daß, im Interesse der Ausbildung der vielen Studenten, das amerikanische Universitätssystem dem alten deutschen vorzuziehen ist. Es war ebenso offenbar ein Glück für besonders begabte Studenten, an den alten deutschen Universitäten studieren zu können.

Heute experimentieren die sozialistischen Universitäten, besonders in der Sowjetunion und in der Deutschen Demokratischen Republik, um allen Studenten eine ihren Fähigkeiten entsprechende Ausbildung geben zu können.

Unter solchen Umständen kam J. K. schnell, fast zu schnell mit seiner wissenschaftlichen Arbeit vorwärts. Im fünften Semester verfaßt er neben seiner Dissertation und seinen Seminarstudien u. a. eine kleine Studie über Schelling. Am 29. April 1924 schreibt er der Mutter: „Ich sitze den ganzen Tag im Seminar und arbeite, sybaritiere, wie Vat sagt: Schelling, Irving Fisher, Wölflin, Stendhal, Marx. Ich schreibe jetzt an einer kleinen Sache über Engels und Hegel. Vielleicht wird etwas daraus."

Die Hauptarbeit aber ist die Dissertation, über die er selbst berichten soll:

Schon am Ende des ersten Heidelberger Semesters, im Spätsommer 1923, war ich nach Erlangen zu Hensels gefahren, teils um über meine Heidelberger Studien zu berichten, teils um über das Thema der Doktorarbeit zu sprechen. Ich war zwar erst am Ende des dritten Semesters, aber Hensel wollte sich in eineinhalb Jahren emeritieren lassen, und ich wollte bei ihm promovieren.

Im fünften, dem dritten Heidelberger Semester schrieb ich den größten Teil der Dissertation. Sie trug den Titel „Der ökonomische Wert. Eine wirtschaftstheoretische, soziologische und geschichtsphilosophische Betrachtung". Als ich den ersten Teil fertig hatte, schickte ich ihn meinem Vater. Er antwortete mir nach einiger Zeit, daß er sehr viel zu tun gehabt und das Manuskript mit in die Badewanne genommen hätte, darüber aber eingeschlafen wäre, weil er zuwenig von meinen Ausführungen verstanden und so dieses Experiment fast ein tragisches Ende genommen hätte. Darauf bezieht sich ein so beginnender Brief an ihn nach Fertigstellung des Rohentwurfs der ganzen Arbeit (10. Mai 1924).
„Lieber Vater!

Du wirst zwar empört sein, wenn ich in diesem Brief noch einmal versuche, Dich für meine Arbeit zu interessieren, zumal da ich annehmen muß, daß Du, wenn Du diesen Brief bekommst, nicht allein in der Badewanne sitzt, sondern entweder im Bett liegst und Dich mit Bienchen (der vierjährigen Tochter – J. K.) unterhältst oder am Schreibtisch an der Arbeiterlage arbeitest . . .

Ich hatte, wie ich schon an Mutt schrieb, Salin meine Arbeit gezeigt. Sein Urteil fiel dahin aus, daß der zweite Teil stofflich wie in der Form ausgezeichnet sei, der erste zwar sehr interessant, aber in diesem Teil, den Du ja auch hauptsächlich kennst, müßte ich mich noch mit Schumpeter und Gottl auseinandersetzen. Das habe ich jetzt getan."

Im ganzen haben die eineinhalb Jahre Heidelberg J. K. in der wissenschaftlichen Arbeit außerordentlich gefördert. Die Breite der Ausbildung ist überaus erfreulich, die Vertiefung der philosophischen, allgemein der theoretischen Arbeit beachtlich – wenn auch die Richtung in mancher Beziehung falsch ist. Aber er lernt, wirklich in Problemen zu denken, und wird, nicht mit Unrecht, von Professoren und Assistenten als ein Versprechen angesehen. Das Unverständnis des Vaters für seine theoretischen Spinnereien behütet ihn vor allzu großer intellektueller Überheblichkeit.

Ganz anders seine politische Entwicklung. Das organisierte politische Leben an der Universität war recht schwach, und J. K. war in keiner Weise organisiert intensiv politisch tätig. Der Kursus bei den Jugendlichen der Tabakfabrik, seine Beiträge für die Parteizeitung liefen völlig neben dem Universitätsleben her. Natürlich beschäftigte er sich mit Marx und Engels; Lenin, von dem noch nicht viel übersetzt war, las er wenig. Er begann, wohl nicht sehr bewußt, sich auch philosophisch dem Marxismus-Leninismus zu nähern, wie seine Doktorarbeit andeutet. Doch muß er an der Universität politisch bekannt geworden sein, denn ein junger Genosse sagte ihm, sie könnten, wenn er wolle, beide eine Dozentenstelle in Engels, bei den Wolgadeutschen, an einer Hochschule erhalten. Sosehr ihn ein solches Abenteuer reizte, er fand es richtig, erst das Studium abzuschließen. Einmal trat J. K. auf einer Wahlversammlung gegen einen Sozialdemokraten auf, der nach seiner Rede sehr ungeschickt erklärte, daß sein Vater doch viel vernünftiger spräche. Da die meisten Zuhörer junge Menschen waren, hatte er mit dieser Bemerkung wenig Erfolg.

Charakteristisch an seinem für sein Alter und seine wissenschaftliche Entwicklung kümmerlichen politischen Niveau sind:

Erstens die Tatsache, daß er nicht das mindeste Bedürfnis nach politischer Organisierung empfand. Hier folgte er bewußt dem Vater – ohne zu begreifen, daß der Vater als profilierte Persönlichkeit unorganisiert manches Nützliche leisten und zum Beispiel eine kluge kommunistische Führung viel mehr mit ihm als Unorganisierten anfangen konnte.

Zweitens die Tatsache, daß sich auch weltanschaulich seine wissenschaftliche und politische Entwicklung völlig schieden: stets trat er offensiv für die Sowjetunion auf, sah in der Geschichte eine Geschichte von Klassenkämpfen, war „für eine wirkliche Revolution in Deutschland", sprach von absoluter Verelendung und hielt die Mehrwerttheorie „natürlich" für richtig – und andererseits akzeptierte er etwa die philosophische Scheidung von „Natur- und Kulturwissenschaften", wie sie von Rickert getroffen wurde, und lebte ganz in der Begriffswelt der deutschen idealistischen Philosophie.

In seiner Doktorarbeit versucht er eine „Synthese" dieser Haltung. Das ist ein gewisser Fortschritt, den er dem Freunde seines Vaters Max Quarck, der nun sein „väterlicher Freund" wird, verdankt.

An sich unterbrach J. K. seine Studien in Heidelberg selten – auch nicht gern durch Wanderungen. So schrieb er zum Beispiel am 10. Juni 1924 an die Mutter: „Dernburg (ein Sohn des früheren Ministers, heute Wirtschaftswissenschaftler in den USA – J. K.), mit dem ich in den Odenwald wollte, hat kein Geld und ist verliebt, so bin ich glücklich, eine Ausrede zu haben, ebenfalls hierzubleiben."

Gern fuhr er dagegen nach Frankfurt, wo Fritz Landshoff, der schon erwähnte Verleger-Bruder seiner Jugendfreundin, und vor allem Max Quarck wohnten. Max Quarck erhielt eine „besondere Bedeutung" für J. K. schon dadurch, daß ihm Engels zugunsten von Bernstein das Recht zur Übersetzung von „Misère de la Philosophie" verweigert hatte. Doch hören wir J. K. direkt über diesen neuen Freund:

Max Quarck stammte aus bürgerlichem Hause, erhielt zur Zeit des Sozialistengesetzes wegen „revolutionärer Tätigkeit" seine Entlassung aus dem Staatsdienst und kam 1895 zur Sozialdemokratie; 1912 wurde er Reichstagsabgeordneter, 1919 Mitglied der Nationalversammlung. Politisch schwankte er zwischen allen Gruppierungen der Sozialdemokratie, war im Grunde ein mutiger Nichtkonformist innerhalb der Partei, grundehrlich und stets ein Freund der Jugend, die er in seinem Hause um sich sammelte, immer bereit, uns einen guten Rat und satt machendes Essen zu geben, zu diskutieren und aus alten Zeiten von Wilhelm Liebknecht, Bebel oder dem Tischler dort und dem Schankwirt hier, natürlich ebenfalls alten Genossen mit vielen Erlebnissen, zu erzählen.

Damals, als ich ihn öfter von Heidelberg aus besuchte, gab er gerade sein Buch „Die erste Deutsche Arbeiterbewegung. Geschichte der Arbeiterverbrüderung 1848/49" heraus. Er besaß eine herrliche Bibliothek mit vielen Flugblättern und Broschüren aus der deutschen Arbeitergeschichte und vor allem zahlreichen Mappen mit Briefen von Engels und Bebel, Liebknecht, Motteler, Kautsky und anderen Führern der Sozialdemokratie.

Er machte mich auch auf die Altersbriefe von Engels aufmerksam, und ihm verdanke ich, daß meine erste veröffentlichte kleine Arbeit zu Problemen der Theorie des Marxismus von ihnen handelt. In Nummer 10 (Oktober 1924) der Zeitschrift „Gemeinwirtschaft" veröffentlichte ich einen „Die letzte Phase materialistischer Geschichtsauffassung" betitelten, ebenso begeisterten wie bedeutungslosen und mangelhaften Artikel. J. K. betrachtet die Situation, in der er sich befindet, so:

Diese jetzt ganz intensive Beschäftigung mit der materialistischen Philosophie war natürlich nicht nur wichtig für mich, weil ich viel Neues lernte, sie war in gewisser Weise auch der allererste Schritt zum wirklichen Marxisten: die Kluft zwischen Politik und politischer Ökonomie auf der einen Seite und Philosophie auf der anderen begann sich langsam zu schließen. Zugleich war sie der Beginn der Arbeit an meinem ersten Buche, „Zurück zu Marx", das ich im sechsten Semester zu schreiben anfing.

Im Grunde wurde das Schließen dieser Kluft zwischen „abstrakter Philosophie" und politischer Tätigkeit, die mich in den vorangegangenen Ferien ernstlich beunruhigt hatte, von einer wirklichen Krise vorbereitet, die den Ferien folgte. Wahrscheinlich beschleunigte die Beschäftigung mit Engels den Abschluß der Krise, die mir wohl gar nicht recht bewußt wurde, die aber in einem Brief an meine Mutter von 29. Mai 1924, also nach dem „Rückzug aus den Berliner politischen Weiten in die Heidelberger Problemwissenschaft", deutlich zum Ausdruck kommt. Dort heißt es:

„Meine Arbeiten haben sich – abgesehen von der Inflationsarbeit – vollkommen auf Philosophie konzentriert. Je mehr ich mich damit beschäftige, desto mehr interessiert meinen Verstand der ganze Humbug, desto lächerlicher erscheint meiner Vernunft die ganze Wissenschaft. In der Schule lernten wir einmal: Die Scholastik des Mittelalters artete immer mehr in unfruchtbare Spekulation aus. Man schrieb Bücher über ein Thema wie dieses: Kommt eine Maus, die vom Abendmahl genascht hat, in den Himmel? Sehr viel anders sind die heutigen Probleme der Philosophie zum großen Teil auch nicht... Für den Menschen als Menschen ist ein Roman Dostojewskis tausendmal mehr wert als das bedeutendste erkenntnistheoretische Werk, das geschrieben werden kann. Ich habe mir viel überlegt, ob man sich eigentlich weiter mit solchen Problemen überhaupt beschäftigen soll. ...Anders liegt es natürlich bei den angewandten Wissenschaften, wie es zum Teil (!) die Nationalökonomie und zum Teil (!) die Statistik sind.

Hier kann es unter Umständen so liegen, daß man zeigen kann, wie man es hätte machen sollen, damit es nicht so schlimm hätte kommen dürfen, wie es tatsächlich gekommen ist. Hegel sagt einmal: Nur in der Dämmerung erhebt sich die Eule der Minerva zum Fluge. Nachträglich über das Geschehene reflektierend, entfaltet sich die Wissenschaft, um wieder vergessen zu werden, wenn man aus ihr würde lernen können. Doch liegt an letzterem natürlich nicht die Schuld an ihr. Ein Beispiel: *Nach*! der großen englischen Inflation zu Beginn des 19. Jahrhunderts wurden die wesentlichen Inflationsgesetze von Ricardo gefunden. Nach dem Kriege (1914/18 – J. K.) waren sie vergessen *gemacht* worden. ...Heute reflektiert man von neuem. Ich schreibe jetzt: ,Briefe an ein Mädchen über die Wissenschaft', in denen ich das alles weiter ausführe. Vielleicht lese ich Dir daraus später vor."

Ein recht wirres, unausgegorenes Gestammel. Aber einiges begreift er doch schon. Zum Beispiel die „Nichtigkeit" der abstrakten Philosophie, die ihn bisher so begeistert hat, wobei er dann gleich wild übertreibt und die ganze Erkenntnistheorie als bedeutungslos fürs Leben abschreiben möchte. Er beginnt auch das, was wir heute Meinungsmanipulation nennen, als Trick der herrschenden Klasse zu durchschauen – eine Erkenntnis, die weiter geht als die, daß jede Klasse eine eigene Ideologie hat.

Eines kommt in diesem wirren Brief klar zum Ausdruck: niemals mehr wird sich J. K. „seelisch aus dem politischen Berlin auf das problemwissenschaftliche Heidelberg" zurückziehen. Die nun folgende intensive Beschäftigung mit Engels und Marx macht zwar noch keinen wirklichen Marxisten aus ihm, und es wird noch mehr als ein Jahrfünft dauern, bis er der Partei beitritt. Aber die Grundproblematik löst er schnell. Nie wieder wird er la science pour la science, Wissenschaft um der Freude an der Lösung verkniffelter Probleme willen, treiben, niemals wird sich ihm wieder ein Gegensatz zwischen Leben der Wissenschaft und Leben der Politik ergeben.

Paul Hensel wollte sich am Ende des Wintersemesters 1924/25 emeritieren lassen und hatte J. K. versprochen, ihn, der dann sein jüngster Doktor sein würde – zwanzigeinhalb Jahre alt –, noch vor Ende des Semesters promovieren zu lassen. Da die Doktorarbeit zu Beginn des Semesters vorlag, setzte er das auch bei den Universitätsbehörden durch. Für die politökonomischen Probleme der Arbeit mußte er den erzreaktionären Senior der Wirtschaftswissenschaftler, Eheberg, als Zweitgutachter hinzuziehen.

Lassen wir über die Doktorprüfung J. K. direkt sprechen:

In der Korrespondenz mit meiner Mutter taucht das Examen am 9. Februar so auf: „Wann der Doktor steigt, weiß ich gar nicht. Ist mir auch ziemlich gleichgültig, da ich mich mit ganz anderen Dingen jetzt beschäftige. Manchmal sage ich mir: das könntest du doch viel schöner alles zu Hause machen, bis mir einfällt, daß ich bis zum Examen hierbleiben muß. Ich schreibe und arbeite an mehreren Sachen zugleich, schreibe viele Briefe, lese Helianth (von A. Schaeffer – J. K.) und Wilhelm Raabe, alles in Ruhe und Behaglichkeit, weil ich weiß, daß alles nur eine Frage von Tagen.“

Am 18. heißt es: „Also: Eheberg hat die Arbeit gelesen und – ganz schlecht beurteilt. Für ihn handelte es sich um den Teil, den Salin vor einem Jahr so fand, daß ich ihn an eine Zeitschrift schicken könnte. Daß er die Arbeit überhaupt als genügend anerkennt, verdanke ich nur dem sehr günstigen Hauptreferat Onkel Pauls.

So wird das Prädikat sicher noch gedrückt werden. Ich hoffe, daß ich bis auf rite herunterkomme, um dasselbe Prädikat wie Gundolf zu haben. Aber auch cum laude – wie Vat – würde mir genügen."

Von irgendeiner Depression oder von Minderwertigkeitskomplexen ist hier wirklich nichts zu spüren.

Im Tagebuch, dem letzten, das ich in meinem Leben führte, heißt es: „Am 24. Februar, nach zwei halbdurchtanzten Nächten – am Fastnachtsdienstag –, machte ich mit Paul Friedrich Scherber und dessen Freund Hentschel zusammen den Doktor; der erstere erhielt das Prädikat magna cum laude, der letztere und ich nur cum laude! Amen –"

Die Arbeit, die ich bei der mir selbst gegenüber gebräuchlichen Milde heute als vielversprechenden Talmudismus anerkennen würde, ist wirklich unerträglich. Die weise Milde meines Vaters, der bei der Lektüre in der Badewanne einschlief, muß ich bewundern. Ich wäre jedenfalls als umgekehrter Archimedes aus der Wanne gesprungen und hätte statt heureka gerufen: „Ich habe etwas zu verbergen – nämlich meinen Sohn!"

Der gute Carl Grünberg vom Archiv für die Geschichte des Sozialismus und der Arbeiterbewegung schrieb rührenderweise über die Arbeit (21. April 1925): „Sie hat mich sehr interessiert, und ich würde mich freuen, wenn ich Gelegenheit hätte, sie mit Ihnen einmal mündlich zu besprechen. ... Ich hoffe, Sie kommen bald einmal nach Frankfurt und suchen mich dann gleich auf." Ebenso freundschaftlich schrieb mir Max Quarck.

Diesmal wohnte J. K. in Erlangen nicht bei Hensels, sondern bezog ein recht kaltes Zimmer bei der Witwe eines Philosophieprofessors. Der Antisemitismus hatte weiter zugenommen, und es war für ihn unmöglich, in der Mensa zu essen. Da das Essen außerhalb der Mensa aber teuer war und er nicht genug Geld hatte – und von dem ungenügenden Geld mehr als genügend für Bücher ausgab –, wurde er wieder nur bei dem einmal in der Woche bei Hensels stattfindenden Essensbesuch satt oder wenn er zu den alten Freunden nach Nürnberg oder Fürth fuhr.

Und doch war er „ganz riesig zufrieden" mit seinem Leben. Drei Tage nach der Ankunft schrieb er der Mutter (27. Oktober 1924): „...Da ich alle Kinos bereits durch habe, leider sind es nur zwei, aber in der nächsten Woche wird ein drittes eröffnet... Das Leben hier ist einfach ideal. Meine Wohnung ist nur zwei Minuten von der Universität und fünf Minuten von der Volksküche, in der ich für vierzig Pfennig esse (die Mensa war billiger! – J. K.). Den größten Teil des Tages arbeite ich in den Seminaren... Heute war ich beim Friseur. Er erkannte mich von vor zwei Jahren wieder und erklärte: Solche Haare vergißt man nicht so leicht. – Auch ein Erkennungszeichen."

Zwei Aktivitäten beherrschten sein Leben: er las unendlich viel und begann, wie schon erwähnt, sein erstes Buch.

Sein Tagebuch berichtet zum Beispiel für die Zeit vom 26. Oktober bis 3. November über die Lektüre:

26. Oktober: „Am Tage habe ich im Seminar ‚Kritik der reinen Vernunft' und Justi über Winckelmann gelesen." 27. Oktober: „Nachmittags im Justi und Kant gelesen. Abends Cassirers Studie über Hölderlin. Erstaunlich schön." 28. Oktober: „Kant ‚Kritik der reinen Vernunft' nun zum dritten Male beendet. Mit jedem Mal, das man sie liest, wird sie imposanter. Da der Inhalt mir noch ziemlich im Gedächtnis war, habe ich besonders auf Stilistik geachtet. Einfach großartig. Die ‚Prolegomena' auch wieder begonnen. Cassirers Studie über Schiller gelesen. Nachmittags Justi und Bergson ‚Données immédiates'." 30. Oktober: „Marx-Literatur gelesen." 31. Oktober: „Marx-Literatur, Kant ‚Prolego-

mena' und Jonas Cohn ‚Theorie der Dialektik' gelesen. Nachher zu Hause Jean Paul ‚Die unsichtbare Loge' begonnen."

Vor dem Bericht über das Buch sei noch einer Vorlesung gedacht, die großen Einfluß auf ihn hatte. Paul Hensel gab eine Abschiedsvorlesung über die Romantiker, einmal eine Stunde pro Woche. „Überhaupt lese ich jetzt viel aus dieser Zeit. Schlegel, Herder, Tieck, Hölderlin", schrieb J. K. am 4. November an die Mutter. Bei dieser Aufzählung ließ er Jean Paul und E. T. A. Hoffman aus, die er praktisch „ganz" las.

Diese Zuneigung zur Romantik, im Laufe der Zeit nuanciert und geläutert, ist ihm immer geblieben, hat zu manchem Meinungsstreit mit seinem alten Freunde Georg Lukács und vielen anderen Marxisten geführt; sie hat es ihm ermöglicht, in unserer Republik viele Jahrzehnte später durch seinen Novalis-Aufsatz eine Wendung in der rein negativen Haltung zur deutschen Romantik mit herbeiführen zu helfen.

Liebe zur Romantik, eingeflößt durch Paul Hensel, den Enkel von Fanny Mendelssohn-Bartholdy, die ihren Bruder Felix, den großen Vertreter der romantischen Musik, oft auf dem Klavier begleitet hatte – in Erlangen, dessen Universität in einem einig war: in ihrem Antisemitismus! Am 31. Oktober schrieb J. K. an den Vater: „Heute las ich in den ‚Münchener Neuesten Nachrichten' unter der Überschrift ‚Kommunisten gesucht' von der Verhaftung von nahezu allen bedeutenderen Führern. Hier ist es überhaupt unmöglich, in ein Café zu gehen, ohne... (antisemitisch – J. K.) angepöbelt zu werden. Im Lesesaal ist keine kommunistische Zeitung zu finden, obgleich die Sperre jetzt aufgehoben ist." An die Mutter am 4. November: „Die Pöbeleien hast Du viel zu ernst genommen. Sie sind absolut harmlos gemeint und vielleicht gerade deshalb aufreizend. Sonst ist mir das eigentlich überhaupt ziemlich gleichgültig. Etwas ungewohnt war es nur am Anfang, das als etwas Alltägliches hinzunehmen. Sehr viel wichtiger und ernster ist die politische Verhetzung. Die sozialdemokratische Zeitung hier ist verboten. Noch weiter nach links ist überhaupt nichts zu haben. Heute spricht ‚Kamerad Graf Luckner‘ vom ‚Stahlhelm‘ über seine Kreuzerfahrten während des Weltkrieges. Ganz Erlangen ist natürlich da. Über all das würde man in Berlin natürlich lachen, weil da wenigstens jemand da ist, der mitlacht.“

Im späten Rückblick über diese Erlanger Zeit bemerkt J. K.:

Aber all das störte mich nicht im mindesten – ich hatte mein erstes Buch zu schreiben angefangen und war ganz verzaubert von dem Glück, als ich immer tiefer in das System von Marx eindrang (natürlich lange nicht so tief, wie ich glaubte). Diese Fähigkeit, mich ohne jede Selbstkritik und hemmungslos im schöpferischen Arbeitsprozeß zu begeistern, ist mir glücklicherweise bis heute geblieben – denn der Mangel an Selbstkritik ist ausgeglichen durch die offene Bereitwilligkeit, mir die Kritik des Manuskripts durch andere anzuhören (wenn auch die Kritiker zumeist der Ansicht sind, daß ich, so willig ich ihrer Kritik zuhöre, in meinen Manuskriptänderungen dann nicht weit genug gehe). Sobald das Buch gedruckt vorliegt und ich an einem anderen schreibe, bin ich stets geneigt, das „Vergangene“ als nicht sehr bedeutungsvoll anzusehen im Vergleich zu dem, das gerade entsteht.

Kein Wunder, daß er am 1. Januar der Mutter schreibt: „Um ein Uhr morgens war ich zu Haus. Bis nach zwei Uhr saß ich dann noch mit Vats großer Pfeife auf meinem Sofa und versuchte weltschmerzlich melancholisch und mit mir unzufrieden zu sein, wie es sich zu solcher Stunde gehört – aber beides, besonders das letztere – wie ich zu meiner Schande gestehen muß –, gelang nicht... und ich glaube wirklich, daß ich alles, was im letzten Jahr an glücklichen und minder frohen Ereignissen mich traf, voll ausgekostet und aufgenommen habe und gerade in allem, was nicht das Studium und die Wissenschaft betrifft, sehr viel weiter gekommen bin." Wie unreif und unkritisch und glücklich!

Das Entstehen dieses ersten Buches ist typisch für seine spätere Arbeitsweise. Sobald er an ein Buch denkt, beginnt er zu schreiben, so schnell das nur irgendwie geht. Am dritten Tag seiner Ankunft in Erlangen (27. Oktober) hatte er der Mutter mitgeteilt: „Bin augenblicklich voller Pläne. Zunächst werde ich die Werttheorie (Abschnitt in der Dissertation – J. K.) noch einmal redigieren... Dann werde ich für das Kant-Seminar von Onkel Paul ein Referat ‚Zum Problem der Kopernikanischen Wendung' machen... Im Januar will ich dann ein großes Buch über Marx beginnen."

Doch vier Tage später fängt er an, wie aus den schon zitierten Tagebucheintragungen hervorgeht, „Marx-Literatur" zu lesen. Danach findet sich häufig die Eintragung „Marx gearbeitet". Und dann plötzlich und unerwartet in einer Karte an seine Mutter vom 11. November 1924: „Marx ist schon annähernd vierzig Schreibmaschinenseiten." Am 13. schreibt er ihr: „Marx ist auf fünfzig Schreibmaschinenseiten gewachsen, stockt aber augenblicklich, infolge einer Entdeckung, mit der ich jetzt einen Professor hier beschäftige. Ich glaube aber, es wäre nützlicher, mit einem Heidelberger Straßenkehrer darüber zu sprechen." Am 29. November an die Mutter: „Marx geht unendlich langsam vorwärts, und was geschrieben wird, scheint noch unfertig. In dieser ganzen Woche höchstens zehn Schreibmaschinenseiten. Einige Tage werde ich jetzt in Nürnberg arbeiten müssen, da die notwendigen Bücher hier nicht vorhanden sind... Ich muß jetzt mit Marx bald Schluß machen oder ihn jedenfalls zur Nebenbeschäftigung erniedrigen, da zwei Referate in Arbeit genommen werden müssen."

Die Unterbrechung Ende November wegen Literaturmangels trifft ihn schwer – nicht zum wenigsten auch aus arbeitsmethodologischen Gründen. Aus Heidelberg schon hatte er der Mutter, die gegen sein forciertes „Terminarbeiten" war, geschrieben (25. Juli 1923): „Meine Semesterarbeiten sind fast abgeschlossen. Nur für Erlangen habe ich noch eine kleine Sache zu schreiben. Mit der Überschätzung der Fertigstellung einer Arbeit zu einem bestimmten Zeitpunkt hast Du natürlich insofern recht, daß man alles auch später machen *kann,* doch gehört dazu immer wieder eine Einarbeit, die zeitraubend ist, so daß man mehr Zeit und Arbeitskraft spart, wenn man eine Arbeit in einem Zug zu Ende bringt."

Hier zeigen sich erste Anfänge von Überlegungen zur Arbeitsdisziplin.

Überblickt man die Studentenzeit von J. K., kommt man zu folgendem Ergebnis:

Auf seinem wissenschaftlichen Weg hat er bisher noch nichts von irgendwelchem Interesse geleistet, jedoch ist seine Begabung für wissenschaftliches Arbeiten ganz offenbar, anderen und ihm. Immense Freude an solcher Arbeit, wirklicher Fleiß werden spürbar und beginnende Arbeitsdisziplin, Arbeitsorganisation, ja auch erstes bewußtes Nachdenken über die letzten beiden Faktoren, die eine überaus große Rolle im Leben des Wissenschaftlers spielen.

Auf politischem Gebiet dagegen, auf dem Wege zum Kommunisten, ist er in seiner Entwicklung noch weit zurück.

Da – im Gegensatz zu den Resultaten der wissenschaftlichen Arbeit – für die Entwicklung zum Wissenschaftler als Arbeitstyp die Ideologie keineswegs die entscheidende Rolle spielt, kann man also mit Recht von einer sehr großen Ungleichmäßigkeit der wissenschaftlichen und politischen Entwicklung sprechen.

Eine Ungleichmäßigkeit dieser Art ist nicht selten bei Menschen, die im Kapitalismus von außerhalb der Arbeiterklasse zum Kommunismus kommen. Die umgekehrte Ungleichmäßigkeit, weit schnellere politische als wissenschaftliche Entwicklung, ist häufiger bei solchen zu finden, die im Kapitalismus aus der Arbeiterklasse zur Wissenschaft kommen.

Beachtet man aber die im allgemeinen günstigen Voraussetzungen, die J. K. für eine schnelle politische Entwicklung hatte, dann ist das Ausmaß der Ungleichmäßigkeit als ein beachtliches Negativum zu werten.

Sie kommt am groteskesten darin zum Ausdruck, daß er fröhlich Philosophie vom idealistischen Standpunkt aus treiben kann und sich gleichzeitig einbildet, als Politökonom Marxist zu sein, politisch zur USPD neigt und für die Sowjetunion wie ihre Führer in jeder Beziehung gegen seine ganze Umwelt an der Universität eintritt.

Erst gegen Ende seiner Studienzeit, im Laufe des fünften Semesters, als er im Grunde mit seinem Studium fertig wird, beginnt er auch philosophisch vom Marxismus zwar noch nicht durchdrungen, aber ernsthaft beeinflußt zu werden, nachdem ihm am Ende des vierten und zu Beginn des fünften Semesters seine „weltanschauliche Schizophrenie" etwas stärker bewußt geworden ist.

Kapitel III   Paris – Buch – Bank

Was sollte J. K. nun nach dem Studium anfangen? Eine Universitätslaufbahn hatte aus politischen und „rassischen" Gründen wenig Aussicht, und da er politisch nicht organisiert war, hätte er bei keiner Partei oder Gewerkschaft Anstellung gefunden.

Der Vater schlug ihm vor, den Sommer über zu Hause zu leben, damit er „das Buch" fertigschreiben könnte, und dann im Herbst als Volontär in eine Bank arbeiten zu gehen, um einen Einblick in die Wirtschaftspraxis zu bekommen. J. K. stimmte dem begeistert zu. Das ließ erkennen, daß er sich trotz seines Philosophiestudiums auch als Wirtschaftswissenschaftler fühlte. Praxis erschien ihm in jedem Fall wichtig, und da es auf dem Gebiet der Philosophie keine Möglichkeit gab, wäre J. K. mit gleicher Freude darauf eingegangen, wenn der Vater Praxis in einem Industriebetrieb oder einem Statistischen Amt vorgeschlagen hätte. Theoretisch brachte er die nötigen Voraussetzungen mit.

Vielleicht zeigt sich hier schon eine glückliche Eigenschaft von J. K., die für sein Leben als Funktionär der Arbeiterbewegung wichtig wurde: bei steter Tendenz zur wissenschaftlichen Arbeit war er immer bereit – und auch darauf vorbereitet – zu Arbeit praktischer Art.

Bevor er jedoch an „das Buch" ging, kostete er noch voll ein Geschenk der Eltern zum Doktorexamen aus: eine Reise nach Paris, nach Frankreich, dessen Kultur ihm so nahe durch den Urgroßvater, die Großmutter und auch den Vater, der in Berlin das Französische Gymnasium absolviert hatte und dem bis an sein Lebensende viele mathematische Formeln auf französisch vertrauter waren als in anderen Sprachen.

Doch über Paris (und auch gleich über den nachfolgenden zweiten Besuch dort) wollen wir den sich heute noch begeistert erinnernden J. K. direkt hören:

Paris war ein ganz großes Erlebnis. Was traf hier nicht alles an Wertungen und Erinnerungen zusammen! Es war die Stadt des Urgroßvaters und der deutschen Emigration von 1848, mit den Großtanten, die mir noch vieles aus der alten Zeit erzählen konnten. Es war die Stadt des Louvre und der Sainte-Chapelle, des Bois de Boulogne und des Quartier Latin, in dem ich wohnte. Es war die Stadt von Balzac und Maupassant – von letzterem hatte mein Vater eine Novelle übersetzt. Es war die Stadt von Victor Basch, dem Philosophen und Vorkämpfer der Menschenrechte, und von Henri Barbusse, die ich beide von Besuchen bei uns zu Hause in Berlin kannte. Es war die Stadt von Madame Ménard-Dorian – der Geliebten des Malers Carrière, der Freundin von Rodin (er schenkte ihr ein von ihm gefertigtes Tintenfaß) und Anatole France, von Caillaux und Briand und auch von meinen Eltern –, und ich durfte sie mehrmals besuchen, sie, die den letzten großen Salon von Paris hatte. Und zu alledem war es noch das Paris, nach dem viele von uns in ihrer Jugend ganz allgemein Sehnsucht hatten – der junge Becher, der junge Rilke, der junge Tucholsky, die vorangegangenen Generationen und meine –, weit stärkere Sehnsucht als etwa nach Athen oder Rom.

Und so, wie ich es erträumte, wurde es Wirklichkeit: wenn mein Großvetter Maurice mich zur Großen Oper einlud und ich erst zum zweiten Akt kam, dann, weil ich vorher in einem kommunistischen Demonstrationszug marschierte, der von der Polizei beschossen wurde; wenn ich von Madame Ménard-Dorian, wo ich unter anderen auch Léon Blum kennenlernte, etwas früher wegging, dann, um rechtzeitig mit meiner guten Freundin Lidia Campolonghi, der Tochter des Führers der linken italienischen Sozialisten in der französischen Emigration, zum x-ten Male zur Mona Lisa zu eilen, die sie so liebte; wenn ich selbst im billigen Quartier Latin auf das Mittagessen verzichtete, dann, um in mehreren Nachtlokalen, Nachtkellern richtiger, die Diseuses ihre Straßen- und politischen Lieder singen zu hören. Aber es konnte auch geschehen, daß ich auf einen Scribe in der Opéra

Comique verzichtete, um ein grand hors-d'œuvre, bei dem man dreißig oder mehr Schüsseln vorgesetzt bekam, in der Brasserie Universelle zu essen. Kein Tag war ohne schönes Erlebnis, und so ist es im Grunde auch alle die zwanzigmal oder mehr, die ich in Paris gewesen, geblieben. Viele Großstädte habe ich in vielen Ländern und auf vier Kontinenten kennengelernt – aber keine voll des Zaubers und der Vitalität von Paris, keine, die mir so aufregend nahegekommen.

Am Osterdienstag, dem 14. April 1925, war ich nach Paris gefahren. Mindestens alle zwei, drei Tage schrieb ich begeisterte Karten oder Briefe nach Hause.

Wie ging ich in der Politik auf! Der Genosse Dutilleul, Sekretär der französischen Sektion der Roten Hilfe, und seine Frau sowie die Genossin Marguerite Faussecave nahmen sich meiner an und berieten mich in bezug auf Versammlungen und Demonstrationen, die ich mitmachen sollte. Am 23. schreibe ich an den Vater: „Jetzt in fünf Minuten zu einer Réunion contradictoire zwischen Kommunisten und Faschisten (Taitinger spricht, ihr Führer). Gestern war ich in einer kommunistischen Versammlung, Rue Belleville; um halb elf in der Oper (immer noch zu früh: Walküre bis zwölf Uhr). Das Gebäude großartig." Zum 1. Mai: „Freitag zum déjeuner bei Campolonghis. Nachher auf einer sehr netten Maifeier italienischer Sozialisten. Lidia und ich haben viel getanzt."

Als mein Vater kam und sich dadurch mein Aufenthalt verlängerte, war ich mit den führenden Personen der französischen Liga für Menschenrechte mehr noch als zuvor zusammen – mit Victor Basch, Guernut, Emile Kahn, Bouglé, Henri Lichtenberger, F. Gouttenoire de Toury, Paul d'Estournelle de Constant, Fernand Buisson, Pierre Renaudel, Roger Picard; auch mit Reynaud und Caillaux sprach ich. Mein Vater wohnte im gleichen Hotel wie Tucholsky, mit dem und dessen Frau zusammen wir gleich am Ankunftstag des Vaters (4. Mai) Abendbrot aßen.

Und wie schwelgte ich in der Kunst! Am 15. war ich zum ersten Male im Luxembourg, wo mir der Pointillist Cross Eindruck machte. Am 19. schrieb ich nach einem Besuch des Louvre an die Mutter: „Heute vormittag Louvre. Fand, daß die Bohémienne von Hals mir mehr gab als die Gioconda. Die Venus von Milo hat eine scheußliche Nase. Rembrandt natürlich einzig. Rubens wird durch das Jüngste Gericht in der Alten Pinakothek weit übertroffen. Tizian hier in den Farben viel verblaßter als in Berlin; umgekehrt Mantegna, der mir hier zum ersten Male Eindruck machte." Merkwürdig, daß sich mein Kunsturteil in all den Jahrzehnten bis heute nicht geändert hat. Selbstverständlich besuchte ich auch den Salon. Aber der Louvre blieb das Kernstück. Am 3. Mai schon schrieb ich der Mutter: „Jetzt gehe ich zum fünfzehnten Mal in den Louvre."

Viele Stunden verbrachte ich an den Bücherständen der Quais, und mit meinem Vater entspann sich ein lebhafter Briefwechsel über Bücherkäufe. Bereits am 15. April, meinem ersten Tag, schrieb ich nach Hause: „Ein Buch schon gekauft. Quais ein Wunder", am 20. April Anfrage: „Soll ich Voltaire (vollst.) vierundfünfzig Bde. 350 frs. geb., Rousseau fünfundzwanzig Bde. 200 frs. geb. (vollst.) kaufen? Rolland (Jean-Christophe) ungebunden für 52 frs. gekauft, zum großen Teil unaufgeschnitten (neu 70 frs.)."

Ein besonderes Erlebnis war der Salon von Madame Ménard-Dorian, die mich, wie ich der Mutter glücklich schrieb, mon jeune ami nannte. Erst hatte ich gefürchtet, sie überhaupt nicht anzutreffen, da sie sich auf dem Lande aufhielt. Dann aber brachte sie der Tod einer alten Freundin in die Stadt zurück, und am 29. April teilte ich der Mutter mit: „Mme. Ménard ist gestern zur Beerdigung von Frau Zola zurückgekommen und hat mich mit Campolonghis zu morgen abend eingeladen." Am 30. nachts berichtete ich dann: „Fabelhafte Stunden hinter mir und nun – noch schönere vor mir. (Mein Vater hatte geschrieben, daß er kommen würde – J. K.) Gestern nachmittag fast drei Stunden mit Lidia im Louvre. Sie ist ebenso häßlich wie charmant, sie hat ebensoviel schönen Geist wie wenig ‚jüdische Intellektualität'. Am Abend waren wir mit einer jungen Russin bei Madame Ménard. Sehr gemütlich. Sie stopfte und nähte und erzählte mit trockenster Miene die tollsten selbsterlebten Kammerdienergeschichten über die heutigen Größen Frankreichs. Wir kamen aus dem Lachen nicht heraus."

Wie glücklich ich in jeder Beziehung war, deutet der Schluß einer Karte an meine Mutter an (29. April 1925): „Paris wird jeden Tag schöner. Du brauchst Dich nie zu ängstigen, obgleich ich – wie durch Fügung – alles Interessante persönlich erlebe. Die meiste Zeit treibe ich mich herum und bin im entscheidenden Moment immer am richtigen Ort." –

Vor der Reise nach den Vereinigten Staaten war ich noch einmal in Paris, 1926, und wieder umfing mich der Charme dieser Stadt. Wieder war ich viel mit Lidia, mit Mona Lisa, wie ich sie nannte, zusammen. Bald nach der Rückkehr erhielt ich dann einen Brief von ihr – sie hätte sich verlobt, und ich dürfe sie nun nicht mehr Mona Lisa nennen. Wie die meisten Töchter südlicher Familien wurde sie zu Hause sehr streng und klösterlich gehalten – in Kuba hörte ich noch 1965 von der einundzwanzigjährigen Tochter eines alten Kommunisten, die der Vater übergelegt hatte, weil sie nach zehn Uhr abends nach Hause gekommen war. Ich fand den Brief so dumm, daß ich ihr nur kurz gratulierte. Fast vierzig Jahre später, als ich im Auschwitz-Prozeß ein Gutachten abgab und die französische Presse darüber berichtete, schrieb sie mir – inzwischen Großmutter und geschieden – und zeichnete: „Mona Lisa". Seitdem korrespondieren wir wieder, wie alte Freunde es tun, und Marguerite hat sie bei ihren beiden Frankreichreisen besucht.

Am 3. August 1926 notierte ich: „Heute war ich im Senat... Vor eineinhalb Jahren hörte ich Caillaux sein Finanzprogramm verteidigen. Heute Poincaré. In den sechs Stunden nahm das Hauptinteresse die Steuer auf Inhaber- und Namenspapiere ein. Armes Land." Weiter: „Im Louvre fand ich einen Rubens, der wie ein abgekratzter Rembrandt aussah und mir gefiel." Von einem Besuch bei Madame Ménard: „Sie empfing mich, obgleich sie zu Bett mit gebrochenem Fußknöchel lag. Sie hat seit Wochen kaum geschlafen, sah wunderbar fein und zart aus, obgleich sie doch so häßlich ist. Es ist merkwürdig, daß irgendein gleichgültiger Industrieller sie geheiratet hat und Männer wie Rodin, Manet, Anatole France sie bewundert und geliebt haben. Ich blieb nur zwei Minuten bei ihr. Noch beim Hinausgehen warf sie mir wie schöne Blumen gute Worte zu. Schon schloß ich die Tür, und als letztes huschte hindurch: Et bonnes vacances, cher ami. Wenn ich aus Amerika zurückkomme... werde ich sie wiedersehen?... Immer war es mir leichtgefallen, an jungen Frauen Spuren des Alters zu entdecken. Jetzt lerne ich, an alten Frauen Spuren der Jugend zu finden."

Mein zweiter Parisbesuch war kürzer, weil ich von dort nach Honfleur fuhr, wo Mary Kelsey, eine Quäkerin aus Philadelphia, ein Haus besaß, in das sie im Sommer für zwei oder mehr Wochen Friedensfreunde aus aller Welt einlud. Hier lernte ich unter anderen Norman Angel und Graham Wallas kennen, der eine schon vor dem ersten Weltkrieg führend in der Friedensbewegung, der andere alter Fabian* und Verfasser des besten Buches über Francis Place; über Graham Wallas

---

* Die Fabian Society wurde 1883/84 in England von Sozialreformern gegründet, die die Ansicht vertraten, die kapitalistische Gesellschaft müsse allmählich in den Sozialismus hineinwachsen.

werde ich anläßlich meiner Amerikareise noch mehr berichten. In Honfleur, wo gerade die Fischer die Arbeit niedergelegt hatten, half ich zum ersten Male bei einem Streik. Frankreich war das erste Land, das mir eigene „Erlebnisse" im Kampf der Klassen vermittelte – denn daß bei meinem Kursus über Marx in Heidelberg die Hälfte der Zuhörer einschlief, kann man wohl kaum als Klassenkampferlebnis bezeichnen.

In Honfleur hielt ich ein Referat über die deutsche politische Jugendbewegung. Am 24. August notierte ich in Berlin: „Die letzten Tage in Honfleur mit Wallas waren noch besonders nett. In Paris noch acht Stunden Aufenthalt. Zusammen mit Marguerite Faussecave und Mann und mit Dutilleul und Frau. Besonders schöne Stunden." Abschied von Paris für drei Jahre nahm ich mit den kommunistischen Genossen.

Sein erstes direktes Erlebnis der Kultur Frankreichs brachte für J. K. unendlich viele Eindrücke auf vielen Gebieten des gesellschaftlichen Lebens. Die tiefsten auf politischem Gebiet. Es war ganz natürlich für ihn, vor allem mit Kommunisten zusammen zu sein, ohne jedoch Bekanntschaften mit führenden Politikern der Bourgeoisie und der Sozialdemokratie zu meiden. Seine Offenheit gegenüber der Kunst und jeder Art Schönheit verdankte er der Mutter. Die wenigsten Eindrücke bekam er wohl wissenschaftlich, was nicht bedeutete, daß er nicht mit Victor Basch eifrig über die idealistische deutsche Philosophie oder mit Henri Lichtenberger, dem Germanisten, über den Unterschied zwischen französischer und deutscher Romantik diskutierte.

Zu alldem verhalf ihm die glückliche Begabung, andere Kulturen, man möchte sagen, einatmen zu können. Denn auch später, wenn ihm kaum vertraute Kulturen begegneten, wie etwa die kubanische oder die japanische, vermochte er ihren Hauch zu verspüren und sich zumindest ihrer Atmosphäre und ihrer Kunst passiv ganz hinzugeben.

An die erste Pariser Reise schloß sich der Sommer mit der Arbeit am ersten Buch im Bibliothekshäuschen im Garten mit dem herrlichen Blick auf den Schlachtensee. Nach dem ersten Anlauf in Erlangen war es ja teils wegen mangelnder Literatur (in einer deutschen Universitätsstadt!), teils wegen anderer Arbeiten liegengeblieben. Jetzt schrieb er täglich und stetig, bis das Manuskript im August, wenige Wochen bevor er einundzwanzig Jahre alt wurde, fertig war.

Als sechs Jahre später Christel Wurm, Gründungsmitglied unserer Partei – und noch später, in der Illegalität von Anfang 1933 bis Anfang 1935, sein Chef –, anläßlich der Einstellung von J. K. als hauptberuflicher Funktionär ein Gutachten über das „Zurück zu Marx" betitelte Buch für die Partei schrieb, bemerkte er abschließend, es wäre „gar nicht schlecht für jemanden, der nicht Parteimitglied gewesen war". Ein recht freundliches Urteil.

Natürlich war das Buch „begeistert für Marx", und es zeigte Begabung. Aber bis auf einen Anhang, der einen scharfen und nicht ungeschickten Angriff auf die gerade völlig neu bearbeitete antimarxistische, auf zwei Bände angeschwollene Auflage von Sombarts „Sozialismus und Soziale Bewegung" enthielt, war es kaum von Nutzen. Es weist eine Reihe von Fehlern auf und ist schwer, gewunden und geschwollen geschrieben. Merkwürdigerweise verkaufte es sich nicht schlecht, und es wurde von der Intelligenz gelesen. Außerdem brachte es J. K. einen „Triumph", über den er selbst berichten soll:

Stets war ich bis dahin in der Öffentlichkeit der Sohn meines Vaters gewesen. Als aber mein Vater, Leiter der deutschen Delegation zur Zehnjahresfeier der Oktoberrevolution, in die UdSSR fuhr und das Marx-Engels-Institut aufsuchte, fragte ihn dessen Direktor, der hervorragende Herausgeber der bis heute (1971) einzigen wissenschaftlichen Marx-Engels-Ausgabe und alte Bolschewik Rjazanoff, ob er verwandt mit J. Kuczynski sei. Das Verhältnis zwischen Vater und Sohn hatte sich für eine ganze Stunde umgekehrt.

Die Marx-Begeisterung kommt schon im Vorwort des Buches zum Ausdruck:

„Zurück zu Marx! ist die marxistische Formulierung des Humanistenrufes: ad fontes!

Denn immer Neues wird man noch bei Marx entdecken. Seine Geldtheorie, die bisher nicht systematisch untersucht und in ihrer Bedeutung nicht erkannt ist, gilt es darzustellen. Seine Theorie der ursprünglichen Akkumulation an sich und in Wechselwirkung mit der Akkumulation im engeren Sinne ist viel schärfer herauszuarbeiten. Die philosophische Struktur des Marxschen ökonomischen Systems, seine Erkenntnismethode und die Ordnung des erkannten Stoffes, muß gefunden und nachgezeichnet werden. Erst dann ist es möglich, das Heer der Marx-Kritiker entscheidend zu schlagen. Erst dann wird man auch das Marxsche System als Weltanschauung und Lebensform erfassen.

Ein Versuch ist in diesem Buch unternommen. Mögen bald andere folgen und darüber hinausgehen. Denn:

Zurück zu Marx! ist ein Aufruf zum Fortschritt."

Das Motto des dritten Teils des Bandes lautet: „Zurück zu Marx heißt vorwärts mit Lenin."

Das Buch, konzipiert als eine Auseinandersetzung mit Marx-Gegnern, trug den Untertitel „Antikritische Studien". Der ungebildete Verfasser des Artikels „Marxismus" im Brockhaus von 1932, den J. K. aber erst 1933 las, nannte es im Literaturverzeichnis ein antimarxistisches Buch. Offenbar verstand er unter Antikritik eine doppelte Kritik. Da J. K. damals illegal in Deutschland arbeitete, hielten es die Genossen für unangebracht, einen Protestbrief an den Brockhaus-Verlag zu schreiben.

„Zurück zu Marx" erschien, von Max Quarck empfohlen, im Juni 1926 bei Kohlhammer, dreizehn Monate nach der Wiederaufnahme der Arbeit am Manuskript in Schlachtensee. Welch ein Glück hatte J. K. auch mit dem Tempo der Fertigstellung des Buches, von dem er heute sagt:

Gelegentlich, beim Ordnen von Büchern, fällt mir dieser „Erstling" wieder in die Hände, und ich lächele freundlich-mitleidig, ohne hineinzusehen, zumal vieles so kompliziert formuliert ist, daß man gebildeter sein muß, als ich es heute bin, um alles zu verstehen.

Noch eine andere wissenschaftliche Arbeit von J. K. ist aus dieser Zeit zu erwähnen. Der Vater gab seit Jahren die „Finanzpolitische Korrespondenz" heraus, in der er zumeist selber die Artikel und Buchbesprechungen schrieb. Sie wurde, abgesehen von wissenschaftlichen Instituten, vor allem von der Presse, vornehmlich der Arbeiterpresse (Parteien und Gewerkschaften) abonniert, die das Recht hatte, jeden Artikel nachzudrucken. Davon machten regen Gebrauch die KPD, die SPD und die Gewerkschaften, da die „Finanzpolitische Korrespondenz" keineswegs nur finanzpolitische Artikel brachte, sondern sich häufig mit Problemen beschäftigte, die speziell die Arbeiterbewegung interessierten. So erfuhren diese Artikel entweder ganz oder im Auszug, trotz der geringen Auflage von nur wenigen hundert Exemplaren der „Korrespondenz", oft millionenfache Verbreitung.

Für dieses „Hausorgan", das drei- bis viermal im Monat erschien, begann J. K. jetzt zu schreiben. Die

Nummer 12 des VI. Jahrganges vom 25. März 1925 bringt seine erste von in den nächsten acht Jahren auf mehrere hundert anwachsenden Rezensionen. Er bespricht (in seinem damals üblichen geschwollenen Stil) Hans Ritschls „Theorie der Staatswirtschaft und Besteuerung", mit der er sich in seinem nächsten Buch noch ausführlicher beschäftigen wird. Am 18. Juni erscheint der erste Artikel, „Der Abbau der Reichserbschaftssteuer", dem am 17. August ein zweiter, „Ein Oberster Gerichtshof zum Schutz der Menschenrechte in Frankreich?", folgt. Die Nummer 3/4 vom 27. Januar 1926 enthält seinen ersten Beitrag über die Sowjetunion: „Russische Kontrollziffern". Er endet: „Der Kapitalismus brachte Ordnung in den Staatshaushalt, über den kameralistisch Buch geführt wurde, in dem über Ausgaben und Einnahmen vorherbestimmt wurde; der Sozialismus wird den Haushalt der Gesellschaft ordnen. Als einen Anfang begrüßen wir die Kontrollziffern der Staatsplankommission." Bis zu seiner Abreise nach den USA im September 1926 bringt die „Finanzpolitische Korrespondenz" noch eine ganze Reihe weiterer Artikel und zahlreiche Buchbesprechungen von ihm.

Man darf diese „Nebenarbeit" von J. K. an der „Finanzpolitischen Korrespondenz" für seine wissenschaftliche und politische Entwicklung nicht unterschätzen. Er macht die allerersten, wenn auch noch sehr ungeschickten Schritte auf dem Wege zum Publizisten; auch das wissenschaftliche Niveau dieser Arbeiten ist nicht schlecht.

Außerdem kann er sich die Bücher, für die das Geld nicht reicht, zur Besprechung kommen lassen – ein großer Vorteil für einen jungen Wissenschaftler.

Unglaubliches Glück hat er wieder, wenn man bedenkt, daß er über jedes Thema, das ihn interessiert, sei es auf Anregung des Vaters oder auf eigenen Wunsch, schreiben kann. Natürlich sieht sich der Vater die Arbeit an und schlägt noch diese oder jene Verbesserung vor – doch ohne jedes weitere Hindernis erscheint sie dann ein bis zwei Wochen später gedruckt, bisweilen von der Arbeiterpresse in einer ganz großen Auflage übernommen. Unter solchen Umständen die ersten publizistischen Versuche machen zu dürfen ist sehr wenigen möglich gewesen.

Für seine spätere Funktion als Redakteur an Parteizeitungen war diese Art der publizistischen Lehre eine gute Vorbereitung. Und doppelt beglückt über diesen Weg zur Publizistik blickt er heute im Alter, wo er wieder fast hauptberuflich Publizist geworden ist, auf jene ersten, so freundlich gelenkten Schritte zurück. –

Bevor J. K. seine „Wirtschaftspraxis" beginnt, schenken ihm die Eltern noch eine Reise nach Wien und Prag. Die erste Postkarte aus Wien lautet kurz und begeistert: „Brueghel erschlagend. Überhaupt . . .! Jürgen".

Am 1. Oktober 1925 begann J. K. als Volontär bei Bett, Simon & Co, einer Bank mit besonders guten Beziehungen zur Sozialdemokratie und zu den Unabhängigen. J. K.s Vorgänger, Kurt Tucholsky, hatte Simon durch Anstellung aus einer schwierigen finanziellen Situation geholfen. Einer seiner Mitarbeiter war der Sohn von Severing, der aber nur über Frauenerlebnisse zu erzählen wußte. Man kann sich vorstellen, daß die Bank einen politisch überaus interessanten Kundenkreis hatte; leider begriff J. K. damals noch nicht den politischen Nutzen, den man aus einer intimen Kundenkontokenntnis würde ziehen können, und sein Vater war „viel zu vornehm", um ihm das klarzumachen oder ihn gar auszuhorchen.

Lebhaft interessiert wanderte er durch alle Abteilungen, „handelte" ein paar Male an der Börse und lernte das Bankgeschäft, lernte, wie man Bilanzen frisiert, kurz, er wurde wirklich in die Praxis eingeführt. Da er niemals daran dachte, hauptberuflich in einer Bank zu arbeiten, störten ihn selbst langweilige Arbeiten nicht. Langeweile zu ertragen will auch gelernt sein – manche tun es, wie er, in einer Bank, andere auf Sitzungen.

J. K. versuchte, sich gleich nach Arbeitsaufnahme gewerkschaftlich bei den Bankangestellten zu organisieren, was jedoch erst einige Zeit später gelang, nachdem Aufhäuser vom Zentralverband der Angestellten, ein Bekannter seines Vaters, sich für ihn eingesetzt hatte; die Schwierigkeit bestand darin, daß J. K. nur Volontär war.

Mit seinen Kollegen, auch den höheren Vorgesetzten, kam er gut aus, besonders mit dem Prokuristen Koch, der ihn in viele Tricks und Schwindeleien, hauptsächlich zur Vermeidung von Steuerzahlungen, einführte.

Entscheidend für J. K. – und viele Jahre hindurch aus dieser Bankzeit geblieben – war das geweckte Interesse für Spekulationen – oder objektiver formuliert: für Marktbeobachtungen, ein Interesse, aus dem später bisweilen nützliche Tätigkeit für die Sowjetunion entstand. Nicht selten konnte er als hauptberuflicher Funktionär der Partei durch Beratung anderer in der Spekulation mit Waren oder Wertpapieren seinen Lebensunterhalt verdienen, ohne daß die Partei ihn bezahlen mußte. Und manchmal war das Einkommen aus einer Einzelberatung mehr, als er im Augenblick unbedingt brauchte, und er konnte der Partei etwas abgeben. Man soll den Nutzen einer Kombination von marxistischer politökonomischer Ausbildung und Kenntnis der kapitalistischen Wirtschaftspraxis für die Partei nicht unterschätzen; mit großem Vergnügen las J. K. darum auch einen französischen Roman, in dem ein geriebener Bankier sich einen jungen Marxisten als Berater für Spekulationen nahm; zwar weiß J. K. nicht mehr, wer wen am Ende des Romans „kriegte", er besinnt sich aber noch, daß der Bankier viel durch die marxistische Beratung verdiente.

Von den Freunden, die er in der Bank gewann, berichtet J. K.:

In der Bank lernte ich zwei Kolleginnen kennen, Eveline und Mimosa, mit denen ich Jahrzehnte hindurch befreundet blieb. Mimosas Mutter, die später mit einer anderen Tochter in Auschwitz umkam, machte sich nichts aus Rimbauds „Trunkenem Schiff", und ich schrieb gegen ihre Auffassung meine erste Theaterstudie, die in einer „Die Kritik" genannten Zeitschrift des der USPD angehörenden Genossen Rudolf Voigt erschien. Er redigierte und setzte die Zeitschrift selbst, und bisweilen mußte ich einen Satz neu formulieren, weil er nicht genug „f" oder „y" hatte. In dieser Zeit veröffentlichte ich bei ihm auch zahlreiche Aufsätze, dann verlor ich ihn aus den Augen. Ich erwähne das, um zu zeigen, wie „individuell" man damals noch Zeitschriften herausgeben konnte, wenn man an ihnen nicht verdienen wollte, keine Honorare zahlte und Redakteur wie Setzer und Drucker in einem war.

Von den Angestellten der Bank möchte ich vor allem meinen Freund Gerhard Degenhardt nennen, der später unserer und der polnischen Partei einen großen Dienst erwies. Damals, 1925, lernte er wohl noch. Eveline, Mimosa, Gerhard und ich waren oft zusammen, und er besuchte mich auch zu Hause, wo ihn meine Schwester Ursula kennenlernte und mit ihrer Überzeugungsenergie in den Kommunistischen Jugendverband brachte. Eine Zeitlang half er ihr beim Aufbau der Marxistischen Arbeiterbibliothek im Keller eines Hauses in der Grenadierstraße. Wegen seiner Schüchternheit und Sensibilität gefiel es ihm im Jugendverband nicht, und er trat nach einiger Zeit wieder aus. Später, als ich 1929 aus den USA zurückkehrte, war er Parteimitglied geworden. In den Jahren des Faschismus arbeitete er illegal und wurde auch bei Verhören im Columbia-Haus mißhandelt. Während des zweiten Weltkrieges trat er – er war Sanitäter in der Nähe von Odessa – auf eine Mine und wurde völlig zerfetzt im Boden der Sowjetunion beerdigt.

Eines Abends, wohl im Mai 1933, kam Gerhard zu mir nach Hause und brachte mir einen Stoß Manuskriptblätter. Er sei bei dem Chauffeur von Simon gewesen und hätte ihn dabei angetroffen, wie er einen ganzen Haufen Papiere verbrannte. Der Chauffeur hätte erzählt, die Papiere von Simon zur sorgfältigen Aufbewahrung erhalten zu haben, sich aber angesichts der politischen Situation nicht getraut, sie länger bei sich aufzuheben.

Man kann sich meine Bewegung über das gerettete und meinen Schmerz über das verbrannte „Papier" vorstellen, als ich bemerkte, daß ich Rosa Luxemburgs Manuskript ihrer „Einführung in die Nationalökonomie" und zahlreiche Notizzettel dazu und wohl auch zu anderen Arbeiten in der Hand hielt. Offenbar hatte Paul Frölich, ein Bankkunde von Bett, Simon & Co, der einen Teil des Nachlasses von Rosa besaß, Simon Anfang 1933 die Papiere zur Aufbewahrung gegeben.

Als ich 1936 nach England emigrierte, übergab ich den Sowjetfreunden in der Berliner Botschaft ein kleines Päckchen, das sie mir auf diplomatischem Wege nach London schicken sollten: es enthielt die Manuskriptseiten Rosas, Briefe von Clara Zetkin sowie die vom Urgroßvater überkommene Erstausgabe des „Kommunistischen Manifests".

Nach 1945 gab ich Wilhelm Pieck zur fünfundsiebzigsten Wiederkehr seines Geburtstages das Manuskript von Rosa, worauf er mir schrieb:

„28. 12. 50

Lieber Freund Jürgen!

Du hast mir in der Tat mit der Übersendung des Manuskriptes von der Rosa eine außerordentlich große Freude bereitet. Es ist wohl das schönste Geburtstagsgeschenk, das Du mir machen konntest. Ich werde es hoch in Ehren halten.

Ich danke Dir auch für die mir von Dir und Deiner

Frau übermittelten Neujahrswünsche, die ich ebenso herzlich erwidere.

Mit besten Grüßen
W. Pieck"

Die Notizzettel von Rosa, die sich auf Polen bezogen, erhielt die polnische Partei.

Die Arbeit in der Bank verlief für J. K. unter den glücklichsten Umständen. Man bedenke die Art der Kundschaft und die Chefs der Bank, in die er eintritt – eintritt als Volontär, was zur Folge hat, daß vor allem seine Vorgesetzten ihn bereitwillig in alle Tricks und Schwindeleien einführen. Er lernt wirklich das kapitalistische Bankgeschäft, die kapitalistische Praxis vom Standpunkt des Kapitalisten aus kennen. Und das wird stets außerordentlich wertvoll für ihn sein, für ihn als Parteifunktionär ebenso wie für ihn als Wissenschaftler. Und all das im Kreis von Angestellten, von denen keiner in dem Volontär einen Konkurrenten auf den Arbeitsplatz sieht und einige ihm gute Freunde werden.

Außerdem beginnt er sich auf Grund dieser Tätigkeit zu organisieren – noch am äußersten Rande gewissermaßen, noch nicht in einer politischen Partei, aber immerhin in der Gewerkschaftsbewegung, zu der er vielleicht deswegen in den folgenden Jahrzehnten eine weit stärkere Beziehung hat als viele andere Genossen.

Jedoch sollte man bei all dem Glück, das J. K. bisher hatte und das ihn im Grunde nie verließ, eines zu seinen Gunsten bemerken: Er war stets auch fähig, das Glück, das ihm zuteil wurde, bis ins letzte auszukosten zum Nutzen für seine Entwicklung zum Kommunisten und Wissenschaftler, zum Nutzen für die Partei. Das gilt schon für diese Zeit, selbst wenn seine politische Entwicklung noch recht kümmerlich ist und manches von politischem Wert für diese Entwicklung erst als Potenz akkumuliert wird.

Das Gewerkschaftsleben war nicht sehr aktiv, und

seine politische Tätigkeit, jetzt stärker und ständiger, spielte sich in der Hauptsache auf einer anderen Ebene ab. Doch hören wir ihn dazu direkt.

Während meiner Volontärzeit wurde ich zum ersten Male Schriftleiter einer Zeitschrift. Die Liga für Menschenrechte, eine fortschrittliche bürgerlich-radikale Organisation, in der sich auch zahlreiche Sozialdemokraten und Unabhängige befanden und in der mein Vater sehr aktiv war, beschloß, eine Monatszeitschrift herauszugeben. Sie hatte kein Geld für einen Redakteur, und da alle, die zum internen aktiven Kreis gehörten, Lehmann-Russbüldt, Milly Zirker – die Freundin von Helmuth von Gerlach – und andere mich seit langem kannten und für einen „gar nicht so unebenen Jungen" (Milly Zirker) hielten, fragte man mich, ob ich nicht Redakteur werden wolle. Natürlich sagte ich begeistert zu – und hatte nun „zwei Organe", die „Finanzpolitische Korrespondenz" und „Die Menschenrechte", die ich „allein leitete" beziehungsweise „mit leitete" und in denen ich viel selbst schrieb. Kann sich ein „Publizist" von einundzwanzig Jahren mehr wünschen?! Ich wurde nun auch in der Liga aktiver, und am 5. Juli notierte ich: „Gestern Generalversammlung in der L. f. M. Wir, das heißt vor allem Jacob-Salomon, Mertens, Levinthal und ich, haben den alten Vorstand gestürzt. Tohuwabohu. Ich lehnte eine Wahl in den Vorstand ab. Dagegen bin ich in die Wahlkommission gewählt, die den neuen Vorstand und die nächste Generalversammlung vorbereitet."

Ganz offenbar handelte es sich um eine Revolte der „energischen Jüngeren" gegen eine Reihe vorsichtiger Alter wie von Gerlach, Persius und andere.

In dieser Zeit lernte J. K. zahlreiche Politiker näher kennen wie Willy Münzenberg und Ernst Schneller, Carl Mertens – er und Jacob-Salomon wurden zu Spezialisten in der Aufdeckung von Reichswehrskandalen –, Carl von Ossietzky, Ludwig Quidde – ein schon aus der Kaiserzeit weltbekannter Pazifist – und viele andere. Freunde und Bekannte des Elternhauses wie Arthur Holitscher, Eduard Fuchs, Einstein, Alfons Goldschmidt wurden ihm unter ganz neuem Gesichtspunkt, als Mitstreiter in der Liga, vertraut.

Dazu kamen, wie in all den Jahren seit 1919, Sowjetpolitiker und Sowjetwissenschaftler, die das Elternhaus besuchten oder mit denen er bei dieser und jener Gelegenheit zusammentraf – etwa bei der Erstaufführung von „Panzerkreuzer Potjomkin" mit Lunatscharski. Den stärksten Einfluß wird Eugen Varga haben, den er als Schüler im Elternhaus kennenlernte und der für J. K. stets das Vorbild eines Genossen Wissenschaftlers, stets Lehrer gewesen und im Laufe der Jahre ein guter Freund geworden ist. Noch heute liebt und verehrt ihn J. K. als seinen eigentlichen Meister, der ihm beispielgebend ist in der Analyse der kapitalistischen Wirtschaft auf der eisern festen Grundlage von Marx, Engels und Lenin, in dem ständigen Bemühen, neue Erscheinungen des Kapitalismus zu beobachten und sowohl die Grundlagen wie auch das Neuerkannte fest gegen alle anderen Auffassungen in der Partei zu vertreten und lieber die schwersten Vorwürfe von „höchster Autorität" einzustecken, als gegen seine Überzeugung zu schreiben – und das zu verbinden mit absoluter Parteidisziplin, das heißt schweigen zu können, wenn man seine Auffassung gegen eine Mehrheit vertreten und zu begründen versucht hat und sich nicht durchsetzen konnte. Darüber wird in entsprechenden Situationen noch manches zu sagen sein.

In diese Zeit fällt die Volksentscheidkampagne für die entschädigungslose Enteignung der Fürsten, an der der Vater führend beteiligt war.* Natürlich zeigte sich J. K. in dieser Kampagne aktiv, wenn auch nicht in dem Aus-

* Vgl. dazu die Biographie des Vaters von J. K.

maß wie seine Schwester Ursula, die auf Vorwürfe des Vaters, daß sie vierundzwanzig Abende hintereinander nicht zu Hause gewesen war, antwortete: „Ja, wer soll denn deinen Volksentscheid durchführen?"

Über sonstige politische Tätigkeit, über seine Einstellung zu seinen Aktivitäten und schließlich auch, um einen winzigen Einblick in das Verhältnis zur Mutter zu geben, lassen wir ihn selbst berichten:

Auch außerhalb der Liga und der Gewerkschaft muß ich politisch aktiv gewesen sein. Unter den Postsachen von 1926 finde ich eine Einladung zu einem Diskussionsabend der kommunistischen Studentengruppe mit dem Thema „Die Lösung der nationalen, kolonialen und Bauernfrage" – ein recht reiches Diskussionsprogramm. Ebenso eine Mitteilung vom Juli 1926 über die Gründung einer Organisation „revolutionärer Künstler, Schriftsteller und so weiter" durch Erich Mühsam und Rolf Gärtner und die Aufforderung von Julius Unruh, an der ersten, „programmgebenden Versammlung" teilzunehmen.

Mehr und mehr, so schien es mir damals, „kam ich in das politische Leben", bewegte ich mich freier, fing an, ein wenig bekannt zu werden. Die Presse begann meine Artikel aus der „Finanzpolitischen Korrespondenz" nachzudrucken, die spezifisch pazifistischen Blätter meine in den „Menschenrechten" erschienenen Aufsätze. Ich fühlte mich auf voller Fahrt ins Leben.

Mit den Eltern und Geschwistern stand ich ausgezeichnet, was nicht ausschloß, daß sich die Mutter von Zeit zu Zeit über mich beziehungsweise uns Kinder ärgerte, wie zwei Briefe vom September 1925 an die offenbar verreiste Mutter andeuten. Der eine lautet:
„Liebe Mutter:

Deine Mitteilung, nichts mitzubringen, schreckt nicht. Du wirst wahrscheinlich niemanden vorfinden, dem Du was mitbringen könntest, da wir beschlossen haben, Dich abzusetzen wegen mangelnder Fähigkeiten, inhaltsreiche, saubere, lesbare, anmutige Postkarten – auf Briefe gehen unsere bescheidenen Ansprüche gar nicht – zu schreiben.

Im Auftrage meiner Schwestern

ergebenst Jürgen"

Der zweite, drei Tage später geschriebene beginnt:

„Liebe kleine Mutter:

Dein wütender Brief ist gekommen – aber so schlecht geschrieben, daß ich nur lesen konnte, daß Du wütend bist, nicht aber, worüber. Also lassen wir es bei der abstrakten Wut."

Außerdem leistete J. K. kontinuierlich wissenschaftliche Arbeit. Darüber berichtet er:

Neben meiner Arbeit in der Bank schrieb ich mein zweites Buch, eher eine starke Broschüre. Mein Vater war der Meinung, ich sollte das, was ich auf dem Gebiet der Finanzwissenschaft gelernt hätte, zusammenfassen. Ich fand auch, daß ich „alt genug" wäre, irgendwie abschließende Bücher zu schreiben, und setzte mich hin, um ein Lehrbuch der Finanzen zu verfassen. Genau wie bei dem Roman, den ich später mit Mani Bruck für die „Rote Fahne" schrieb, hatte ich bei diesem wie auch bei allen folgenden Büchern keine Ahnung, wie sie „ausgehen" würden; ich fing immer einfach an, und eine gewisse Logik entwickelte sie weiter.

Bei diesem Buch begann ich mit einem Kapitel über Staatshaushalt und Steuern. Da dann der Plan für die Reise nach Amerika auftauchte, blieb es bei diesem Kapitel. Ich rundete es so ab, daß es veröffentlicht werden konnte. Die Laub'sche Verlagsbuchhandlung, bei der viele Sachen von Unabhängigen (USPD) erschienen, übernahm die Herausgabe. Es war meine erste wirklich nützliche größere Veröffentlichung. Günther Reimann, mein Vorgänger als Wirtschaftsredakteur bei der „Roten Fahne", schrieb eine relativ lange und für die Veröffentlichung eines Nichtparteimitgliedes ungewöhnlich freundliche Besprechung in unserem theoretischen Organ, der „Internationale". Die Schrift erlebte keine zweite Auflage, wurde nicht einmal ausverkauft. Aber, wie mir der Genosse Erwin Rohde sagte, wurde sie nach 1945 eifrig von Finanzwissenschaftlern gelesen, da sie die einzige zugängliche marxistische Schrift über Finanzen bei uns war. Man trat 1946 wegen einer Neuauflage an mich heran, aber ich hatte ein gesundes Urteil, als ich das ablehnte, denn so gut war das Büchlein wieder nicht, und es genügte, wenn sehr Eifrige sich Photokopien von den wenigen noch in Bibliotheken vorhandenen Exemplaren machen ließen.

Die Schrift stellte in mancher Beziehung eine wirklich marxistische Studie der Probleme der Besteuerung und der Staatsausgaben dar, ausgehend von der These, daß es im Grunde nicht darauf ankommt, ob man direkte oder indirekte Steuern erhebt, sondern wofür die eingenommenen Steuern vom Staate ausgegeben werden. Diese Theorie wandte ich dann auf die Sowjetunion an und zeigte die Verlogenheit von Angriffen auf ihr Steuersystem, die nicht die Tatsache berücksichtigten, daß der Staatshaushalt dem ganzen Volke dient. Für meine wissenschaftliche Entwicklung stellte diese Arbeit insofern einen wichtigen Fortschritt dar, als es mir zum ersten Male gelang, Theorie und Tatsachendarstellung (auch verbunden mit Statistik) zu vereinen, das heißt, den Weg der Analyse und Synthese, der Verbindung von Theorie und Geschichte, zu gehen, den Engels, Marx und Lenin so großartig entwickelt haben.

Das Büchlein erschien 1927, als ich bereits in Amerika und aus der Entwicklung der Vergangenheit herausgerissen war. Als ich es in der Hand hielt, lag mir die

Thematik schon unendlich fern, und ich tat es wie ein Symbol vergangener Jugend und schriftstellerisch-stilistischer Unreife in die Schublade.* Ich hatte ein neues Arbeitsgebiet gefunden, das mich in den nächsten vierzig Jahren, soweit ich wissenschaftlich arbeitete, überwiegend beschäftigen würde: die Lage der Arbeiter. So viel würde ich darüber arbeiten, daß ein ungarischer Genosse mich kürzlich den „Erfinder der Lage der Arbeiter" nannte.

Andere, kleinere Arbeiten aus den der Promotion folgenden einenhalb Jahren, die nicht veröffentlicht sind, beschäftigen sich ebenfalls mit Finanzfragen, stellen zum Teil auch eine Fortsetzung noch in der Studienzeit begonnener Arbeiten dar. Darunter befindet sich ein Manuskript über Geldentwertung, das ich zu einem Preisausschreiben eingereicht hatte. Es zeigt, wie die Inflation in der Französischen Revolution nach 1789 und in Sowjetrußland nach 1917 als Waffe gegen die Reichen benutzt worden war, in Deutschland dagegen nach 1918 als Waffe gegen die Armen. Natürlich erhielt die Arbeit keinen Preis – wohl aber muß sie unter den eingereichten Manuskripten herausgeragt haben, denn die Preisrichter zogen es vor, den Termin für das Preisausschreiben zu verlängern, um, was dann auch geschah, andere Arbeiten zu erhalten, die sie gut und gern preiskrönen konnten.

Es war schon angedeutet worden, daß J. K. im Spätsommer 1926 nach den USA fährt, als Forschungsstudent mit einem Stipendium an der Brookings School,

* Am 8. Dezember 1927 schrieb ich an Marguerite: „Traf in der School einen Deutschen (vom Preußisch-Statistischen Amt), der mir sagte, er hätte leider mein Buch über den Staatshaushalt nicht mehr besprechen können. Da läuft diese so ersehnte Spätgeburt in der Welt herum, das letzte Buch meiner ersten, antipopulärwissenschaftlichen Periode, jeder kann es sehen und lesen, und ich weiß nicht, wie es aussieht."

einer kleinen Institution für postgraduales Studium. Der Vater hatte ihm das Stipendium verschafft und zu der Reise zugeredet.

Rückblickend schätzt J. K. seine Haltung zur Amerikareise ein:

In der Tat fuhr ich „selbstverständlich, aber scheußlich ungern" nach den USA. Ich hatte das Gefühl, „alles, was schön in meinem Leben war", aufgeben zu müssen — die Schwestern, die Freundschaften, die Politik, das „ganze Leben", wie es sich so gut zu gestalten schien, um einen „letzten Kursus in Wissenschaft und Welterfahrung zu absolvieren".

Ich meinte auch einen gewaltigen Sieg über meinen Ehrgeiz errungen zu haben. Denn fing ich nicht an, auf Grund meiner Arbeiten bekannt zu werden, meinen eigenen Weg zu gehen, politisch und wissenschaftlich? Und stellte ich das nicht alles zurück, um gewissermaßen, wenn auch nicht für lange, höchstens neun Monate, wie ich dachte, noch einmal in fremder, sicherlich unsympathischer Umgebung anzufangen!

J. K. hatte, wie sich zeigen wird, recht getan zu fahren.

Mag die Einschätzung seiner Position in Deutschland etwas großspurig klingen — entscheidend ist, daß er zum ersten Male ganz kühl die Möglichkeiten der eigenen nützlichen Entwicklung in zwei Richtungen abwägt: zu Hause zu bleiben und den schon immer deutlicher sich absteckenden und auch immer erfreulicher erscheinenden Weg zu gehen oder auf ganz neuer, unbekannter, ihn über völlig andere Gegenden führender Bahn, bescheiden von vorne anfangend, loszuschreiten. Und entscheidend ist weiter, daß er gegen alle persönlichen Wünsche und gegen manche für den anderen Weg sprechende objektive Tatsachen richtig gewählt hat.

Nie hätte der Vater, der immer dagegen war, wie er es nannte, Schicksal zu spielen, einen von J. K. als zu stark empfundenen Druck auf ihn ausgeübt, nach den USA zu gehen. Vielmehr war der Beschluß, dorthin zu fahren – ein Beschluß, der in so mannigfacher Beziehung von entscheidender Bedeutung für sein Leben wurde –, sein eigener und zeugte von einer beachtlichen Reife des Verantwortungsgefühls für die eigene Entwicklung.

Ganz sicher schätzte J. K. seine Fähigkeiten damals zu hoch ein; ganz bestimmt erwartete er von sich weit größere Leistungen, als sich später ergaben. Das sind keine ungewöhnlichen Schwächen junger begabter Menschen. Erfreulich aber ist es, festzustellen, daß der Einundzwanzigjährige genügend Verantwortung für seine (überschätzten) Fähigkeiten aufbrachte, um ihrer Weiterausbildung zeitweilig den Leistungsehrgeiz zu opfern. Er war berechtigt, von einem Sieg über seinen (gar nicht falschen, aber in dieser Situation seiner Entwicklung nicht so nützlichen) Ehrgeiz zu sprechen. Und wir sind berechtigt, einen nicht unbedeutenden Abschnitt in seiner allgemeinen charakterlichen Entwicklung zu markieren.

Kapitel IV   Die Vereinigten Staaten: die Brookings School und die erste des Bemerkens werte wissenschaftliche Leistung

Am 17. September 1926, seinem Geburtstag, kam das Schiff in New York an. Noch am Abend fuhr er mit den Eltern nach Washington D. C. Am 18. September zum Frühstück lernte er Marguerite, sie studierte ebenfalls an der School, kennen. Genau ein Jahr später, am 18. September 1927, beschlossen sie, am 18. September 1928 zu heiraten, und führten diese Absicht planmäßig durch.

Seit dem 18. September 1926 haben sie sich – es sei denn, sie waren getrennt durch Reisen oder mußten kurzfristig an verschiedenen Orten arbeiten – täglich gesehen, täglich gesprochen.

Da hier nur von der Erziehung des J. K. zum Kommunisten und Wissenschaftler die Rede ist – wenn auch Marguerite den Weg zum Kommunisten und Wissenschaftler hinfort mit ihm zusammen ging und ihn ihm ganz wesentlich erleichterte, jedoch weder politisch noch wissenschaftlich einen größeren erzieherischen Einfluß auf J. K. hatte –, spielt sie im folgenden eine weit geringere Rolle als in seinem Leben allgemein. Ihre Bedeutung für J. K. brachte eine gemeinsame Freundin recht deutlich zum Ausdruck, als sie sagte: „Jürgen, du bist dir doch hoffentlich klar darüber, daß, soweit du überhaupt als Mensch erträglich bist, du das Marguerite verdankst." Ihm schien diese Formulierung völlig richtig, und sie ist es auch. Darum sprechen wir in diesem Buch von ihr auch als Marguerite, von ihm jedoch als J. K.; man soll immer offen zeigen, wer einem lieber und vertrauter ist.

Robert S. Brookings hatte seine Millionen durch Grundstücksspekulationen, im Handel mit Holz und Holzwaren sowie im Verkehrswesen erworben. Mit sechsundvierzig Jahren machte ihm die Anhäufung von weiteren Millionen keinen Spaß mehr; er wandte sich der Förderung der Wissenschaft zu und brachte es nach einiger Zeit bis zum Präsidenten des Kuratoriums der Universität seiner Heimatstadt, der Washington University in St. Louis. Schließlich hatte er auch davon genug und widmete sich dem Aufbau eines Forschungsinstituts, dem er 1924 eine postgraduale Universität anschloß. Beide wurden nach ihm benannt: die Brookings Institution und die Brookings School. Als J. K. ihn kennenlernte, war er ein jedem Protz abholder, politökonomisch interessierter, bescheiden lebender alter Mann. Einmal aß J. K. mit seinen Eltern bei ihm – das erste Mal, daß er bei einem Dollarmillionär „zu Mittag speiste". Die Räume waren einfach, aber kostbar eingerichtet, das Essen schien ihm „direkt mäßig", wie er an eine Freundin schrieb, an der Wand, wo der kleine Eßtisch für vier Personen stand, hing eine schöne Landschaft von Ruisdael.

In der Forschungsanstalt, der Brookings Institution, arbeitete J. K.s Vater von 1925 bis 1931 halbjährlich, das heißt, die eine Hälfte des Jahres lebte er mit der Familie in Schlachtensee, die andere in den Vereinigten Staaten, in Washington D. C., das er seit seiner Jugend kannte und liebte. Bisweilen begleitete ihn die Mutter, öfter fuhr er allein. Im Herbst 1926 kamen die Eltern gemeinsam mit J. K. nach den USA.

Die Brookings School war eine winzige Spezialuniversität für zwanzig bis dreißig Stipendiaten, die nach Beendigung des Studiums an einer normalen Universität das postgraduale Studium, also im allgemeinen Arbeit für den Doktor, betrieben. Sie wurden sorgfältig ausgewählt und kamen aus dem ganzen Lande.

Die Brookings School war in mannigfacher Beziehung eine sehr erstaunliche Einrichtung.

Einige ihrer Besonderheiten schildert J. K. so:

Obgleich wir unsere allererste Jugend hinter uns hatten, die meisten von uns natürlich öfter verliebt gewesen waren, heiratete rund die Hälfte der Studenten untereinander. Das trug dazu bei, daß geschlossene Bekanntschaften und Freundschaften durch Jahrzehnte einen weit größeren Kreis der Studenten umfaßten, als es sonst der Fall gewesen wäre. Da die meisten der Studenten später auf Grund ihrer Begabung interessante Beschäftigungen und manche unter der Roosevelt-Regierung höhere Staatsfunktionen innehatten, konnten Marguerite und ich, als wir 1938 in die USA fuhren, um Geld für den Geheimsender 29,8 zu sammeln, fast überall bei alten Freunden wohnen und als die erfolgreichsten Geldsammler der Partei nach etwa sechs Wochen zurückkehren. (Von den insgesamt dreiundzwanzig Studenten meines Jahrganges heirateten zwölf untereinander. Von den Männern fand ich später die Namen von vier im American Who's Who, von einem im kanadischen und einem im deutschen Wer ist's? Drei haben ihren Namen heute – 1971 – im International Who's Who.)

Zu den Studenten „meines Jahrgangs" gehörte Jean Flexner, Tochter des Verfassers des damals bedeutendsten Werkes über die Prostitution in Europa und Nichte des berühmten Arztes, die den Studenten Paul Lewinson heiratete – sie arbeitete später im Bureau of Labor Statistics des Arbeitsministeriums, er wurde einer der Leiter des Nationalarchivs; Max Lerner, heute einer der bekanntesten Publizisten der USA, der auch eine Brookings-Studentin heiratete; Arthur MacMahon, später Professor der Politologie an der Columbia-Universität, der ebenfalls eine Brookings-Studentin zur Frau nahm, und so weiter. Zur School gehörten auch noch ehemalige Studenten, die oft zum Essen kamen: darunter mein damaliger Freund Frank Tannenbaum, von dem man eine Zeitlang glaubte, daß er der Schriftsteller Traven wäre, 1926 einer der größten Experten mexikanischer Agrargeschichte, als ganz junger Mensch wegen Beteiligung an einem Streik zu Gefängnis verurteilt. (Im Gefängnis hatte er sich mit dem Direktor, dem späteren Leiter von Sing Sing, Thomas Mott Osborne, angefreundet, und dieser hatte ihm seinen Nachlaß vermacht, in dem sich zahlreiche Verbrecherbiographien und Tausende von abgefangenen Kassibern befanden. Da Frank mich bat, diesen Nachlaß für eine Osborne-Biographie, die er dann auch geschrieben hat,* zu ordnen, wurde ich bald Spezialist der Verbrechersprache – heute würden die amerikanischen Gangster meinen Verbrecherjargon allerdings als „altmodisch" bezeichnen.) Neben Frank Tannenbaum waren Marguerite und ich gut bekannt mit J. U. Nef und seiner Frau – Nef wurde später der hervorragendste Wirtschaftshistoriker der USA. (Da seine Frau aus sehr reicher Familie kam, hatten sie bei einem längeren Aufenthalt in Paris viele Bilder des bedeutenden Malers Derain kaufen können, die – alles wuchtige Akte – die Wand ihres Eßzimmers schmückten.) Weiter gehörten zu früheren Jahrgängen Woodlief Thomas, der damals in der Wirtschaftsforschungsabteilung der Zentralbank arbeitete, sie später übernahm und einen stark verbesserten amtlichen Produktionsindex der USA berechnete; Isador Lubin, später Leiter des Bureau of Labor Statistics; Ewan Clague mit seiner Frau Dorothy, der Lubins Nachfolger wurde; Mordecai Ezekiel, bald ein führender mathematischer Statistiker in den USA – und manche andere, später interessante Persönlichkeiten des amerikanischen Lebens.

Für uns war auch wichtig, daß die größten Gestalten des Obersten Gerichtes der USA in diesem Jahrhundert, die Richter Holmes und Brandeis, ihre juristischen Assistenten vielfach von der Brookings School bezogen. Holmes, damals ein Achtziger, wohnte nur einige Häuser entfernt von uns; sein Vater, Oliver Wendell Holmes, war der berühmte Vorkämpfer gegen die Sklaverei gewesen, und er selbst trug im Schenkel noch ein Geschoß aus dem Bürgerkrieg, der 1926 ja schließlich schon über sechzig Jahre zurücklag. Ich sehe ihn deutlich vor mir, wie er, oft am Arm des auch schon über siebzigjährigen Brandeis, langsam die Straße hinunterging.

* Frank Tannenbaum, Osborne of Sing Sing. With an introduction by Franklin D. Roosevelt. Chapel Hill 1933.

Brandeis war ein hochbegabter, überaus kluger, fortschrittlicher Richter – entfernt mit uns verwandt –, bei dem ich mehrmals mit meinen Eltern, allein oder mit Marguerite zu Besuch war.* Auch 1938, auf unserer Geldsammlungsreise, suchte ich ihn auf, und er gab mir manche Tips, wo ich etwas herausholen konnte.

Gelegentlich sprachen an der School bedeutende amerikanische Gelehrte, unter anderen der Vater einer späteren herzlich guten Bekannten, Martha Dodd-Stern, der Historiker William E. Dodd, der in den ersten Jahren des Faschismus amerikanischer Botschafter in Berlin war. Ferner Lewis Mumford, der interessante und bisweilen fortschrittliche Kulturphilosoph; Graham Wallas, den ich schon von Honfleur her kannte und mit dem ich während seines Washingtoner Aufenthalts viel zusammen war, und manche andere.

Über ein Zusammensein mit Graham Wallas** sei noch besonders berichtet (nach einem Brief an Marguerite vom 30. Mai 1927):

„Hatte eine der großen Stunden meines Lebens.

Um vier Uhr war ich im Cosmos Club und packte die Sachen von Graham Wallas. Um fünf Uhr war alles beendet, und wir saßen noch etwa eine Stunde zusammen.

Er erzählte viel aus seinem Leben, von seinen Plänen, früheren und neuen, zog Riesenlinien durch die Welt-

---

* Am 14. März 1927 schrieb ich an Marguerite: „Besuchte heute Brandeis, wo ich Senator Wheeler traf. Gesicht eines Caesaren mit einem lächerlichen Kinn." Wheeler war einer der wenigen fortschrittlichen Senatoren, der oft mit Senator Robert La Follette, dem führenden Radikalen im Senat, zusammenging. La Follette kannte jeder von uns an der Brookings School. Marguerite hat noch eine von ihm gezeichnete Eintrittskarte für den Senat.

** Graham Wallas, geboren 1857, war, nachdem er 1886 Mitglied der Fabian Society geworden, mit führend unter den englischen Radikalen in dem Vierteljahrhundert vor dem ersten Weltkrieg, gut befreundet oder bekannt mit H. G. Wells und Shaw, den Huxleys und Haldanes, mit allen in England, die mir aus den beiden vorangehenden Generationen bedeutend und interessant erschienen.

geschichte – kurz, nahm von irgend etwas Abschied (wohl Amerika) und tat es mit mir zusammen.

Ich mußte viel an das erste Mal denken, als ein ähnlicher Mensch mit mir zusammen Abschied nahm. Paul Hensel war irgendwie gekränkt worden. Er hatte einen Herzanfall. Wir saßen nachher noch zwei Stunden zusammen. Ich brachte ihn dann in sein Schlafzimmer. Und zum Schluß sagte er: ‚Wenn du mich morgen nicht mehr am Leben findest, hat man mich zu Tode gequält.'

Es ist dies etwa fünf Jahre her. Damals war ich siebzehn Jahre alt, heute zweiundzwanzig Jahre. Dazwischen liegen drei, vier ähnliche Erlebnisse.

Natürlich bin ich heute sehr viel älter als damals – aber im Vergleich zu diesen weisen Männern noch dasselbe Kind wie damals. –

Aber es ist sehr merkwürdig, in solchen Stunden gelebt zu haben, und irgendeine Gnade läßt mich solche Männer gerade in solchen Stunden treffen – denn es gibt so wenige Weltweise, und auch sie haben nur selten ‚ihre Stunden'."

Das erste große Bildungserlebnis von J. K. in den USA war die amerikanische Kultur. Über die Probleme der Aufnahme von Kulturen hat sich J. K. folgende Gedanken gemacht:

Man kann die Kultur eines Landes durch gründliches Studium kennenlernen – doch besser ist es, wenn man in ihr aufwächst und sie auf natürliche Weise Teil des eigenen Wesens wird. Marguerite hatte als Elsässerin bis 1918 die deutsche und dann die französische Kultur so in sich aufgenommen. Nach Abschluß der Schule hatte sie ein französisches Regierungsstipendium für ein amerikanisches College erhalten und sich dann mit anderen Stipendien während der Studienzeit und mit Arbeit während der Ferien so lange durchgebracht – einmal war

sie auch im reifen Alter von neunzehn Jahren Professor
für Französisch an einem College gewesen –, bis sie ihren
M. A. gemacht hatte und dann an die Brookings School
gekommen war. Das heißt, sie hatte die Gelegenheit
gehabt, die amerikanische Kultur auf natürliche Weise in
sich aufzunehmen und damit auch einen Teil der englischen Kultur. Als ich nach den USA kam, war ich genau wie sie mit der deutschen und französischen Kultur
(man bedenke die Familientradition) in natürlicher Weise
verwachsen und hatte durch den Besuch dieser winzigen
Universität gewissermaßen eine letzte Gelegenheit, auch
die amerikanische (und indirekt die englische) Kultur
auf natürliche Weise in mich aufzunehmen. Und das tat
ich mit vollem Genuß und großer Begeisterung. Ein
Land, das als einziges in der Geschichte zwei große sieg-
reiche bürgerliche Revolutionen gehabt hat, den nationalen Befreiungskrieg gegen die englische Kolonialherr-
schaft im letzten Viertel des 18. Jahrhunderts und den
Bürgerkrieg gegen die Sklaverei in den sechziger Jahren
des 19. Jahrhunderts, mußte natürlich eine große Kultur
haben. Und bedenkt man, daß ich noch Menschen kennengelernt habe, die von Sklavenammen genährt worden waren, daß ich als alltägliche Erscheinung Holmes
auf der Straße sah, dann wird man verstehen, wie nahe
und lebendig die großen fortschrittlichen Zeiten mitten
in das Stadium des Monopolkapitals hineinragten.

Vor allem in den ersten Monaten – im Grunde aber
während all der Jahre in Washington – las ich unendlich viel, teils aus fernerer Vergangenheit, teils in Erscheinungen des Tages, teils Geschichte, politische Ökonomie und Philosophie, teils schöne Literatur. Viel, schien
mir, hatte ich nachzuholen, vieles zu entdecken! Oft las
ich zwei, drei Bücher am Tag während der neun Monate
in der School, und jeder Tag war in vielfacher Beziehung
schöner als der vorangegangene – in wissenschaftlicher wie
allgemein kultureller wie menschlicher.

So berichtete ich am 14. März (morgens) an Marguerite*:

„Gestern hatte ich eine merkwürdige Nacht. Um acht Uhr begann ich Henry Adams ‚Democracy'**, zu lesen. Das erste Kapitel war so aufregend, daß ich beschloß, das Buch zu Ende zu lesen. Ich kaufte fünf Zigarren für fünf Cents, rauchte alle sechzig Seiten eine und beendete das Buch um halb zwei Uhr."

Am Abend des 14. März heißt es:

„Las Henry Adams, Mont Saint-Michel and Chartres***. Er ist ein außerordentlicher Mensch."

Drei andere Tage im März bringen diese Berichte:

27. März 1927: „Las die Poe-Biographie von Krutch.† Ganz schlecht, primitiv. Wenn ich mit ‚Löhnen und Produktion' fertig bin, möchte ich eine Biographie schreiben. Wahrscheinlich über einen deutschen Revolutionär von 1848. Eine gute Vorbereitung für unser Buch über die ökonomische Entwicklung von 1840 bis 1870.††"

28. März (morgens): „Las J. A. Hobson ‚The Economics of Unemployment'†††zum zweiten Male. Ein gutes Buch, doch meines wird besser – zumindest, wenn Du mir hilfst, gleichzeitig einfach und wissenschaftlich zu sein."

* Wie alle Briefe zwischen Marguerite und mir gebe ich auch diese auf deutsch wieder; die Originale sind teils deutsch, teils englisch, teils französisch. – Obgleich ich mit Marguerite zunächst zumeist französisch sprach, lernte ich doch schnell das Englische – soweit ich es überhaupt gelernt habe. Denn so groß mein Wortschatz ist, so gleichgültig es mir ist, ob ich einen Vortrag frei auf deutsch oder englisch halten soll, ist meine Aussprache stets so geblieben, daß meine Familie sagt: It isn't English what you speak but it is more similar to English than to any other language in the world; der letzte Teil des Satzes soll mich trösten.
** Democracy. An American Novel. (1880.)
*** Erschienen 1904.
† J. W. Krutch, Edgar Allan Poe. A Study in Genius. (1926.)
†† Damals plante ich für später ein solches Buch für Marguerite und mich.
††† Erschienen 1922.

28. März (abends): „Las die Biographie Darwins von Bradford.* Der zweite Absatz des Buches beginnt: ‚Durch einen außerordentlichen Zufall wurde Darwin in S ..., England, am gleichen Tage, dem 12. Februar 1809, geboren, an dem Abraham Lincoln in Hardin County, Kentucky, geboren wurde.'

Kann man weniger Sinn für ‚historical time' haben? Ich finde das ganz wundervoll, ‚außerordentlicher Zufall'.

Las Halévy: ‚La Jeunesse de Bentham'.** Schlau, aber nicht groß.

Vielleicht findest Du, ich lese zu viel und tue nichts Vernünftiges. Aber ich schreibe auch."

29. März: „Las J. A. Hobson, ‚Cobden'***. Recht interessant – zum großen Teil jedoch Wiederabdruck von Briefen."

Neben der Literatur spielen die Lektüre und das Ordnen des Osborne-Nachlasses eine Rolle. So heißt es in einem 18./19. April datierten Brief: „Las an hundert criminal letters. Unglaublich interessantes Material. Höhepunkte der Bigotterie ... Las Franks (Tannenbaum – J. K.) Buch über den Süden. Bin nicht so sehr begeistert. Kennst du es? Wie beurteilst Du es?"

So wichtig für J. K. die Aufnahme der amerikanischen (und indirekt der englischen) Kultur war, von alles überragender Bedeutung für ihn blieb die streng wissenschaftliche Entwicklung: das Finden des Hauptarbeitsthemas für sein ganzes Leben und die erste wichtige wissenschaftliche „Entdeckung". Wie kam es dazu?

In den Wochen vor der Abreise las er viel amerikanische Literatur, um sich in der Sprache zu üben. Darunter auch einen Aufsatz des damals besten amerikanischen Erforschers der Lohnbewegungen in USA, Paul

* G. Bradford, Darwin. (1926).
** Erschienen 1901.
*** J. A. Hobson, Richard Cobden, the International Man. (1919).

H. Douglas, in dem, er die Bewegung der Reallöhne, der Produktion und der Produktivität verglich. Douglas stellte fest, daß die Produktion schneller stieg als die Reallöhne. Und nun lassen wir J. K. selbst berichten:

Die Betrachtung von Douglas schien mir außerordentlich interessant. In einem Aufsatz, den ich unter der Überschrift „Reallohn und Produktionsvolumen in Amerika" schrieb,* ging ich methodologisch einen Schritt weiter als Douglas, indem ich den Index der Reallöhne durch den Index der Produktion dividierte und den resultierenden Index einen Index des „Anteils der Industriearbeiter am Gesamtprodukt der Industrie" nannte. Wie die Schlußfolgerungen des Artikels zeigen, war ich damals noch vor allem an der Herstellung von kausalen Beziehungen zwischen Reallohn- und Produktionsentwicklung interessiert, und zwar in recht primitiver und ganz falscher Weise.

Auf dem Schiff nahm ich mir den Artikel von Douglas erneut vor.

Im Jahr vorher hatte mein Vater während der Überfahrt, auf der ihn meine Mutter nicht begleitete, eine wichtige Entdeckung auf dem Gebiet der Bevölkerungslehre gemacht. Die reizenden jungen Frauen auf dem Schiff ließen ihn offenbar auf den Gedanken kommen, daß nur wenige Männer nötig wären, damit sie alle reichlich Kinder hätten. Wie er nach der Rückkehr seiner Familie erzählte, wäre er jedoch vor allem durch die Lektüre von Shaws „Methusalem" zu diesem und einem zweiten, folgenden Gedankengang angeregt worden, was wir ihm aber nur teilweise glaubten. In der Biographie meines Vaters hatte ich die Darstellung, die er uns Kindern gegeben hatte, recht abgekürzt beschrieben: „Eines Tages im Jahre 1926 überraschte Kuczynski nach der

* Erschienen in: Finanzpolitische Korrespondenz, Nr. 33/34, 4. September 1926.

Lektüre von Shaws ‚Methusalem' seine Familie mit der Mitteilung, daß vom Standpunkt der Bevölkerungsvermehrung die Männer wirklich fast überflüssig wären und daß weiterhin auch Unsterblichkeit nicht wesentlich zur Bevölkerungsvermehrung beitragen würde, wenn die Fruchtbarkeit der Frauen weiterhin wie bisher sinken würde."

Aber auch nach dem Gedankengang, den wir frechen Kinder vorzogen, war seine Schlußfolgerung eine rein wissenschaftliche. Er erkannte, daß man als Fruchtbarkeitsrate einer Bevölkerung berechnen müßte, wie viele künftige Mütter auf eine lebende Frau im gebärfähigen Alter kämen, die Zahl der Männer und der neugeborenen Knaben (künftige Väter) also aus der Betrachtung aus fallen könne. Von diesem Gedanken ausgehend, begründete er dann in der Folgezeit die moderne Bevölkerungslehre.

Bei der Lektüre von Douglas auf der Überfahrt im Jahre 1926 kam mir nun (ganz ohne Beihilfe des Anblicks „reizender Frauen"!) ebenfalls eine für meine künftigen Arbeiten grundlegende Idee: nämlich, daß es sich bei dem Vergleich der Entwicklung von Produktion und Reallöhnen um nichts anderes als um das Problem der Relativlöhne von Marx handelte. Ohne daß ich mich je zuvor gründlicher mit Lohnfragen beschäftigt hatte, war mir, im wahrsten Sinne des Wortes, blitzartig eine überaus wichtige Idee gekommen, beziehungsweise war mir eine alte Idee von Marx in ihrer ganzen Bedeutung klargeworden, oder richtiger: ahnte ich, welch bedeutsame Idee Marx entwickelt hatte. (Bekanntlich war Marx nach einmaliger Erwähnung nie wieder auf die Idee der relativen Löhne, wie er sie nannte, zurückgekommen. Für mich wurde nun diese Idee zum Ausgangspunkt einer vierzigjährigen Beschäftigung mit den Problemen der Lage der Arbeiter.) War die „Theorie der absoluten Verelendung" allgemeines Gedankengut aller Marxisten und

Streitpunkt für sie nicht nur gegenüber den bourgeoisen Theorien der absoluten Verbesserung der Lage der Arbeiter, sondern vor allem auch gegenüber den sozialdemokratischen Revisionisten, so schien die relative Verelendung eine Selbstverständlichkeit bei absoluter Verelendung. Doch auf die Idee, daß man Relativlöhne berechnen sollte, war niemand gekommen – was allerdings bis 1920 angesichts des herrschenden Mangels entsprechender Statistiken nur natürlich gewesen war.

Auf Grund der in den letzten Jahren in den USA veröffentlichten Statistiken ergab sich jetzt die Möglichkeit, Relativlöhne zu berechnen. Man kann sich vorstellen, wie ich das Ende der Schiffsreise erwartete und gewissermaßen mit hängender Zunge in Washington ankam, um mit genaueren Berechnungen und theoretischer Begründung zu beginnen.

Schon im Laufe der ersten zwei Wochen meines Aufenthalts in den USA schrieb ich einen Artikel „Produktion und Konsum"*. Nachdem ich auf die verschiedenen Abstufungen des Lebensstandards (Standard der Armut, Standard des Existenzminimums und so weiter) hingewiesen hatte, bemerkte ich: „Eine zweite von Marx angedeutete, aber unbeachtet gebliebene Gliederung des Lebensstandards ist die in einen Realstandard und einen Sozialstandard." In der übernächsten Nummer der „Finanzpolitischen Korrespondenz" (Nummer 44/45 vom 22. November 1926) veröffentlichte ich dann die ersten Statistiken von Relativlöhnen in einzelnen Industrien, die ich berechnete, indem ich den Index der Reallöhne durch den Index der Produktivität dividierte.** In der Nummer 46/47 stellte ich die Entwicklung des Volkseinkommens der der Sachgüterproduktion gegenüber.

* Erschienen in: Finanzpolitische Korrespondenz, Nr. 40/41, 2. November 1926.

** Man sieht, wie unsicher ich noch in der Methodologie war – am 4. September hatte ich Reallohnindex und Produktionsindex in Beziehung gesetzt, diesmal Reallohn- und Produktivitätsindex.

Vor Ende des Jahres 1926 sandte ich den ersten einer Reihe von Artikeln über die Lage der Arbeiter in den Vereinigten Staaten an „Die Kritik". Er erschien im Heft 1, Januar/Februar 1927 und geht näher auf die Marxsche Theorie des Relativlohnes ein.

Der Relativlohn (Sozialstandard) hatte als Kategorie der marxistischen Lehre von der Lage der Arbeiter wieder seinen Platz gefunden und wurde jetzt durch erste statistische Berechnungen zu einer quantitativ faßbaren Größe.

In den nächsten Nummern der „Kritik" folgen dann entsprechende Statistiken mit den entscheidenden, bis heute gültigen Beobachtungen über das Verhalten von Real- und Relativlöhnen in Perioden des Aufschwungs und der Depression, beziehungsweise Krise. Die folgenden drei Nummern des Jahres 1927 brachten weitere Studien, die dann mit den vorangegangenen 1928 als Broschüre herauskamen.

1928 erschien auch eine Sammlung von Artikeln aus der „Finanzpolitischen Korrespondenz", „Löhne und Konjunktur in Amerika" betitelt, die ebenfalls – wiederum mit neuen Methoden berechnet – einen Index der relativen Verelendung gibt.

Damit ist die früheste Geschichte der Neueinführung der Theorie und der Umfang der statistischen Berechnungen von Relativlöhnen in der deutschen marxistischen Literatur – wegen so vieler ideologischer Fehler, die ich machte, besser wohl statt marxistischen: Wirtschafts-Literatur – erzählt.

Bald nach den ersten deutschen Veröffentlichungen begannen meine Arbeiten auch in die amerikanische Literatur einzugehen.

Daß dies ganz schnell und in aller Breite erfolgte, hat zwei Ursachen: eine persönliche und eine ideologische.

In die Brookings School kam damals gelegentlich auch Margaret Scattergood – sie stammte aus einer alten

Quäkerfamilie – zum Essen. Margaret arbeitete als Assistentin von Florence C. Thorne. Diese war ursprünglich Sekretärin von Samuel Gompers, der jahrzehntelang Präsident der American Federation of Labor, der zentralen Gewerkschaftsorganisation der USA, gewesen war, und übte jetzt die gleiche Funktion bei dem Nachfolger von Gompers, William Green, aus.

Florence C. Thorne – sie kam aus dem Süden, die Familie war nach dem Bürgerkrieg verarmt, ihre Mutter buk noch 1927 selbst, da „Bäckerbrot nichts taugte" –, damals eine Fünfzigerin, lebte ganz in der Gompers-Zeit. In ihrer Altjüngferlichkeit sah sie nur eine große Schwäche bei Gompers, dessen zweibändige Biographie sie geschrieben hatte: sein Privatleben. Gompers soll, was J. K. damals recht imponierte, ohne daß es ihm nachahmenswert erschien, genau wie Mirabeau, zwar im Bett, dort aber zwischen zwei Frauen gestorben sein.

Über Margaret oder Margery, wie sie genannt wurde, bekam J. K. die Verbindung zu Florence C. Thorne, zur American Federation of Labor (A. F. of L.) und vor allem zum Monatsorgan der Gewerkschaftszentrale, dem „American Federationist".

Die ideologische Situation in der A. F. of L. schildert J. K. in der schon zitierten Broschüre „Löhne und Konjunktur in Amerika" so:

„John Frey, einer der geistigen Führer der amerikanischen Gewerkschaftsbewegung, brachte auf der Atlantic City Jahresversammlung der American Federation of Labor im Jahre 1925 eine Resolution ein, deren Hauptgedanken sich in den folgenden Sätzen finden: ‚Soziale Ungerechtigkeit, wirtschaftliche Unsicherheit und Ungerechtigkeit müssen steigen, es sei denn, daß der Reallohn der Arbeiter, die Kaufkraft ihrer Löhne, entsprechend der Produktivität des Arbeiters steigt.'

Damit hat Frey einer großen Bewegung eine große Idee gegeben. Aber nichts geschah. Zwar schrieb Frey noch einen erläuternden Artikel im ‚American Federationist‘, zwar schrieb Elsie Gluck einen Artikel in demselben Organ, der die ‚Theorie‘ organisch in die Dogmengeschichte einordnete, aber das war bedeutungslos. Weder wurden Berechnungen des Anteils des Arbeiters am Produkt begonnen noch gar das neue Prinzip bei Lohnverhandlungen geltend gemacht. Die American Federation of Labor vergaß.

Nicht ganz so Ethelbert Stewart, der Leiter des Arbeitsstatistischen Amtes der Vereinigten Staaten. Noch nicht ein Jahr nach der Verkündung des neuen Lohnprinzips begann die ‚Monthly Labor Review‘ mit der Veröffentlichung einer Reihe von Aufsätzen, die, von Ewan Clague geschrieben, die Produktivität des einzelnen Arbeiters pro Stunde in elf verschiedenen Industrien behandelten. Allerdings ohne jede Beziehung auf das Lohnproblem. Jedoch war damit anderen die Möglichkeit gegeben, die Probleme, die das neue Lohnprinzip aufgab, rechnerisch zu erfassen. Zugleich schritt die Arbeit von Edmund E. Day und Woodlief Thomas über die Entwicklung des physischen Volumens der Produktion in der amerikanischen Industrie seit 1899 so weit fort, daß im Mai 1927 die ersten Ergebnisse vom Census Bureau veröffentlicht werden konnten.“

Doch nicht nur die persönliche Bekanntschaft mit Margery Scattergood und Florence C. Thorne und die ideologischen Bedingungen in der American Federation of Labor begünstigten die wissenschaftliche Entwicklung von J. K., auch die Atmosphäre, die persönlichen Neigungen seiner Mitstudenten in der Brookings School trugen dazu bei. Von den Mitgliedern der School wurden zwei später Leiter des Arbeitsstatistischen Amtes; Jean Flexner arbeitete dort; Dick Griffith, ein anderer Student, wurde Leiter des Arbeitsstatistischen Amtes von New York und ein kanadischer Student, Harry Cassidy, Leiter der Sozialversicherungsstatistik von Kanada.

Zum Zentrum des Interesses dieser Studenten entwickelte sich das Arbeitsstatistische Amt jedoch nicht nur wegen seiner Thematik, nicht nur wegen seiner großartigen Bibliothek zu Fragen der Lage der Arbeiter, sondern auch wegen seines Leiters.

Wegen seines Leiters – aber für J. K. spielte nicht nur der gegenwärtige sondern alle vorangegangenen Leiter eine besondere Rolle. Denn mit ihm, dem Commissioner of Labor Statistics, ist die Familie von J. K. seit der Gründung des Amtes stets eng verbunden gewesen. Der erste Commissioner war Carrol D. Wright, über den Eleanor Marx und ihr Mann, die Avelings, nach ihrer Amerikareise Freundliches zu sagen hatten. Für ihn machte der Vater von J. K. am Ende des 19. Jahrhunderts seine ersten größeren arbeitsstatistischen Studien, und für seinen Nachfolger, Ethelbert Stewart, schrieb er unter anderem einen kleinen Band und Marguerite ihren ersten großen Aufsatz. Isador Lubin und Ewan Clague, die nach ihm das Amt innehatten, sind Marguerite und J. K. seit ihren Studententagen in Washington gut vertraut. Als Ewan Clague 1965 pensioniert wurde, geschah es seit der Gründung, seit etwa achtzig Jahren, zum ersten Male, daß das Amt einen Leiter hatte, mit dem die Familie von J. K. nicht zumindest wirklich gut bekannt war.

Was trifft hier nicht alles zusammen, um J. K. schnell voranzutreiben:

Die Wiederentdeckung einer vergessenen Kategorie von Marx, der Relativlöhne.

Der Aufenthalt in dem einzigen Land der Welt, in dem für einen praktisch noch ungeübten Statistiker die notwendigen Daten zur ersten Berechnung von Relativlöhnen vorhanden sind.

Der Aufenthalt in einer Forschungsstudentenanstalt, in der er keine andere Verpflichtung hat, als zu forschen, und in der eine ganze Reihe von Mitstudenten Interesse für die Lage der Arbeiter und Forschungsbeziehungen zu dem größten statistischen Institut der Welt über die Lage der Arbeiter haben.

Die traditionelle Beziehung der Familie zu diesem Amt.

Die persönliche Beziehung, die J. K. zur Zentrale der amerikanischen Gewerkschaften, zur A. F. of L., knüpft.

Die ideologische Situation in der A. F. of L., in der ein führender Gewerkschaftsfunktionär Gedanken äußert, die, sagen wir, dem Begriff der Relativlöhne nicht allzu fern stehen.

Mit erstaunlicher, zwar naiv-natürlicher, aber deswegen nicht minder wirksamer Geschicklichkeit nutzt J. K. all diese Gelegenheiten und beginnt mit einer Fülle von Artikeln zu „seinem Problem".

Zunächst publiziert er sie in den ihm in Deutschland zugänglichen Organen. Doch dann, ein halbes Jahr nach seiner Ankunft, beginnt er für den „American Federationist" zu schreiben.

Doch darüber soll er in eigenen Worten berichten:

Alle meine Arbeiten für die Federation in dieser Zeit bis zu meiner Anstellung dort wurden, teils weil wir sie zusammen schrieben, teils wegen meines schlechten Englisch, von Marguerite durchgesehen und verbessert. Unser Briefwechsel gibt einen guten Einblick in die Entwicklung solcher wissenschaftlichen Veröffentlichungen durch die A. F. of L., zugleich wirft er ein betrübliches Licht auf den Druck, den ich auf Marguerite ausübte, neben ihrer laufenden Arbeit auch noch mit mir, und zwar weit schneller, als ihrem Lebenstempo entsprach, zu schreiben.

Marguerite hatte die School im März 1927 verlassen und war nach New York gefahren, wo sie, nach einigen kurzfristigen Arbeiten, im National Bureau of Economic Research Anstellung fand, dem damals weltbekannten ökonomischen Forschungsinstitut, das von W. C. Mitchell, einem Jugendfreunde meines Vaters und dem bedeutendsten bürgerlichen Konjunkturforscher, geleitet wurde. Sie arbeitete dort über die Entwicklung der Löhne für ein Buch, das Leo Wolman herausbrachte.

Im März 1927 schrieb ich mit Marguerite meinen ersten Artikel für den „Federationist", und zwar über die Löhne in der Eisen- und Stahlindustrie. Er erschien in der Mai-Nummer, in seiner prinzipiellen Einleitung ging ich ausführlicher auf das Problem der Relativlöhne ein.

Am 22. März hatte ich an Marguerite geschrieben: „Ich erwarte Deinen Artikelteil für den ‚Federationist' am Ende der Woche. Er wird in der Mai-Nummer erscheinen. Du hast über das Problem genug nachgedacht. Du brauchst nur drei Seiten zu schreiben. Ich schreibe ihn dann auf der Schreibmaschine ab. Schreibe unter allen Umständen!!! bis Freitag (letzter Tag), so daß ich das Manuskript bis Sonnabend habe."

Am 24.: „Vier Uhr morgens. Lange gelesen, dann entschieden, Dir den Artikel zu erleichtern. So sende ich Dir den soeben geschriebenen Anteil von mir. Bitte schlage Änderungen, besonders den letzten Teil betreffend, vor. Die Zahlen müssen noch einmal durchgerechnet werden. Aber dazu bin ich jetzt zu müde ... Es ist wundervoll, mit Dir wenigstens auf einem Planeten zu leben – obgleich Du vielleicht froher auf dem Monde wärst: natürlich auf der der Erde nicht zugekehrten Seite."

Typisch der Versuch, mit dem letzten Satz die Brutalität des Druckes der Arbeitshetze zu mildern.

Fünf Tage später ein neuer Schock für sie: „Habe Pläne für einen neuen Artikel mit Dir, diesmal über den Kohlenbergbau. Es wäre großartig, wenn Du bereit wärst, ihn mit mir zu schreiben. Oder bist Du zu müde von dieser dauernden Beschäftigung mit Produktion und Löhnen?"

Am 12. April: „Miss Thorne ist begeistert von unseren Artikeln und fragt schon nach dem nächsten. Sie gab mir einen Brief, den sie gerade an uns absenden wollte:

,Dieser Artikel ist ganz außerordentlich interessant und enthält wahrlich eine aufregende Analyse. Ich freue mich sehr, ihn für unsere Zeitschrift zu haben.'"

„Je suis si heureux de participer à votre gloire" (Ich freue mich so, an Ihrem Ruhm teilzuhaben), fügte ich zwar galant, aber nichts für Marguerite erleichternd hinzu.

Eine Woche später: „Miss Thorne fühlt sich uns sehr verpflichtet. Wenn wir wollen, könnten wir jeden Monat einen Artikel im ,Federationist' haben."

Am 25. „brenne ich darauf, im Juni-,Federationist' weiterzuschreiben".

Am 4. Mai gehe ich noch weiter: „Denkst Du an unseren Artikel (das ist der inzwischen zur Tatsache gewordene Juni-Artikel – J. K.)? Ich habe einen fabelhaften Gedanken. Vielleicht könntest Du mit mir noch über Gelernte und Ungelernte und über Männer und Frauen schreiben, und dann lassen wir die Artikel gesammelt von der A. F. of L. erscheinen. Es wäre doch sehr nett, wenn wir zusammen so eine Broschüre schreiben. Gewissermaßen eine Musterbeispielstudie, die für weitere Veröffentlichungen und Bücher auf diesem Gebiet als Vorbild dient. Schreibe sofort, was Du darüber denkst."

Am Abend des gleichen Tages ein neuer Brief:

„War von meiner Idee so begeistert, daß ich sofort zu Miss Thorne ging, um mit ihr darüber zu sprechen. Wir haben folgendes abgemacht (vorbehaltlich Deiner mir mitzuteilenden Zustimmung*):

Wir beide schreiben:

Mai – Eisenindustrie**, Juni – Kohlenbergbau – ge-

* Wirklich rührend von mir!
** Bezieht sich immer auf Löhne.

werkschaftlich organisierte und unorganisierte Arbeiter, Juli – gelernte und ungelernte Arbeiter, August – Männer und Frauen.

Ich allein schreibe: September – Löhne und Zyklen.

Es werden von jedem Artikel tausend Sonderdrucke hergestellt (vom Mai-Artikel sind sowieso schon zu besonderer Verteilung zweitausend Sonderdrucke gemacht worden). Diese werden nach Erscheinen des September-Artikels geheftet und erscheinen als Sonderheft, ‚offizielle Veröffentlichung‘, der A. F. of L.

Es wäre wundervoll, wenn Du zustimmtest und wir gemeinsam die Studie schreiben würden...

Im voraus begeistert
Jürgen"

Am 5. Mai: „Ich war heute noch einmal in der A. F. of L. Sprach auch Green. Alles ist arrangiert. Auch das Format der Broschüre bereits. Es fehlt nur noch Deine Zustimmung an mich."

Die arme Marguerite antwortete am 6. – was blieb ihr anderes übrig?

„Was ich über die Pamphlet-Idee denke? Dein Brief verursachte ein kleines Erdbeben in New York, ganz für mich. Wenigstens schwankte der Boden unter meinen Füßen, und meine Füße unter mir. – Ich glaube, ich könnte es tun; gern tun würde ich es auch. Eigentlich sollte ich warten mit dieser Antwort, bis ich Kohlenbergbau – gewerkschaftlich und nichtorganisierte beendet habe und auch Du es gesehen hast.*"

Meine Antwort vom 8.: „Dankbar und begeistert... Was werden wir im nächsten Jahr zusammen schreiben? Wie denkst Du über ein Lehrbuch für Arbeiter? Ich habe noch riesige Pläne mit der Federation... Vor allem Einrichtung eines statistischen Forschungsbüros.

* Die Broschüre erschien dann auch genau wie geplant unter dem Titel Wages and Labor's Share.

Aber das Kunststück ist natürlich: ohne Geld und ohne gelernte Mitarbeiter. Wir müssen uns ausführlich sprechen."

Vierzehn Tage später, am 23. Mai, heißt es über den letzteren Plan: „Miss Thorne denkt sehr ernstlich daran und ist bemüht, Gelder zusammenzubekommen. Entscheidung nicht vor drei Wochen zu erwarten!" Doch zog sich die Entscheidung vier und eine halbe Woche hin. Am 24. Juni aber schreibe ich: „Ich habe mit der Federation für sechs Monate, beginnend 1. Juli, abgeschlossen. Wenn man einer Mücke einen großen Namen geben will, bin ich Leiter des Forschungsbüros."

Am 26. schon wieder der übliche Druck auf Marguerite – wir waren für ein Wochenende verabredet: „Vergiß nicht Badesachen und den ersten Entwurf über Frauenlöhne."

Natürlich konnte ich nicht bis zum 1. Juli mit dem Arbeitsbeginn in der Federation warten und schrieb am 27. Juni:

„Heute zum ersten Male etwas in der Federation gearbeitet. Ein sehr großes Zimmer zusammen mit M. Scattergood...

Einen Teil meiner Zeit will ich mit Lesen von eingehenden Arbeiterzeitungen zubringen. Sie bekommen wirklich glänzendes Material, zum Beispiel Zeitungen aus China auf englisch, nur Arbeiterproblemen gewidmet. Miss Thorne erklärte mir, die Bibliothek würde anschaffen, was ich brauche.

Meine Arbeitszeit ist ebenfalls von mir zu bestimmen und auch, wo ich arbeite – hier, in der Brookings School (wo ich noch wohnte – J. K.) oder x-wo.

Heute startete ich eine Serie von Census-Untersuchungen, die ich machen will und über die ich Dir mündlich mehr berichten will. Andere, vielleicht noch wichtigere Sachen schweben zu hoch für briefliche, aber tief genug für mündliche Mitteilung.

Miss Thorne ist reizend und versucht, alles so bequem wie möglich für mich zu machen.

Jürgen Kuczynski naiv begeistert und mit vollen Segeln startend."

Zwei Tage vor dem offiziellen Beginn meiner Arbeit, am 29. Juni, schon ganz in der Arbeit:

„Viel in der Federation gearbeitet. Einen neuen Kniff für Anteilberechnungen (relative Lage der Arbeiter – J. K.) gefunden, der sich auf den Census gut anwenden läßt. Werde Dir mündlich berichten. Daß Frauen und Ungelernte sich ähneln würden,* habe ich mir gedacht. (Mögen die Feministen mich totschlagen!)

Hatte heute eine aufregende und vergebliche Jagd nach einem Brief an meinen Vater. Ich hatte geschrieben: ,Die Federation-Artikel schicke ich nächstens. Was Dich interessieren könnte: höchstens Marguerites Fleisch, meine Zahlenknochen kennst Du ja.' Als der Brief fort war, wurde ich mir über die zu bildliche Schreibweise klar. Doch es läßt sich nun nichts mehr ändern. Ich hoffe, der Brief kommt nicht auf die Nachwelt."

Man hat nicht den Eindruck, daß J. K. unglücklich und lebensmüde war. Später wird er diese Jahre so sehen:

Die Zeit in der Brookings School (September 1926 bis Juni 1927) war wieder einer der für mein Leben typischen Glücksfälle. Ich hatte nichts anderes zu tun, als zu arbeiten und eine neue Kultur durch Lektüre und im Umgang mit hochbegabten, menschlich erfreulichen postgradualen Studenten meines Alters in mich aufzunehmen. Abends Schallplattenmusik und Tanz. Und den ganzen Tag als Begleitton Gedanken an Marguerite – besonders natürlich bei der Arbeit über Löhne, denn hier, schien es mir, würde ich Neues und Gutes leisten.

In der Tat kann man sich keine glücklicheren Um-

* Bezieht sich natürlich auf die Lohnbewegungen.

stände vorstellen, um mit einem ganz neuen Lande und seiner Kultur und seinen Menschen bekannt zu werden. Und wie tief konnte ich gleich in einzelne Gebiete eindringen! Etwa durch meine theoretischen und statistischen Arbeiten über die Lage der Arbeiter, ein Gebiet, auf dem ich bald allein schon durch meinen Beitrag zu ihrer Erfassung (Relativlöhne) sowie durch rechnerischen Fleiß (Reallöhne) zu einer anerkannten, natürlich kleinen Autorität wurde. Oder durch mein Studium des Nachlasses von Osborne, durch das ich viel über das Leben verkommener Großstadtjugend, von Verbrechern sowie über das Gefängniswesen erfuhr.

Dazu die Lektüre: einer schier unendlich vielfältigen schönen Literatur von Petroleum Nasby bis zu Emily Dickinson, von Margaret Fuller bis zu Theodore Dreiser – einer reichen Philosophie, die so verschiedenartige Gestalten wie William James, Henry Adams und George Santayana umfaßte – einer breiten Geschichtsschreibung von Francis Parkman bis zu Charles Beard – frühreifer Ökonomen des Niedergangs wie Thornstein Veblen oder John R. Commons, der zugleich der Historiker der Arbeiterbewegung war, und des bedeutenden Erforschers amerikanischer Konjunktur Wesley Clair Mitchell, der mir später anbot, in seinem Institut zu arbeiten.

Und dieses Glück, ich war damals zweiundzwanzig Jahre alt, erfuhr noch eine Steigerung durch das Angebot, für die Zentrale der Gewerkschaften völlig selbständig eine Forschungsabteilung aufzubauen und zu leiten – die erste Anstellung im Leben gewissermaßen gleich in selbständiger, verantwortlicher Position und genau auf dem Gebiet, das für mich neu und aufregend und voller Entdeckungen theoretischer und historischer Art war.

Und zu alledem kommt der „ganz persönliche Zufall" mit Marguerite. Wenn man bedenkt, daß es 1926 etwa hundert Millionen Menschen gab, die ich theoretisch

ihrem Alter und dem Geschlecht nach hätte bitten können, mich zu heiraten – und daß ich am 18. September 1926 die einzige Frau traf, die es mehr als vierzig
Jahre mit mir aushalten würde...!

Die Gnade der Zufälle läßt wohl niemand auf den
Gedanken kommen, daß ich an ihrem Zusammentreffen
aus eigener Leistung ernsthaft hätte beteiligt sein können.

Kapitel V   Die Vereinigten Staaten:
Statistiker der
American Federation of Labor

An der Spitze der American Federation of Labor, in
der J. K. jetzt zu arbeiten begann, stand William Green,
eine persönlich anständige, kleinbürgerliche Kompromißgestalt mitten unter mächtigen, zum Teil brutalen,
korrumpierten geschäftstüchtigen Präsidenten der Einzelgewerkschaften, die den Exekutivrat der A. F. of L.
bildeten. Sehr fürchtete Green John Lewis von den Bergarbeitern und Bill Hutcheson von den Tischlern und
Schreinern; die stärkste Position im gesamten Apparat
hatte der wilde Antibolschewist Matthew Woll.

Die Gewerkschaft vertrat die Linie des Business Unionism, der in den zwanziger Jahren stark aufkam und
der weit über das „Nurgewerkschaftstum", die Absage
an Politik und politische Parteien, das auch in Europa
zu finden war, hinausging. Kapital und Arbeit standen
sich nach dieser „Philosophie" wie konkurrierende Geschäftsleute gegenüber, von denen natürlicherweise jeder
das meiste für sich herausholen wollte. In den Bemühungen, die Wirtschaft weiter zum Erblühen zu bringen,
waren sie jedoch „Partner", denn nur so könnten Profite und Löhne gleichzeitig steigen, und das setzten sich

ja alle Beteiligten als Ziel. Typisch für diese Einstellung war die Forderung des Präsidenten einer Gewerkschaft, sein Gehalt zu erhöhen, weil er sonst bei Verhandlungen, etwa über Löhne, mit Konzernherren, deren Gehälter wesentlich höher lägen als sein eigenes, von vornherein eine ungünstige Verhandlungsposition einnähme.

Dieser „wohlanständigen" großbürgerlichen Geschäftsleitung, bestehend aus Spitzenfunktionären vieler Gewerkschaften, war primitivstes Gangstertum mit Raub von Gewerkschaftsgeldern und Mord eng verbunden. Als J. K. 1928 in das Streikgebiet der Kohlenbergarbeiter von Pennsylvania fuhr, luden Miss Thorne und Margery Scattergood ihn vorher zu einer prächtigen „Abschiedsmahlzeit" ein. Die Bergarbeitergewerkschaft war nämlich in einen reaktionären Flügel unter Führung von John L. Lewis, dem Präsidenten, und in einen radikalen Flügel mit John Brophy als Führer gespalten. Schüsse von Lewis-Funktionären auf Brophy-Anhänger waren während des Streiks üblich. Da die Kohlenbergwerksgesellschaften über eigene Streikbrecher- und Betriebsschutzgarden verfügten, wurden beide Gewerkschaftsflügel von diesem gemeinsamen Gegner beschossen. Diese häufigen Schießereien hatten zur Folge, daß der Staat von Pennsylvania seine Staatstruppen aufbot, die wiederum nicht selten mit den Gangstergarden der Kohlenbergwerksgesellschaften in Schießereien gerieten, da die letzteren „zu anarchisch" herumschossen und nicht den „Standard" der Staatstruppen hatten. Zum Schluß wurden wohl auch noch Unionstruppen aufgeboten; es läßt sich jedoch nicht mehr feststellen, auf wen diese am liebsten schossen.

Ein solches Streik-, ein solches Klassenkampferlebnis hat J. K. natürlich sehr beeindruckt.

Wirklich fortschrittliche Gewerkschaftsführungen gab es in der A. F. of L. kaum. Der Einfluß der Kommunistischen Partei war 1927 und 1928 innerhalb der Gewerkschaften minimal, in der A. F. of L.-Führung überhaupt nicht spürbar, was jedoch nicht ausschloß, daß die Partei ihn in einzelnen Gewerkschaftsbranchen und örtlich ausübte. Daß sie mit diesem Einfluß jedoch eine richtige Strategie und Taktik verband, wird man kaum so allgemein behaupten können.

Vor dem Beginn seiner Arbeit in der A. F. of L. war J. K. bei einem Besuch in New York mit verschiedenen Strömungen der amerikanischen Arbeiterbewegung in erste Berührung gekommen. Hören wir ihn über seine Erlebnisse:

Washington war damals insofern noch ziemlich die gleiche Stadt, die Dickens schilderte, als dort vor allem die Regierung wohnte und das, was zu ihr gehörte; es hatte keine Industrie. Mein Vater fuhr am 6. April 1927 wieder nach Hause; ich begleitete ihn nach New York, der Industrie- und Finanzhauptstadt des Landes, wo er mittags aufs Schiff ging. Nach dem Essen wanderte ich durch die Stadt und landete in der Rand School, einem Arbeiter-College, in dem Sozialisten der verschiedensten Richtungen lehrten und auch die Partei einigen Einfluß ausübte. Da der Unterricht entweder schon aufgehört oder noch nicht begonnen hatte, mußte ich mich allein zum Leiter, Solon de Leon, durchsuchen. Ich fand ihn schließlich in einem Raum, in dem viele Bücher herumlagen und zwei bequeme, allerdings schon sehr alte Sessel standen. In einem saß er, ein Mädchen auf dem Schoß. Solon, der mir auch schon ganz alt erscheinende Sohn des großen amerikanischen Sozialisten Daniel de Leon, und Grace, so hieß das Mädchen, machten mich während dreier Tage mit vielen Aspekten der New-Yorker Arbeiterbewegung bekannt. An diesem Nachmittag war ich mit Marguerite, die ich seit ihrer Abreise aus Washington nicht mehr gesehen hatte, verabredet. Da ich noch kein Quartier hatte, lud mich Grace ein, bei ihr zu nächtigen. Solon riet zu, und ich nahm an. In den nächsten Tagen lernte ich den Genossen Robert Dunn kennen, seit Jahrzehnten Leiter der Labor Research Association und bis heute ein guter Freund, A. J. Muste, linker Pfarrer und Leiter von Brookwood Labor College, Alexander Trachtenberg, mein späterer Verleger als Leiter des Parteiverlages. Durch Oswald Garrison Villard, ein guter Bekannter meines Vaters, dem die relativ fortschrittliche Wochenzeitschrift „Nation" gehörte – Enkel des großen Vorkämpfers gegen die Sklaverei William Lloyd Garrison und Sohn des Eisenbahnmagnaten Henry Villard –, wurde ich in einen ganz anderen Kreis eingeführt: linke Bürger, die sich radicals nannten; ein Typ, den man in Europa außerhalb Englands und Frankreichs kaum kennt, Männer, die selten über einen demokratisch-bürgerlichen Standpunkt hinauskommen, aber bereit sind, für diesen Standpunkt entschlossen zu kämpfen und alles zu opfern.

Grace bewohnte ein mäßig großes, aus Geldmangel ungeheiztes Zimmer im New-Yorker Slum, durch das sich alle möglichen Gas- und Wasserrohre zogen; ich schlief im Mantel auf dem Fußboden. Bald nach meiner Rückkehr nach Washington las ich in der „New York Times", daß sie infolge eines leck gewordenen Rohres an einer Gasvergiftung umgekommen war; bei meinem nächsten New-Yorker Besuch verbrachte ich mit Solon einen langen Abend, an dem er mir viel aus seinem und seines Vaters Leben und von Grace erzählte.

Die amerikanische Partei schien mir (und mit Recht) in lauter Fraktionen gespalten. Meine Haltung zu ihr war im Grunde nicht unähnlich der Marguerites zum Kommunismus, über die sie mir in ihrer zurückhaltenden Art am 17. Oktober 1927 schrieb: „Mit einem Magazin bekannt geworden: ‚Reflex' (jüdisch). Ziemlich viel Schlechtes, auch Gutes darin. Fand einen Goethe-Vers in einem der Artikel:

Mögt Ihr Stück für Stück bewitzeln,
Doch das Ganze zieht Euch an.

Beim Lesen fiel mir auf, daß das eine gute Beschreibung meiner Stellung zum Kommunismus ist."

Die übrige Arbeiterbewegung war noch erschreckender zersplittert in alle möglichen sich bekämpfenden sozialistischen Gruppen und Grüppchen, dazu Trotzkisten und Anarchisten – und alle mit einer Basis in dieser oder jener Gewerkschaftsgruppe! Wie sollte man, fragte ich mich, in diesem Lande außerhalb der A. F. of L. einen Klassenkampf führen können?

Gleich zu Beginn seiner Arbeit in der A. F. of L. hatte J. K. den größten politischen Scheinerfolg seines Lebens, der ihn, im Zusammenhang mit den ihm folgenden Arbeiten, schnell in der amerikanischen Arbeiterbewegung und darüber hinaus in anderen Ländern bekannt machte und ihn in die Kreise der amerikanischen Wirtschafts- und Sozialwissenschaftler wie Statistiker einführte. Doch soll er über dieses Ereignis direkt berichten:

Meine erste größere Aufgabe als Leiter der Forschungsabteilung der A. F. of L. war keine Forschungsarbeit, sondern ich hätte, bildete ich mir ein, eine Grundlage zu schaffen und das Programm einer Relativlohn-Politik der American Federation of Labor aufzustellen. Die gesamte Arbeit auf dem Gebiet der Löhne und der Lage der Arbeiter in den vorangegangenen neun Monaten sollte ihre Krönung in einer Lohnproklamation des Präsidenten der Amerikanischen Gewerkschaften finden.

Da ich das Schriftenglisch nicht gut genug beherrschte, um kompliziert zu schreiben, war ich gezwungen, meine „Proklamation" in ganz einfacher Sprache zu fassen, ganz simple Sätze zu bauen, was Marguerite die literarische Korrektur erleichterte. Auch die Neigung, mich möglichst kurz zu fassen, kam mir zu Hilfe.

So entstand ein Schriftstück von zwei Schreibmaschinenseiten, das von der Form her bestach und den Inhalt als eine selbstverständliche Sache erscheinen ließ.

Schon am 5. Juli kann ich Marguerite berichten: „Green hat zugestimmt. Es erscheint in der August-Nummer des ‚Federationist'. Handschriftlich signiert!" (Das heißt, daß der handschriftliche Namenszug von Green unter der „Declaration" gedruckt stehen würde.)

Am 6. Juli schreibe ich ihr: „Miss Thorne und ich gingen heute an die endgültige Redaktion der Lohn-Declaration. Sie hatte ganz wenige stilistische Änderungen vorzuschlagen."

7. Juli: „Miss Thorne. Ein Esel aus der Federation hat gesagt, social wages (Soziallöhne – J. K.) sei Sozialismus. So zittert sie vor Mißverständnissen. Also muß der Kommentar gleichzeitig mit der Declaration erscheinen und sofort geschrieben werden."

9. Juli: „Den Kommentar beendet. Heute nachmittag gehe ich ihn mit Miss Thorne durch."

9. Juli (abends): „Sprach mit Miss Thorne und Margery Scattergood den Kommentar durch. Du hättest mich sehen sollen oder besser nicht. Zwei Stunden lang gekämpft. Kalt, schmeichlerisch, warm, hinterhältig, offen, charming, befehlerisch – Miss Thorne nannte mich our general –, nachgebend ... Montag dasselbe wieder mit einem anderen Mitglied der A. F. of L. Dann geht es zu Green.

Uff! Ein abscheuliches Leben. Dauernd auf der Hut. Dauernd beherrscht. Dauernd spielend. Und wenn ehrlich – auch dann bewußt ...

Aber die Sache muß durch – und muß in der nächsten Nummer des ‚Federationist' gedruckt werden. Gleichzeitig erscheint sie als Broschüre* für Gewerkschaftsversammlungsdiskussionen.

* Gedruckt als: Research Series No. 1, Organized Labor's Modern Wage Policy, William Green. Washington D. C. 1927.

Ich glaube – meine erste große Leistung. Natürlich bedeutungslos, wenn Theorie nicht Wirklichkeit wird. Ich muß mit der Zeit mit Gewerkschaftsführern in Berührung kommen.

Jedenfalls eine glänzende Schulung für politische Leitung."

11. Juli: „Durch- und aus- und abgekämpft. Die Sache geht nun zu endgültiger Redaktion an Green, der zeichnen will."

13. Juli: „Green hat gezeichnet, aber aus Neue Lohnpolitik Moderne Lohnpolitik gemacht – wahrscheinlich, um jeden Eindruck der Änderung (der Lohnpolitik – J. K.) zu vermeiden.

Heute zum ersten Male, seit ich hier arbeite, mit Miss Thorne und Scattergood gegessen. Sie zur Feier der Unterzeichnung von Green eingeladen.

Census-Studien gehen gut vorwärts – aber Du fehlst sehr – zum Sprechen, zum ehrlich Sprechen, zum vernünftig Sprechen und zu tausend anderen Dingen."

2. August: „Die Presse im allgemeinen gut – und das, obgleich wir im Gegensatz zu sonst keine Presseerklärung gemacht haben."

3. August: „Declaration. Sensation durch alle Zeitungen, Leitartikel wie Briefecken, Nachfragen nach August-Nummer, Schimpfbriefe an Green. Ich lache. Miss Thorne mehr als verblüfft, aber erfreut."

Auch die ausländische Presse nahm Notiz. Die „Gewerkschafts-Zeitung" des Allgemeinen Deutschen Gewerkschaftsbundes brachte zum Beispiel in ihrer Nummer 36 vom 3. September 1927 einen ausführlichen (und durchaus interessanten) Leitartikel von Fritz Tarnow.

Das Ganze war natürlich nichts anderes als ein ideologischer „Husarenstreich": Der reaktionäre Präsident der A. F. of L. gibt eine Erklärung zur Lohnpolitik ab, die mehr als einen Hauch echt marxistischen Geistes atmet – die Erklärung besagte nicht mehr und nicht weniger, als daß die A. F. of L.-Gewerkschaften künftig Löhne fordern würden, die die Zunahme der Ausbeutung verhindern, ja sie im Laufe der Zeit vermindern würden.

Und welche im Grunde klassenkampffremde Naivität auf J. K.s Seite! Nicht, daß die Lohnerklärung nicht zu einer guten Waffe im Lohnkampf werden konnte. Im Gegenteil, sie eignete sich dazu ganz ausgezeichnet. Nicht, daß er nicht die beachtlichen politischen Schwierigkeiten sah, die es geben würde, um die Politik durchzusetzen. Er glaubte doch selbst, gerade einen solchen politischen Kampf mit allen notwendigen Waffen der Überredungskunst geführt zu haben, und er hatte auch ganz klar an Marguerite geschrieben, daß alles bedeutungslos sei, wenn aus der Theorie keine Praxis werden würde. Aber J. K. bildete sich ein, man könne aus der Theorie im Rahmen der A. F. of L., gar noch mit Hilfe der Gewerkschaftsführer und unter den damaligen Verhältnissen im amerikanischen Kapitalismus, eine Praxis machen.

An sich hatte die Berechnung von Relativlöhnen größte propagandistische und agitatorische Bedeutung, um Ausbeutung und Lage der Arbeiter anzuprangern, an sich konnten sich die fortschrittlichen Kräfte in den Vereinigten Staaten nichts Besseres wünschen als eine solche Lohnerklärung, wie J. K. sie in der A. F. of L. durchgesetzt hatte; aber weder war J. K. sich klar darüber, daß der Kampf nun außerhalb des Kreises, der die Erklärung abgegeben hatte, aufgenommen werden müßte, noch erkannte die Kommunistische Partei der USA die Möglichkeiten, die sich auf propagandistischem Gebiet ergaben. (Was nicht bedeutet, daß man den Arbeiten von J. K. in der A. F. of L. von seiten der KPdUSA nicht wohlwollende Beachtung schenkte: Als seine Schwester Ursula im September 1928 nach New York kam und ihre Mitgliedschaft von der deutschen auf die amerikanische

Partei übertragen wurde, sagte man ihr durchaus freundliche Worte über seine Arbeit in der A.F. of L.)

Interessant ist auch die Reaktion der Öffentlichkeit. Weder die Declaration noch der Kommentar bezogen sich trotz guter Anknüpfungspunkte auf frühere Äußerungen von Frey hinsichtlich des Verhältnisses von Löhnen und Arbeitsproduktivität; das gab der Declaration einen fundamentalen Aspekt und trug dazu bei, sie „nachrichtenwürdiger" zu machen. Wenn nun tatsächlich die ganze Tagespresse und zahlreiche Zeitschriften schlagartig und in großer Aufmachung von ihr Notiz nahmen, so heißt das, daß man einen Riecher für die Bedeutung der Declaration hatte – aber das heißt nicht, daß man die soziale und ideologische Bedeutung der Erklärung verstanden hatte, etwa, daß sie einen Stopp zwar nicht in der erweiterten Reproduktion, wohl aber im Tempo der Erweiterung beinhaltete, da sie eben, als Minimum, einen Stopp in der Intensivierung der Ausbeutung bringen sollte.

Das war Green ebensowenig klar wie einer Reihe von Präsidenten von Einzelgewerkschaften, die bei ihm protestierten, weil die Erklärung ohne Beratung durch die Exekutive unter dem Namen von Green herausgegangen war. J. K. argumentierte daraufhin intern, daß es sich um nichts anderes als eine „Zusammenfassung von Äußerungen von Frey und anderen Gewerkschaftsführern" handele. So gelang es ihm, Green vor weiteren Vorwürfen und die neue Forschungsabteilung vor schlimmer Bedrohung ihrer Existenz, kaum nach ihrer Geburt, zu schützen.

Um die Situation noch mehr zu verwirren, bestand J. K. in allen seinen Arbeiten damals darauf, daß die Neue Lohnpolitik nichts mit Sozialismus zu tun hätte. Das war richtig, denn würde sie durchgeführt werden, was objektiv unter den in den USA herrschenden Verhältnissen unmöglich war, geböte sie zwar der Ausdehnung und Vertiefung der Ausbeutung Einhalt, orientierte aber keinesfalls auf ihre Abschaffung. Gleichzeitig stellte die Behauptung, die Neue Lohnpolitik habe nichts mit Sozialismus zu tun, einen sehr notwendigen Schutz der Lohn-Declaration gegen den Antisozialismus der A. F. of L.-Führung dar.

Heute würden wir sagen: Die von J. K. vorgeschlagene Lohnpolitik zielte genau auf das, was man „Bändigung der Monopole" nennt, eine unter anderen Umständen richtige Politik von Sozialisten, aber noch keineswegs Sozialismus.

Daß das Monopolkapital nicht gleich scharf gegen die Neue Lohnpolitik vorging, ja sie zum Teil in der Presse begrüßte, hängt damit zusammen, daß damals überall in den fortgeschrittensten kapitalistischen Ländern eine Kampagne der Monopole für Hebung der Produktivität (in Deutschland „Rationalisierungskampagne") durchgeführt wurde, besonders und am frühesten in den USA – „zum Wohle des ganzen Volkes". Unter diesen Umständen war für die Monopole eine Widerlegung der Neuen Lohnpolitik unmöglich, wollten sie nicht ihre eigene Propaganda, die Produktivitätskampagne käme nicht in erster Linie ihren Profiten, sondern dem ganzen Volke, vor allem den Arbeitern, zugute, Lügen strafen.

Das Ganze macht wirklich den Eindruck einer ideologischen Posse. Die reaktionäre A. F. of L. schickt eine Lohn-Declaration in die Welt hinaus, die klar und deutlich für jeden theoretisch gebildeten Marxisten die Bändigung der Ausbeutungswut des Kapitals beinhaltet – wobei die Declaration ganz isoliert von einem jungen postgradualen Studenten theoretisch und textlich ausgearbeitet worden war. Die Lohn-Declaration wird im übrigen vom Präsidenten allein, in Konsultation mit nur einigen wenigen Kräften seines Apparates, ohne über den Exekutivrat zu gehen, gezeichnet und versandt. Die amerikanische Presse bringt sie als Sensation, zahlreiche

Monopole stimmen ihr aus Propagandagründen zu. Und wenn der winzig kleine „Autor" der ganzen Angelegenheit sich einbildete, etwas an marxistischem Geist in die A. F. of L. hineingetragen zu haben, hatte er durchaus recht, wie ihm wenig später die Sowjetfreunde bestätigten; und wenn er sich auf das schärfste dagegen wehrte, daß das Ganze eine Wendung der A.F. of L. zum Sozialismus bedeutete, hatte er ebenfalls völlig recht.

Eine ideologische Posse, unmöglich in einem Possentheater aufzuführen, weil sie so unwahrscheinlich in jeder Beziehung scheint – nur war sie eben Wirklichkeit.

Ihre Wirkung war nur von kurzer Dauer, sie verging, ohne Spuren zu hinterlassen – bis auf eine ganz bescheidene: einen regelmäßig veröffentlichten Index der Relativlöhne.

Bevor wir uns weiter mit der Tätigkeit von J. K. in der A.F. of L. beschäftigen, müssen wir auf ein großes politisches Erlebnis eingehen – auch an Hand von Briefen der Mutter und Marguerites –, in das die ganze Familie K. hineingezogen wurde.

Über den Fall Sacco und Vanzetti brachte das Zentralkomitee der KPD damals eine Broschüre heraus, aus der zunächst zitiert sei, um das Ganze in Erinnerung zu bringen*:

„Nicola Sacco und Bartolomeo Vanzetti waren zwei arme Italiener, die der Hunger getrieben hat, fern von der Heimat, in Amerika, ihren Lebensunterhalt zu suchen. Sacco war Arbeiter in einer Schuhfabrik im Industriestädtchen Braintree in Amerika, Vanzetti fristete dort sein Dasein als Straßenhändler mit gebackenen Fischen. . . .

---

* Der Fall Sacco und Vanzetti. Eine Herausforderung des Weltproletariats. 3. Aufl. Berlin 1927. S. 3 ff. und S. 11. Kürzlich erschien dazu: Johannes Zelt, Proletarischer Internationalismus im Kampf um Sacco und Vanzetti. Berlin 1958.

Am 15. April 1920 wurden die Einwohner des Städtchens Braintree durch ein tollkühnes Verbrechen alarmiert. Am hellichten Tag gegen drei Uhr nachmittags wurden zwei Angestellte einer Schuhfabrik, namens Permantier und Beradelli, auf der Hauptstraße überfallen und erschossen, als sie zwei Pakete mit Lohngeldern im Betrage von 15 766 Dollar von dem Büro der Firma zu ihrer Fabrik brachten. Während der Überfall vor sich ging, kam ein Auto mit mehreren Insassen herbeigeeilt. Die Verbrecher warfen die Pakete hinein, sprangen selbst nach und sausten mit großer Geschwindigkeit davon. Das Auto wurde zwei Tage später in einem Walde der Umgegend aufgefunden. Von dieser Stelle aus ließ sich die Spur eines Kleinautos verfolgen. . . .

Die polizeilichen Recherchen fielen zeitlich zusammen mit einer großangelegten Razzia auf alle ‚Roten‘, die der Generalstaatsanwalt A. Mitchell Palmer im Frühling 1920 unternahm, um das Land von ‚unliebsamen Elementen‘ zu säubern. Im ganzen Gebiet der Vereinigten Staaten wurden täglich ‚Rote‘ verhaftet, ausgewiesen, beseitigt. Ein gewisser Salsedo, der im vierzehnten Stockwerk eines Polizeireviers in New York festgehalten wurde, lag plötzlich tot auf der Straße. Wie bei uns 1919 zur Zeit der Spartakuskämpfe die Revolutionäre ‚auf der Flucht‘ erschossen wurden, so ‚fiel‘ Salsedo aus dem Fenster.

Der Polizeikommissar von Braintree, der die Listen aller Verdächtigen führte, kannte auch einen Italiener Boda, der ein Kleinauto besaß. Die ‚Fährte‘ war gefunden! Das Auto stand seit einiger Zeit zur Reparatur in einer Garage. Der Garagenbesitzer wurde von der Polizei angehalten, sofort die Polizei herbeizurufen, wenn jemand nach dem Wagen von Boda fragen sollte. Und richtig: am 5. Mai, drei Wochen nach dem Raubüberfall, erschienen vier Italiener in der Werkstatt und fragten nach dem Kleinauto. Die Italiener hatten gerade von dem gräßlichen Tod ihres Kameraden Salsedo erfahren und wollten Bodas Kleinauto benutzen, um verschiedene Schriften fortzuschaffen, die sie in den Augen von Palmers Schergen verdächtig machten. Als sie in der Werkstatt den Wagen abholen wollten, wurde er ihnen unter dem Vorwand verweigert, daß die Namensschilder fehlten. Sie ließen den Wagen stehen und entfernten sich. Unterdessen hatte die Frau des Garagenbesitzers nach der Polizei telefoniert. Zwei der Italiener, die mit der elektrischen Bahn fortgefahren waren, wurden unterwegs von der Polizei eingeholt und verhaftet. Es waren Sacco und Vanzetti. ...

Am 14. September 1920 ist die Voruntersuchung abgeschlossen. Am 31. Mai 1921 tritt das Gericht im Städtchen Bedham im Bezirk Norfolk, in der Nähe von Boston, zusammen. Am 14. Juli 1921, vierzehn Monate nach dem Raubmord in Braintree, nach siebenwöchiger Prozeßverhandlung, verkündet der Obmann der Geschworenen das Urteil. Es lautet: Des doppelten Raubmords schuldig. Sacco und Vanzetti werden zum Tode verurteilt. ...

Sacco und Vanzetti wurden im Jahre 1921 nicht ‚gehängt‘, wie es der patriotische Geschworenenobmann wünschte. Die Minderheit des Geschworenengerichts und ein Teil der öffentlichen Meinung bemächtigten sich des Falles. Der Skandal stank zum Himmel, das Ansehen Amerikas mußte unter dem Justizmord aufs schwerste leiden. Unterdessen ertönte die Stimme der Arbeiterklasse der ganzen Welt, die gegen die beabsichtigte Hinrichtung den schärfsten Protest einlegte. Jahrelang bleibt die Entscheidung aus. Der Sturm des Protestes auf der einen, der Rachedurst auf der anderen Seite wird immer stärker. Im Oktober 1926 schreibt die konservative Zeitung ‚Boston Herald‘: ‚Unserer Auffassung nach dürfen Nicola Sacco und Bartolomeo Vanzetti auf den Spruch der Geschworenen vom 14. Juli 1921 hin nicht hingerichtet werden.' Im März 1927 bestätigt der Oberste Gerichtshof von Massachusetts das Urteil. Die letzte Entscheidung bleibt dem Gouverneur Fuller vorbehalten. Bange Wochen, Monate vergehen. Die Hinrichtung durch den elektrischen Stuhl wird zuerst auf Juli, dann auf den 10. August zwölf Uhr nachts festgesetzt. Die Empörung des Weltproletariats steigt immer mehr. Der Gouverneur, in dessen Händen es liegt, ‚Gnade' zu üben, hüllt sich in Schweigen. Der verhängnisvolle 10. August rückt immer näher heran. Sacco und Vanzetti werden bereits in die Todeszelle übergeführt, von wo der Weg auf den elektrischen Stuhl führt. Alle Vorbereitungen werden getroffen. Schon hat der Elektriker die Mordmaschine gerichtet. Die Todeskandidaten werden rasiert, damit der Apparat, durch den der tödliche Strom läuft, besser ansitzt. Minute um Minute verstreicht. Immer näher rückt der Augenblick des grausigen Mordes. Da ... in letzter Stunde, buchstäblich in letzter Stunde wird verkündet: heute wird nicht gemordet! Die Hinrichtung wird verschoben, nicht aufgehoben. Sacco und Vanzetti werden aus der Todeszelle geführt, um zwölf Tage später noch einmal und diesmal endgültig in diese Zelle zurückgeführt zu werden. Am 22. August wird – nach weiteren zwölf Tagen der Tortur – die Hinrichtung vollzogen."

Marguerite erlebte das letzte Stadium dieses die Welt erschütternden Ereignisses in New York, J. K. in Washington, seine Eltern erlebten es in Berlin. Und nun lassen wir ihn direkt berichten:

Es war selbstverständlich, daß die deutsche Liga für Menschenrechte sich Saccos und Vanzettis annahm, und ebenso selbstverständlich war es für meinen Vater, der ja damals die Hälfte des Jahres in den USA zubrachte, sich ganz besonders intensiv in der Kampagne für die Rettung von Sacco und Vanzetti einzusetzen. Das Organ der Liga, „Die Menschenrechte", brachte am 31. Mai folgende Mitteilung:

„Rettet Sacco und Vanzetti

Unter diesem Titel veranstalteten wir am Freitag, dem 13. Mai d. J., eine außerordentlich gut besuchte Versammlung, in der unter anderen Karin Michaelis sprach. Das Ergebnis dieser Versammlung ist ein Telegramm an den Gouverneur Fuller in Boston, das lautet:

‚Nach Anhörung Karin Michaelis' und anderer fordert Versammlung Liga für Menschenrechte im Namen der Menschlichkeit Begnadigung Saccos, Vanzettis

Menschenliga Kuczynski!'"

Zelt bemerkt: „Besonders aktiv schaltete sich die bürgerlich-liberale Liga für Menschenrechte in die Bewegung ein"* – und gibt dazu eine ausführlichere Fußnote, die so lautet:

„Dem Reichskommissar für Überwachung der öffentlichen Ordnung mißfiel offenbar ganz besonders die Beteiligung der Liga für Menschenrechte am Kampfe für Sacco – Vanzetti. Er schreibt in einem seiner Berichte über den bekannten bürgerlichen Wirtschaftswissenschaftler Dr. Robert Kuczynski, ein führendes Mitglied der Liga, Dr. Kuczynski unterstütze die ‚kommunistische Sacco-Propaganda' und wolle sie weiterführen. Er mache sich damit ‚zum Schrittmacher für die Weiterentwicklung der gelegentlich der Vanzetti-Kampagne begründeten proletarischen Einheitsfrontbewegung'. (DZA Potsdam, Reichskommissar für Überwachung der öffentlichen Ordnung, Nr. 542, Lagebericht des Reichskommissars, Inland, Bl. 109.)"

Mit Recht hielten unsere Partei und die Liga für Menschenrechte den Fall Sacco und Vanzetti mit ihrer Ermordung durch die amerikanische Klassenjustiz nicht für „erledigt".

* J. Zelt, Proletarischer Internationalismus im Kampf um Sacco und Vanzetti. Berlin 1958. S. 168.

Aus dieser Zeit sei aus Briefen meiner Mutter an mich zitiert:

Am 10. August schrieb sie, daß das Ehepaar Kirchwey* zu Besuch gekommen wäre. „Gestern lasen wir erste Seite Hauptblatt ‚Vossische Zeitung‘ Interview mit Kirchwey... in diesem äußert er sich sehr pessimistisch puncto Sacco-Vanzetti-Begnadigung, hält sie für unschuldig... während er im Gespräch mit uns skeptisch war (ihre Unschuld betreffend), jedenfalls betonte, daß die Richter ordentliche Leute gewesen seien! Miss Claghorn** schrieb ganz entsetzt aus Wien, sie vermag nicht mehr ihren Kopf hoch zu tragen als Amerikanerin! – Es ist wirklich nicht zu glauben, daß Menschen so unmenschlich sein können und hier keine Gnade walten lassen wollen. Wie oft hat man sie walten lassen bei überführten Mördern.‟

23. August: „Vorhin rief Holitscher an, daß Sacco und Vanzetti nun doch hingerichtet sind. Wir hatten bis zum letzten Moment Hoffnung, aber wohl nur, weil man sich das Gräßliche nicht vorstellen konnte. Vati sagt, er glaubt nicht, daß man sich drüben klar ist über die Aufregung in Europa und den Eindruck, den der Ausgang jetzt machen wird... Es ist wirklich das Gräßlichste, was seit langem passiert ist... Hier stand in einer Zeitung, Brandeis (einer der Obersten Richter – J. K.) hätte seine persönliche Einmischung verweigert mit der Be-

---

* In: Der Fall Sacco und Vanzetti (S. 7) heißt es: „In demselben Sinne äußerte sich der berühmte amerikanische Kriminalist Prof. Georg W. Kirchwey von der Universität Columbia, langjähriger Dekan der dortigen juristischen Fakultät und ehemaliger Direktor des New Yorker Staatsgefängnisses Sing Sing. Der zweiundsiebzigjährige Professor Kirchwey, der im Juli 1927 in Berlin weilte, erklärte einem Mitarbeiter der Vossischen Zeitung, das Urteil gegen die beiden Italiener beruhe auf einem Indizienbeweis höchst bedenklicher Art.‟

** Kate Holladay Claghorn, eine Jugendfreundin meines Vaters und von John R. Commons, Instructor in Social Research at the New York School of Social Work, Verfasser von The Immigrant's Day in Court, New York and London 1923.

gründung, daß seine Familie aktiv sei in der Sache! Unbegreiflich von hier aus ... weil seine Leute *auch* für die gute Sache kämpfen, darf er es nicht. Das heißt doch die Furcht vor Befangenheit zu weit treiben! Ich hatte schon früher zu Vati gesagt, er soll doch mal an Brandeis schreiben ... Wie herrlich hätte das zu diesen beiden Männern gepaßt, wenn sie die Ärmsten gerettet hätten!"

3. September: „Die Liga hat eine große Versammlung vor. ‚Sacco – Vanzetti – Und was weiter?' Ich hoffe, wir finden noch einen anderen statt diesen scheußlichen Titel ... Aber irgendwie kann die Sache nicht zu Ende sein. Eine Welt hat sich empört, und davon müssen die USA noch etwas zu merken bekommen. Wenn der Nervenschock stimmen sollte, den Thayer (der Richter – J. K.) erlitten, so wäre das ein schwacher Anfang."

22. September: „Heute ist Liga-Versammlung ‚Sacco – Vanzetti und was weiter' im Herrenhaus. Vater Vorsitz. Redner Holitscher, Apfel (Dr. Alfred Apfel – J. K.) etc."

25. September: „Donnerstag die Versammlung ‚S. – V. und was weiter' verlief sehr tumultuös. Draußen Schupos auf Autos, lange vor Beginn Überfüllung und draußen Kämpfe der vielen, die nicht mehr hereingelassen wurden. Dr. Apfel, der Verteidiger von Hölz, muß glänzend gesprochen haben, Mühsam, Holitscher, zwei Demokraten ... ein französischer Ligist, Corcos* oder so ähnlich, soll hinreißend gesprochen haben, er kam am nächsten Tag zu Vati."

Die „Rote Fahne" vom 23. September 1927 berichtete: „Dr. Kuczynski eröffnete die Versammlung: ‚Furchtbar ist der Tod dieser beiden, noch schlimmer wäre, wenn sie umsonst gefallen wären'."

Es war seine Aktivität in dieser Kampagne nach dem

* Fernand Corcos, Mitglied der französischen Liga für Menschenrechte.

Mord an Sacco und Vanzetti, die den Reichskommissar für Überwachung der öffentlichen Ordnung zu der schon zitierten Äußerung über meinen Vater veranlaßte. –

Und nun blicken wir nach den Vereinigten Staaten. Zelt bemerkt über die American Federation of Labor: „Die Position der Führung der großen amerikanischen Gewerkschaftsorganisation, der American Federation of Labor, kann man nicht besser kennzeichnen als mit ihrer Widerspiegelung in der reaktionären Presse. Diese war des Lobes voll über die ‚loyale Neutralität‘ der American Federation of Labor und die ‚kluge Zurückhaltung‘ ihres Leiters Green, der die Schuldfrage im Falle Sacco – Vanzetti niemals anrührte und lediglich formell und höflich gebeten hatte, die Strafe in lebenslängliches Zuchthaus umzuwandeln.“*

Und entsprechend schreibe ich am 6. August an Marguerite: „Hoffe immer noch für S. – V., obgleich (typisch) Miss Thorne absolut desinteressiert ist. M. Scattergood fragte: ‚Warum sind Sie an solchen Fällen so ganz besonders interessiert?‘“ Am nächsten Tage schreibe ich an Marguerite, die in einer so ganz anderen Atmosphäre lebt: „In der ‚New York Times‘ lese ich über Dienstag-Demonstrationen. Du wirst wohl zu einigen gehen, wie ich annehme. Darf ich einiges bemerken?

Bevor Du Dich in einem Saale hinsetzt, sieh Dich nach sämtlichen möglichen Ausgängen um.

Wenn Schießereien sind, renne immer um Ecken, niemals geradeaus. Achte, daß Du nicht fällst.

Nimm auf jeden Fall Deinen Paß mit. Wenn Verhaftungen sind, wird er Dir nicht helfen, bevor Du auf der Polizeistation bist, aber dort. Mache keine Aussagen, abgesehen von Deinen Personalien, und setze Dich mit dem französischen Konsulat in New York in Verbindung.

Bitte nimm dies ernst. Die Polizei wird rücksichtslos

* J. Zelt, Proletarischer Internationalismus im Kampf um Sacco und Vanzetti. Berlin 1958. S. 189 f.

vorgehen, und ich hoffe dasselbe von den Demonstranten. – Du bist ganz unerfahren in diesen Dingen, ich würde gern mit Dir sein, aber da ich nicht sprechen kann, sehe ich keinen Nutzen, den ich stiften kann.

Laß Dich durch all das aber nicht abhalten, viel von allem zu sehen."

Und nun zu Berichten Marguerites aus New York:

4. August: „Vier Uhr dreißig Union Square meeting; Protest gegen die Fuller-Entscheidung. Die Polizisten knurrten, obwohl die Leute alle sehr ruhig waren."

4. August spätabends: „Glaube kaum, daß noch etwas für Sacco und Vanzetti getan werden kann. Es scheint nicht möglich, daß Fuller sich solch ein Urteil erlaubt hat. Gespräche in der Untergrundbahn, auf der Straße, hier im Hause berühren die Sache anscheinend nicht."

7. August: „Was sagst Du dazu, daß man Thayer erlaubt, noch ein Urteil im S.-V.-Fall zu fällen? Mir einfach unverständlich, und da ich dem Mann nicht trauen kann, scheint es mir eine Gemeinheit. – Wenn Miss Thorne so uninteressiert ist, wird wohl die A. F. of L. Dienstag nachmittag nichts tun?"

8. August: „Nach Abendbrot S.-V. meeting im Civic Club."

8. August, zwölf Uhr nachts: „Fand Wolman* einen Leitartikel für ‚Advance‘** schreibend. Über Sacco und Vanzetti. Er wußte kaum, worüber ich sprach, und Aussagen nach rennt er seit Fullers Entscheidung (gegen Sacco und Vanzetti – J. K.) kopflos herum. Er sprach mit Frankfurter (Felix Frankfurter, hervorragender Jurist – J. K.). Der besteht darauf, daß Fuller bis zur letzten Minute das Urteil in lebenslänglich umwandeln wollte. Was seinen Meinungswandel herbeiführte, weiß er nicht.

* Leo Wolman, Marguerites Chef und Berater der Amalgamated Clothing Workers Gewerkschaft.
** Organ der Amalgamated Clothing Workers.

Hörte A. Garfield Hayes (fortschrittlicher Anwalt – J. K.) heute abend. Ein Reporter kam atemlos an, um die letzten Nachrichten zu bringen. Müde, aber ohne Schlaf. New York ist anders geworden."

9. August: „Elf Uhr Versammlung der Amalgamated, Stuyvesant Casino in der Zweiten Avenue. Hillman*, Norman Thomas** sprechen. Vier Uhr Versammlung Union Square. Acht Uhr Sheridan Square. Arbeit unmöglich."

Und noch immer findet J. K. nicht den Weg in die Partei? wird man fragen, und mit Recht. Doch gleichzeitig muß man ganz objektiv überlegen: Wäre es gut für seine Entwicklung gewesen, gerade zu diesem Zeitpunkt in die amerikanische Partei einzutreten? Eine kluge Parteiführung hätte von ihm verlangt, ein illegales Mitglied zu sein, weil er andernfalls aus der A. F. of L. herausgeflogen wäre, wo er durch seine Position einen sehr nützlichen Stützpunkt der Partei gebildet hätte. Ist es aber gesund für die politische Entwicklung eines dem Alter und der politischen Reife nach relativ jungen Genossen, ohne Erfahrung im organisierten politischen Leben, nicht aus der Arbeiterklasse kommend, als illegales Mitglied zu beginnen? Und außerdem war der Zustand der amerikanischen Partei denkbar schlecht. Sie wurde damals von Jay Lovestone geführt, nach dem zweiten Weltkrieg einer der wildesten Antibolschewisten im Bureau der Führung der A. F. of L.; William Foster schreibt über ihn – und damit auch über die in der Partei herrschende Fraktion und die sich immer wieder durchsetzende Linie:

„In der praktischen Parteiarbeit äußerte sich Lovestones Revisionismus in der Tendenz, sich statt auf die Massenarbeit auf den Kampf um die Herrschaft inner-

* Sidney Hillman, Präsident der Amalgamated Clothing Workers.
** Norman Thomas, Führer der Sozialistischen Partei.

halb der Partei zu konzentrieren, den Kampf für die Rechte der Neger zu vernachlässigen, die Rolle der neuen Industriegewerkschaften der Trade Union League zu unterschätzen, die von den Linken geführten Streiks und Organisierungskampagnen nur ungenügend zu unterstützen, die Bedeutung des Kampfes gegen die Sozialdemokratie zu unterschätzen und den ideologischen Kampf der Partei gegen die verstärkte Politik der Klassenzusammenarbeit und gegen die Prosperitätsillusionen der Gewerkschaftsbürokratie abzuschwächen. Für die Massenkämpfe der Partei in der kritischen Periode von 1927 bis 1929 bedeutete die Politik Lovestones und seiner Anhänger ein schweres Hindernis."*

Natürlich übersah J. K. das alles damals nicht. Sein Nichteintritt in die Partei kann darum nicht auf tiefere Einsicht in die Verhältnisse zurückgeführt werden, und er ist daher in keiner Weise zu entschuldigen. Doch sollte man angesichts der politischen Unreife von J. K. und des Zustandes der Partei auch nicht unbedingt bedauern, daß er diesen Schritt nicht tat, weil seine Entwicklung unter den gegebenen Verhältnissen vielen Unsicherheitsfaktoren ausgesetzt gewesen wäre.

J. K. setzte seine wissenschaftliche Arbeit an der weiteren Ausarbeitung der Theorie der Relativlöhne, an der ständigen Verbesserung seiner Methoden der Quantifizierung, an der laufenden Berechnung immer zuverlässigerer Statistiken von Relativlöhnen fort, trotz der Tatsache, daß die Lohn-Declaration für die Politik der A. F. of L. bedeutungslos bleiben mußte.

Noch eine Woche vor ihrer Veröffentlichung hatte er an Marguerite geschrieben, er denke monatlich einen Share-Index im „Federationist" zu bringen. Das heißt, er plante die regelmäßige Berechnung eines Relativlohn-

*William Z. Foster, Geschichte der Kommunistischen Partei der Vereinigten Staaten. Berlin 1956, S. 381.

index, eines Index der relativen Verelendung – zum ersten Male in der internationalen Arbeiterbewegung eine regelmäßige Statistik und Analyse der relativen Lage der Arbeiter!

Der Index des Relativlohnes erschien erstmals in der Oktober-Nummer des „Federationist". J. K. hatte das Gefühl, daß eine „Verwissenschaftlichung in der Gewerkschaftsführung" einsetzte, und schrieb in der „Finanzpolitischen Korrespondenz"* – ungeheuerlich übertreibend – von einer „Verwissenschaftlichung der Arbeiterbewegung", unter der man doch nur eine Erfüllung der Arbeiterbewegung mit dem Geiste des Marxismus-Leninismus verstehen darf:

„Am 3. Oktober 1927 begann die Jahresversammlung der American Federation of Labor in Los Angeles. Zwei wichtige Dokumente lagen ihr vor: der Bericht der Exekutive und die Oktober-Nummer des ‚Federationist'.

Der Bericht des Exekutivausschusses betonte scharf die Bedeutung volkswirtschaftlicher Untersuchungen über Löhne, Lebenshaltungskosten und Produktivität des Arbeiters für Lohnverhandlungen. . . .

Der Resolutionsausschuß berichtete der Versammlung am sechsten Tage wie folgt:

‚Die Notwendigkeit zuverlässiger statistischer Information, auf die dieser Teil des Berichts der Exekutive hinweist, ist offenbar. Der «American Federationist» hat einen großen Dienst geleistet, indem er eine Reihe von Studien über das Verhältnis von Löhnen zu Preisen und Produktivität veröffentlicht hat, und wir vermerken, daß der Bericht der Exekutive die Veröffentlichung weiterer Studien zu diesem und ähnlichen Problemen in Aussicht stellt. Der Ausschuß stimmt diesem Teile des Berichts ... voll und ganz zu und empfiehlt seine Annahme durch die Versammlungen. Der Bericht des Auschusses wurde einstimmig angenommen.'

* Jg. VIII, Nr. 46, 15. Dezember 1927.

Damit sprach das gesamte Arbeiterparlament der Verwissenschaftlichung der Arbeiterbewegung seine Billigung aus.

Das Heft des ‚Federationist‘, das der Versammlung vorlag, entsprach schon in seinem Äußeren der neuen Bewegung. Es hatte eine besondere Abteilung: Wirtschaftsstatistik. Hier wurde zum ersten Male ein Index des Lohneinkommens seit 1922, gemessen an Preisen und Produktivität, veröffentlicht. Der neue Index ist ein Doppelindex. Er zeigt einmal, welcher Prozentsatz des Industrieeinkommens monatlich (jährlich) in Form von Löhnen an die Arbeiter ausgezahlt wird, er zeigt auf der andern Seite, welchen Prozentsatz von den monatlich (jährlich) auf dem Markt erscheinenden Waren die Arbeiter mit ihrem Einkommen kaufen können. Die Veröffentlichung des Index wird monatlich fortgesetzt; er ist der erste seiner Art.

Neben dem neuen Index enthielt der ‚Federationist‘ den ersten Teil einer großen Lohnstudie, die die Jahre 1904, 1909, 1914, 1919, 1921, 1923 und 1925 umfaßt. In dieser Studie, die monatlich im ‚Federationist‘ erscheint und voraussichtlich im April 1928 beendet sein wird, werden sämtliche Industrien mit über dreißigtausend Arbeitern untersucht. Es werden berechnet: das jährliche Geldeinkommen des Arbeiters und der Wert der Produkte, die er in einem Jahre produziert, das Realeinkommen des Arbeiters und der Anteil der Arbeiter am Einkommen der Industrie.“

Unmittelbar nach der Veröffentlichung des Index, am 10. Oktober, konnte J. K. Marguerite schreiben: „Um vier Uhr bei Lorwin*. Er erzählte – Labor Association

---

* Lewis L. Lorwin, Mitarbeiter der Brookings Institution, ein guter Bekannter von Marguerite und J. K., eng verbunden mit der amerikanischen Arbeiterbewegung, Bruder des damals sehr bekannten Geigers Mischa Levitzki.

Preparation Committee hat sich zu folgendem Thema entschlossen: Labor's Share in the National Income and how to Increase Labor's Share. Bin sehr froh darüber."

Vier Tage später berichtete er ihr von einem Besuch bei Jacobson, einem alten Freund seines Vaters, der zu den vielen jüdischen Intellektuellen gehört, die vor 1914 aus dem zaristischen Rußland nach den USA ausgewandert waren und von denen einige, wie auch M. L. Jacobson, nach der Revolution der Sowjetunion freundlich gesinnt waren:

„Das dinner war doch über Erwarten interessant.

Anwesend: ein ehemaliger Beamter des Department of Interior (Ministerium des Innern – J. K.); humanitär-liberal. Der Leiter des Soviet Information Bureau mit Frau. Der Professor aus Moskau, mit dem Jacobson hier ist, und letzterer selbst.

Da der russische Professor schlechter englisch als deutsch sprach und die anderen nicht deutsch sprechen konnten und nicht russisch sprachen aus Rücksicht auf den Mann vom Innenministerium, hatte ich den russischen Professor ganz für mich. Da er an der Federation natürlich interessiert ist, wurde diese zum Thema des Abends und ich zum ‚Helden‘, was mir für die eine Stunde, die wir zusammensaßen, Spaß machte.

Der Soviet-Information-Man war interessant und nett, und als ich ihm beim Weggehen sagte, daß ich mich gefreut hätte, ihn zu sprechen, sagte er: ‚Ach, ich kam nur, weil ich neugierig auf Sie war.‘ Den Grund hatte er schon vorher, ohne daß ich darauf geachtet hatte, gesagt. Er erzählte nämlich, daß er den Share-Index sofort nach Rußland geschickt hätte mit dem Bemerken: ‚Die erste originelle Sache, die die A. F. of L. getan.‘ Jacobson, dem ich am Tag vorher davon erzählt, wie wir ihn konstruieren, hatte ihm dann wohl gesagt, daß ich es getan.

Aber alle Anwesenden taten sich einmal zu der Frage zusammen: ‚Wie halten Sie es nur in der A. F. of L. aus?‘

Es war so schade, daß Du nicht dabei warst – auch für die anderen, denn sie hätten dann einen richtigen und viel lieberen ‚Löwen' gehabt."

Zweifellos ist die Berechnung eines monatlichen Index des Relativlohnes als eine beschränkt-nützliche, wenn auch im ganzen recht wenig ausgenutzte Sache zu werten.

Von weit größerer, unmittelbar konkreter Bedeutung, ja von eminentem praktischem Nutzen war ein anderes Unternehmen, das J. K. bald nach seinem Arbeitsbeginn in der Federation startete.

Allgemein sprach man in Europa und Amerika von dem „amerikanischen Wirtschaftswunder", von der „American Prosperity". Jedoch hatten nicht wenige Arbeiter und Gewerkschaftsfunktionäre das Gefühl, daß die Zahl der Arbeitslosen ziemlich hoch sei – man muß sagen, „das Gefühl", denn es gab keine Statistik der Arbeitslosigkeit. Sie war bei Negern und Bauarbeitern besonders spürbar, was zu folgendem, in der Geschichte der Arbeiterbewegung einzigartigem Ereignis führte: In einer Stadt mit größerer Negerbevölkerung, es war wohl St. Louis, begannen die weißen Bauarbeiter einen Streik für niedrigere Löhne, während gleichzeitig die Neger in einen Streik für höhere Löhne traten, aber nicht für sich, sondern für die weißen Arbeiter. Die weißen wie die schwarzen Bauarbeiter wußten, daß, wurden die Löhne der weißen Bauarbeiter gesenkt, mehr weiße Bauarbeiter Beschäftigung fänden, während mehr schwarze arbeitslos werden würden – einer der groteskesten und tragischsten Streiks, die die Geschichte der Weltarbeiterbewegung kennt.

Doch lassen wir J. K. nun selbst berichten:

Es gelang mir ohne große Mühe, Miss Thorne zu überreden, etwas Geld zur Verfügung zu stellen, damit wir mit der ersten laufenden amerikanischen Arbeitslosigkeitsstatistik beginnen könnten. Die Ortsgruppen einer

Reihe von Gewerkschaften, die sich bereit erklärten, uns bei der Untersuchung zu unterstützen, erhielten monatlich Postkarten mit den Fragen: „Wie viele Mitglieder hat die Ortsgruppe? Wie viele Mitglieder der Ortsgruppe sind arbeitslos?" Nach einiger Zeit hatten wir es geschafft, daß die Antworten ziemlich regelmäßig und pünktlich eintrafen und wir nach Überwindung eines gewissen Widerstandes bei Green mit der Veröffentlichung eines Prozentsatzes der Arbeitslosigkeit beginnen konnten. Für die Berechnungen stand uns eine einfache, mit der Hand zu betreibende Addiermaschine zur Verfügung. Diese monatlich erscheinende gewerkschaftliche Arbeitslosigkeitsstatistik erhielt, da sie die einzig in den USA vorhandene war, bald „offiziellen Charakter" und wurde in die amtliche Statistik übernommen. Auch die Kommunistische Partei der USA und die Komintern benutzten meine Statistiken sehr schnell.

Die erste, noch vertrauliche Mitteilung über den Stand der Arbeitslosigkeit ging Ende September 1927 hinaus. Sie, wie auch die folgenden, gruppierte die Arbeitslosigkeitszahlen nach Städten, deren es im Laufe der Zeit immer mehr wurden – achtzehn im September, einundzwanzig im Oktober, vierundzwanzig im November und Dezember.

Am 3. November schrieb ich an Marguerite: „Miss Thorne und ich planen für Anfang nächster Woche einen Generalangriff auf Green betreffs Veröffentlichung der Arbeitslosigkeitsstatistik." Am 9. mußte ich Marguerite berichten, daß Green unseren Angriff abgeschlagen hat. Im „Federationist" für März 1928 wurde dann jedoch in der Abteilung „Economic Statistics" die erste laufende Statistik veröffentlicht. Neben zahlreichen Einzelstatistiken erschienen in dieser Abteilung jetzt also zwei völlig neue, nirgendwo anders in den USA beziehungsweise in der Welt veröffentlichte laufende monatliche Statistiken: eine der Arbeitslosigkeit und eine des Relativlohnes.

Kein Wunder, daß Green aus allen Teilen der Welt, vor allem von Ökonomen und speziell Arbeitsstatistikern, interessierte Briefe erhielt, was natürlich meine Lage erleichterte.

Bedenkt man, daß J. K. die erste laufende amerikanische Statistik der Arbeitslosigkeit mit einer siebzehnjährigen Schreibkraft zusammen aufbaute und für Jahre methodologisch sicherte – Margery mußte andere Arbeiten machen –, dann erkennt man, wieviel in der Arbeiterbewegung mit geringsten Kräften unter den Bedingungen des Kapitalismus geleistet werden kann. Im Zusammenhang mit dieser Arbeit zeigte sich bei J. K. nicht nur beachtliche Unternehmungslust, sondern auch eine erfreuliche Konsequenz in der Durchführung von Unternehmen mit kleinsten Mitteln. Diese Eigenschaft wird sich später in seiner Parteiarbeit als nützlich erweisen, aber auch in der Illegalität und dann in den ersten Jahren des Aufbaus nach dem zweiten Weltkrieg. –

Zu einem merkwürdigen wissenschaftlichen Abenteuer, über das sich J. K. aber erst 1967 klar wurde, also vierzig Jahre später, als ihm die entsprechenden Artikel wieder in die Hand fielen, sei ihm selbst das Wort gegeben:

Neben den Berechnungen der Relativlöhne und der Arbeitslosigkeit liefen zahlreiche andere Arbeiten für die American Federation of Labor, auch neue Probleme wurden aufgeworfen, wie das der „Waren-Stunden", über das ich am 18. Juni an Marguerite schrieb:

„Ich weiß nicht, ob Du in unserem letzten Artikel unsere neue große Idee bemerkt hast? Mir wird ihre Bedeutung jeden Tag klarer.

So wie wir den Index der Geldlöhne durch den Index von Preisen dividieren, multiplizieren wir hier den Index der gearbeiteten Stunden mit dem Index der Produktivität. Denn wenn ein Arbeiter heute und morgen zehn Stunden arbeitet, aber morgen in den zehn Stunden zehn Prozent mehr produziert, arbeitet er dann nicht eigentlich elf Stunden, das heißt zehn Prozent mehr als zehn Stunden?

Und ist es nicht ebenso wichtig und richtig, Waren-Stunden (bitte einen besseren Ausdruck, wenn Du ihn findest) zu berechnen wie Reallöhne, und bedeuten einfach Stunden nicht ebensowenig wie einfach Löhne? Bekommen beide nicht erst Sinn durch ihr In-Beziehung-Setzen zu anderen Faktoren des wirtschaftlichen Systems, etwa Preise oder Produktivität?

Schreibe mir darüber, was Du denkst – denke bitte ernsthaft darüber nach.«

Marguerite schrieb am 21. zu »unserer neuen großen Idee«: »Deinen Brief mit dem Artikel zum Frühstück erhalten. Besonders fiel mir auf die Verbindung von Stunden und Produktivität, die Du machtest und über die Dein heutiger Brief ausführlicher schreibt... statt ›Waren-Stunden‹ schlage ich Produkte-Stunden vor.«

Mein Vater war gar nicht begeistert von dieser Idee und schrieb mir am 2. Juli: »Du schlägst vor, ›den Index der gearbeiteten Stunden mit dem Index der Produktivität zu multiplizieren, um einen Index der social hours zu erhalten‹. Ich glaube nicht, daß das Produkt eine sinnvolle Zahl ergeben würde.« Offenbar hatte ich mich in meinem Brief an ihn sehr schlecht ausgedrückt, und er verstand nicht, daß ich die Berechnungen pro Arbeiter und nicht für eine wechselnde Gesamtbelegschaftszahl durchführen wollte. Jedenfalls gab ich, wie mir scheint, solche Berechnungsversuche bald wieder auf.

Fast auf den Tag passierte mir zwanzig Jahre später folgendes: Ich hatte genau dieselbe Idee, ohne mich auch nur im geringsten daran zu erinnern, daß ich schon einmal darüber gearbeitet hatte. In der Nummer 7 vom Juli 1947 von »Die Arbeit« veröffentlichte ich einen

Artikel „Über die Berechnung eines Realarbeitstages",
zu dem die Redaktion (mit meiner vollen Billigung) eine
Vorbemerkung machte, daß ich vor zwanzig Jahren mit
der Berechnung von Relativlöhnen begonnen und jetzt
mit Realarbeitstag-Berechnungen einen Anfang gemacht
hätte. Der Artikel berichtet ganz naiv von meiner
„neuen" Idee: „Es fragt sich nun, ob, wie die Berechnung
von Lebenshaltungskostenindizes zur Berechnung von
Reallöhnen geführt hat, uns unsere neuen Statistiken über
die Entwicklung der Produktivität nicht zur Berechnung
von Realarbeitstagen Veranlassung geben sollten." Es
fragt sich nun, möchte ich fast auf den Tag genau wieder
zwanzig Jahre später bemerken, ob es peinlicher ist, zu
entdecken, daß man unschuldig einen anderen oder sich
selbst plagiiert hat? In jedem Fall meine ich, daß ich
eine nützliche Methode der Analyse der Lage der Arbeiter 1927 wieder aufgegeben und auch nach 1947 nicht
verfolgt habe, das heißt, im Grunde nicht nur zweimal
in Abständen von zwanzig Jahren die gleiche Idee gehabt, sondern jedesmal auch wieder für zwanzig Jahre
vergessen zu haben.

Zu „den anderen Arbeiten" gehörte auch das Schreiben
von Artikeln, die dann von Green gezeichnet wurden.
Green verfaßte zum Beispiel für die bürgerliche Presse
eine Vorschau über das nächste Wirtschaftsjahr, für die
J. K. ihm 1927 einen Entwurf unterbreitete, den er im
großen und ganzen annahm. Als J. K. aber im Dezember
1928 eine Vorschau für 1929 machte, in der er erklärte,
daß es 1929 zu einer Wirtschaftskrise käme, wenn die
Relativlöhne weiter sinken würden, wurde der Entwurf
als zu pessimistisch abgelehnt, und Miss Thorne verfaßte
eine fröhlich-optimistische Voraussage für das Jahr, in
dem die große Weltwirtschaftskrise ausbrach.

Besonders gern arbeitete J. K. mit an der Vorbereitung von Materialien für Tarifverhandlungen und gegen

injunctions (richterliche Entscheidungen, die Streiks untersagten). So berichtete er an Marguerite am 8. Dezember: „Also gestern von vier Uhr bis sieben Uhr Sitzung mit Green, Woll und den Anwälten sowie Margery Scattergood betreffend Interborough*. Außerdem um drei Uhr fünfundvierzig gab mir Woll eine Schrift der Zeitungsherausgeber in Portland, Oregon, gegen die Photogravure, die eine Lohnerhöhung haben wollten. Eine Gegenschrift hatte bis neun Uhr dreißig heute ausgearbeitet zu werden. Außerdem hatte ich mich mit den Webbinks für den Abend verabredet. Also: vier bis sieben Sitzung, sieben bis acht Uhr fünfzehn Photogravure, acht Uhr dreißig bis neun Uhr dreißig Webbinks, neun Uhr fünfundvierzig bis elf Uhr fünf Photogravure, heute sieben Uhr bis neun Uhr dreißig Photogravure.

Alles geschafft.“

Marguerite war am 9. September der Office Workers' Union, J. K. am 5. Dezember der Stenographers', Typewriters', Bookkeepers' and Assistants' Union beigetreten, so daß solche Arbeiten für sie auch einen konkreten gewerkschaftspolitischen Hintergrund erhielten.

Zu „den anderen Arbeiten" gehörten noch die laufenden Lohnarbeiten für die Federation, die im „Federationist" teils anonym in der Abteilung „Economic Statistics" erschienen, teils in Artikeln von Marguerite und J. K. veröffentlicht wurden. Noch 1927 kamen fünf ihrer Artikel in einer Broschüre gesammelt heraus.

J. K. konnte in dieser Zeit Artikel gewissermaßen direkt für den Druck in drei Zeitschriften schreiben: im „Federationist", in der „Finanzpolitischen Korrespondenz" und in der „Kritik" – und machte von dieser Gunst reichlich Gebrauch.

Die Lohnstatistiken waren nicht auf allgemeine Studien auf Grund gedruckter Daten beschränkt. Unter an-

* Es handelt sich um eine injunction gegen die Untergrundbahn-Arbeiter in New York.

deren führte J. K. eine Untersuchung der Löhne der Setzer und Drucker in Philadelphia an Hand von Gewerkschaftsmaterialien durch. Am 16. November fuhr er zum ersten Male dorthin, und am 17. berichtete er Marguerite: „Gestern um halb neun schlafen. Heute um drei Uhr fünfzehn aufgestanden und losgerechnet. Soeben um fünf Uhr dreißig auf dem Bahnhof gefrühstückt. Jetzt weiterrechnen..." Die Arbeit zog sich in Washington noch einige Wochen hin. Am 19. Dezember heißt es an Marguerite: „An Verdiensten Typographical Union Philadelphia gerechnet."

Mit den Funktionären der Typographical Union in Philadelphia stand sich J. K. gut, er hielt Vorlesungen bei ihnen sowohl über die Lage der Arbeiter wie auch über Fragen der Statistik, die dann zum Teil veröffentlicht wurden.

„Natürlich" schrieb er auch an einem Buch: „Economics for Workmen", Ökonomie für Arbeiter, das jedoch nicht gedruckt wurde. Aber das Unternehmen war wichtig für ihn in seinem Bemühen, zu lernen, komplizierte Dinge einfach darzustellen. Vom Beginn dieses Buches berichtet er an Marguerite am 1. August: „Ich sitze in der Federation, neben mir die Bibel – die Politische Ökonomie für Arbeiter begonnen. Ich denke den ganzen ersten Teil bis an die Grenze des Lohnproblems an Hand der Bibel aufzubauen. Ich lese sie wieder einmal unter einem neuen Gesichtspunkt. (Das letzte Mal, vor drei Jahren, suchte ich nach Unzüchtigkeiten, die ich immer unter der Formel ‚wie schon Gott sagte' in mein Gespräch mischte.)" Vier Wochen später: „Will versuchen, dritten Teil der ‚Economics for Workmen' bis morgen zu beenden. In der nächsten Woche will ich es durchgehen – und wir können es dann, wenn es Dir recht ist, am 3. bis 5. lesen."

An einem Kongreß der A. F. of L. hat J. K. nicht teilgenommen, wohl aber an dem Treffen der Pan-American

Federation of Labor, über das er Marguerite am 18. Juli schrieb: „Hier tagt der Pan-American F. of L. Congress. Gestern wurden dreihundert Nicaraguaer von US-Truppen ermordet. Ihr Delegierter Salomon de la Salva, ein Dichter und Arbeiterführer, sprach gut, sehr gut, kurz. Morones, Gewerkschaftsführer und Minister für Industrie, Handel und Arbeit im Calles-Kabinett, Mexiko, sprach nicht sehr bedeutend, obgleich er bedeutend sein soll."

Mit ihm wurde J. K. persönlich bekannt, auch mit dem kubanischen Gewerkschaftsführer Iglesias stand er gut, der als Exilierter ständig bei der A. F. of L. angestellt war; Iglesias hatte seine fünf sehr schönen Töchter nach seinen Lebensidealen genannt – nur „Freiheit" lernte J. K. näher kennen.

Sehr bald begann er auch, die A. F. of L. in Regierungs- und wissenschaftlichen Organisationen zu vertreten, wie dem Census Bureau und dem Regierungsstatistik-Komitee der Statistischen Gesellschaft. Mit vielen Regierungsstatistikern hatte J. K. guten Kontakt, zumal er mehrmals in der Woche in die statistische Abteilung bald dieses, bald jenes Ministeriums ging, teils um sich Zahlen vor ihrer amtlichen Veröffentlichung für seine eigenen Berechnungen zu holen, teils um statistische Methoden zu besprechen, teils um zu lesen.

Vielleicht sollte man noch ein paar Sätze von ihm über sein persönliches Leben im Jahre 1927 hören:

Ich hatte mir ein Zimmer genommen, das in etwa gleicher Entfernung von fünf Minuten zwischen der Brookings School und der A. F. of L. lag. In einer Kneipe gegenüber der A. F. of L. nahm ich mein Frühstück, das stets aus einer Tasse Kaffee und zwei Stück Kuchen bestand; eine Zeitlang aß ich auch jeden Abend in einem ganz billigen Restaurant das gleiche Abendbrot – Hackebraten und Mais. Ohne reden zu müssen, bekam ich automatisch meine Mahlzeit vorgesetzt und konnte dabei lesen oder meinen Gedanken nachhängen. Beim Hinaus-gehen hob ich je nach Kasse einen oder zwei Finger und erhielt dann eine oder zwei Fünfcentszigarren; ansonsten rauchte ich Pfeife. Mittags aß ich an einem noch billige-ren Platz, und als ich Marguerite bei einem ihrer Be-suche in Washington mit dorthin nahm, verging ihr schon am Eingang beim Geruch des Fetts der Appetit. Damals war ich noch völlig ungebildet in bezug auf Essen; wirk-liche Essenskultur, besonders mit wenig Mitteln eine gute Mahlzeit zuzubereiten, lernte ich erst später in der Ehe mit Marguerite schätzen.

Die Kinos, die ich oft besuchte, lagen alle in der 9th Street, die auf das Gebäude der A. F. of L. stieß. Wenn Freunde mich nicht zu Hause oder in der A. F. of L. fanden, suchten und fanden sie mich zumeist in einem der drei 9th-Street-Kinos. Eines war for men only, aber nicht wegen der Filme, sondern weil es in diesem Kino auch offiziell erlaubt war, so viel und so weit zu spucken, wie man wollte – natürlich mit genügend Geschick, um nicht einen Besucher zu treffen.

Eng verbunden blieb ich auch mit zu Hause, mit Schlachtensee. Etwa zweimal in der Woche schrieben sich meine Mutter und ich; dazu kamen Briefe von den Schwestern und bisweilen auch von meinem Vater. Als Leiter einer deutschen Delegation, der auch Käthe Koll-witz, Eduard Fuchs, Arthur Holitscher, Erwin Piscator, Johannes R. Becher angehörten, war er zur Zehnjahres-feier der Oktoberrevolution nach Moskau gefahren. Von dort schrieb er mir:

„Moskau, den 10. November 1927
drei Uhr morgens

Liebes Jungchen:

Ich gab Dir einmal einen guten Rat, als ich Dir sagte: komm mit nach Amerika!

Ich gebe Dir heute einen zweiten Rat: geh nach Rußland!!

Und ich freue mich, daß ich Dir den zweiten Rat nicht zuerst gegeben habe. Denn das Wohlbehagen, das man an den USA hat, hängt im wesentlichen ab von dem job, den man hat. Das Wohlbehagen an Sowjet-Rußland aber ist absolut. Wäre ich nicht zu senil dafür, so würde ich noch heute anfangen, mich dem Studium Sowjet-Rußlands zu widmen, und dabei bleiben.

Um es konkret zu fassen: ich würde an Deiner Stelle bis zum Sommer 1928 in Amerika bleiben und Dein Buch über Löhne und so weiter zum Abschluß bringen. Dann würde ich nach Schlachtensee gehen, um Amerika zu verdauen, Russisch zu lernen und mich auf Rußland vorzubereiten, und schließlich im Frühjahr 1929 nach Rußland auf unbestimmte Zeit gehen.

Diesen Rat jetzt schriftlich zu motivieren hätte natürlich gar keinen Sinn.

Sowjet-Rußland *ist* die Zukunft.

Und um nur eine Kleinigkeit zu erwähnen. Ich bekam heute (gestern – J. K.) ins Hotel folgendes Schreiben:

,Der Leiter der Forschungskommission und der statistischen Abteilung des Zentralrats der Gewerkschaften der Sowjetunion möchte mit Ihnen eine Besprechung über die Fragen des Forschungsinstituts abhalten und bittet Sie, einen für Sie günstigen Zeitpunkt uns mitzuteilen.'

Die Besprechung dauerte zwei Stunden. Es handelte sich darum, daß ich Ratschläge für Erhebungen über Lebenshaltung und Löhne geben sollte. Als ich fortging, hatte ich die Empfindung, den Leuten kaum etwas haben nützen zu können. Denn sie sind so sachkundig und so unglaublich gewandt in der Argumentation, daß man ihnen mit dem Wissen eines deutschen Spezialisten, der Amerika kennt, kaum etwas bieten kann. Und der Wunsch, den man hier immer hat, ist: lernen, nicht lehren! Alles Gute.

Vati"

Ich selbst hatte einen Brief an Marguerite am 7. November so begonnen:
„Ten years Soviet Russia
when Soviet Germany!"

J. K. blieb noch bis zum September 1928 bei der A. F. of L. Die letzten neun Monate seiner Tätigkeit dort unterschieden sich von den vorangegangenen vor allem in zweierlei Beziehung: einmal veröffentlichte er neben Aufsätzen eine beachtliche Anzahl von zum Teil diese Aufsätze sammelnden Broschüren und schrieb mit Marguerite ihr erstes gemeinsam verfaßtes Buch; und dann besuchte er für die Forschungsstelle der Gewerkschaftszentrale Streikgebiete.

Der Streik der Kohlenbergarbeiter war schon erwähnt worden. Für den „Federationist" schrieb J. K. einen ausführlichen Bericht: der Streik bewegte die fortschrittlichen Kräfte des ganzen Landes sehr, nicht nur wegen seiner Größe, wegen der Brutalität des Vorgehens der Unternehmer, der Polizei und des Militärs gegen die Streikenden, sondern auch wegen der furchtbaren Not der Bergarbeiterfamilien.

Am 6. März schrieb er an Marguerite: „Heute Union meeting. Wir zahlten von der Union zehn Dollar für die Bergarbeiter und fünfzehn Dollar für Blumen für einen Mann aus der Federation, der gestorben." Am 30. März schrieb Marguerite an ihn: „Zehn Paar Schuhe gesammelt. Werde morgen von Clark und Schwarz (zwei ihrer Mitarbeiter – J. K.) noch mehr bekommen. Sie gehen alle zum Emergency Committee for Miners' Relief." Am 17. April schrieb sie: „Gestern abend Union meeting. Man sammelte für die Kohlenbergleute und ließ eigene Gewerkschaftsprobleme hübsch unberührt."

Über ein ganz persönliches Streikerlebnis, von größtem erzieherischem Wert für ihn, sei hier in seinen Worten berichtet:

Zu einer riesigen Versammlung von vielen Zehntausenden in einem Tale sprach ich von einer kleinen Anhöhe aus etwa fünf Minuten, von meinem Begleiter als eine Art Streikveteran aus Europa eingeführt. Nach meiner Rede erfüllte das Tal großer Beifall, verdoppelt und verdreifacht durch das Echo. Niemals wieder in meinem ganzen Leben habe ich einen solchen Beifall gehabt. Nachdem das letzte Echo verklungen war, hörte man Stimmen: „Übersetzung! Übersetzung!" Ich hatte aber, was ich für Englisch hielt, gesprochen. So bekam ich als der dreiundzwanzigjährige „Streikveteran aus Europa" den größten Beifall meines Lebens für eine Rede, die kaum einer verstanden hatte. Es war ganz gleichgültig, was ich sagte; der Beifall galt der internationalen Solidarität, die ich in diesem Augenblick symbolisierte.

Auch in den Nordosten, wo die Textilarbeiter streikten, fuhr J. K.

Am 21. Mai berichtete er an Marguerite: „Über Mittag fuhr ich von hier, Fall River, nach New Bedford, wo in einer Massenversammlung ein Neger der Hauptredner war und unglaublich gut sprach. Bei weitem der beste Redner, den ich in den USA gehört habe. Crosswaith (linker Gewerkschaftler – J. K.) ist Organisator der Pullman Porters.* Die Verhältnisse hier erinnern an das, was man über den Süden hört. Nachtschichten von dreizehn Stunden!"

Einen Tag später, wieder aus Fall River:

„Heute früh nach New Bedford gefahren. Mit dem Streik-Komitee eine Konferenz.

Mittags zu einem meeting der französisch sprechenden Arbeiter**. Sie baten mich, auch dort zu sprechen, lehnte aber ab, da die A. F. of L. vorsichtig sein möchte und ich keinen großen Verlust in einer Nichtansprache sah.

* Eine Negergewerkschaft.
** Es handelt sich um Einwanderer aus Französisch-Kanada.

Zweitausendfünfhundert Druckereiarbeiter bekommen im Fall River fünfundzwanzig Cents pro Stunde.

In New Bedford arbeiteten vor dem Streik in einer Fabrik die Weber vierzehn Stunden ohne Pause.

Heute abend spricht A. Weisbord* hier in Fall River. Werde gehen."

Was für ein anderes Amerika als das der Ford-Arbeiter mit ihrer Fünftagewoche, viermal höheren Stundenlöhnen – und einer Fließbandarbeitsintensität, die sie in fünf bis zehn Jahren zu nervösen Wracks macht, die aus der Industrie heraus müssen!

Für die besonders schlimmen Verhältnisse der Textilarbeiter in Massachusetts gab es zwei Hauptursachen: Einmal die Tatsache, daß die meisten Arbeiter Einwanderer waren, Französisch-Kanadier, Portugiesen, Italiener, Iren und so weiter. Es war nicht leicht, sie zu organisieren, weil sie mehr verdienten als in ihrer alten Heimat, weil die amerikanischen Arbeiter auf sie als „mindere Wesen" herabsahen und auch wegen der Sprachschwierigkeiten. Und zum anderen die technisch-ökonomisch herabgekommenen Verhältnisse der Betriebe dieses alten amerikanischen Textilzentrums. Man litt dort sowohl unter der Tatsache, daß ein Teil des Textilkapitals in den Süden abwanderte, wo die Arbeit noch billiger, die Verhältnisse, besonders auch hinsichtlich der Organisationsfreiheit der Arbeiter, noch schlimmere waren** – wie auch unter den fortschritthemmenden Einwirkungen eines Ringes (Kartells) der Textilunternehmer.

* Albert Weisbord, Mitglied der National Textile Workers' Union.
** Wie zurückgeblieben in den Südstaaten die Arbeiter, wie ideologisch und besonders rassistisch verhetzt sie vielfach noch waren, erkennt man daran, daß, wie J. K. ein Genosse, der dort aktiv tätig war, erzählte, es Versammlungen gab, zu denen es den kommunistischen (!) Gewerkschaftlern zwar gelang, weiße Arbeiter und Neger zu bringen, bei denen jedoch noch die Konzession gemacht werden mußte, daß durch einen Bindfaden der Versammlungsraum in zwei Teile gegliedert wurde, in dessen einem die Weißen, in dessen anderem die Neger saßen.

Ohne ein Monopol in den USA zu haben, legte der Ring die Preise für die Baumwollwaren der ihm angeschlossenen Betriebe so fest, daß auch der rückständigste seinen Profit machte – der rückständigste Betrieb aber hatte, wie ein Meister J. K. erklärte, seine Maschinerie noch aus der Zeit des Bürgerkrieges, also um 1860/65. –

Das erste gemeinsame Buch, das J. K. mit Marguerite in den letzten neun Monaten seiner A. F. of L.-Tätigkeit schrieb, „Der Fabrikarbeiter in der amerikanischen Wirtschaft", erschien Ende 1929. Es ist die erste kritische historisch-statistische Darstellung der Lage der amerikanischen Arbeiter, die wir besitzen – geschrieben in einer Zeit, in der die kapitalistische Welt, einschließlich der Vertreter der Sozialdemokratie und ihrer Gewerkschaftsorganisationen, voll war des Lobes über die Lage der Arbeiter in den USA.

Hören wir ihn selber über die Zusammenarbeit mit Marguerite:

In unserem Briefwechsel spielte das Buch eine stete, doch keine große Rolle. Zum ersten Male erwähne ich es am 27. Januar 1928: „Morgen nachmittag und Sonntag werde ich an unserem Buche arbeiten." Am 9. Februar eine verhüllte Mahnung an Marguerite: „Unser Buch geht bei mir vorwärts – ärgere Dich nicht, wenn es bei Dir nicht so schnell geht." Am 18. Juni schreibt Marguerite: „An unserem Buch arbeite ich jeden Morgen" – also bevor sie zur Arbeit ging. Das war wohl die Antwort auf meine Zeilen vom 15. Juni: „Morgen werde ich gründlich an unserem Buche arbeiten. Überhetze Du Dich nur nicht. Arbeite ruhig und stetig, ohne das Gefühl zu haben, gedrängt zu sein. Aber versuch, stetig, das heißt, ohne zuviel Tage in der Woche auszulassen, zu arbeiten." Am 20. Juni bedränge ich sie noch stärker: „Wäre es zu mühselig für Dich, mir täglich zu berichten, was Du an unserem Buche tust, so wie ich Dir von meinen laufenden Arbeiten berichte?" Einen Tag später ein anderes Mittel des moralischen Drucks: „Ich schicke Dir gleichzeitig das Manuskript meiner ersten achtundsechzig Seiten." Einen Monat später (22. Juli): „Schrieb heute fünf Seiten an unserem Buch, was meine Monatsleistung auf fünfzig Seiten bringt." 4. August: „Die Arbeiten an unserem Buche schreiten ganz gut fort. Schrieb gestern sechs Seiten. Noch fünfundsiebzig mehr, dann habe ich zweihundertfünfzig Seiten. Den Rest mußt Du schreiben. Aber ängstige Dich nicht. Du wirst nicht viel damit zu tun haben." (Von den zweihundertneunundsechzig Druckseiten entfielen fünfundneunzig auf Marguerite.) Schließlich am 24. August 1928: „Werde heute das Manuskript, die ersten zweihundert Seiten unseres Buches, nach Deutschland schicken und meinen Marx-Buch-Verleger anfragen, ob er es nehmen will." Die letzte Manuskriptseite für den Satz ging dann am 10. Februar 1929 von Washington ab.

Wenn man bedenkt, daß Marguerite im Gegensatz zu mir eine genau geregelte Arbeitszeit hatte und oft Überstunden machte, gleichzeitig mit mir Artikel und dazu noch Buchbesprechungen für den „Federationist" schrieb, wird man verstehen, mit welcher Beschämung ich heute diesen Briefwechsel lese, wie mich der stete (oft in scheinbar beruhigende Fürsorge gekleidete) Druck auf sie, „schneller und mehr" zu arbeiten, empört.*

Zweifellos hatte das Buch seinen Wert. Es war kritisch und voll unwiderleglicher statistischer Beweise. Doch kann man es nicht marxistisch nennen. Nützlich als Materialsammlung und in seiner statistischen Analyse ja, das einzig „wirklich marxistische" war die Datierung des Vorwortes: 7. November 1929. –

Vor einiger Zeit schrieb ich über meine Zusammenarbeit mit Marguerite und besonders über das Buch die „Lage der Arbeiter in Amerika":

* Fußnote meiner Schwester Ursula: „Heuchler – du übst heute noch denselben Druck auf sie aus."

Von großer Bedeutung für meine Arbeit war es, daß jetzt, 1927, ein Jahrfünft begann, in dem ich mit Marguerite gemeinsam zu schreiben anfing, unter anderem zwei Bücher ... doch hörte diese gemeinsame Arbeit mit dem ersten Kind auf. Als der westdeutsche Ökonom Fritz Baade ein Dritteljahrhundert später, zu Besuch bei uns, von den Webbs und den Kuczynskis sprach, meinte ich zu Marguerite: „Er rechnet sicher mit einem guten Mittagessen, und es ist ihm peinlich, daß er dir keine Blumen gebracht hat." Unsere gemeinsamen Arbeiten waren sicherlich nützlich, die Bücher wurden auch ins Russische übersetzt und erschienen 1930 und 1931 in Moskau, aber natürlich lassen sie sich nicht mit den Werken der Webbs vergleichen. Alte Sowjetgenossen erzählen vielmehr über die russische Übersetzung unseres ersten gemeinsamen Buches die folgende Geschichte:

Die Fahnen fielen durch einen Zufall Stalin in die Hände. Während er stirnrunzelnd Fehler über Fehler entdeckte, sei Karl Radek in das Zimmer gekommen. Stalin meinte: „Karl, du mußt ein Vorwort schreiben und auf die Fehler hinweisen!" Die Nachricht von dem Urteil Stalins kam nach Berlin. Genosse Kuczynski fuhr bald darauf nach Moskau. Eilig lief er zu Radek, um ihn über das Vorwort auszufragen. Radek meinte: „Aber natürlich, Genosse Kuczynski, erzähle ich Ihnen alles. Zuerst sagen Sie mir aber, welchen Teil des Buches hat die Genossin Kuczynski, welchen haben Sie geschrieben." Darauf der gentleman Kuczynski: „Das ist doch ganz einfach, Genosse Radek. Die guten Teile hat die Genossin Kuczynski geschrieben, die schlechten ich." Darauf Radek: „Ach so, Genosse Kuczynski, dann haben Sie das Buch also ganz alleine geschrieben!"

Béla Kun aber, der mich damals einen Tag in Moskau betreute, meinte einfach und herzlich: „Ein nützliches Buch mit vielen Fakten, die ich nicht kannte." Das war ein Trost, den ich Marguerite und mir nicht verderben wollte, indem ich ihn über meine mehr allgemeinen und theoretischen Äußerungen befragte.

Über die Besprechungen des Buches konnten wir uns freuen. Die „Moskauer Rundschau" meinte: „Die Märchen von dem kapitalistischen Paradies in den Vereinigten Staaten sind für immer widerlegt." Der „Vorwärts" bemerkte: „Ihr Buch ist eine Leistung, die den Verfassern einen Platz unter den modernen Statistikern sichert." Auch die Rezension im Organ des Kapitals, dem „Arbeitgeber", zeigte, daß wir auf dem richtigen Wege waren: „Ein Buch, das sehr viel Tatsachenmaterial, Zahlen, Statistiken und eine Fülle von Beobachtungen bringt, aber mit Vorbehalt genossen werden muß."

Auch die Arbeitslosigkeitsstatistik spielt in unserem Briefwechsel eine große Rolle. Sie war, wie bereits erwähnt, am Jahresende 1927 noch immer nicht veröffentlicht, aber am 21. Januar 1928 konnte ich Marguerite berichten: „Heute war der Mann vom Census da. Er ist der Herausgeber des ‚Survey of Current Business‘ und möchte meine Arbeitslosigkeitszahlen in ihm veröffentlichen." Am 27. Januar: „Bis sechs Uhr in der Federation gearbeitet. Die Arbeitslosigkeit stieg von fünfzehn auf achtzehn Prozent im allgemeinen Durchschnitt. Das klingt sehr trocken, ist aber sehr, sehr arg. Ich schätze doch drei Millionen Arbeitslose." 11. Februar: „Viele Anfragen – von Senate, House und Departments (Parlament und Ministerien – J. K.) kommen betreffend unserer Arbeitslosigkeitszahlen, aber ich bin schweigsam, bis ich endgültige Resultate habe, die dann im ‚Federationist‘ veröffentlicht werden." 17. Februar: „Euer (der New-Yorker – J. K.) Senator Wagner quälte mich durchs Telefon um Arbeitslosigkeitsstatistiken. Gab ihm aber nichts." Endlich, am 23. Februar, konnte ich Marguerite melden: „Arbeitslosigkeit ist für morgen freigegeben." Am 6. teilte ich Marguerite mit, daß ich für die „North American

Review" einen von Green zu zeichnenden Artikel über Arbeitslosigkeit geschrieben.

Das Parlament, besonders einzelne Abgeordnete und Senatoren nahmen jetzt, wo wenigstens irgendwelche Statistiken vorlagen, die Frage der Arbeitslosigkeit energischer auf. Am 13. April berichtete ich an Marguerite:

„Heute abend wird in der Brookings School eine Diskussion über Arbeitslosigkeit sein, an der Commons führend teilnehmen wird ...

Zurück von der Arbeitslosigkeitsbesprechung. Das folgende ganz diskret. Wir besprachen den Inhalt einer Gesetzesvorlage über Arbeitslosigkeit, die Commons durch La Folette und Jacobstein vor das Parlament legen will. Sie enthält Vorschläge über Untersuchungen, die gemacht, und Einrichtungen, die getroffen werden sollen. Als Vorsitzender des statistischen Committees wurde Wolman von Commons vorgeschlagen, wogegen ich mich ... (hauptsächlich, weil ich glaube, daß er nichts in den nächsten fünf Jahren zustande bringen wird) wandte und auch Erfolg hatte, indem auf meinen Vorschlag Beveridge von der Metropolitan Life Insurance eingesetzt wurde."

Es ist wahrlich grotesk, mit welchem Erfolg sich J. K. jetzt auch noch in Parlamentsangelegenheiten einmischt! Die laufenden Berechnungen der Relativlöhne erfahren keinerlei Unterbrechung, und er experimentiert ständig, besonders methodologisch, um zu besseren Resultaten zu kommen, immer begleitet vom beglückenden Interesse der Genossen in der Sowjetunion an diesen Relativlohnberechnungen. Er war jetzt auch öfter mit dem „inoffiziellen diplomatischen Vertreter der SU" in Washington zusammen. Über diese Beziehungen bemerkt er:

Er gab mir nicht nur den ersten Cocktail, den ich in meinem Leben getrunken habe, er gab sich nicht nur rührende und völlig vergebliche Mühe, mir beizubringen, selbst einen guten Cocktail zu machen, er bemühte sich auch, und darin viel erfolgreicher, mir einzureden, was für ein interessanter Gesprächspartner ich sei, so daß ich für ihn eine zunächst noch spontane, nicht unergiebige Informationsquelle meiner Arbeit und Lebensumgebung wurde. Von ihm lernte ich die Anfangsgründe der Beobachtung und Analyse meiner Umwelt im Interesse der Sowjetunion.

J. K. trat auch in engere Beziehung zu einer Reihe hervorragender Neger. Öfter war er in der Neger-Universität von Washington, in Howard University. Er hatte Unterhaltungen mit Alain Locke, dem großen Vorkämpfer der Negerkultur, mit den Dichtern Countee Cullen, Langston Hughes und James Weldon Johnson. Charles H. Wesley, dessen Buch „Negro Labor in the United States" J. K. in der „Finanzpolitischen Korrespondenz" besprochen hatte, lehrte ihn viel. –

Am 30. September verläßt J. K. die Federation, um im Brookings Institute ein Buch über Beschäftigungsstatistik zu schreiben. Das Institute hatte ihn dazu aufgefordert, und da Präsident Green sich beschwert hatte, daß der „Federationist" zu statistisch geworden sei, glaubte J. K. das Richtige zu tun, wenn er das Angebot annahm. Der Abschied von der Federation war jedoch denkbar freundlich. Darüber schrieb er am 6. September an Marguerite: „Eine komische Entwicklung in der Federation. 1. Green nennt mich Mr. Jürgen. 2. Green schenkt mir alle Federation-Literatur und wird mich monatlich mit fünfzig Dollar für Artikel und sonstige Hilfe vom 1. Oktober an honorieren. 3. Green regt an, daß ich später öfter von Europa herüberkomme, um meine Statistiken auf dem laufenden zu halten. Sehr froh über Punkt 3." – Hören wir seine eigene Einschätzung der Arbeit in der American Federation of Labor:

Überblicke ich meine Tätigkeit bei der A. F. of L., so hat sie zweifellos einen gewissen Nutzen für die Gewerkschaften in den USA gehabt. Die von mir gegründete Forschungsabteilung besteht heute noch, nach mehr als vierzig Jahren, und hat eine Reihe brauchbarer Arbeiten für die Gewerkschaften geliefert. Die Berechnung von Relativlöhnen übernahmen nach meinem Abgang die amerikanische Partei und besonders die Labor Research Association. Die Arbeitslosigkeitsstatistik wurde eine Reihe von Jahren weitergeführt – bis die Regierung Berechnungen auf viel breiterer Basis begann: auf breiterer Basis, doch kaum von höherer Qualität, schon gar nicht nach dem Tode von Roosevelt.

Auf wissenschaftlichem Gebiet hat meine Tätigkeit dort die Grundlage für den Hauptteil meiner Arbeiten gelegt. Zugleich nahm ich manche Seiten einer Kultur in mich auf, die mir vieles gegeben hat, und wurde vertrauter mit einem Volk (besonders auch mit einer Arbeiterklasse und einer Intelligenz), in dessen Reihen Marguerite und ich uns sehr glücklich gefühlt haben.

Who killed Sacco and Vanzetti? Not you, o Mississippi River. Who extorted the world's gold? Not you, o Alleghany Mountains. – Wer mordete Sacco und Vanzetti? Nicht du, mein Mississippi-Fluß. Wer erpreßte das Gold der Welt? Nicht ihr, meine Alleghany-Berge..., singt Mike Gold, singen wir mit ihm.

Auch politisch bin ich in dieser Zeit weitergekommen, zwar nicht näher an die Partei als zuvor in Deutschland, wohl aber konkret näher an die Sowjetunion.

Offenbar habe ich auch nicht wenig über Gewerkschaftsprobleme gelernt – worauf mich später, als ich bei der Revolutionären Gewerkschaftsopposition arbeitete, Fritz Heckert aufmerksam machte.

Entscheidend wohl, ohne daß es mir bewußt wurde, war die Tatsache, daß ich zum ersten Male hauptberuflich in einer Arbeiterorganisation, und zwar in einer Gewerkschaftsorganisation, arbeitete. Daß es keine politische Partei war, erwies sich vielleicht als günstig, wenn man den Zustand der verschiedenen sozialistischen Parteien und der Kommunistischen Partei in den USA in den Jahren 1927 und 1928 bedenkt – Lovestone war damals Generalsekretär der Partei, und Foster hatte eine schwere Zeit.

Als ich 1938 wieder die Vereinigten Staaten besuchte, lag mir die Atmosphäre der A. F. of L. natürlich unendlich fern. Nur noch herzlich-freundliche Erinnerung verband mich mit Florence C. Thorne und Margery Scattergood.

Geblieben ist und für immer bleiben wird meine Verbundenheit mit der amerikanischen Arbeiterbewegung – mit all den heroischen Taten und den Tausenden von Alltagen des letzten Halbjahrhunderts, mit „Mother Bloor"*, Bob Dunn und Alexander Trachtenberg, mit Solon de Leon, Scott Nearing und A. J. Muste, und mit den Hunderten guter Kumpel, mit denen ich hier und dort, dort und hier zusammen gearbeitet, zusammen gekämpft oder von denen ich auch nur ein freundliches Wort gehört habe, mit Weißen und Schwarzen, mit geborenen Amerikanern und Einwanderern aus einem Dutzend Ländern, mit alten Männern, die noch in den Knights of Labor organisiert gewesen, und jungen Mädchen, die zur Roten Gewerkschaft der Textilarbeiter gestoßen waren.

Die letzten neun Monate in den USA waren weder für die wissenschaftliche noch für die politische Entwicklung von J. K. von Bedeutung.

Das Manuskript des Buches für das Brookings Institute wurde schnell fertig und schnell abgelehnt – sehr wahrscheinlich, weil es die Statistik des Regierungsarbeitsamtes kritisierte. J. K. kündigte zum 30. April und machte mit Marguerite eine Reise durch die USA – per

* Ella Reeve Bloor.

Autobus, aussteigend, wo immer es ihnen schön erschien. Er besuchte zahlreiche statistische Arbeitsämter der einzelnen Staaten und Marguerite mit ihm eine Reihe von Betrieben.

Am 4. Juli, dem Nationalfeiertag der USA, fuhren beide auf einem Schiff, das den Namen des französischen Helden des amerikanischen Befreiungskrieges Lafayette trug, nach Frankreich, wo sie am 14. Juli, dem französischen Nationalfeiertag, ankamen. Wenige Tage später trafen sie in Bischheim bei Strasbourg ein, Marguerites Heimatstadt. Da ein Vorfahre seiner Schwiegermutter – ein Bürgermeister – während der Französischen Revolution hingerichtet werden sollte, weil er den Juden keine bürgerlichen Freiheiten geben wollte, stellte Marguerite ihren Mann als „die Rache der Geschichte an der Familie" vor.

Und dann fuhren sie in die Heimat von J. K., nach Schlachtensee.

Wie war in den rund drei Jahren des Amerikaaufenthalts die Erziehung des J. K. zum Kommunisten und Wissenschaftler fortgeschritten?

Sicherlich hat sich seine politische Haltung gefestigt. Er war den Sowjetfreunden nahe, und es war für ihn selbstverständlich, daß er bei den Wahlen seine Stimme der KPD gab. Aber seine politische Entwicklung war noch nicht so weit, daß er mit dem Entschluß nach Deutschland zurückkehrte: sich endlich parteipolitisch zu organisieren und der KPD beizutreten.

Warum müssen wir immer wieder Rückständigkeit in der Frage der politischen Organisierung feststellen? Es ist natürlich schwer, darauf mehr als vierzig Jahre später rückblickend zu antworten, da damals die politische Organisierung für J. K. im Grunde nie ein ernstes und akutes Problem war (und er sich auch nicht schriftlich mit ihm auseinandergesetzt hat). Darin liegt vielleicht schon die Erklärung. Stets hatte er im Kreis politisch engagierter Menschen gelebt. Einige gehörten der KPD an, einige der SPD. Der Vater aber und so viele andere, wie die meisten Mitglieder der Liga für Menschenrechte, wie Ossietzky, Einstein, Heinrich Mann, waren nicht politisch organisiert und arbeiteten gut mit den Arbeiterparteien, gerade auch mit der KPD, zusammen. Keiner der Sowjetfreunde drängte J. K. natürlicherweise je zum Eintritt in die Partei, in den USA waren seine Freunde politisch nicht organisiert, auch nicht die in der A. F. of L., keinen einzigen Sozialisten lernte er dort kennen.

Ganz entgegengesetzt verlief seine Entwicklung als Wissenschaftler. Mit vierundzwanzig Jahren war er in Deutschland, in der Sowjetunion und in den USA bekannt. Er hatte einen kleinen, aber durchaus nicht unwichtigen Beitrag zur Entwicklung der marxistischen Lehre von der Lage der Arbeiterklasse geleistet. Er hatte, nachdem er am Ende seiner Studienzeit seinen Beruf als Wissenschaftler gefunden, sich jetzt einen festen Platz in der Wissenschaft gesichert. Er hatte begonnen, das Versprechen der Studentenzeit einzulösen – wenn auch auf ganz anderem Gebiet als erwartet. Er war zum Wirtschaftswissenschaftler und Statistiker geworden und auf dem Wege zu Marx weit fortgeschritten. Seine allgemeine Bildung war in die Breite gewachsen, er war vertraut mit der deutschen, französischen und amerikanischen Kultur. Besonders war ihm die deutsche, die französische und die amerikanische Arbeiterbewegung, teils in führenden Funktionären, teils, was Deutschland und die USA betrifft, durch organisierte Berührung und Teilnahme an ihren Aktivitäten, bekannt.

Die Ungleichmäßigkeit der politischen und wissenschaftlichen Entwicklung von J. K. hatte einen Höhepunkt erreicht. Seine politische Reife blieb weit hinter seiner wissenschaftlichen Leistung zurück.

Natürlich heißt das nicht, daß seine wissenschaftliche

Arbeit keine politische Bedeutung hatte. Im Gegenteil, sie war wirklich nicht unbeachtlich, hätte aber sicher weit besser sein können, wenn er die Erziehung zum Marxisten durch die Partei in den vorangegangenen Jahren gehabt hätte.

Im August 1929 hat die Entwicklung von J. K. folgenden Stand erreicht: auf der einen Seite ein ausgewiesener und bewährter Wissenschaftler, auf der anderen Seite ein politisch nützlicher Mensch, dessen Erziehung zum Kommunisten jedoch noch vor ihm liegt und endlich ernstlich beginnen mußte.

Kapitel VI Deutschland: bis zum Eintritt in die Partei

Und doch schienen die äußeren Umstände einer günstigen politischen Entwicklung entgegenzuwirken.

Man bedenke: J. K. ist aufgewachsen in der Haltung des Vaters, sich nicht parteipolitisch zu binden. Wir hatten darauf hingewiesen, daß der Weltruf des Vaters ihn, auch so und bisweilen gerade so – parteipolitisch ungebunden –, der Arbeiterklasse und dem Kommunismus nützlich sein lassen konnte, sobald er sich der Arbeiterklasse eng verbunden fühlte. Wir hatten auch darauf hingewiesen, wie grotesk es für den Studenten J. K. war, sich in seiner so grundanderen Situation am politischen Verhalten des Vaters orientieren zu wollen. Und nun tritt das Unwahrscheinliche ein: der Fünfundzwanzigjährige wird mehr und mehr als eine Autorität auf seinem Gebiet anerkannt – sowohl in den USA wie in Deutschland, sowohl in der kapitalistischen Welt wie in der Sowjetunion.

Man bedenke: J. K. ist kein Parteimitglied, aber die sowjetische Wirtschaftszeitung „Industrialisazia", die wegen der Nichtanerkennung der SU keinen Korrespondenten in den USA haben kann, macht ihn in Berlin zu ihrem „Chefkorrespondenten" für die USA. Eine Zeitlang schreibt er zweimal im Monat einen Bericht für sie.

Man bedenke: J. K. ist kein Parteimitglied, aber die „Rote Fahne" vom 1. Januar 1930 – er ist gerade etwa fünf Monate aus den USA zurück – widmet seinen neuesten Arbeiten eine ganze Seite.

Gleichzeitig erscheinen seine Artikel aus der „Finanzpolitischen Korrespondenz" auch in der Presse der Sozialdemokratischen Partei und der Gewerkschaften.

Gleichzeitig bekämpfen ihn spezifische Organe des Monopolkapitals auf das schärfste.

Die Position, die sich J. K. in den ersten Monaten nach seiner Rückkehr aus den USA nun auch in Deutschland geschaffen hat, ist erstaunlich: ganz der Sowjetunion ergeben, der KPD zugeneigt, auf Grund seiner Statistiken von KPD, SPD und Gewerkschaften als Autorität anerkannt.

Es scheint, es habe sich alles verschworen, ihn in seiner vom Vater überkommenen parteimäßig ungebundenen Haltung zu bekräftigen!

Doch berichten wir geordneter.

Als er zurückkam, stellte er fest, daß er nach drei Jahren Abwesenheit in politischen und wissenschaftlichen Kreisen bekannter war als zuvor.

Die Tatsachen, daß 1927 sein Büchlein über den Staatshaushalt erschienen war, 1928 seine Broschüre über „Löhne und Konjunktur in den Vereinigten Staaten von Amerika"* und 1929 das Buch von Marguerite und ihm über die Lage der Arbeiter in den USA – außerdem hatte er noch anderes in der „Finanzpolitischen Korrespondenz" geschrieben –, waren für die Funktionäre der deutschen Arbeiterbewegung, an Studien solcher Art inter-

* Die Internationale, Jg. 11, Heft 24, hatte eine überaus freundliche Besprechung gebracht.

essiert, gewissermaßen Beweis einer Kontinuität seiner Arbeiten, was ihn sehr beglückte und schnell wieder heimisch machte.

Zunächst nimmt J. K. Verbindungen zur „Schwesterorganisation" der A. F. of L., zum Allgemeinen Deutschen Gewerkschaftsbund, und zum Institut für Konjunkturforschung, dem deutschen Parallelinstitut zur letzten Arbeitsstätte von Marguerite, auf. Im ersten Brief an den Vater in Amerika (11. August 1929) schreibt er:

„Vorgestern war ich bei Schlimme, da Leipart nicht in Berlin ist. Sehr nette Unterhaltung. Nachher bei dem selbst mir unglaublich arrogant vorkommenden Sohne von dem alten Leo Arons, der bei ‚Die Arbeit' Hilfsherausgeber ist."*

Im nächsten Brief berichtet er, daß er sich mit Fritz Naphtali, dem führenden reformistischen Ökonomen des ADGB, „eineinhalb Stunden angenehm und interessant" unterhalten hätte. Am 31. August heißt es:

„Ich war neulich bei Branstadt, der im Konjunkturinstitut den Produktionsindex konstruiert. Sehr nett und freundlich Auskunft gebend, aber doch natürlich nicht mir, sondern Deinem Sohne...

Morgen werde ich ins Arbeitsministerium fahren, um mir ihre Beschäftigungsstatistiken anzusehen. Tarnow** will ich auch in der nächsten Woche aufsuchen.

Sonst ist wenig zu berichten, es sei denn, daß ich mich immer mehr in deutsche Statistiken hineinarbeite und auch sonst ein in jeder Beziehung schönes Leben führe, in dem vor allem nur Du fehlst."

* Theodor Leipart und Hermann Schlimme führend im reformistischen Allgemeinen Deutschen Gewerkschaftsbund (ADGB); nach 1945 traten sie für die Vereinigung von SPD und KPD ein. Leo Arons, der einzige Sozialdemokrat an einer deutschen Universität, Privatdozent für Physik, wurde, weil er Sozialdemokrat war, 1900 aus der Berliner Universität entfernt.

** Fritz Tarnow, Cheftheoretiker des deutschen gewerkschaftlichen Reformismus.

Offenbar erwartete J. K., mit seinen Plänen für neue Statistiken für Deutschland beim ADGB das gleiche Interesse zu finden wie bei der A. F. of L. mit seinen für die USA neuen Berechnungen. Aber die Verhältnisse in Deutschland waren politisch viel zugespitzter, die Kommunistische Partei spielte eine ganz andere Rolle als in den USA, und man wollte sich im ADGB nicht mit einem nicht eindeutig sozialdemokratisch festgelegten jungen Wissenschaftler einlassen. Man brauchte das auch nicht, denn dem ADGB und der SPD standen eine ganze Reihe junger hochbegabter Wissenschaftler zur Verfügung, die der SPD angehörten. Außerdem gab es im Staatsapparat manche tüchtige jüngere sozialdemokratische oder demokratisch gesinnte bürgerliche Wissenschaftler.

Auch die „recht scharfe" Linie, die J. K. in seinen statistischen Untersuchungen von vornherein bezog, sprach gegen ihn. Der erste Aufsatz, den er wieder in Deutschland schrieb, „Frontwechsel! Zum Problem der Arbeitslosigkeit", beginnt: „Die Beschlüsse des Sachverständigenausschusses für die Reform der Arbeitslosenversicherung liegen vor. Unter Reform ist diesmal, wie bei so vielen anderen Reformen der letzten Jahre, zum Teil ‚Abbau' zu verstehen." Zu dieser Zeit war der Sozialdemokrat Hermann Müller Reichskanzler.

In einer späteren Nummer der „Finanzpolitischen Korrespondenz" polemisiert J. K. gegen das Bündnis von ADGB und Kapital zur Hebung der Arbeitsproduktivität.

Gleich zu Beginn seiner Tätigkeit in Deutschland tritt er also in alle nur möglichen gewerkschaftlichen und offiziellen Fettnäpfe – auf Grund von zum Teil neuen Statistiken, die dann während der großen Wirtschaftskrise keine geringe Bedeutung zur Aufdeckung der enormen Verschlechterung der Lage der Arbeiter und für unsere Agitation und Propaganda bekommen sollten.

Die „Finanzpolitische Korrespondenz" wurde inhaltlich stark von J. K. bestimmt. Er berichtet:

Mein Vater hatte mir jetzt die „Finanzpolitische Korrespondenz" ganz übergeben, auch wenn er offiziell noch
als Herausgeber fungierte. Das änderte sich erst im Juli
1933; als mein Vater Deutschland verlassen hatte, erschien mein Name als Herausgeber bis zum Ende des
Jahres, als die „Korrespondenz" eingestellt werden
mußte, da ich sie aus „rassischen Gründen" nicht weiter
herausgeben durfte.
Mehr denn je wurde seit dem August 1929 die
„Finanzpolitische Korrespondenz" allein von meinem Vater und mir geschrieben. Mehr denn je war jetzt „mein
Thema" auch ihre Thematik, die Lage der Arbeiter.

In der Nummer vom 27. September beginnt die monatliche Veröffentlichung von „Die Konjunktur für den
Arbeiter". Damals erreichte die Konjunkturforschung in
der kapitalistischen Welt einen Höhepunkt, und J. K.
hielt es für richtig, eine spezielle „Konjunktur für den
Arbeiter" zu berechnen, deren Sinn gleich in der ersten
Veröffentlichung klar wird: „Der Realverdienst des Arbeiters ist im Jahre 1929 bisher niedriger als im Jahre
1928... Das Erstaunliche aber ist, daß die Konjunktur
für den Arbeiter im Jahre 1929 schlechter wurde, während sie für die Industrie besser wurde. Die Produktion
war in jedem der ersten sieben Monate des Jahres 1929
mit Ausnahme des Februar höher als im Durchschnitt
des Jahres 1928."
Die Arbeiterpresse, ob kommunistisch, sozialdemokratisch oder gewerkschaftlich, übernahm diese monatliche
Konjunkturübersicht für den Arbeiter sehr schnell, besonders nutzte sie natürlich die KPD. Zu dem ganzseiti-
gen Artikel in der „Roten Fahne" vom 1. Januar 1930 geschah noch folgendes, worüber wir J. K. selbst hören:

In seiner großen Reichstagsrede gegen den Young-Plan am 11. Februar 1930 zitierte mich der Genosse Thälmann als der „bekannte Volkswirtschaftler", und kurze Zeit darauf ernannte mich der Genosse David, der den Gewerkschaftsteil der „Fahne" redigierte, sogar zum „berühmten" Wirtschaftswissenschaftler, ein Titel, den wir dann aus propagandistischen Gründen beibehielten. Später, als ich selbst bei der „Fahne" als Wirtschafts-redakteur arbeitete, verfeinerten wir dieses System der Zitierung des „berühmten Wirtschaftswissenschaftlers Jürgen Kuczynski" noch: wenn ich oder David oder ein anderer in der Redaktion irgend etwas „autoritativ" be-weisen wollten, schrieb ich das Entsprechende zuvor in der „Finanzpolitischen Korrespondenz", und dann zitier-ten wir (auch ich, aber natürlich anonym) unsere „be-rühmte Autorität".

Kein Wunder, daß bald das Kapital reagierte. Im „Arbeitgeber", der Zeitschrift der Vereinigung der Deut-schen Arbeitgeberverbände, vom 15. Februar 1930 setzte sich ihr Fachmann für Lohntheorie und Lohnstatistik Dr. Eugen Achenbach eingehend mit der „Konjunk-tur für den Arbeiter" auseinander, und ich antwortete ihm in der „F. K." vom 7. März. Natürlich richtete sich der Hauptangriff von Achenbach auf die entscheidende Neuerung meiner Berechnungen, auf die Berücksichti-gung von Kurzarbeit und Arbeitslosigkeit in der Lohn-statistik. Und selbstverständlich nutzte ich die Gelegen-heit des Artikels von Achenbach zu einer ausführlichen Polemik mit ihm in der „Finanzpolitischen Korrespon-denz". –

Gleichzeitig gestalteten sich J. K.s Beziehungen zu den Sowjetgenossen in Berlin enger. Durch seine Mitarbeit an „Industrialisazia" lernte er Sowjetkorrespondenten ken-nen und wurde mit Sowjetgenossen in der Handelsver-tretung, die schon immer Verbindungen zu seinem Vater hatten, näher bekannt. Marguerite und er erhielten zum 7. November 1929 eine Einladung in die Sowjetbotschaft; das geschah dann häufiger zu anderen Gelegenheiten – auch ging Marguerite allein, da die Botschafterinnen Vera Krestinski und Marie Chintschuk gelegentlich zu einem Tee baten.

Vielleicht sollten wir ihn abschließend zu der „Ungleichmäßigkeit der Entwicklung seiner Beziehungen" zur Sowjetunion und zur Partei und ihrer Wirkung auch in späterer Zeit direkt hören:

Merkwürdig, aber auch wieder verständlich bei den Verhältnissen damals ist es, wieviel näher ich mehr als drei Jahre lang der Sowjetunion verbunden war als der Partei, sei es in den USA oder in Deutschland. Vielleicht hängt damit zusammen, daß ich in den folgenden beiden Jahrzehnten neben meiner Parteiarbeit häufig in dieser oder jener Weise für die Sowjetunion tätig war. Damit wieder hängt zusammen, daß ich in so langer Zeit meines Lebens manche ganz enge Freunde in der Sowjetunion gewann. Einige, wie die Genossin Stassowa, einst eine Sekretärin Lenins, oder Varga, kannte ich schon durch ihre Beziehung zu meinem Vater. Tief gerührt war ich, als ich die Genossin Stassowa in hohem Alter nach dem zweiten Weltkrieg wiedertraf und sie mir sagte, wie nett ich zu ihr gewesen wäre, als sie nach der Revolution von 1905 nach Berlin gekommen war – sie hatte mich im Augenblick mit meinem Vater verwechselt. Wie beglückte es mich, als Varga mir erzählte, mit welcher Achtung Lenin von den Lohnstatistiken meines Vaters gesprochen hatte. Und wie amüsiert sahen der Genosse Jerussalimski und ich uns an, als wir, zu Besuch auf der Datsche des über achtzigjährigen Varga, beide selbst über sechzig Jahre alt, wie kleine Studenten ihm zu Füßen saßen und seinen Worten lauschten, uns an ähnliche Szenen mehr als dreißig Jahre zuvor erinnernd.

Schön diese lange und ununterbrochene Verbindung von mehr als fünfzig Jahren zu dem Ursprungslande unserer sozialistischen Welt, zur Sowjetunion, der ich früher als meiner eigenen Partei „beigetreten" war.

In dieser Zeit schrieben Marguerite und J. K. ihr zweites Buch. Es behandelte die Lage der Arbeiter in Deutschland und erschien später im Parteiverlag.

Wie schon das vorangegangene stellt es eine große Verbesserung im „Stil" gegenüber den beiden ersten Büchern von J. K. dar. Stil in Anführungsstrichen, weil es im Grunde keinen hat; aber auch das ist schon ein Fortschritt gegenüber der geschwollenen und oft wirklich unverständlichen Ausdrucksweise der Jahre vor 1927. Der Zwang, sich in den USA in einer stilistisch nicht beherrschten Sprache möglichst einfach ausdrücken zu müssen, wirkte sich jetzt auf die Veröffentlichungen in deutsch günstig aus. Doch es wird noch länger als ein Jahrzehnt dauern, bis die dritte „Stilperiode" einsetzt, bis J. K. die Notwendigkeit begreift, daß er nicht nur allgemeinverständlich zu schreiben, sondern sich gefälligst auch die Mühe zu geben hat, ein erträgliches, ja ein möglichst gutes Deutsch zu schreiben.

Da das Buch im Vergleich zu dem über die Lage der Arbeiter in den USA wesentlich faktologischer war, kaum eine theoretische Betrachtung enthielt, war es fehlerfreier. Es wurde ebenfalls ins Russische übersetzt und erschien 1932 in Moskau.*

Beide Bücher sind heute ohne jede Bedeutung, aber als Beispiele für Probleme der Entwicklung der Wissenschaft von der Lage der Arbeiter (und der wissenschaftlichen Entwicklung eines Menschen), sind sie nicht ganz uninteressant.

* Mit einem Vorwort von I. Faingar, dessen Monopolstudien wir nach dem zweiten Weltkrieg in unserer Republik herausgebracht haben.

Sieht man davon ab, daß der Band über die Vereinigten Staaten eine ziemlich reale Einschätzung der Lage der Arbeiter gibt und in der Methodik J. K.s Entdeckungen (und ihre statistische Erfassung) während der amerikanischen Jahre erfaßt, so liegt der wissenschaftliche Hauptwert des Buches darin, daß es eine Reihe nicht unintelligenter Fehler enthält. Der zweite Band, der die Lage der Arbeiter in Deutschland behandelt und den sein späterer guter Freund Josef Winternitz (Parteiname Lenz) für die Partei durchgesehen hatte, ist theoretisch viel langweiliger und, wie schon bemerkt, fehlerfreier. Ihn rettet einmal, genau wie den Band über die USA, seine damalige Aktualität und die Anwendung neuer, nach der Rückkehr aus den USA entwickelter Statistiken für Deutschland; er wurde damals auch zu einem „Standardwerk".

J. K. meint: Wenn jemand dazu verurteilt werden würde, einen der beiden Bände zu lesen, würde ich ihm zum ersten raten. Aber natürlich halte ich den zweiten Band lieber in der Hand – er ist doch für Marguerite und mich das erste Buch, das wir in einem Parteiverlag veröffentlicht haben.

Ausgehend von diesen beiden Büchern, entwickelte J. K. eine „Theorie der Fehler", die in Anbetracht auch heute noch vielfach vorhandener ihm falsch erscheinender Auffassungen hier darzulegen vielleicht nicht unangebracht erscheint:

Natürlich darf man nicht so weit gehen, die Qualität eines Wissenschaftlers nur an der Qualität seiner Fehler messen zu wollen. Wohl aber kann man ein hartes und gerechtes Urteil über einen Wissenschaftler fällen, indem man von ihm sagt, er würde nie in der Lage sein, das Niveau der Fehler eines anderen (höher zu schätzenden) Wissenschaftlers zu erreichen.

Es gibt selbstverständlich unendlich viele Fehler, die

unfruchtbar sind – Lenin hat sie noch einmal untergliedert in folgende beiden Typen:

$2 \times 2 = 5$

$2 \times 2 =$ eine Stearinkerze

Aber es gibt eben auch Fehler, die klug sind, und einige wenige sind sogar genial.

Wenn wir sagen, daß die Wissenschaft sich auch durch Kritik entwickelt, dann meinen wir nicht durch Kritik von Fehlern der Art wie $2 \times 2 = 5$ oder $2 \times 2 =$ eine Stearinkerze, sondern durch Kritik von Fehlern, „an denen etwas dran ist", durch Kritik von klugen Fehlern, durch Kritik von Fehlern, die uns vorwärtsgebracht haben.

Man lese – um auf das höchste Niveau zu steigen – die Kritik durch Engels und Marx von klugen Fehlern bei den Klassikern der bürgerlichen politischen Ökonomie – bisweilen bringen sie ihre größte Bewunderung für die Fehler dieser großen Politökonomen zum Ausdruck. Gelegentlich stellen sie sogar fest, daß die Theorie nur deswegen falsch ist, weil auch die Wirklichkeit „einen Fehler" macht – man denke etwa an die Theorie der Mehrwertgewinnung aus der Zirkulation, die eine Reihe englischer Merkantilisten entwickelt haben.

Man sollte auch folgendes überlegen: Wenn wir sagen, daß die Entwicklung der Wissenschaft darin besteht, daß sie der Erfassung der Wirklichkeit immer näherkommt, dann kann man das gleiche auch so formulieren: Die Entwicklung der Wissenschaft besteht darin, daß sie immer geringere Fehler in der Erfassung der Wirklichkeit macht.

Auch dieses ist zu bedenken: Jede Wahrheit, das heißt jede wissenschaftliche Feststellung, ist eine absolute Wahrheit insofern, als sie ein Stück Wirklichkeit richtig erfaßt; sie ist aber zugleich nur eine relative Wahrheit insofern, als sie niemals die Wirklichkeit ganz erfaßt, sie niemals fehlerfrei erfaßt.

Auch folgende Mahnung sei gegeben: Wenn man von einem Schriftwerk sagt, es sei fehlerfrei, dann sagt man von ihm, es enthält nur bekanntes Stückwerk und ist darum wissenschaftlich bedeutungslos.

Und noch folgende psychologische und auf der Wahrscheinlichkeitsrechnung beruhende Überlegung hat Bedeutung: Nur Idioten oder Affen, die in der Lage sind, mit der Schreibmaschine zu schreiben, können ein geniales, fehlerfreies Buch fertigstellen, da nur, wenn kein Denken dazwischenkommt, das mechanische Tippen theoretisch, durch Zufall, eine Anordnung der Buchstaben möglich macht, die ein solches Buch ergibt.

Doch wäre es natürlich grundfalsch, daraus die Schlußfolgerung ziehen zu wollen: Je besser ein Buch ist, desto näher steht der Verfasser dem Affen. –

Das Buch über Deutschland untersucht vor allem Löhne (Geldlöhne, Reallöhne und Relativlöhne; Löhne der Gelernten und Ungelernten, der Frauen und Männer), Beschäftigung und Arbeitslosigkeit, Rationalisierung und Unfallhäufigkeit; alles für die Industrie als ganze wie für zahlreiche Einzelindustrien. Das letzte Kapitel heißt: „Ein Streik- und Tarifvertragskalender". Ihm liegt die Idee zugrunde, für die einzelnen Industrien und für einzelne Berufsgruppen die Monate festzustellen, die vom Standpunkt der saisonalen Beschäftigungslage die günstigsten für die Arbeiter zum Streik beziehungsweise für den Ablauftermin eines Tarifvertrages sind. Ich habe nirgendwo anders einen solchen Kalender gefunden.

Die Zeit der Untersuchung umfaßt die Jahre 1924 bis 1930, stets mit einem Rückblick auf 1913/14.

Die Schlußfolgerung des Buches lautet: „Nochmals: auch bei uns sind die objektiven Möglichkeiten für den Sozialismus gegeben: wann er aufgebaut wird, ist eine Frage unserer subjektiven Fähigkeiten in der Organisierung der proletarischen Revolution."

Das Exemplar, aus dem ich zitiere, trägt einen Stempel „Vereinigte Zeitungsverlage G.m.b.H. (Redaktion Rote Fahne)". Auf dem Titelblatt steht in Bleistift: „an Gen. Reinhardt", der damals Chefredakteur der „Roten Fahne" war. In dem Buch liegt ein Brief, in dem schreibt mir ein Genosse: da mein altes Exemplar von den Faschisten gestohlen wurde, schicke er mir dieses Exemplar „zur freundlichen Erinnerung an den Genossen, dessen Name mit Bleistift auf dem Titelblatt oben angezeichnet ist". Heute zeichnet dieser Genosse nicht mehr wie damals Ernst Reinhardt, der Brief ist vielmehr unterschrieben: Alexander Abusch.

An weiterer wissenschaftlicher und publizistischer Arbeit aus dieser Zeit ist zu erwähnen, daß J. K. Artikel für „Die Menschenrechte", die „Kölner Sozialpolitische Vierteljahresschrift", die „Weltbühne" und vor allem für „Roter Aufbau", ein Organ der Partei, schrieb. Beim „Roten Aufbau" arbeitete er eng zusammen mit Kurt Sauerland, der später in der Sowjetunion umkam, und mit Franz Leschnitzer, dem wir viele gute Übersetzungen aus dem Russischen verdanken. Auch Vorträge hielt er – in der Liga für Menschenrechte und anderswo.

Dazu kommt eine ausgedehnte Korrespondenz mit Wissenschaftlern in allen Ländern der Welt, von Moskau bis New York, von Paris bis Kalkutta.

Zwei Einflüsse von entscheidender Bedeutung brachten nun *die* Wendung im Leben von J. K.

Der erste Einfluß war die Haltung des Vaters zu „Ruhm und Ehren": der Vater hatte natürlich, schon um der Mutter willen, die daran ihre Freude hatte, nichts gegen sie. Aber weder tat er je etwas für sie, noch hielt er viel von ihnen.

Jetzt, wo sie nicht mehr als die Haltung von Äsops Fuchs zu den „sauren Trauben" interpretiert werden konnte, übernahm J. K. diese Haltung. Natürlich sprach dabei eine gewisse Überheblichkeit mit, denn er konnte noch lange nicht so wie der Vater auf „Ruhm und Ehren" herabsehen: der Vater war viel bekannter, und J. K. „drohten" noch keine Ehren – es wird länger als vier Jahre dauern, bis davon die Rede ist, ob er Korrespondierendes Mitglied der Akademie der Wissenschaften der UdSSR werden sollte. Doch nicht auf die mehr oder minder große Berechtigung seiner Haltung, sondern auf die Haltung selbst kommt es hier an. Er hat, wie lange vor ihm der Vater, jetzt eine ruhige, überlegene Sicherheit als Wissenschaftler gegenüber allen Versuchungen falschen wissenschaftlichen Ehrgeizes gewonnen. Er meint, er hat es nicht mehr nötig, um wissenschaftlichen „Ruhm" zu ringen. Er findet, daß seine wissenschaftliche Laufbahn (natürlich nicht in der Arbeit, natürlich nicht im Kampf um die Verbreitung der Resultate seiner Arbeit) als „aufstrebender Wissenschaftler" abgeschlossen ist. Fortan wird er auch immer stärker dazu neigen, die Resultate der Arbeit mit anderen zu teilen und seine Freude daran zu haben, mit jüngeren oder nicht so bekannten Wissenschaftlern als Mitverfassern von Schriften zusammenzuarbeiten (die Zusammenarbeit mit Marguerite lag natürlich auf ganz anderer Ebene, auch war sie ihm stets in mancherlei Beziehung wissenschaftlich überlegen). Und später wird es sein Stolz sein, wenn seine Schüler auf diesem und jenem Gebiet bessere Arbeiten herausbringen, als er es getan hat.

An diesen zum großen Teil höchst erfreulichen Eigenschaften und Verhaltensweisen hat er im Grunde selbst durch eigene Arbeit an sich nur ganz wenig beigetragen. Sie ergaben sich aus einer höchst merkwürdigen Kombination der Umstände seiner wissenschaftlichen (nicht charakterlichen) Entwicklung und dem Einfluß seines Vaters.

Diese Analyse wäre nicht vollständig, würde man

nicht den überaus bedeutsamen „negativen" Faktor von Marguerite als Einfluß erwähnen; Marguerite, von Natur viel bescheidener und zurückhaltender als J. K., hat ihn niemals auf irgendeine Weise auch nur andeutungsweise in eine Richtung falschen Ehrgeizes gelenkt – was nicht bedeutet, daß sie sich nicht viel mehr als er über ungerechtfertigte Angriffe auf ihn als Wissenschaftler geärgert hat; ja man kann sagen, daß Marguerites Ärger, der ihn natürlich bekümmerte, ihn recht bald zu wirklicher Gleichgültigkeit gegenüber allen Beschimpfungen erzogen hat, ganz gleich, von wo sie kamen – weil er so leichter lächelnd ihren Ärger wegstreicheln konnte.

Sicher hat dieses Gefühl, „eine Laufbahn abgeschlossen" zu haben, alles (natürlich nicht in der Arbeit, aber) in der „Laufbahn" des Wissenschaftlers erreicht zu haben, was zu erreichen ist, ihn aufgeschlossener gemacht für Einflüsse, die in der Richtung gingen, „ein neues Leben" zu beginnen. Und in dieser größeren Aufgeschlossenheit liegt auch die Berechtigung für die obige Analyse seiner Haltung, denn der „neue Weg", den er jetzt ging, war für seine Entwicklung von alles entscheidender Bedeutung.

Alle Versuche der Schwester Ursula, J. K. für den Beitritt in die KPD zu gewinnen, waren vergeblich gewesen.

Im Frühjahr 1930 lernte er aber durch sie Erich Kunik kennen. Dieser leitete die Informationsabteilung im Apparat des Zentralkomitees der KPD. Einer der wunderbarsten Genossen, der ihm in kurzer Zeit ein enger Freund wurde: klug und selbstlos, alles für die Partei opfernd – auch was er an Geld und Vermögen besessen hatte und die Gesundheit –, stets hilfsbereit, sei es in politischen Schwierigkeiten oder mit Materialien und Informationen, immer voller Aktivität und Lebenslust. Er war es, der J. K. endlich zur Partei brachte – vielleicht gerade durch das Beispiel seines so ganz der Partei ergebenen Lebens.

Am 14. Juli 1930 erhielt J. K. seine erste Einladung zur Zelle der Gebr. Löwe, Werkzeugmaschinenfabrik Lankwitz – durch Verzögerungen, auf deren Ursache er sich nicht mehr besinnt, sein Parteibuch erst am 16. September, einen Tag bevor er sechsundzwanzig Jahre alt wurde.

Endlich hatte er sich parteipolitisch organisiert, endlich war er der KPD beigetreten. Endlich war die Voraussetzung dafür geschaffen, daß sich die Schere zwischen seiner wissenschaftlichen und politischen Entwicklung schließen würde.

Hören wir ihn zu diesem großen Ereignis selbst:

Als ich am 14. Juli 1930 der Partei beitrat, war ich natürlich weder Kommunist noch Marxist-Leninist. Beides wird man erst in der Partei. Ich war der Partei ergeben in dem Sinne, daß ich in ihr für ihre Ziele arbeiten wollte.

Niemals, nicht einen Tag, nicht eine Minute habe ich den Eintritt in die Partei bereut. Die Idee schon, daß das je hätte der Fall sein können, scheint mir, während ich dies schreibe, undenkbar und unsinnig.

Vom ersten Tag an war ich glücklich in der Partei. Ich hatte meinen festen Platz in der Welt gewonnen, und mein Leben war für seinen Rest bestimmt. So dachte ich, als ich in die Partei eintrat, und so ist es auch geworden.

Keine Tätigkeit, kein Amt, keine Funktion habe ich seit jenem 14. Juli 1930 ausgeübt ohne Billigung oder Auftrag der Partei, es sei denn, die Anregung, der Auftrag kamen direkt aus der Sowjetunion, der Mutter auch meiner Partei.

Natürlich war ich im Laufe der Jahre bisweilen in heftigen Meinungsstreit verwickelt mit der Parteiführung oder mit dem Parteiapparat – niemals jedoch mit der Partei. Aus der Partei auszutreten hätte mir geschienen, wie aus dem Leben, wie aus der Menschheit auszutreten.

Zweiter Teil

Parteiarbeit in Deutschland –
1930 bis 1936

Kapitel VII   Der erste Besuch
in der Sowjetunion

Im ersten Jahr seiner Parteizugehörigkeit änderte sich
der Tagesverlauf von J. K. nicht wesentlich. Er war immer noch viel zu Hause und arbeitete vor allem an Problemen der Lage der Arbeiter, zumeist rein statistisch.
Parteiarbeit im Wohnbezirk sollte er nicht machen. Außer
zu den Genossen seiner Betriebszelle hatte er vor allem
zu drei führenden Mitgliedern im Apparat des Zentralkomitees Verbindung: zu Erich Kunik, zu Christel Wurm,
der wie Erich Kunik Sekretär der Informationsabteilung
war, und zu Josef Winternitz, für Agitprop verantwortlich. Im Laufe der Zeit entwickelte sich eine gute Freundschaft zu ihnen, die erst mit ihrem Tode endete; stets
gedenkt J. K. ihrer in Liebe und Dankbarkeit.

Von Erich Kunik haben wir schon gesprochen. Doch
seien noch einige persönliche Sätze von J. K. über ihn
und Josef Winternitz – von Christel Wurm wird später
die Rede sein – und über die politische Bedeutung der
Freundschaft mit ihnen angefügt:

Erich Kunik war, ich wiederhole diese Charakteristik
ganz bewußt, ein wundervoller Genosse, immer voller
Arbeits- und Lebenskraft, immer überarbeitet im Dienste
der Partei, klug und gebildet, allgemein wie speziell auf
dem Gebiet der politischen Ökonomie. Stets war er für
mich da, für Diskussionen persönlichen, politischen, theoretischen Inhalts. Wie viele hauptamtliche Parteifunktio-
näre hatte er wenig Zeit, ausführlicher, nicht nur für den
Tag, zu schreiben. Sicherlich ist manches, was ich damals

und auch später schrieb, von ihm angeregt worden, und das war gut so. Alte Genossen vermissen seinen Namen in der „Geschichte der deutschen Arbeiterbewegung". Er soll und darf nicht namenlos bleiben.

Josef Winternitz war ein ganz anderer Typ als Erich Kunik. Er schrieb viel und klug und undogmatisch, verfügte über einen prächtigen Sarkasmus allem Zweitrangigen im Parteileben gegenüber und war sein Leben lang ein treuer Genosse, treu der Partei und treu dem einzelnen Genossen. Während Erich lebhaft, begeistert oder voll Zorn diskutierte, verfügte Josef über sichere Ruhe, der man jedoch anmerkte, daß sie auf Beherrschung und nicht auf einem gewissen Phlegma, wie bei Christel Wurm, beruhte. Wie Erich war er grundanständig, jeder Intrige fremd, aber lebensklüger als jener, lebensgewandter, und er gab sich nie so aus. Manche meiner Arbeiten hatte er überprüft, bevor sie in Druck gingen. Nach 1933 und insbesondere nach 1936 korrespondierten wir eifrig, sahen uns 1939 in England wieder und später in Berlin.

Vielleicht war es mit die „Schuld" dieser drei Freunde, daß ich während der ganzen Vorhitlerzeit so völlig unberührt von Cliquenkämpfen, von Fraktionskämpfen wie ein „tumber Tor" in der Partei lebte.

Es besteht eben ein ganz großer Unterschied zwischen allgemeiner politischer Einsicht und innerparteipolitischem Verständnis. Erst als ich sechs Jahre später die Leitung der deutschen kommunistischen Gruppe in England übernahm, begann ich einiges in dieser Richtung zu lernen.

Und mehr: Es ist bekannt, daß unsere Partei damals eine ganze Reihe politischer Fehler gemacht hat. Nicht ein einziger von Bedeutung ist mir aufgefallen. Mir schien die Politik der Partei in jeder Beziehung richtig, und ich versuchte, sie so, wie ich sie verstand, durchzuführen. Faschismus und „Sozialfaschismus" (die sozialdemokratische Linie) schienen mir in der Tat „Zwillinge", wie es damals hieß, um nur einen unserer groben politischen Fehler zu nennen.

Das erste Jahr der Parteizugehörigkeit brachte für J. K. ein ganz großes Einzelerlebnis, dessen Eindruck ihn nie verlassen hat, nie verlassen wird: seine erste Reise in die Sowjetunion mit einer Gruppe Genossen, deren Mehrzahl im Laufe der Jahre gute Freunde wurden.

Doch darüber muß J. K. direkt berichten:

Ich hatte schon vor meinem Eintritt in die Partei regelmäßig am „Roten Aufbau" mitgearbeitet, der unter der obersten Leitung von Willi Münzenberg stand. Willi Münzenberg, viele Jahre hindurch Sekretär der Internationalen Arbeiterhilfe, in der der Partei nahestehenden Intelligenz überaus einflußreich, war eine der farbenreichsten, anregendsten Gestalten der Partei in jenen Jahren. Er fragte mich, ob ich mit Marguerite zu den Oktoberfeierlichkeiten nach Moskau fahren wolle, und ich sagte natürlich begeistert ja. Marguerite konnte dann aus gesundheitlichen Gründen nicht mitkommen, und ich mußte allein fahren.

Allein? Wir waren zunächst eine Gruppe von fünf. Am 3. November abends fuhren wir ab: Hanns Eisler, Ernst Toller, Paul Friedländer, der bei Münzenberg arbeitete, und der Karikaturist Bittner (Bi) von „Berlin am Morgen". Hanns Eisler lernte ich damals kennen; wir haben uns seitdem immer gut gestanden und viel und oft zusammen gelacht und geschimpft, uns gestritten und geeint. In den folgenden Wochen war ich jedoch am häufigsten mit Bi zusammen, ein prächtiger Anarchist im Grunde, der mir – weil ich mich auf der Reise so über jede Zeile von Marguerite freute – einreden wollte, er hätte zur Übung ein Jahr lang mit dreihundertfünfundsechzig verschiedenen Frauen geschlafen, was man ihm fast glauben konnte. Toller war ein guter Reisekamerad; wir kamen jedoch in Moskau bald auseinander, da er sich einer anderen Gruppe anschloß. Paul Friedländer haben wir gern gehabt. Getrennt von uns, aber im gleichen Zug – ich frühstückte am nächsten Morgen mit ihm – fuhr Erich Baron von den „Freunden des Neuen Rußland"; wir hielten Kontakt bis wenige Tage vor seiner Verhaftung (und Ermordung) durch Hitlerbanditen.

An der Grenze stellte sich heraus, daß wir nicht gemeldet waren und also kein Geld hatten. Die Grenzpolizei sorgte dafür, daß wir umsonst weiterfahren konnten. Auch in Moskau hatte man uns nicht erwartet, aber, wie immer in der Sowjetunion, regelte sich alles zur rechten Zeit. Im Hotel aßen wir umsonst, das Zimmer teilte ich mit Hanns Eisler; außerdem erhielten wir täglich Zigaretten und drei Rubel für sonstige Ausgaben. Am Abend des ersten Moskauer Tages (5. November) schon gingen Bi und ich zu einer Revolutionsfeier in einem Stadtbezirk.

Am 6. November schrieb ich Marguerite: „Zuerst Fried* gesprochen ... Möchte mich zur Mitarbeit über Amerika bei der Komintern heranziehen. Dann bei Varga, der mich zur Mitarbeit an seiner Zeitschrift aufgefordert hat und unser Buch über den deutschen Fabrikarbeiter im Verlag der Kommunistischen Akademie herausbringen wird. Rjazanoff aufgesucht, der sehr nett war. Heute nachmittag Besichtigung der Stadt."

So verlief der erste volle Tag in Moskau. Wie war ich „schon drin" in allem, und wie freundlich waren die Genossen zu mir – am 6., an diesem Abend begannen die großen Feierlichkeiten, fanden sie Zeit für mich: Varga und Rjazanoff und Fogarasi!

Am 7. schreibe ich: „Gestern abend offizielle Eröffnung der Feiern im alten Staatstheater, dem prunkvollsten, das ich je gesehen – die Pariser Oper im Vergleich ein besseres Kabarett. Stalin, Kalinin gesehen." Wir hatten Rangplätze, und auf der Bühne saß das Politbüro. Weiter am 7.: „Heute früh große Parade auf dem Roten

* Béla Fogarasi, später ein guter Freund.

Platz. Nachher mit Bi und einem Genossen von der Roten Hilfe durch die Stadt gezogen, einer Demonstration angeschlossen und noch einmal über den Roten Platz demonstriert..." Wie genoß ich alles! Noch oft habe ich bei Demonstrationen auf dem Roten Platz gestanden. Doch ein erstes Mal gibt es nur einmal, und wenn spätere Demonstrationen in der Erinnerung ineinanderfließen – das Bild vom 7. November 1930 ist unvergeßlich.

Und der Nachmittag dieses Tages? Es ist kaum glaublich, wie rührend die Genossen zu mir waren. Am 8. schreibe ich: „Gestern nachmittag von drei bis sieben bei Varga, wohin nachher noch Waletzki (ein bekannter Statistiker) kam. Sehr interessante Unterhaltung. Nachher mit Béla Kun, der, wie alle, fragte, warum Du nicht mitgekommen bist – sie haben wirklich alle unser Buch* gelesen –, in den Zentralklub der Rotarmisten, wo die Internationalisti, das heißt die nichtrussischen Mitkämpfer des Bürgerkrieges, eine Feier hatten. Heute werden wir das Revolutionsmuseum besuchen und abends ins Theater gehen. Wir sind schon ganz russifiziert – gestern zum Beispiel um ein Uhr Mittag gegessen (aber ein Uhr nachts!)."

Am 9. November erhielt Marguerite nur einen kurzen Bericht über die Bürgerkriegsoper vom Vorabend, die Ankündigung des Besuches einer Autofabrik und eine Anfrage, die Berechnungen für einen Artikel in der „Finanzpolitischen Korrespondenz" betreffend, den sie in meiner Abwesenheit schrieb.** Am 10. November kam der erste Brief von Marguerite, und ich befand mich in entsprechend fröhlicher Stimmung.

Die Gäste aus Deutschland wurden in zwei Reisegruppen eingeteilt. Ich schloß mich der Gruppe an, die in die neuen Industriegebiete fahren sollte. Das war wahrlich eine glückliche Wahl!

* Über den amerikanischen Fabrikarbeiter.
** Der Artikel von Marguerite erschien in Nr. 46 vom 15. 12. 1930 unter dem Titel: Bergarbeiterlohneinkommen im Ruhrgebiet.

Wilhelm Pieck leitete die Delegation. Zu ihr gehörten auch Hermann Remmele und seine Frau. Alle anderen Mitglieder, mit Ausnahme von mir, waren hauptberufliche Parteijournalisten, unter ihnen: Alexander Abusch, Bi, Erich Glückauf, Wilhelm Guddorf, Albert Norden und Anton Saefkow. Eine Gruppe kluger und menschlich so erfreulicher Genossen, mit denen mich zum Teil noch heute die Erinnerung an jene Zeit und soviel spätere gemeinsame Arbeit verbindet – drei von ihnen: Bi, Anton und Paul (Wilhelm Guddorf hatte den Parteinamen Paul Braun), wurden vom Hitlerregime ermordet.

Noch vor der Abfahrt zeigten sich die Folgen meiner Entscheidung für diese Gruppe. Am 11. an Marguerite: „‚Ruhr-Echo‘ und ‚Hamburger Volkszeitung‘ möchten zweimal im Monat einen Artikel von mir. Béla Kun möchte, daß ich an der Zeitschrift ‚Die Kommunistische Internationale‘ mitarbeite."

Am 12. fuhren wir von Moskau ab, und ich schrieb an Marguerite: „Unser erster Aufenthalt ist erst nach drei Tagen Bahnfahrt im Ural."

Der Brief vom 13. ist datiert „Auf der Grenze zwischen der autonomen Republik der Tschuwaschen und der der Tataren" und berichtet: „Wir haben unseren eigenen Wagen und fahren direkt von Moskau nach Swerdlowsk. Von da hinein nach Sibirien und zurück bis Stalingrad ... Soeben für unsere Wandzeitung einen kurzen Aufsatz über Arbeitslosigkeit geschrieben. Der Aufsatz über die Metallarbeiterlöhne in der ‚F. K.‘ kam zur rechten Zeit. Die ‚Rote Fahne‘ brachte ihn teilweise in großer Aufmachung. Auch die ‚Prawda‘ hatte eine Notiz, beginnend mit: ‚Der bekannte bourgeoise Statistiker J. K. ...‘" Am 14. November: „Endlose Fahrt. Wir sitzen in einem Bummelzug und haben etwa sechs Stunden Verspätung. Im ganzen werden wir sechzig Stunden fahren ... Heute früh auf einer Station im Schnee gewaschen, da wir zuwenig Wasser hatten."

Daran knüpft sich eine Erinnerung, die wir alle von dieser Reise unser Leben lang aufgehoben haben und bei der jeder von uns wieder ärgerlich über den Genossen Wilhelm Pieck wird. Man stelle sich vor: eine Gruppe von Parteijournalisten, gewohnt, bis zehn oder elf oder zwölf nachts zu arbeiten, bis die Zeitung herauskommt, und morgens entsprechend später aufzustehen. Man stelle sich vor: wir sitzen in einem Zug, der im November durch zumeist öde Gegend bummelt, Tag für Tag. Wie gleichgültig ist es da, wann wir aufstehen! Der Genosse Wilhelm Pieck aber, immer pünktlich, in allem genau, verlangte von uns: Punkt sieben wird aufgestanden; dann hält der Zug; mit entblößtem Oberkörper hinaus; mit Schnee gewaschen; zurück; der Zug fährt weiter; um halb acht muß alles im Wagen geordnet sein, die Bettdecken genau gefaltet! Wie haben wir auf ihn geflucht! Viel, viel später, als er schon Präsident war, hatte ich Wilhelm Pieck wieder einmal an diese Grausamkeit erinnert. Aber auch da hatte er nicht das mindeste Verständnis für unseren Zorn und sah mich genauso mißbilligend an wie damals jeden von uns, der zu protestieren wagte.

Aus dem Brief vom 15.: „Wir nähern uns Swerdlowsk mit zwölf Stunden Verspätung. Die Remmele-Feier gestern (er wurde fünfzig Jahre alt) sehr nett. Pieck hielt die Festrede. Mein Bart (ich ließ mir ab 3. November, bis Marguerite 1931 im fünften Monat war und ich ihrem Abscheu nachgab, einen Bart wachsen – J. K.) wächst nicht mehr so wie am Anfang. Er hat wohl Furcht vor sich selber."

Am 17.: „Vorgestern gegen dreieinhalb nachmittags in Swerdlowsk, durch das mitten hindurch die Grenze zwischen Europa und Asien geht, angekommen. Ins Hotel. Essen. Fabrikbesichtigung." (Die Ausrüstung stammte zum Teil noch aus der Zeit von Katharina, ein erstaunliches Erlebnis – J. K.) „Feier im Arbeiterklub. Gegen zwölf Uhr nachts in die Redaktion der Hauptzeitung.

Besprechung. Von halb zwei bis halb drei morgens Essen. Gegen drei Uhr schlafen. Um sieben Uhr auf, zur Fabrikbesichtigung. Vierstündige Besprechung mit Sekretär des Uraler Parteibezirks. Besichtigung des Hauses, in dem Zarenfamilie erschossen. Versammlung mit Parteifunktionären. Große Abschiedsdemonstration auf dem Bahnhof: Rote Armee, Miliz, Arbeiter. Jetzt ein Uhr nachts. In sechs Stunden auf, da wir dann in Tscheljabinsk ankommen."

Wie waren die Tage gefüllt, wieviel nahmen wir in uns auf!

Den 17. verbrachten wir mit Fabrikbesichtigungen in Tscheljabinsk, und am 19. hatten wir das große Erlebnis von Magnitogorsk: die erste neue Sowjetstadt, die wir sahen. Damals schrieb ich wenig an Marguerite, denn wir hielten uns nur kurz dort auf. Ich möchte darüber in Worten berichten, die ich fast vierzig Jahre später, zur Fünfzigjahrfeier der Großen Sozialistischen Oktoberrevolution, sprach:

„... Was es heißt, einen Bürgerkrieg zu gewinnen, das können wir ohne große Schwierigkeit verstehen, und wir haben andere Beispiele dafür in der Geschichte. Was es heißt, eine moderne Industrie aus eigener Kraft und, sagen wir ganz brutal, auch auf Kosten der Landwirtschaft und des eigenen Lebensstandards aufzubauen – das ist in seiner ganzen Bedeutung schwer zu begreifen.

Größe im Krieg kennt die Menschheit seit einigen tausend Jahren, und die bedeutenden Geschichtsschreiber aller Völker haben solche Größe im Krieg wieder und wieder beschrieben.

Größe im Frieden, Größe in der Gestaltung seiner Lebensverhältnisse, Größe beim Aufbau einer Wirtschaft – das ist eine Leistung, die nur Sozialisten vollbringen können.

Größe im Kriege steht uns konkret vor Augen – von den Erzählungen der Bibel und Homers bis in die Gegenwart Vietnams oder der Guerillakämpfe in den Ländern Lateinamerikas.

Größe beim Aufbau der Wirtschaft – laßt mich euch ein ganz konkretes Beispiel geben:

In der zweiten Hälfte des November 1930 besuchte eine deutsche Delegation von Parteijournalisten die erste Eisen- und Stahlstadt der Sowjetunion, Magnitogorsk im Ural. Heute hat die Stadt über dreihundertfünfzigtausend Einwohner, produziert etwa zwölf Millionen Tonnen Walzgut und wird ‚Industrie- wie Kulturzentrum‘ genannt.

Damals, als wir im sibirischen Winter dort ankamen, bestand die Stadt aus einigen Produktionsstätten, die bereits Eisen schmolzen und wenige Eisenprodukte herstellten, aus einer gut gebauten warmen Schule, einem Kulturhaus und sonst aus kümmerlichen, hastig errichteten Hütten und noch primitiveren Unterkünften, in denen die Arbeiter lebten. Wie der Parteisekretär uns erklärte: ‚Zuerst müssen wir die Produktion in Gang bringen. Dann kommen die Kinder und die Kultur, und am Ende unser persönlicher Lebensstandard.‘

Ihr versteht jetzt schon besser, was Größe beim Aufbau der Wirtschaft ist, welche Opfer sie erforderte, nicht erzwungen durch die Verhältnisse, wie es eine Hungersnot tut, sondern bewußt und planmäßig gebracht im Interesse des schnellen Aufbaus einer Industrie.

Doch hat diese Geschichte noch ein Nachspiel. Zwei Jahrzehnte später besuchte ich die erste ungarische Eisen- und Stahlstadt. Als Chefberater fungierte ein sowjetischer Ingenieur, wie ja auch die Sowjetunion die wichtigste Ausrüstung lieferte. Wir kamen gleich in ein gutes Gespräch, und ich erzählte ihm, wie beeindruckt ich von den Arbeitersiedlungen sei, durch die ich gefahren: solide, gut gebaute Häuser – und wie anders mein erster Eindruck von Magnitogorsk zwanzig Jahre zuvor gewesen wäre.

‚Ja‘, sagte er, ‚ich arbeitete damals auch in Magnitogorsk, und wir gingen natürlich dort umgekehrt vor. Hier bauen wir heute zunächst die Siedlungen, und dann erst kommt die Produktion. Die ungarischen Arbeiter sollen es leichter haben als wir im Jahre 1930.'

Doch gibt es zu diesem Nachspiel noch eine Anmerkung. Einen Tag später traf ich in dieser ungarischen Eisen- und Stahlstadt einen anderen Sowjetingenieur, dem ich von dem Erlebnis am Vortage erzählte. Er sah mich einen Augenblick still an und sagte dann: ,Wissen Sie, Genosse Kuczynski, der Genosse Ingenieur hat Ihnen nicht die ganze Geschichte erzählt. Ich habe in Stalingrad nach dem Kriege gearbeitet, war dort noch in der vorigen Woche. Dort arbeiten und bauen wir in der alten Weise auf: zuerst die Produktionsanlagen, dann kommen Kinder und Kultur und zuletzt die rein privaten persönlichen Annehmlichkeiten des Lebens.'

Er sprach nicht mehr viel danach und ging bald wieder an die Arbeit des Aufbaus der ungarischen Eisen- und Stahlstadt. Doch führte ich unsere Unterhaltung noch still für mich weiter: So also ist es – wir aus den einst faschistischen Staaten, aus dem Ungarn Horthys und dem Deutschland Hitlers, bauen unser Land nach dem Kriege mit Hilfe des Sowjetvolkes wieder auf – aber in unheroischer Weise: zuerst die Wohnungen und dann die Werke. Die Sowjetingenieure aber, die zu uns kommen, um uns zu helfen, sie bauen in ihrem Lande noch nach alter, heroischer Weise – die Produktionsstätten zuerst und die Wohnungen zum Schluß. Dabei waren wir es doch, die deutschen Armeen und die Hilfstruppen Ungarns, die die Städte der Sowjetunion zerstört hatten.

Ihr versteht jetzt schon besser, was Größe des Aufbaus einer Wirtschaft bedeutet, und ihr habt auch eine klare Vorstellung von dem, was Hilfe von seiten des Sowjetvolkes heißt.

Und nachdem ihr, vielleicht heute abend nach unserer Versammlung oder später, noch ein wenig über diese Geschichte nachgedacht habt, schlagt auch in Lenins Werken nach und lest noch einmal die Zeilen, die Lenin sechs Wochen vor unserer Novemberrevolution am 1. Oktober 1918 an Swerdlow geschrieben. Er beginnt: ‚Die Dinge haben in Deutschland solch einen »schnellen Lauf« genommen, daß auch wir nicht zurückbleiben dürfen. Heute aber sind wir bereits zurückgeblieben.‘ Er erklärt dann, daß in Deutschland die Revolution im Grunde schon begonnen habe. Und endet unter anderem mit folgender Schlußfolgerung: ‚Verzehnfachte Anstrengungen bei der Getreidebeschaffung (*alle* Vorräte sind einzuziehen – sowohl für uns als auch *für die deutschen Arbeiter*).‘

So Lenin – so das Volk der Sowjetunion …"

Wie klang das Erlebnis Magnitogorsk nach, noch siebenunddreißig Jahre später!

Weitere Briefe sind von der Reise nicht mehr erhalten. Wir besuchten noch Slatoust, und von dort reisten Bi und ich zurück nach Moskau. Die anderen fuhren nach Taschkent, aber ich hatte noch in Moskau, in der Komintern und anderswo, zu tun.

Welch eine Reise! Wie reich an Schönem und Großem war sie. Und wie viele Menschen, die ich sah, wie viele, die mir näherkamen, welch prächtige Genossen in der Parteiarbeit und für das Leben gewann ich zu Freunden.

Einige sollte ich nicht wiedersehen. So Béla Kun, der mich nach meiner Rückkehr aus Sibirien noch einen ganzen Tag betreute – so voller Hoffnung, bald zurückkehren zu können, so voller Pläne. Über ein Jahrzehnt war es her, seit er mit Varga in die Sowjetunion gekommen war, und immer noch fühlte er sich „auf Abruf" in die Heimat. Wir gingen zusammen in den „Tanzmeister", ein Stück von Lope de Vega, das in dem schönen Theater der Roten Armee gespielt wurde, sprachen viel von Cervantes und von der Lage der Arbeiter in den USA. Auch eine Zigarre hatte er für mich, wie er mir sagte, aus dem Klub alter Bolschewiki, wo aus Zarenzeiten Vorräte aus reichen

Häusern, auch Zigarren, die niemand rauchte, lagen. Doch vielleicht wollte er mich mit dieser Geschichte nur anführen, denn er lachte laut, als er mir die Herkunft der Zigarre erzählte.

Vieles ist vergessen – nur schwache Bilder schweben noch in der Erinnerung von vielen sowjetischen Genossen und Genossinnen, die gut zu mir waren, mir geduldig vieles erklärten, mich auch ausfragten, doch oft wohl nur aus Freundlichkeit so taten, als ob sie meinen Rat in diesem oder jenem wollten. Manche von ihnen traf ich nicht wieder: die Regierungsmethoden Stalins raubten sie uns.

J. K. begann in der Partei heimisch zu werden, umgeben von erstaunlichen Menschen, treuen und guten Genossen wie Erich Kunik, Christel Wurm und Josef Winternitz, Wilhelm Pieck, Anton Saefkow, Alexander Abusch, Albert Norden, Wilhelm Guddorf, Erich Glückauf – dazu die Genossen in der Sowjetunion.

In der Sowjetunion strahlte noch der Glanz der zwanziger Jahre, die wundervolle heroische Periode des Kampfes, des Aufbaus und der größten geistigen Bewegung. Heute ist J. K. ein alter Genosse und gehört zu den Übriggebliebenen, nicht mehr allzu vielen in den Ländern des Sozialismus und des Kapitalismus mit Erinnerungen an die, die noch vor 1917 mit Lenin gekämpft, an die, die in den zwanziger Jahren ganz vorn an den Fronten auf allen Gebieten des gesellschaftlichen Lebens in der Sowjetunion gestanden hatten. Und das verdankt er vor allem auch jenem Besuch in der Sowjetunion vom November 1930.

Was das bedeutet, sei an einem merkwürdigen Beispiel aus seinem politisch-wissenschaftlichen Leben gezeigt. Wohl 1950 lernte J. K. einen ungarischen Genossen, Arpad Haasz, kennen. Sie sprachen sich zum ersten Male in der Budapester Karl-Marx-Universität und diskutierten Probleme der kapitalistischen Weltwirtschaft.

Haasz zeigte ihm verschiedene Statistiken, die er angefertigt. Nach kurzer Zeit sagte J. K.: „Sie sind doch wohl
ein Schüler von Varga, das sind doch Vargas Methoden?"
– „Natürlich", antwortete Haasz, „ich habe vor dem
Kriege in Vargas Institut gearbeitet." Die Weltwirt-
schaftslage, die Tabellen, die Krisenprobleme waren vergessen, und tausend gemeinsame Erinnerungen an alte
Genossen in der Komintern, in der KPdSU stiegen auf.
Am Ende des ersten Zusammenseins nannten sie sich
beim Vornamen und du. In den folgenden Tagen erfuhr
J. K. von Haasz mehr über die Situation in der ungarischen Partei, als ein Dutzend offizieller Parteibesuche ihn
gelehrt hätte. Bis zum Tode von Haasz sahen sie sich
noch öfter, vergaßen ganz, daß sie sich erst 1950 kennengelernt, und gar nicht selten fragten sie sich gegenseitig:
„Weißt du noch, 1930, als . . .", oder 1935 oder 1940,
wann immer sie mit gemeinsamen Freunden dies oder
jenes erlebt. Als Arpad erfuhr, daß er einen Gehirntumor
hatte, schloß er mit einem Freund, den der gleiche Schlag
zur gleichen Zeit traf, einen Wettbewerb, wer noch die
meisten Artikel schreiben würde. Wenige Tage vor seinem Tode besuchte ihn J. K. im Krankenhaus, wo seine
Frau Emmi das Zimmer mit ihm teilte. Er konnte nur
noch wenig denken und sprechen, aber lächelte J. K. so
zu, als wenn er wie früher alte Erinnerungen mit ihm aus-
tauschte. Beim Hinausgehen begleitete Emmi J. K. auf
den Korridor, um ihm zu erzählen: „Weißt du, er sagt mir
ab und zu lateinische, russische, französische Sprichwörter,
um mir zu zeigen, daß er sich immer noch geistig bewegen
kann." So stirbt ein alter Genosse ab.

Doch weitete sich für J. K. auch der Kreis außerhalb
der Partei. Damals war er häufig zusammen mit Fritz
Sternberg, dem zu jener Zeit noch klugen Luxemburgianer, der später so herunterkam, mit Brecht – welch schönen Abend verbrachte er einmal mit ihm und dem groß-

artigen sowjetischen Schriftsteller Tretjakow –, mit Bessonow von der Sowjetbotschaft.

Einmal reiste er nach Frankfurt, wo er bei Max Quarck wohnte und wieder dessen Bibliothek durchstöberte. Am 21. Januar 1931 schrieb er an Marguerite: „Habe den ganzen Tag in der Bibliothek gearbeitet. Drei Engels-Briefe gefunden. Frau Quarck darf ihres Herzens wegen keine Zigarren mehr rauchen, hat aber noch einen großen Vorrat, den ich genieße."

Auch mit den amerikanischen Freunden wurden viele Briefe gewechselt. Elsie Gluck, Bob und Dorothy Brady wohnten zeitweilig zu Besuch in Schlachtensee. Aus zwei Briefen von Dorothy sei zitiert, da sie kennzeichnend in mancher Beziehung sind.

Der eine über Bob, mit Herz und Verstand ganz bei uns und gezwungen, an der Universität in Berkeley allen nur möglichen Unsinn zu lehren: „Wir werden immer auf unser Jahr in Deutschland als eines der glücklichsten unseres Lebens zurückblicken. Wie klar wird mir das, wenn ich sehe, wie Bobs Labilität hier wieder zurückgekehrt ist. Er ist ein Nervenbündel... vielleicht, weil er das Gefühl hat, seine Seele dem Mammon zu verkaufen. Ich wünschte, ich könnte irgendwie seinen Kopf operieren und eine gute Kenntnis von Latein und Griechisch hineintun, so daß er Historiker der Antike werden könnte und sagen dürfte, was er meint, ohne Furcht vor den Folgen. Er ist nicht der Mensch, um Geschäftsmann-embryos zu lehren, ihren Weg zum Reichtum durch Betrug zu finden – ebensowenig wie Dein Jürgen." Wie wenig Sorge brauchte Bob um seine Seele zu haben, welch gute Bücher hat er doch gegen den deutschen Faschismus und gegen das Monopolkapital überhaupt geschrieben! Intelligenzschicksal außerhalb der Partei.

Der zweite Brief wirft ein Schlaglicht auf die Krisensituation in Kalifornien: „Gestern sah ich menschliche Not und Elend, ohnegleichen in Europa und, wie Freunde, die dort waren, mir sagen, ohnegleichen auch in China. Auf den schlammigen Feldern, nahe einer Sumpfgegend an der Bay, befindet sich eine große Zementröhrenfabrik. Etwa zweihundert Röhren, die nicht verkauft werden können, liegen auf dem Feld neben dem Werk. Zweihundert Arbeitslose wohnen in diesen Röhren. Die Röhren, etwa zwei Meter lang und einundeindrittel Meter hoch, liegen flach. Die Leute tun ihr Bettzeug auf ein Brett in die Röhren und befestigen an den Röhrenenden Papier, Holz oder was immer sie im Abfall finden. Außerhalb der Röhren unterhalten sie kleine Feuer, auf denen sie kochen. Lebensmittel betteln sie zusammen. Sie haben einen eigenen ‚Bürgermeister‘ und ‚Polizeichef‘. Der ‚Polizeichef‘ zeigte und erklärte uns alles. Er sagte uns, daß sie neun Leute hätten hinauswerfen müssen, da sie ‚radikale Agitatoren‘ gewesen wären, ‚und solche Leute können wir hier nicht brauchen‘. So leben sie im Dreck und sind hundertprozentige Amerikaner!"

Auch Dorothy war nicht in der Partei, aber, wie Bob, auf unserer Seite gesellschaftlich aktiv.

Doch nun zur wissenschaftlichen Arbeit in dieser Zeit.

Zunächst schrieb J. K. wieder ein Buch, und zwar über den jungen Marx bis zu dessen Promotion, einen biographischen Teil und eine Analyse der Dissertation. Er bemerkt heute dazu:

Bei dem Manuskript finde ich noch ausführliche kritische Bemerkungen von Marguerite. Sie schrieb nicht mehr mit mir, ging aber vieles sehr genau und kritisch durch. Ganz gerührt lese ich ihre Mahnung, ich solle ausführlicher auf das Verhältnis von Demokrit zu Heraklit eingehen.

Ich sandte das Manuskript an das Marx-Engels-Institut. Man fand es mit Recht nicht reif für die Veröffentlichung. In der Folgezeit hatte ich zunächst zuviel andere

Parteiarbeit, um das Manuskript zu verbessern, und dann kam der Faschismus. Aber ich bin doch froh, daß ich die Arbeit unternommen habe; ich habe nicht nur viel dabei gelernt, ich habe vor allem das Gefühl, daß wenigstens ein Marxist einen Anfang mit dem gemacht hat, was zu tun seit so langem fällig: eine große, vielbändige Marx-Biographie, verbunden mit Werkanalyse, zu schreiben – ich dachte an zwanzig Bände. Mein verehrter Freund Cornu hat etwas Ähnliches begonnen, doch zu spät in seinem Leben, um es zu Ende führen zu können.

Dann schrieb J. K. eine – ebenfalls nicht veröffentlichte – Erzählung mit dem Titel „Die Krise", die über hundertdreißig Seiten umfaßte.

Seine Haupttätigkeit auf wissenschaftlich-politischem Gebiet war nach wie vor die Herausgabe der „Finanzpolitischen Korrespondenz". Regelmäßig veröffentlichte er dort einmal im Monat „Die Konjunktur für den Arbeiter", die einzige ein wenig umfassendere, laufende, regelmäßig erscheinende statistische Analyse der Lage der Arbeiter in Deutschland, die es damals gab.

Außerdem erschien eine Fülle von Artikeln, die sich mit Einzelaspekten der Lage der Arbeiter beschäftigten. Einige davon haben heute historisch-wissenschaftliche, historisch-politische Bedeutung. So schrieb J. K. damals in der „Finanzpolitischen Korrespondenz" (15. November 1930) einen Artikel „Rückgang der Industriearbeiterschaft?", eine Problematik, die in den sechziger Jahren in der internationalen Diskussion eine große Rolle gespielt hat. Es war zweifellos ein Verdienst von J. K., diese Frage gestellt und mit einigen Genossen intensiv darüber diskutiert zu haben. Aber so originell, wie er und diese Genossen glaubten, war J. K. gar nicht. Er berichtet:

Später entdeckten wir, daß der Genosse Varga über diese Problematik schon auf dem 6. Weltkongreß der K.I.

gesprochen hatte. Dafür wurde er vom Genossen Lominadse sehr heftig kritisiert, von Bucharin aber in Schutz genommen, da er, Varga, seine Bemerkungen auf die USA und auf sie als einen zeitweiligen Sonderfall beschränkt hatte. Wir waren nicht sicher, ob ich, da ich die Frage prinzipiell gestellt hatte, nicht unrecht hätte. Dann aber hatten wir (vor allem Erich Kunik und Josef Winternitz diskutierten damals) mit anderen Fragen zuviel zu tun, um die Sache weiter zu verfolgen. Ich hatte das Ganze so vollständig vergessen, daß ich im Band 36 meiner „Geschichte der Lage der Arbeiter" nur an die Diskussion um Varga anknüpfte und meinen Artikel überhaupt nicht erwähnte.

Ein anderer Artikel, ebenfalls von besonderem Interesse angesichts der Diskussionen in den sechziger Jahren, hieß „Der Zyklus 1924–1931–?" (Nummer 17 der „Finanzpolitischen Korrespondenz" vom 7. Mai 1931).

In einer Vorbemerkung wendet sich J. K. gegen (auch heute selbst unter Marxisten verbreitete) Auffassungen, daß der Zyklus grundlegende, grunddeformierende Wandlungen erfahren habe.

„In der Nachkriegszeit hat man vielfach geglaubt, daß der Zyklus stark verkürzt worden wäre (zum Beispiel in Deutschland) und daß er andererseits auch stark verlängert worden wäre, wobei manche sogar an eine Verlängerung bis in die Unendlichkeit, also an keinen Rückschlag glaubten (zum Beispiel in den Vereinigten Staaten).

Tatsächlich aber hat sich der Zyklus in seinen Grundlagen unverändert erhalten. Er besteht auch heute noch aus einem Aufstieg und einem Abstieg, und seine Dauer ist im großen und ganzen die gleiche wie in der Vorkriegszeit."

Sodann kommt J. K. zur Behandlung des „Zyklus unter dem Monopolkapitalismus" und bemerkt:

„Wir hatten gesagt, daß der Monopolkapitalismus dazu führt, daß das Schwergewicht der Krise sich mehr und mehr von den Preisen auf die Produktion legt.

Ungewöhnlich sinkende Produktion bedeutet aber ungewöhnlich steigende Arbeitslosigkeit. Unverhältnismäßig wenig sinkende Preise bedeuten aber unverhältnismäßig geringe Lagerentleerung (wegen der Wirkung der geringen Preissenkung auf die Kaufkraft).

Zugleich bedeutet die unverhältnismäßig steigende Arbeitslosigkeit eine unverhältnismäßig große Senkung der Kaufkraft und infolgedessen wieder besonders langsame Entleerung der Läger. Auf der anderen Seite bedeutet unverhältnismäßig langsame Entleerung der Läger unverhältnismäßig lange Verzögerung der Notwendigkeit neuer Produktion, das heißt wieder unverhältnismäßig lange Dauer der Arbeitslosigkeit.

Alle die Faktoren – der Grundfaktor ersten Grades ist der Monopolkapitalismus, die Grundfaktoren zweiten Grades sind ungewöhnlich starke Produktionssenkung und unverhältnismäßig geringe Preissenkung, die Faktoren dritten Grades sind dann besonders hohe Arbeitslosigkeit und besonders geringe Kaufkraft –, alle diese Faktoren steigern gegenseitig ihren ungünstigen Einfluß auf die Wirtschaftsentwicklung. Sie alle wirken miteinander in der Richtung einer besonders langen und besonders tiefen Krise. Das ist die Besonderheit dieser Krise, die sie von den vorangehenden unterscheidet. Und das ist es, was viele veranlaßt hat: einmal die Krise für grundverschieden von allen anderen Krisen zu erklären und zweitens, da diese Faktoren nicht nur während der Krise, sondern auch zum Beispiel während konjunktureller Depression wirksam sind, den ganzen Zyklus als solchen für grundverändert zu erklären. Das jedoch ist keineswegs der Fall. Der Zyklus an sich ist der altbekannte – jedoch ist er entsprechend den Verhältnissen unter dem Monopolkapitalismus modifiziert worden.“

Natürlich verwechsele ich hier, sagt J. K. heute, Besonderheiten von 1929/32 mit Besonderheiten unter den Bedingungen der Monopolherrschaft allgemein – falls es solche überhaupt geben sollte. Richtig aber ist die Meinung, die ich auch 1965 gegen eine ganze Phalanx unserer Gesellschaftswissenschaftler vertrat, daß die Herrschaft des Monopolkapitals nichts Grundlegendes an der Existenz und dem Verlauf des Zyklus ändern kann.

Gleichzeitig schrieb ich in „meiner" alten Zeitschrift „Die Menschenrechte". In der Nummer 8 vom 15. Oktober 1930 erschien mein Artikel „Neger in USA", der nur deswegen erwähnt sei, weil die Thematik ein Ausdruck der Achtung und Zuneigung ist, die ich in den USA zu diesem „Volk" gewonnen und die Marguerite und mir stets geblieben. Wie gern folgte ich darum auch fünfunddreißig Jahre später der Aufforderung des Dietz Verlages, ein Vorwort zu den Lebenserinnerungen von Du Bois zu schreiben.

Überhaupt blieb ich in der Liga für Menschenrechte aktiv und wurde auf der Jahresversammlung 1931 in Breslau, die ich jedoch nicht besuchte, in den Politischen Beirat gewählt.

Ansonsten schrieb ich jetzt für Parteiorgane – für das „Ruhr-Echo", für die „Hamburger Volkszeitung" und nach wie vor vor allem für den „Roten Aufbau".

Gesondert erwähnt sei noch ein Artikel in der „Weltbühne", eine scharf polemische Besprechung eines Buches des damaligen Modehistorikers Emil Ludwig über Lincoln.

J. K. ist nun auf dem Weg, ein marxistischer Wissenschaftler zu werden, doch noch weit davon entfernt, es zu sein. Aber zwei Eigenschaften, die den marxistischen Wissenschaftler auszeichnen, zeigt er bereits ganz deutlich: die Bereitschaft, neue Erscheinungen des Kapitalismus aufmerksam wahrzunehmen und in ihrer Bedeutung

zu durchdenken – gleichzeitig aber eisern an den durch
die Wirklichkeit immer wieder bestätigten Grundlehren
der Klassiker des Marxismus-Leninismus festzuhalten.

Und zugleich hat er das Vertrauen der Partei so weit
gewonnen, daß sie bereit ist, den Versuch zu machen,
ihn zum hauptberuflichen Revolutionär, durch Anstellung
in ihrem Apparat, zu erziehen. Das geschieht nach einem
knappen Jahr Parteizugehörigkeit, und er hat dafür vor
allem Erich Kunik und Christel Wurm zu danken.

Zwei beachtliche Fortschritte auf dem Wege zum
Kommunisten. Die Lücke zwischen der politischen und
der wissenschaftlichen Erziehung des J. K. beginnt kleiner zu werden.

Kapitel VIII Arbeit im Parteiapparat – Zeit der Legalität, Juli 1931 bis Februar 1933

Die Partei beschäftigte J. K. zunächst einen halben Tag
in der Reichsleitung der Revolutionären Gewerkschaftsopposition (RGO) und den anderen halben Tag im Zentralorgan, in der „Roten Fahne".

Die RGO entstand einmal aus Opposition gegen die
„staatstreue" Linie vieler Verbandsleitungen der im Allgemeinen Deutschen Gewerkschaftsbund vereinten Gewerkschaften, die sich scheuten, die Interessen der
Arbeiter durch Streiks und eine allgemein aggressive,
gegen das Kapital gerichtete Politik zu vertreten – statt
Totengräber wollten sie Ärzte am Krankenbett des Kapitalismus sein –, sowie aus der Tatsache, daß die Verbandsleitungen im Verfolg ihrer Politik zahlreiche Kommunisten und auch andere Mitglieder, die gegen diese
klassenfriedliche Politik auftraten, ausschlossen.

Die RGO zeigte stark sektiererische Tendenzen. Vor allem in dem Bestreben, sich zu einer rivalisierenden, allumfassenden Organisation gegen den ADGB zu machen. In der „Geschichte der deutschen Arbeiterbewegung"* heißt es dazu:

„Eine falsche Beurteilung der Lage, des Kräfteverhältnisses in der Arbeiterklasse und der Rolle und des Einflusses der freien Gewerkschaften führte jedoch auf dem V. Kongreß der Roten Gewerkschaftsinternationale im August 1930 dazu, daß sich diese sektiererischen Vorstellungen im wesentlichen durchsetzten. Der Kongreß ging von der falschen Einschätzung aus, daß der Apparat der reformistisch geführten Gewerkschaften von oben bis unten faschisiert sei. Die reformistischen Funktionäre seien nichts anderes als Agenten des Kapitals. . . .

Der V. Kongreß der Roten Gewerkschaftsinternationale bekräftigte zwar die von Fritz Heckert in seinem Referat betonte Notwendigkeit, in den Gewerkschaften zu arbeiten, beschloß aber zugleich, die Losung ‚Hinein in die reformistischen Gewerkschaften!' zu streichen und in Deutschland und in anderen hochentwickelten imperialistischen Ländern selbständige revolutionäre Gewerkschaften zu schaffen. Dieser Beschluß entsprach aber nicht den realen Bedingungen. Er war unvereinbar mit dem Hinweis W. I. Lenins, daß die Kommunisten dort arbeiten müssen, wo die Massen sind."

J. K. bemerkt zu seiner Haltung in dieser Zeit:

Als ich im Juli 1931 in der RGO zu arbeiten begann, war mir dieser politische Hintergrund unbekannt und blieb es auch während der Zeit meiner Tätigkeit in der Reichsleitung. Rückblickend meine ich, daß ich, wie viele meiner Genossen Mitarbeiter, in der RGO das revolutionäre Zentrum der Gewerkschaftsbewegung gesehen habe und zugleich den Kern eines künftigen allumfassenden re-

* Bd. 4, Berlin 1966, S. 274.

volutionären Verbandes. Gleichzeitig aber ist es in diesem Zusammenhang interessant, daß der Genosse Heckert in der ersten ausführlichen Besprechung, die wir beide hatten, meinte, daß meine Erfahrungen aus der Arbeit bei der American Federation of Labor sicherlich auch der RGO von Nutzen sein würden. Das war, ohne daß mir das damals klar wurde, eine ungewöhnliche Äußerung eines führenden Parteifunktionärs und deutet darauf hin, daß Fritz Heckert als verantwortlicher Leiter der RGO jedenfalls entschlossen war – oder sehe ich das nicht richtig? –, die Politik der „Arbeit von Kommunisten innerhalb der sozialdemokratischen Gewerkschaften des ADGB" energisch zu betreiben und sektiererischen Tendenzen entgegenzutreten.

J. K. leitete die Informationsabteilung der Reichsleitung beziehungsweise des Reichskomitees der RGO – die Parallelabteilung zu der von Erich Kunik geleiteten im Apparat des ZK –, in der außer ihm noch eine Schreibkraft für einen halben Tag beschäftigt war. Als erstes las er jeden Morgen in etwa dreißig Zeitungen die wichtigsten Wirtschaftsnachrichten und Ereignisse der Arbeiterbewegung, vor allem der Gewerkschaftsbewegung. Dann diktierte er ein Nachrichtenbulletin im Umfang von vier bis zehn Seiten, das abgezogen wurde und unter den Funktionären der RGO und der Partei kursierte. Soweit noch Zeit blieb, sonst aber abends und am Wochenende, arbeitete er an Sonderanalysen zur Lage der Arbeiter oder über andere Probleme, die für die RGO von Interesse waren. Um die Mittagszeit ging J. K. von der Münzstraße an seine zweite Arbeitsstelle, die Redaktion der „Roten Fahne" im Karl-Liebknecht-Haus.

J. K. schildert den „Betrieb" in der RGO:

Die Atmosphäre in der RGO, von Fritz Heckert bis zu Änne Weiss, die den „technischen Kräften" vorstand und später, in der Hitlerzeit, Anton Saefkow heiratete, machte mich froh. Ich arbeitete gern „in Parallele" zu Erich Kunik, und meine Tätigkeit erschien mir nützlich und konkret. Gute Freunde gewann ich auch hier – Hans König, mit dem ich später noch schöne Tage haben sollte, wann immer ich zu seiner Botschafterzeit in Moskau weilte; Hans Teubner, für den ich später, als er leitend an unserem Geheimsender 29,8 tätig war, Material in England sammelte; und Atze Becker, der Jugendfragen bearbeitete und später in Spanien ermordet wurde.

Was für eine schöne Gemeinschaft waren wir – unter Fritz Heckert, uns allen so überlegen an Wissen und Erfahrung, und dann unter Franz Dahlem, damals mir noch nicht nah, doch stets gut gesinnt und später ein Freund; mit Fritz Schulte, der Franz Dahlem ablöste, hatte ich keinen menschlichen Kontakt.

Wenn ich heute die Veröffentlichungen der RGO durchblättere, von unseren Hoffnungen und Erwartungen lese, von so viel ehrlicher Kampfentschlossenheit, von so viel unsinnigem Sektierertum, vermischt mit Selbsttäuschung über die Realitäten, so viele Berichte über opferreiche, heroische Betriebskämpfe, hinter denen Mut und Hunger, hohe Moral und bitteres Leid stehen, und zwischen allem auch gelegentlich mich entdecke – wie fern ist die Zeit und wie nahe ist sie doch, denn sie hat uns Genossen damals geformt, und manches, ich glaube, vor allem von dem Guten, ist uns bis heute geblieben.

Im Juli 1931 nahm J. K. seine Arbeit in der RGO auf, und bereits im August hat er im RGO-Organ „Betrieb und Gewerkschaft" einen ersten Beitrag, dem schnell weitere folgen – die letzte Nummer vom Februar 1933 enthält gar zwei Artikel von ihm. Einer davon gibt eine Übersicht über die Streiks im Jahre 1932. Hoffnungsvoll beginnt er: „Im folgenden geben wir eine Reihe von Streikstatistiken, die zum Teil auf Pressenachrichten, zum

Teil auf direkten Berichten der Bezirkskomitees und unteren Einheiten der RGO beruhen. Es wird unsere Aufgabe sein, diese Statistiken mit größter Beschleunigung weiter auszubauen, wobei vor allem die Bezirks- und Unterbezirkskomitees durch regelmäßige Streikberichte an das Reichskomitee mithelfen müssen."

Offenbar plante J. K. die kontinuierliche Veröffentlichung einer RGO-Streikstatistik, doch der Faschismus machte solchen Plänen ein Ende. Das Manuskript dieses Artikels wurde Opfer eines Polizeiüberfalls auf die RGO, und J. K.s Name wurde wegen Aufhetzung zum Streik notiert. In der Berliner Polizei gab es damals jedoch zahlreiche Sozialdemokraten, und als die Faschisten die Macht übernahmen, vernichteten diese Sozialdemokraten eine ganze Masse von Material, besonders aus den letzten Tagen, darunter ganz sicher die Berichte über den Überfall auf die RGO – andernfalls wäre J. K. sofort verhaftet worden.

Eines Vorkommnisses ist noch zu gedenken, das beinahe zu einem Parteiverfahren gegen J. K. geführt hätte.

In der Nummer 41/42 der „Finanzpolitischen Korrespondenz" vom 14. November 1931 hatte er eine Studie unter dem Titel „Die Struktur des Wirtschaftszyklus" veröffentlicht, an der er noch heute Freude hat. Die redaktionelle Vornotiz beginnt:

„Die ‚Finanzpolitische Korrespondenz' hat bisher in einer Reihe von Aufsätzen Einzelphasen der Wirtschaftskrise behandelt. Wir veröffentlichen jetzt eine zusammenfassende Darstellung der Entwicklung des ganzen wirtschaftlichen Zyklus in großen Zügen. Die Untersuchung ist in den Rahmen der Marxschen Krisentheorie gespannt."

Im Schluß der Vorbemerkung heißt es:

„Im folgenden wollen wir nun einen kurzen Abriß der Geschichte des letzten Zyklus in Deutschland geben. Aus dieser Geschichte wird hervorgehen, daß der Zyklus auch in Deutschland (wo der Kapitalismus mit die größten Erschütterungen durch Krieg und Inflation hinter sich hat) in seiner Grundentwicklung genau den Zyklen entsprach, die Marx beobachtet hat, und in seiner Grundentwicklung genau die Tendenzen aufwies, die die Marxsche Theorie der Krisenentwicklung als notwendig aufzeigt.

Ein solcher Abriß ist notwendig, einmal, da er Klarheit darüber schaffen wird, daß sich der Zyklus in den letzten hundert Jahren nicht grundlegend geändert hat, und um die Modifikationen, die der Ablauf des Zyklus in der Periode der allgemeinen Krise des Kapitalismus, in der Periode des Monopolkapitalismus, erfahren hat, zu bestimmen."

Hier wird wieder erfreulich deutlich, daß J. K. stets an dem Grundsätzlichen bei Marx festhält und nicht über richtig beobachtete Besonderheiten stolpert.

Bei der Behandlung der Abstiegsperiode des Zyklus bemerkt er einleitend:

„Wir gehen jetzt zur Beobachtung des Abstiegs der Wirtschaft, zur Darstellung der eigentlichen Krisenperiode über. Diese Betrachtung kann nur eine vorläufige sein, denn die Krise hat ihren Tiefpunkt noch nicht erreicht; denn die Krise ist noch nicht in das Stadium der Depression, das heißt der Stagnation auf dem Tiefpunkt und der langsamen Vorbereitung eines neuen Aufstiegs, getreten.

Trotzdem gehen wir schon jetzt an diese Untersuchung, denn sie wird auch jetzt schon einige wichtige Aufschlüsse über die Zyklusentwicklung als Ganzes geben und wird von Nutzen sein für jede Prognose der zukünftigen Entwicklung."

Diese selbstverständlich erscheinende Feststellung, zusammengenommen mit einer noch bestimmteren in dem schon zitierten Aufsatz „Der Zyklus 1924–1931 –?", in dem er bemerkt hatte: „Und mit dem Ende des Abstiegs

– vielleicht im Jahre 1932 – . . .", wurde von einigen übereifrigen Genossen als „defätistisch" betrachtet. Sie meinten, die Krise würde überhaupt nicht mehr zu Ende gehen beziehungsweise nicht, bevor der Sozialismus gesiegt hätte.

Doch darüber soll J. K. selbst berichten:

Über diese faktisch ersten Andeutungen von marxistischer Seite, daß die Krise 1932 zu Ende gehen könnte – später verwandten wir viel und berechtigte Mühe darauf, zu beweisen, daß das wirklich der Fall war –, gab es heftige Diskussionen, und ich mußte, als man beschlossen hatte, kein Parteiverfahren wegen „revisionistischem Defätismus" einzuleiten, das Versprechen abgeben, keine Prophezeiungen eines Krisenendes mehr zu machen.

In solchen Fällen, die kein „rein fundamentales Problem" behandeln und in denen die Wirklichkeit in absehbarer Zeit sehr deutlich zeigen würde, wer recht hätte, habe ich niemals lang dauernde Kämpfe mit übergeordneten Parteistellen geführt, sondern mir meine Streitbarkeit für kompliziertere Fälle, von denen es ebenfalls eine ganze Zahl gab, aufgespart.

Mehr als dreißig Jahre später konnte ich dann stolz für unsere marxistische Wissenschaft in Anspruch nehmen, daß wir als erste eine vernünftige Vermutung des Krisenendes gegeben hatten.*

In der RGO arbeitete J. K. von neun bis ein Uhr (später als die anderen beginnend, da er nachmittags länger in der „Fahne" zu tun hatte). Auf seinem Weg zur Redaktion ins Karl-Liebknecht-Haus ging er durch eine Straße, in der seine Schwester Ursula zusammen mit Heinz und Eva Altmann sowie mit Gerhard Degenhardt in einem Keller eine Arbeiterbibliothek eingerichtet hatte. Die

* Vgl. Bd. 15 meiner Geschichte der Lage der Arbeiter, Berlin 1963, S. 136.

Straße war auch wohl die billigste „Nuttenstraße" von Berlin, und die Prostituierten haßten die Genossen zumeist, weil diese ihr Gewerbe abschaffen wollten; später, unter dem Faschismus, sollen sie Genossen, die ihnen dem Aussehen nach bekannt waren, denunziert haben.

In der „Fahne" teilte J. K. ein Zimmer mit Alfred Kemény (Parteiname Durus), dem Kulturredakteur – dessen erster Artikel erschien bereits in Nummer 65 vom 27. Juni 1924, sein letzter in Nummer 35 vom 10. Februar 1933. J. K. und Durus standen freundlich miteinander, ohne sich näherzukommen, zumal Durus oft schon am Vormittag mit seiner Arbeit fertig wurde. Einmal war er längere Zeit in der Sowjetunion, und J. R. Becher vertrat ihn. Von Becher – später wurde das so ganz anders – hielt J. K. damals gar nichts und fand seine Dichtungen „unter aller Kanone". Da Becher wohl ebensowenig von J. K. als Wirtschaftsredakteur hielt, haben sie in dem Vierteljahr, in dem sie das Zimmer teilten (das wurde unterstützt, da Becher ebenfalls zumeist vormittags arbeitete), kaum miteinander gesprochen. Wie blöd benahmen sie sich damals, besonders natürlich J. K.!

Seine Tätigkeit in der „Fahne" schildert J. K. so:

Gewöhnlich sah ich mir zunächst die Nachrichtendienste an – die Morgenzeitungen hatte ich ja schon in der RGO gelesen – und aß dabei mein Mittagbrot, ein paar Stullen. (Zu mehr reichte das Gehalt nicht, und abends hatte Marguerite etwas Warmes für mich. Öfter bekamen wir unser Gehalt mit Verspätung und bisweilen auch dann nur einen Teil. Ich besinne mich noch, als unsere Tochter Madeleine geboren wurde, war gerade gehaltlose Zeit, und der Genosse Ernst Schneller gab mir eine besondere Anweisung auf eine Teilzahlung, von der Änne Weiss mir wieder sehr energisch etwas für Kaffee, Kuchen und Schlagsahne zur Feier der Geburt in der RGO abknöpfte.)

Dann ging ich ins Chefzimmer zu Ernst Reinhardt (Alexander Abusch), um einen sehr oft vergeblichen Kampf für eine länger kommentierte Nachricht oder einen Artikel zu führen. Kleine Nachrichten, „Füller", machten meistens keine Schwierigkeiten. Einmal erhielt ich, ohne jeden Kampf, eine ganze Seite für mich – und als ich jetzt für diese Niederschrift die „Rote Fahne" durchblätterte, war dort der eine von zwei Artikeln abgedruckt, an die ich mich von vornherein erinnerte: er erschien zum 7. November 1931, und ich schrieb über „Sterbender Kapitalismus – Aufblühender Sozialismus". Was den zweiten Artikel betrifft, so ist er mir dem Inhalt nach zwar völlig entschwunden, so daß ich ihn heute nicht mehr identifizieren kann*, wohl aber ist mir seine Kritik durch den Genossen Thälmann fest im Gedächtnis geblieben. Es war ein Tag, an dem weder Ernst Reinhardt noch der „Zweite", Albert Norden, anwesend waren. Der Leitartikel sollte ein Krisenproblem behandeln; ich setzte mich fröhlich an meinen Tisch und schrieb drauflos. Nachher meinten wir, wir sollten den Artikel doch zur Kontrolle „hinauf"schicken. Bald bekamen wir ihn „herunter". Genosse Thälmann hatte ihn sich angesehen und darunter mit großer Schrift bemerkt: „Zuviel zyklische Krise. Zuwenig zerbrochener Klosettdeckel." Heute ist der Sinn dieser Kritik vielen unverständlich; damals aber begriff ich sie sehr wohl, und selten hat mir eine Kritik so gut getan, so viel für mein ganzes Leben genützt wie diese.

Was wollte Genosse Thälmann sagen? Damals waren zerbrochene oder, noch öfter, splitternde Klosettdeckel in den Betrieben Grund für häufige Beschwerden der Arbeiter. Und die Gewerkschaftsvertreter sowie die Betriebsräte führten – im Gegensatz zu uns, die wir viel zu oft nur auf „hoher politischer Ebene" agitierten – einen vielfach erfolgreichen und von den Kumpeln wirklich ge-

* Vielleicht ist der Artikel auch gar nicht erschienen.

schätzten Kampf für ordentliche Klosettdeckel. Genosse Thälmann hätte natürlich ebensogut schreiben können: zu theoretisch, zu wenig konkret. Aber ich bezweifle sehr, ob ich mir eine so formulierte Kritik gewissermaßen für mein ganzes Leben gemerkt hätte.

Noch eines dritten „Produkts" erinnert sich J. K. sehr genau. Es war nicht einmal von ihm geschrieben, er korrigierte es nur an der Maschine, während es gesetzt wurde. Darüber berichtet er 1963 für ein (dann nicht veröffentlichtes) Buch von Erinnerungen alter Parteijournalisten wie folgt:

„Schicksal ‚meines Flugblattes'.

Am 9. August 1931 wurden durch eine Provokation zwei Polizeihauptleute auf dem damaligen Bülowplatz, an dem unser Karl-Liebknecht-Haus stand, erschossen. Daraufhin wurde der ganze Gebäudekomplex von einem Polizeikordon umzingelt.

Trotz der ‚Belagerung' versuchten wir eine Nummer der ‚Fahne' – als Abusch an der Setzmaschine den Leitartikel diktierte, gingen Schüsse durchs Fenster – und auch ein Flugblatt herzustellen. Die Korrektur des Flugblatts las ich an der Setzmaschine.

Niemand durfte das Haus verlassen. Erst gegen Morgen wurden unsere Personalien aufgenommen, und dann konnten wir gehen.

Wer außer den Redaktionsmitgliedern Abusch und Norden noch im Hause war, weiß ich nicht mehr. Aber ich besinne mich, daß zwei Jahre später die Nazipresse Bilder einer Reihe von Genossen brachte, darunter auch des Genossen Walter Ulbricht, die ‚wegen Mordes am 9. August 1931' gesucht wurden; auch enthielt die Presse eine Aufforderung, alle, die damals im Karl-Liebknecht-Haus waren, der Polizei zu melden. Noch einmal zwei Jahre später, 1935, als ich in der Prinz-Albrecht-Straße einer einst bei der ‚Roten Fahne' beschäftigten Genossin

gegenübergestellt wurde, strahlte der 9. August gefahr-
drohend in die Gegenwart. Aber die Genossin leugnete,
mich zu kennen.

Natürlich hatte die Polizei am 9. August auch das
Flugblatt beschlagnahmt. Da wir jedoch nur auf Waffen
untersucht wurden, war es mir gelungen, ein Exemplar
unter dem Hemd herauszuschmuggeln. Erstaunlicher-
weise war, soviel ich damals herausbekam, kein anderer
von uns auf diese Idee gekommen, und ich fühlte mich
voll Stolz als einziger Besitzer eines vollständigen Jahrgangs der ,Roten Fahne' – denn ohne ,mein Flugblatt'
war der Jahrgang natürlich nicht komplett.

Als die Partei 1933 illegal wurde, wurde auch das
Flugblatt mit einiger ähnlicher Literatur illegal; das
heißt, die Genossin Kuczynski und ich taten es in einen
Koffer, den wir in einer dunklen Nacht nahe der Mauer
des Häuschens, in dem wir wohnten, im Garten vergru-
ben.

Später, bald nach dem Verhör in der Prinz-Albrecht-
Straße, bemerkte ein Freund, der uns besuchte, daß der
Boden sich so komisch an der einen Mauer senke.

Uns war klar: der Koffer, von mäßiger Qualität, faulte
durch. Zu unserem Glück war gerade Neumond, und in
der folgenden Nacht gruben die Genossin Kuczynski und
ich den Koffer wieder aus.

Wir verbrannten den Inhalt – darunter höchst selten
gewordene Anleitungen zur Zersetzung der Reichswehr.
Mir blutete das Herz, und ich kam mir vor wie einer der
Frommen, die sich selbst anzündeten – jedoch ohne Aussicht, später dafür heiliggesprochen zu werden.

Aber ,mein Flugblatt' behielt ich und steckte es in
einen der dicken Bände der amtlichen Betriebszählung
von 1925.

1936 mußte ich Deutschland verlassen. Die Bibliothek wurde später von den Faschisten beschlagnahmt.
Unersetzliche Schätze gingen verloren – so Berichte und

andere Veröffentlichungen der Ersten Internationale. Aber sie sind immerhin zum Beispiel im Institut für Marxismus-Leninismus in Moskau vollständig zu finden. Nur das einzige Exemplar ‚meines Flugblattes‘ nicht."

Aus heutiger Sicht lohnt es sich nicht, nachzulesen, was J. K. damals für die „Fahne" geschrieben hat. Es waren Produkte des Tages, mit der einen oder anderen originellen Berechnung, gelegentlich mit einer nicht schlechten Formulierung, aber im ganzen unbedeutend.

Doch fühlte sich J. K. in seiner Tätigkeit glücklich. Täglich war er mit Genossen wie Ernst Reinhardt und Albert Norden, Fritz David (Gewerkschaftsredaktion) und Paul Braun (Auslandsredaktion) zusammen. Eine Zeitlang zählte auch Stefan Heymann (der 1923 J. K.s ersten Beitrag für ein Parteiorgan veröffentlicht hatte) zu den Mitgliedern der Redaktion. Heinz Neumann, Theo Neubauer, Frieda Rubiner, Berta Lask und viele andere erschienen in der „Fahne", um dies oder jenes zu besprechen oder nur um zu plaudern. Die Stenotypistinnen, von denen später manche Großartiges in der Illegalität leisteten, waren eine Freude an Lustigkeit und Arbeit unter schwersten Bedingungen. In der Redaktion eignete sich J. K. die Fähigkeit an, zu arbeiten, ohne sich von Gesprächen oder Geräuschen stören zu lassen – wovon später seine Kinder in engen Wohnungen profitierten, wenn ihr „Spielzimmer" und sein Arbeitszimmer identisch waren.

In der „Fahne" wurde ihm vor allem klar, was Agitation ist – Agitation im Unterschied zu Propaganda –, und er lernte, sich „noch kürzer" zu fassen.

Für die „Fahne" schrieb er auch seinen einzigen beendeten und veröffentlichten Roman „Die letzten Tage von . . .". Als Autor fungierte K. Olectiv, denn der Roman wurde von Mani Bruck, dem Feuilletonredakteur, und J. K. zusammen verfaßt. Sie schrieben täglich die

Fortsetzung für die nächste Nummer, um „möglichst aktuell" zu sein.

Diese „Aktualität" führte natürlich zu Eingriffen der Polizei. Leider fand der Genosse Thälmann, daß Polizeischwierigkeiten wegen des Romans „nicht lohnend" wären, und nach der einunddreißigsten Fortsetzung ordnete er an, daß sie sich „binnen acht Tagen zu kriegen" hätten und der Roman zu Ende kommen müsse. Entsprechend bereiteten die Autoren die Leser auf das nahende Ende vor. In der Fortsetzung nach der Anordnung des Genossen Thälmann hieß es:

„In der Redaktion der ‚Roten Fahne' war Hochbetrieb. Wie immer. Genossen kamen und gingen. Arbeiterkorrespondenten, Redakteure, Setzer, Photographen, Zeichner. Es wimmelte von Menschen. Kurze Unterredungen jagten einander. Bis der tägliche Ruf durch die Redaktionskorridore hallte: ‚Redaktionskonferenz!'

Wenn Redaktionskonferenz ist, müssen alle anderen Unterredungen und Arbeiten unterbrochen werden. Denn einmal am Tage müssen alle Redakteure zusammenkommen, um die letzte Nummer zu kritisieren, die nächste zu bestimmen.

Diesmal kam auch wieder der Roman zur Sprache, der schon manchmal Gegenstand der Aussprache gewesen war. Vor allen Dingen vor seiner Geburt. Ein Teil der Genossen Redakteure war dagegen gewesen, weil es gefährlich werden konnte, einen Roman zu drucken, dessen Manuskript am Anfang nicht zur Prüfung vorlag. Andere Skeptiker meinten, daß ein aktueller Roman, dessen Fortsetzung jeweils am Tage des Erscheinens geschrieben würde, unbedingt Menschen und Papiere und Druckerschwärze ans Tageslicht fördern müsse. Andere wieder stimmten damals für diesen Roman, weil er zum ersten Male als kollektive Arbeit auch unter dem Strich die brennendsten Gegenwartsfragen behandeln konnte.

Heute begannen sich die Parteien darüber einig zu werden, daß sie beide recht gehabt haben. Daß dieser Roman ‚Die letzten Tage von . . .‘ stellenweise doch recht fesselnd, an anderen Stellen ganz ledern geworden sei. Kritiken aus dem Leserkreis wurden zur Kenntnis gegeben. Die waren unterschiedlich, aber zum größten Teil lobend.

Ein Leser hatte mit Recht angeprangert, daß die tote Grete, die von den Nazis erschossen wurde, nicht von der revolutionären Arbeiterschaft zu Grabe getragen wurde. Lediglich Käte und Fritz seien mitgegangen.

Man wurde sich darüber einig, daß der Roman ein wichtiger Versuch auf dem Gebiete der proletarisch-revolutionären Literatur sei. Aber im Hochbetrieb einer proletarischen Redaktion, die mit einem Bruchteil der Redakteurzahl einer bürgerlichen Zeitung arbeiten müsse, hätte nicht immer die notwendige Sorgfalt darauf verwendet werden können. Man sollte deshalb langsam zum Schluß kommen.

‚Und was wird mit Käte und Fritz?‘ fragte ein Genosse des Kollektivs. ‚Sie müssen sich doch entschließen, was sie tun wollen. Wir können doch die Käte zum Beispiel nicht einfach in politischen Halbheiten schwimmen lassen.‘

Ein anderer Genosse meinte: ‚Ich habe einen Vorschlag: wir laden die beiden einmal zur Redaktionskonferenz ein. Sie sollen selbst sagen, wie sie sich ihre Zukunft denken.‘

Mit diesem Vorschlag waren alle einverstanden.

Der Versuch des aktuellen Kollektivromans wurde als nur halbwegs geglückt bezeichnet. Einer vom Kollektiv sagte: ‚Man soll den Versuch wiederholen. Wir haben jetzt gelernt, wie man's machen muß. Die Sache war sehr lehrreich. Wir müssen sie unbedingt noch einmal besser machen.‘

‚Nach der Machtergreifung!‘ entgegnete ein anderer.

‚Dann haben wir vielleicht ein bißchen mehr Zeit, uns alle der Geschichte liebevoll anzunehmen.'

Aber er fand nicht die ungeteilte Zustimmung.

Nun, warten wir ab! Erst sollen Käte und Fritz einmal ihre Meinung sagen. Und die anderen Leser, die nicht im Roman vorkommen, haben schließlich auch ein Wörtchen mitzureden."

Zu lang zitiert? Vielleicht klingt noch zu stark die Freude nach, die alle an der Sache hatten. Zweiundvierzigmal erschien der Roman, nur selten etwas gequält, niemals von wirklicher Qualität, aber gelesen hat ihn jeder in der Redaktion, jeden Tag, anderthalb Monate lang. Doch hören wir eine direkte Einschätzung von J. K.:

Als ich sechzig Jahre alt wurde, schenkten mir die Mitglieder meines Instituts eine photokopische Ausgabe des Romans. Eine Mitarbeiterin, damals, 1931, rote Studentin, las ihn sofort und meinte: „Er versetzt einen doch recht in die alte Zeit zurück." Ich fürchtete mich etwas, und erst jetzt, wo ich diese Zeilen schreibe, blättere ich in ihm und kann zumindest wieder begreifen, mit welcher Lust wir an das Unternehmen gegangen sind und daß wir oft mit Spannung erwarteten, wie die Leser am nächsten Tag reagieren würden, besonders natürlich in der Redaktion und da vor allem die Genossinnen an der Schreibmaschine, die uns die „authentische Stimme des Volkes" schienen.

Etwas mehr als ein Jahr blieb J. K. bei der „Fahne". Dann kam er an ein anderes Parteiorgan, die „Nachrichten". Er berichtet darüber:

Was mich zu den „Nachrichten" zog, war die Tatsache, daß ich dort eine ganze Wirtschaftsseite für mich haben würde. Der Kampf um Raum hatte ein Ende, ich konnte nach Herzenslust schreiben.

Und wie nutzte ich das! Monate hindurch, wenn ich mich recht erinnere – wir besitzen kein Exemplar mehr von den „Nachrichten" –, verfaßte ich täglich einen Leitartikel. Chefredakteur der „Nachrichten" war Erich Glückauf, mir gut bekannt von der Reise in die Sowjetunion, heute seit langem Mitglied des Politbüros der KPD, und „Zweiter" Karl Wloch, der ein guter Freund wurde. Wir drei stellten wohl den ganzen redaktionellen „Stab" dar; dazu gehörte noch die damalige Frau von Karl Wloch, die als Sekretärin und Stenotypistin arbeitete. Die „Nachrichten", ursprünglich nur ein Ersatzblatt für die Tage, an denen die „Fahne" verboten war, erschienen später, als ich fester Mitarbeiter war, für einige Zeit täglich.

Für die „Nachrichten" hatte J. K., noch bevor er dort angestellt wurde, eine Artikelserie unter dem Titel „Wenn die Arbeiter die Macht haben..." geschrieben. Eine Anzeige für die dann als Broschüre erschienenen Artikel in der Juli-Nummer (1932) von „Betrieb und Gewerkschaft" beschreibt ihren Inhalt: „... Die Broschüre zeigt nun, wie erst dann, wenn das Proletariat unter Führung der KPD und der RGO zur Macht gekommen ist, die Arbeitslosigkeit aufhört. Schon der heutige Produktionsapparat in der Textil- und Metallindustrie, im Bergbau und so weiter genügt, um alle Arbeiter zu beschäftigen. Ein sozialistisches Deutschland wird im Bündnis mit der Sowjetunion genügend Lebensmittel produzieren, um alle Werktätigen reichlich zu ernähren."

Bedenkt man, daß es damals an fünf Millionen Arbeitslose gab, daß nur wenig mehr als die Hälfte aller Arbeiter vollbeschäftigt waren, wird man verstehen, welchen politischen Wert solche Berechnungen hatten. Man wird auch verstehen, daß, als der Vertrieb der Broschüre bald von der Polizei verboten wurde, die Auflage von achtzigtausend Stück praktisch verkauft war.

Neben den Redaktionsaufgaben lief die Arbeit an der „Finanzpolitischen Korrespondenz" weiter, die manch neue und nützliche Statistiken zur Lage der Arbeiter brachte. Diese wurden ausführlich von der Partei genutzt – teils auch von J. K. selbst, zum Beispiel folgendermaßen in der Broschüre „Hungerlöhne":

„Der bekannte Statistiker Jürgen Kuczynski hat in der ‚Finanzpolitischen Korrespondenz' versucht, die Lohnstatistik des Statistischen Reichsamtes ein wenig zu korrigieren, so daß sie dem tatsächlichen Lohneinkommen des Arbeiters etwas ähnlicher sieht. Sehen wir uns an, wie weit er es gebracht hat...

Mit diesen Berechnungen ist sicherlich ein Schritt in die richtige Richtung getan. Aber es bleibt noch viel zu tun übrig. Kuczynski berechnet nicht die Lohnabzüge für Steuern und für die Sozialversicherung; er berücksichtigt nicht, daß der Arbeiter gelegentlich krank ist; ja, bevor er an seine Berechnung ging, hätte er einen Aufschlag für übertarifliche Zahlungen machen müssen, die 1930 allerdings ganz gering sind, 1928 und 1929 aber größer waren, so daß er eine viel stärkere Lohnsenkung gegenüber früheren Jahren hätte herausfinden müssen, als er es tatsächlich tat.

Wir müssen daher unsere eigenen Berechnungen machen, um so gut wie möglich zu einer Statistik des Lohneinkommens der Industriearbeiter zu kommen."

Diese Kritik nahm sich J. K. „zu Herzen" und brachte seine Verbesserungen in der „Finanzpolitischen Korrespondenz".

Mit besonderer Freude schrieb er seit 1932 für die „Internationale Presse-Korrespondenz", ein Organ der Komintern, die Julius Alpari, ein ihm freundlich gesinnter ungarischer Genosse, leitete. Er gab J. K. reichlich Platz, denn er hatte offenbar Freude an dessen Beiträgen, in denen man den heißen Atem der Bewegung spürte. Dort liest man etwa:

„Vierzig Millionen Arbeitslose allein in Europa, Amerika und Australien. Und über die Hälfte aller Arbeitslosen ohne öffentliche Unterstützungen. Täglich steigt ihre Not, steigt ihr Elend. Der Hunger nimmt zu. Die Kälte läßt Millionen frieren. Krankheiten breiten sich aus. Immer neue Tausende, Männer und Frauen und Kinder, sterben dahin.

Aber gleichzeitig wächst der Widerstand der Arbeitslosen gegen das kapitalistische System, gegen die Unterdrücker.

Die Arbeitslosen schließen sich zusammen – sie demonstrieren. Die Richtung des Marsches steht fest: das Rathaus der Stadt. Immer neue Arbeitslose schließen sich dem Zug an. Vor dem Rathaus stehen sie zu Hunderten, zu Tausenden. Eine Delegation geht zum Bürgermeister. Sie verlangen Unterstützungen, Geld, Brot, Kohle, Mieterlaß. Der Bürgermeister will ‚verhandeln‘, ‚überlegen‘, ‚beraten‘, ‚mit der vorgesetzten Behörde sprechen‘. Draußen vor dem Rathaus werden die Hungerrufe der Erwerbslosen immer lauter, immer drohender. Die Delegation läßt sich nicht abspeisen. Schließlich muß der Bürgermeister nachgeben. Die Forderungen der Arbeitslosen sind bewilligt. Die Erwerbslosenaktion war erfolgreich. Und dieser Aktion wird bald eine neue folgen. . . .

Schon schließen sich die Betriebsarbeiter und die Erwerbslosen immer enger zusammen. Nicht nur, daß die Erwerbslosen rein passiv die Betriebsarbeiter in ihren Kämpfen unterstützen, indem sie den Streikbruch ablehnen. Nicht nur, daß sie aktiv die Betriebsarbeiter unterstützen, indem sie Streikposten stehen. Nein, auch umgekehrt zeigen die Betriebsarbeiter den Erwerbslosen immer häufiger ihre aktive Solidarität. Schon werden hier und da in Betriebsversammlungen Resolutionen für öffentliche Unterstützung der Erwerbslosen angenommen, für höhere Winterbeihilfe und so weiter. Gelegentlich wird solchen Resolutionen auch schon stärkerer

Nachdruck verliehen, indem die Betriebsarbeiter mit Streik drohen, wenn die Erwerbslosen nicht höher unterstützt werden."*

Häufiger schrieb J. K. auch für den „Roten Aufbau" – nichts jedoch, was heute noch von Interesse wäre.

J. K. war Parteipublizist geworden – doch enthielten seine Artikel auch winzige wissenschaftliche Leistungen statistischen Charakters.

Und wo blieben die Bücher? Hören wir ihn dazu selbst:

Ein Buch schrieb ich nicht, dazu reichte die Zeit nicht. An Broschüren erwähnte ich schon eine anonym erschienene. Eine andere, die ich wohl ebenfalls anonym schrieb, ist meinem Gedächtnis völlig entschwunden; ich erinnere mich an sie nur, weil sie auch in der Sowjetunion erschien. Ebenfalls ins Russische übersetzt wurde die unter dem Pseudonym Peter Jottkas verlegte Broschüre „Hungerlöhne", die ebenso wie „Wenn die Arbeiter die Macht haben..." vom Internationalen Arbeiter-Verlag herausgebracht wurde. Auf Wunsch der Sowjetfreunde gab ich ein Buch heraus, das ich noch heute gern in die Hand nehme. Es ist zwar nicht mein altes Exemplar, denn das wurde im März 1933 von einer Bande SA beschlagnahmt – es lag auf meinem Schreibtisch, da aber mein Name weder auf dem Rücken noch auf dem Deckel stand, brachten die SA-Leute, die, wenn sie überhaupt lasen, sich mit dem Deckel eines Buches begnügten, mich nicht damit in Verbindung und nahmen mich nicht mit.**

Der Titel lautet „Rote Arbeit" und richtet sich gegen die Denunzierung der Arbeit in der Sowjetunion als Zwangsarbeit. Die Verfasser des ersten Teiles, der all-

---

* Internationale Presse-Korrespondenz, 13. Jg., Nr. 10, 24. Januar, Berlin 1933, S. 344.

** Das Exemplar, das ich hier benutze, fand seinen Weg in meine Bibliothek mit der reizenden Einschrift: „Dem Autor gewidmet. Ernst." (Alexander Abusch). 22. 6. 50.

gemein die Lage der Arbeiter behandelt, waren (in der Reihenfolge ihrer Beiträge): Karl Radek, S. Tretjakow, Arthur Holitscher, Anna Seghers, E. Kisch.

Allein die Namen machen Freude. Ich war stolz, ein solches Buch herauszugeben, und bin es heute noch, auch wenn mein Beitrag der schwächste ist. Für mich bleibt er jedoch wichtig, weil er meinen ersten von vielen Versuchen darstellt, die Lage der Arbeiter in der Sowjetunion mit der in kapitalistischen Ländern statistisch zu vergleichen.

Das Buch erschien als von einem „fortschrittlichen Bürger" herausgegeben, und dementsprechend schließe ich auch mein Vorwort: „Viele mögen vieles gegen das heutige Rußland und seine Wirtschaftsmethoden einwenden. Der Anstand aber gebietet, daß die Einwände sachlich begründet sind. Wir hoffen, mit diesem Buche einen der furchtbarsten Einwände, der überhaupt gegen irgendein System, gegen irgendeine Regierung gemacht werden kann, den Vorwurf der Versklavung des arbeitenden Menschen, als sachlich unbegründet aufgezeigt zu haben."

In wie verschiedenem „Stil" schrieb ich doch in jenen Jahren! Und welche Freude war es immer mit den Sowjetgenossen zusammenzuarbeiten!

Wohl ein Jahr nach der deutschen kam eine spanische Ausgabe der „Roten Arbeit" heraus.

Noch eines Erlebnisses von J. K. sei Erwähnung getan. Am 22. Januar 1933 hatten die Faschisten eine großangelegte Provokation in Berlin versucht. Sie organisierten unter starkem Polizeischutz einen Aufmarsch der SA auf dem Bülowplatz, gegenüber dem Karl-Liebknecht-Haus, dem Sitz des Zentralkomitees der KPD.

Als Antwort darauf marschierten drei Tage später über hundertdreißigtausend Kommunisten, Sozialdemokraten, Parteilose, Mitglieder des Massenselbstschutzes, des Reichsbanners und der proletarischen Wehrorganisationen aus den verschiedenen Stadtteilen ins Zentrum und am Karl-Liebknecht-Haus vorbei.

Und nun hören wir J. K.:

Wenn hier von „proletarischen Wehrorganisationen" die Rede ist, dann gehörte zu ihnen natürlich auch unser illegaler Roter Frontkämpferbund. Bei der Demonstration am 25. Januar kam es uns darauf an, der Polizei keine Handhabe zum Einschreiten zu geben. Doch bei der Wut unserer Genossen nach dem Naziaufmarsch wäre es nicht verwunderlich gewesen, wenn einige – besonders unter den illegalen Rotfrontkämpfern, die zumeist eine Waffe besaßen – sich zu Schüssen auf die Polizei hätten hinreißen lassen. Darum wurden von der Bezirksleitung Berlin für die einzelnen Gebiete, in denen sich die Genossen sammelten und durch die die Demonstranten zogen, Instrukteure ernannt, dafür verantwortlich, daß „keine Sachen" passierten. Das aufregendste Gebiet war natürlich das Stadtzentrum. Für dieses machte der Genosse Florin mich verantwortlich. Er sagte sich wahrscheinlich, daß es taktisch gar nicht falsch wäre, den wahrlich kräftigen Gestalten der Rotfrontkämpfer eine dürre Gestalt mit jedoch gut funktionierendem Mundwerk zur Seite zu stellen. Die Rotfrontkämpfer würden sich scheuen, diesem Genossen eine Maulschelle zu geben, die ihn womöglich für einige Zeit außer Kraft setzte. So flitzte ich zwischen den Rotfrontkämpfern und der teils berittenen Polizei hin und her, organisierte Rufe an die zum Teil sozialdemokratisch organisierten Polizisten, sich auf unsere Seite gegen die Nazis zu stellen, und war ganz zerrissen zwischen meiner Begeisterung über den großartigen Aufmarsch und der Aufgabe, dauernd meine Augen wachsam über die Reihen der Marschierenden schweifen zu lassen, ob es nicht zu einem Zusammenstoß kommen würde, besonders wenn ein Polizeipferd unruhig wurde.

Vier Stunden dauerte die Demonstration bei achtzehn

Grad Kälte und eisigem Wind. Und nichts passierte in diesen vier Stunden, das wir Instrukteure hätten verhindern müssen. Großartig war die Disziplin!

Kurz darauf nahm der Genosse Thälmann noch einmal, zum letzten Male, uns Funktionäre des Parteiapparates und der RGO im Karl-Liebknecht-Haus zusammen, um uns politische Anweisungen zu geben. In der Erinnerung erscheint es mir, daß ich ihn nie zuvor so eindringlich gegen das unter uns verbreitete Sektierertum habe sprechen hören, und genau besinne ich mich, daß er uns mahnte, in unseren Diskussionen und Absprachen mit Sozialdemokraten nicht immer darauf zu achten, daß „unsere Weste auch schön weiß" bleibe. –

Bald darauf gehe ich wie immer, es war am Morgen nach dem Reichstagsbrand, zur RGO. Unterwegs, in der Münzstraße, fängt mich Roman Chwalek ab. Das Haus sei besetzt, die Legalität zu Ende.

Einige Tage lang betrachtete ich Roman mit tiefster Dankbarkeit als meinen Lebensretter. Dann gab sich das. Es begann eine Zeit, in der gegenseitige Rettung vor Zuchthaus, Konzentrationslager, dem Tode zu einer selbstverständlichen und häufigen Angelegenheit wurde.

Man spürt, J. K. ist auf dem Wege, ein Kommunist zu werden, und da sich seine wissenschaftliche Entwicklung im Tempo sehr verlangsamt hat, wenn sie überhaupt merklich fortgeschritten ist, schließt sich bei ihm die Lücke zwischen Politik und Wissenschaft weiter.

Dabei muß man folgendes sehen: Ja, er ist auf dem Wege, ein ordentlicher Kommunist zu werden, ein ordentliches Parteimitglied – aber seine Fähigkeiten zu tieferer Einschätzung von Strategie und Taktik der Partei sind, soweit er überhaupt solche haben sollte, noch völlig unentwickelt, und gegenüber verschiedenen Strömungen innerhalb der Partei ist er ganz unempfindlich. Wir können uns an seiner Instrukteurtätigkeit am 25. Januar 1933 freuen – ohne dabei zu übersehen, daß er noch nicht in der Lage war, auch nur ein ordentlicher Leiter einer Zelle zu sein.

Wieder fällt die außerordentliche Ungleichmäßigkeit seines Reifens auf, die Ungleichmäßigkeit in der Ausformung der verschiedenen Eigenschaften eines guten Kommunisten; er selbst empfand das damals nicht.

Ein merkwürdig gewachsener Kommunist ist das, der jetzt in die Illegalität geht.

Kapitel IX   Illegale Arbeit – März 1933 bis Januar 1936

So ungleichmäßig auch die Entwicklung von J. K. zum Kommunisten war, er hatte das Glück – wie oft und wie berechtigt oft kehrt dieses Wort wieder –, daß gerade die Eigenschaften stark bei ihm ausgebildet waren, die für die illegale Arbeit wichtig sind.

Da ist sein Vertrauen in die Führung der Partei – oder sollte man bei seiner Unreife in der Einschätzung der Strategie und Taktik nicht besser sagen: sein blindes Vertrauen, sein Glaube? –, verbunden mit einer Fähigkeit zu absoluter Disziplin. Marguerite meinte in früheren Jahren öfter: „Wenn du zweihundert Jahre eher geboren wärst, wärst du einer der treuesten Söhne der katholischen Kirche geworden."

Da ist seine Fähigkeit, sich in allen Kreisen und Schichten bewegen zu können.

Da ist seine natürliche Neigung zur Verschwiegenheit.

Und da ist noch eine Eigenschaft, über die er selbst berichten soll:

Auf einer Wanderung in den Bayerischen Alpen erzählte mein Vater einmal Ursula und mir folgende Geschichte, die uns damals großen Eindruck machte: Im ersten Weltkrieg stehen zwei Generalstabsoffiziere auf einer Anhöhe, um den Fortschritt eines Angriffs zu beobachten, während sie selbst unter Beschuß sind. Der eine holt ein Zigarettenetui aus der Tasche und hält es mit ruhiger, fester Hand dem anderen geöffnet hin; der nimmt mit zitternder Hand eine Zigarette heraus. Erstaunt sieht ihn der eine an. „Ja", sagt der, dessen Hand zittert, „sehen Sie, daß ich trotzdem hier stehe, zeigt, daß von uns beiden ich der Mutige bin."

Er hatte meiner Ansicht nach völlig recht. Mut heißt, sich trotz Furcht fest verhalten. Von uns beiden war es damals Marguerite, die Mut bewies. Menschen, von denen man sagt, daß sie keine Nerven haben, können kein Beispiel für größere Gruppierungen sein. Darum sind sie auch nicht sehr geeignet als militärische Führer vom Leutnant aufwärts.

Anders bei der illegalen Arbeit, die nicht von größeren Gruppierungen, sondern von kleinsten Gruppen getan wird. Paart sich hier nervenlose Unbekümmertheit um sich selbst mit umsichtiger Sorge für die wenigen anderen, dann kann man wirklich ordentliche Arbeit leisten. Hat man darüber hinaus keine wichtige Funktion oder keine Funktion, von der die konkrete Arbeit vieler anderer indirekt abhängt, dann hat diese nervenlose Unbekümmertheit sogar beachtliche Vorteile. Mit einer Ausnahme: in der Ehe, wenn beide betroffen sind. Nur ein einziges Mal weinte Marguerite nach einer Haussuchung durch SA oder Polizei: als ich mich nach dem Abzug der Banditen sofort, ohne Worte für sie, Marguerite, wieder an meinen Schreibtisch setzte und mit meinen statistischen Berechnungen fortfuhr. Natürlich hatte sie völlig recht, mich hart und herzlos, versteinert und rücksichtslos zu finden, und ich glaube, sie seitdem in solchen und ähnlichen Fällen stets gestreichelt und mit ihr gesprochen zu haben, bevor ich mit meiner Arbeit fortfuhr.

Über die erste Haussuchung und die nachfolgenden Familienereignisse erzählt J. K.:

Am 3. März 1933 fiel Thälmann durch Verrat den Faschisten in die Hände. Der Schuster, bei dem er gewohnt hatte, hieß so ähnlich wie wir. Mit eiserner Logik argumentierte die Polizei, als sie wenige Stunden später bei uns die erste Haussuchung durchführte: Wir hießen doch so ähnlich wie jener Schuster, also seien wir wohl miteinander verwandt! Danach folgten in kurzen Abständen weitere Haussuchungen – in jeder Mischung von Polizei, Gestapo, SA und so weiter. Einmal wollte die SA unser Häuschen beschlagnahmen – aber zu unserem Glück war am Tag zuvor eine öffentliche Mitteilung aus dem „Braunen Haus" erfolgt, daß Beschlagnahmen nur noch von der Polizei durchgeführt würden. Ich berief mich darauf, die SA zog ab, allerdings mit der Drohung, sie würde sich meinen „Ton merken". In den ersten Wochen des Faschismus war es ein gewisser Vorteil, in einem „guten Viertel" zu wohnen.

Mein Vater mußte Anfang März untertauchen. Ein Freund der Eltern, Vater des heute bekannten, Amerikaner gewordenen Ökonomen Otto A. Hirschmann, brachte ihn zunächst in seiner Anstalt für Geistesschwache unter; Anfang April emigrierte er illegal in die Tschechoslowakei, von wo er nach Genf fuhr und einige Monate später nach England.

Meine Mutter blieb mit den jüngeren drei Schwestern in Schlachtensee, bis es ihr Anfang 1934 gelang, das große Haus zu verkaufen. Ursula lebte in China und die nächste Schwester, Brigitte, in Basel; sie hatte in Heidelberg studiert und dort die Parteiarbeit unter den Kindern geleitet. Als sie dem Leiter der Pimpfe im März 1933 auf der Straße eine Ohrfeige gab, wurde sie sofort verhaftet, dann aber von Polizisten, die der katholischen Zentrumspartei angehörten, nach kurzem Gefängnisaufenthalt freigelassen mit dem Rat, innerhalb von vierundzwanzig Stunden aus Deutschland zu verschwinden.

J. K. hatte eine Adresse, wo er sich einfinden würde, wenn die Partei in die Illegalität getrieben werden sollte. Es handelte sich um ein Klavierlager in der Invaliden- (oder Chaussee-) Straße. Dort sollte die Informationsabteilung der Reichsleitung der Partei arbeiten, und mit ihm erschienen im März dann seine Freunde Erich Kunik und Christel Wurm; als „Schreibkraft" kam Charlotte Bischof, deren Tochter Renate später Bruno Leuschner heiraten wird.

Sicherlich verdankte er es Erich Kunik, daß er bei Genossen, die ihn schätzten und ihm freundlich zugetan waren, geborgen arbeiten konnte. Als, wohl im Oktober, Erich Kunik in die Sowjetunion abberufen wurde, blieben sie zu dritt dort, bis Christel Wurm, der eine führende Funktion in der Reichsleitung erhielt, 1934 nach Paris fuhr.

J. K.s Gehalt wurde mit Beginn der Illegalität auf fünf Mark pro Monat – die Fahrtkosten für die Untergrundbahn – herabgesetzt. Mittags aß er zwei trockene Schrippen, dafür abends wesentlich besser. Das Ausgabenbuch für Ende 1935 – Marguerite schrieb zur Kontrolle alles genau auf – ist noch erhalten. Es zeigt Gesamtausgaben von 324,95 Mark für November, davon langfristig 87,10 Mark für Kohlen, 10,98 Mark Monatsverbrauch an Gas sowie 30,00 Mark Lohn für Tine, die Haushaltshilfe, Kindermädchen und gute, treue Hausgenossin war; an vierzehn Tagen des November gaben die Kuczynskis weniger als fünf Mark aus.

Wovon lebten sie? J. K. hatte einen guten Bekannten, einen jüdischen Bankier. Dem gab er gute Börsentips und erhielt dafür einen Teil des Gewinns. Die Tips, die unweigerlich zu Gewinnen führten, bezog J. K. aus gelegentlichen internen Parteiinformationen über die Aufnahme von Rüstungsproduktion in Betrieben, die zu klein waren, um im Licht der Börsenöffentlichkeit zu stehen, aber groß genug, um Aktien an der Börse zu haben. Hatte J. K. den Tip gegeben, kaufte der Bankier, sagen wir, für zehntausend Mark Aktien und ließ durchsickern, daß dort Rüstungswaren hergestellt würden. Stiegen die Aktien um dreißig Prozent, erhielt J. K. eintausendfünfhundert Mark und war für einige Zeit versorgt. So konnte er voll für die Partei arbeiten, indirekt durch sie finanziert, ohne sie mehr als fünf Mark im Monat zu kosten; arbeiten und zugleich „einen Teil der Rüstungsgewinne des Kapitals für die Partei abschöpfen", wie Erich Kunik das nannte, während Christel Wurm das Ganze als „echte Dialektik", als „Einheit der Gegensätze" kennzeichnete. Dazu kamen, besonders später, als das Büro aufgelöst wurde und diese Einnahmequelle versiegte, Honorare aus Arbeiten für die Sowjetunion, und eine Zeitlang war J. K. Börsenberichterstatter der „Herald Tribune", für die ja achtzig Jahre zuvor auch Marx geschrieben hatte und deren Vertreter in Berlin ein erfreulicher Antinazi war.

Seine Arbeit in der Reichsleitung bestand darin, daß er wichtige Wirtschaftstatsachen und Wirtschaftsanalysen sammelte, zum Teil auch aus der ausländischen Presse, die man täglich an Kiosken kaufen konnte.

Die Partei wünschte, daß er möglichst lange legal wohnen blieb – in seinem Wohnbezirk hatte er ja nie Parteiarbeit gemacht. So konnte er auch für die RGO als Abonnent von Zeitschriften fungieren; sein Verbindungsmann zur RGO war Willi Jahnke – später Bezirksbürgermeister in Berlin und Stellvertretender Gesundheitsminister. Nach Willis Verhaftung – und einer Reihe anderer Genossen der illegalen RGO-Zentrale – hielt er weiter Verbindung zu Willis Frau, Grete Maldaque, die er schon aus dem Karl-Liebknecht-Haus kannte.

Aus dem Jahre 1933, aus der ersten Zeit der Illegalität, berichtet J. K.:

Es war schwer, an Genossen, die man gut kannte, auf der Straße wie ein Unbekannter vorbeizugehen. Es war schwer, sich an die Isolierung, in der man leben mußte, zu gewöhnen. Es war schwer, wenn man so jüdisch aussah wie ich, festzustellen, daß man auch legal mehr und mehr eingeengt wurde – nie habe ich es Rolf Wagenführ vergessen, daß er mir bis zur letztmöglichen Stunde Zutritt zur Bibliothek des Konjunkturinstituts sicherte.

Und doch war das Leben leicht und schön. Man glaubte an den baldigen Sturz des Faschismus, und in der „Zwischenzeit" tat man nützliche Arbeit, die alles andere als Routine war. Natürlich gab es auch Verräter unter den Genossen und Feiglinge, die sich zurückzogen, aber noch waren wir – 1933 – eine große Partei, und wir hatten das Gefühl, aus dieser Zeit als bessere Genossen herauszukommen, gestählter und schlauer im Klassenkampf, klüger im Analysieren und weiser im Urteil, enger miteinander verbunden durch das gemeinsame Erlebnis: als eine wirklich bolschewistische Partei.

Und jeden Tag wieder nach Hause zu kommen, Marguerite und das Kind zu sehen, Briefe von guten Freunden aus allen Teilen der Welt zu lesen, empfand ich wie ein persönliches Geschenk!

Natürlich hatte ich jetzt mehr Zeit. Jeden Nachmittag verließen wir, in gebührendem Abstand, gegen fünf Uhr unser illegales Büro, und sonnabends arbeiteten wir überhaupt nicht. Ich durfte auch während des Tages Kontakte mit den Sowjetfreunden halten, bisweilen einen Vormittag oder Nachmittag dem Büro fernbleibend. Ein- bis zweimal im Monat sah ich den TASS-Korrespondenten oder Bessonow von der Botschaft oder diesen und jenen von der Handelsvertretung.

Gelegentlich nahm ich einen ganzen Tag frei, um in Bibliotheken zu arbeiten. Mit dem Ende der hauptberuflichen journalistischen Tätigkeit wandte ich mich wieder mehr der Wissenschaft zu, und zwar dem wirtschaftshistorisch-statistischen Gebiet. Auf einiges werde ich bei der Besprechung meiner Tätigkeit an der „Finanzpolitischen Korrespondenz" eingehen. Auch die schöne Literatur kam wieder zu ihrem Recht. Merkwürdig liest sich das alles, und doch kann kein Zweifel darüber bestehen, daß nach etwas mehr als eineinhalb Jahren legaler Arbeit in hauptberuflicher Funktion die Illegalität einen Aufschwung in meinem kulturell-wissenschaftlichen Leben brachte – mit, und das ist nicht verwunderlich, einer wachsenden Tendenz zum Studium von Theorie und Geschichte.

Das Leben spielte sich ein. Ein Teil der Uhr ist die Unruhe genannt. Ohne sie funktioniert die Uhr nicht. Wir hätten natürlich auch sehr wohl ohne Illegalität und die aus ihr für Marguerite entspringende Unruhe existieren können, aber sie wurde ein Teil unseres Lebens. So sehr, daß wir uns später in den ersten Wochen der Emigration wie im luftleeren Raum, ohne Schwergewicht, unsicher lebend fühlten; daran änderte auch die Tatsache nichts, daß wir plötzlich wieder alltäglich Kontakt mit einer legalen, der englischen Arbeiterbewegung hatten.

So abgeschnitten wir voneinander in Deutschland lebten, fühlten wir uns doch eingehüllt von dem Strom unserer Bewegung. So richtig es ist, daß wir öfter voneinander durch Verhaftungen und Ermordungen hörten als anderswie, schloß uns das um so enger zusammen. Nie wohl waren deutsche Kommunisten so isoliert gewesen und doch so eng miteinander verbunden wie damals. Dabei hatte diese enge Verbundenheit im Grunde einen ganz unpersönlichen Charakter. Ich glaube nicht, daß Erich Kunik, Christel Wurm und ich uns damals persönlich näherkamen, als wir schon zuvor standen. Es war mehr eine Verbundenheit von Kampfgenossen, von Genossen unserer Partei, auf die wir unendlich stolz waren. Stolz nicht auf irgendwelche Leistungen – schließlich hatten wir eine schwere Niederlage erlitten und sollten noch schwerere erleiden –, sondern stolz darauf, daß wir da waren, daß wir existierten als einzige geschlossene fortschrittliche Kraft unseres Volkes; und jeder einzelne von uns durch seine Arbeit, durch sein Leben verantwortlich dafür, daß dieser Stolz berechtigt war und für immer andauern konnte.

Und von noch einem der vielen Erlebnisse jener Jahre, die heute völlig unwahrscheinlich klingen, außer für Genossen, die „dabei" waren, soll J. K. erzählen:

Eines Sommertages sah ich aus unserem Büro auf die Straße – mehr versehentlich, denn wir wollten uns möglichst nicht am Fenster zeigen – und bemerkte einen kleinen Auflauf an der Haustür. SA und Polizei gruppierten sich, etwa fünfzehn Mann; offenbar waren wir verraten, zumindest entdeckt worden. Blitzschnell informierte ich die Genossen. In Sekunden kauten wir mit vollem Mund und verspeisten das Ergebnis unserer Morgenarbeit einschließlich des gebrauchten Blaupapiers.

Wir hören laute Tritte die Treppen herauf – mit verzweifelt arbeitenden Kiefern und zerkautes Papier schluckend haben wir noch einen letzten festen Blick der Freundschaft füreinander.

Und dann geht es an unserer Tür vorbei, eine Treppe höher, wo, wie wir nun erfuhren, sich ein illegales Büro der Sozialdemokraten befand.

Wie Ella Rumpf, die uns diesen Raum besorgt hatte, mir später versicherte, sei das Haus, ja seien auch die beiden anliegenden und das gegenüberliegende Haus genau überprüft worden. Also waren die Sozialdemokraten nach uns eingezogen. Auf jeden Fall konnten wir nun sicher sein, daß die Gestapo uns in Frieden lassen würde, denn daß sich in einem Haus illegale Büros zweier Parteien befinden, mußte ihr genauso unwahrscheinlich vorkommen wie uns.

Im Grunde noch unwahrscheinlicher, aber bedeutsamer für die Partei war ein anderes Ereignis, das sich bis Ende 1933 Woche für Woche beziehungsweise bei einer Doppelnummer nach vierzehn Tagen wiederholte: das Erscheinen der „Finanzpolitischen Korrespondenz", legal, als marxistische Zeitschrift.

Natürlich verlor sie mit dem Verbot der beiden Arbeiterparteien und der Gewerkschaften zahlreiche Abonnenten – und mehr: die Artikel wurden in Deutschland nicht mehr nachgedruckt. Dagegen kamen neue Abonnenten aus dem Ausland, vor allem aus der Sowjetunion – so erhöhte zum Beispiel der Genosse Varga die Zahl der Abonnements seines Instituts von zwei auf fünfzehn. Auch druckte die ausländische Presse mehr Artikel, jedoch die der Sowjetunion, um J. K. nicht zu gefährden, nur noch in Auszügen und ohne Quellenangabe.

Doch bevor wir weiter über die „Finanzpolitische Korrespondenz" berichten, sei J. K. das Wort über die Sekretärin Gertrud Wiese gegeben:

Gertrud Wiese, die Sekretärin meines Vaters, gehörte natürlich zur Familie. Sie war mit der Gründung der „F. K." im Jahre 1920 zu uns gekommen – mein Vater hatte sie von dem verstorbenen Wohnungswesenexperten Rud. Eberstadt übernommen – und arbeitete in einem kleinen Stübchen im Dachgeschoß des elterlichen Hauses, wo sie auch aß. Sie war altjüngferlich, häßlich und wohl „bestenfalls" sozialdemokratisch. Zunächst hatten wir Kinder auch kein besonders herzliches Verhältnis zu ihr; aber mit der Zeit erkannten wir ihren prächtigen Charakter, ihre Tüchtigkeit, ihre Treue zur Arbeit, ihre Anhänglichkeit an unsere Familie, und sie wurde, wie andere hilfreiche Geister unseres Hauses, zu einem Teil unseres Lebens, eng verbunden mit unser aller Tun und Denken.

Als mein Vater 1933 auswandern mußte, übernahm ich sie ganz selbstverständlich, beschaffte auch stets irgendwie ihr Gehalt, und als wir 1936 emigrierten, blieb sie im Sommer mit ihrer älteren buckligen Schwester in unserem Häuschen, im Winter zog sie in ihre Wohnung in der Stadt und lebte von dem, was meine Eltern und ich für sie mobilisieren konnten. Gleich nach meiner endgültigen Rückkehr nach Deutschland im November 1945 suchte ich sie und erfuhr, daß sie kurz zuvor in einem Krankenhaus Hungers gestorben war. 1938 war unser Häuschen beschlagnahmt worden, und sie mußte heraus – konnte nichts von meinen Büchern retten, wohl aber meine persönlichen Sachen: Briefe, Manuskripte und so weiter, die sie durch die ganze Kriegszeit aufbewahrt hatte und die ich Ende 1945 bei Bekannten von ihr für mich bereitgelegt, fand – eine treue Sekretärin bis zu ihrem Tod, Gertrud Wiese.

Doch nun zur „F. K.". In der ersten nach dem 28. Februar geschriebenen Nummer (Nummer 10 vom 10. März 1933) beginnt die regelmäßig einmal im Monat von J. K. veröffentlichte Statistik der Ernährungskosten, und im Text heißt es, als ob es keine Nazis gäbe und als ob nicht bei J. K. inzwischen zwei Haussuchungen stattgefunden hätten: „Es ergibt sich, daß die Ernährungskosten von Januar bis Februar gestiegen sind." Eine Besprechung von Fritz Sternbergs Studie über den deutschen Kapitalismus leitet der Satz ein: „Das Buch Sternbergs ist die erste zusammenfassende Betrachtung des Niedergangs des deutschen Kapitalismus."

In der Nummer 11/12 wird die Entwicklung der Lage der Arbeiter im ersten Monat des Hitlerregimes so zusammengefaßt: „Im Februar haben sich die durchschnittlichen Löhne der Industriearbeiter ebenso wie die Arbeitslosigkeit gegenüber dem Januar kaum verändert. Da jedoch jeder Tag, den die Arbeiterklasse auf dem furchtbar niedrigen Niveau der Lebenshaltung vom Januar lebt, eine neue Belastung, neue zusätzliche physische und psychische Anspannung bedeutet, so ist festzustellen, daß auch der Februar eine weitere Verelendung für die Arbeiterklasse gebracht hat."

Nachdem J. K. in der Nummer 13 für die Berechnung von Lebenslöhnen, die auch das Sinken der Löhne mit zunehmendem Alter berücksichtigt, plädiert hat, untersucht er in Nummer 14 unter anderem die Entwicklung der Getreidepreise in Deutschland und im Ausland, geht auf die Forderungen der großagrarischen Interessen ein und schließt mit folgender frecher Feststellung: „Die Entwicklung der Getreidepreise in Deutschland hängt also, die gegenwärtigen Produktionsverhältnisse vorausgesetzt, ausschließlich von den Eingriffen des Staates in die großagrarische Wirtschaft beziehungsweise in den Markt für Getreide ab." Da es sich in dem Artikel um den Versuch einer Prognose der Getreidepreise für die nächsten Monate handelt, hat die Formulierung „die gegenwärtigen Produktionsverhältnisse vorausgesetzt" schon etwas leicht Provokatorisches. Die „Bücherschau" bespricht dann vor allem Gewerkschaftsberichte.

In der nachfolgenden monatlichen „Konjunktur für den Arbeiter", die natürlich nicht leugnen kann, daß die Arbeitslosigkeit saisonmäßig zurückgegangen ist, wird der Angriff so geführt: „Ende März erhielten nur noch zwölf Prozent aller amtlich gezählten Arbeitslosen die Sätze der Arbeitslosenversicherung, während die übrigen achtundachtzig Prozent in der Hauptsache die Sätze der Wohlfahrt erhielten. Im März 1932 war der Prozentsatz derer, die die etwas höheren Sätze der Arbeitslosenversicherung erhielten, noch mehr als zweimal so hoch wie dieses Jahr, nämlich sechsundzwanzig Prozent, wozu noch zu bemerken ist, daß im Vorjahr die Unterstützungssätze beträchtlich höher waren, als sie es heute sind." Durch einen Vergleich mit dem Vorjahr wird also nachgewiesen, daß die Lage der Arbeitslosen Ende März 1933 schlecht ist, schlechter als im Vorjahr. Noch weiter geht J. K. in der nächsten Nummer, in der er schon in der Überschrift fragt: „Ist die Arbeitslosigkeit auch konjunkturell zurückgegangen?" Daß sie saisonmäßig gegenüber dem Winter zurückgehen mußte, war ja offenbar. Nach einer Analyse der Gewerkschaftsstatistiken und der amtlichen Statistiken kommt er zu folgendem Schluß:

„Durch die Saisonindustrien wurden also im März im ganzen 305 000 Arbeitslose aufgenommen. Wenn wir noch bedenken, daß wir die Zahl der Neubeschäftigten in einer ganzen Reihe von Saisonindustrien nicht feststellen können, wie zum Beispiel in der Automobilindustrie, da keine gesonderten Zahlen amtlich ausgewiesen werden, so ist leicht ersichtlich, daß den 402 500, die nach der amtlichen Statistik aus dem Arbeitslosenheer im März insgesamt ausgeschieden sind, aller Wahrscheinlichkeit nach eine höhere Zahl gegenübersteht, die in den Saisonindustrien Arbeit gefunden hat, so daß auch die amtliche Statistik die Gewerkschaftsstatistik dahin zu bestätigen scheint, daß die Arbeitslosigkeit im März konjunkturell zugenommen hat.

Für den April lassen sich entsprechende Zahlen noch nicht geben. Doch kann man aus der verhältnismäßig geringen Abnahme der Arbeitslosigkeit in der ersten Aprilhälfte und der amtlichen Feststellung, daß in der zweiten Aprilhälfte ,Besserungserscheinungen' ,in einigen konjunkturabhängigen Wirtschaftszweigen' ,weniger in einem Sinken der Arbeitslosenziffer als in einem Übergang von der Kurzarbeit zur Vollarbeit ihren Niederschlag fanden', schließen, daß auch für den April als ganzen Monat wieder einer saisonmäßigen Abnahme der Arbeitslosigkeit eine konjunkturelle Zunahme gegenübersteht. Man hat also den recht bestimmten Eindruck, daß die Arbeitslosigkeit zwar insgesamt abgenommen, aber sowohl im März wie auch im April konjunkturell zugenommen hat."

J. K. bemerkt dazu:

Ich bin mir nicht sicher, ob ich recht mit meiner Analyse hatte, aber sie widersprach der damaligen Regierungslinie hundertprozentig, und ich weiß, daß wir diese Zahlen in unserer Berichterstattung an die Parteiführung benutzten, daß die Genossen sich über die Statistiken freuten und daß wir alle erstaunt waren, wie ich weiter solche Analysen veröffentlichen konnte.

Das Geheimnis bestand darin, daß niemand in Regierung und Polizei eine im XIV. Jahrgang erscheinende finanzpolitische – der Name erwies sich jetzt als prächtige Tarnung – Korrespondenz, die nur ein paar hundert Abonnenten hatte und im Inland nicht mehr nachgedruckt wurde, viel beachtete.

Entsprechend unserer damaligen Auffassung, daß keine Besserung der „Konjunktur für den Arbeiter" einträte, daß sich seine materiellen Verhältnisse verschlechterten, daß die Wirtschaft nicht aus der zyklischen Krise träte (eine sachlich falsche, aber in unsere damalige Agitation und Propaganda „prächtig passende" Linie), untersucht die Nummer 18 vom 24. Mai 1933, was der deutsche Außenhandel über die Konjunktur aussagt. Die Antwort lautet: „Die Außenhandelsstatistik für April deutet also auf einen Konjunkturrückgang hin."

Eines Artikels sei noch speziell gedacht, weil er eine ganz besondere, abenteuerliche Leistung für den Marxismus-Leninismus darstellt. Mit wirklich großer Freude schrieb ich ihn für die am 7. Juni erscheinende Nummer 21/22: „Die Wirtschaftsentwicklung in Deutschland 1924–1932. Studie zur Struktur des Wirtschaftszyklus". Da heißt es in der Vorbemerkung:

„Eines der Grundgesetze der kapitalistischen Entwicklung ist das Gesetz des Zyklus. Das Gesetz besagt, daß die Entwicklung des Kapitalismus in Zyklen vor sich geht und vor sich gehen muß. . . .

Im folgenden wollen wir nun einen kurzen Abriß der Geschichte des letzten Zyklus in Deutschland geben. Ein

254

solcher Abriß ist notwendig, einmal, da er Klarheit darüber schaffen wird, daß sich der Zyklus in den letzten
hundert Jahren nicht grundlegend geändert hat, genau
wie auch das Wirtschaftssystem das gleiche geblieben ist,
und um auf der anderen Seite die zum Teil außerordentlich starken Modifikationen, die der Ablauf des Zyklus
in der Periode der allgemeinen Krise des Kapitalismus,
in der Periode des Monopolkapitalismus, erfahren hat, zu
bestimmen."

Das ist nur ein kleiner Teil der Frechheit dieses Arti-
kel-Abenteuers. Denn ich schreibe nicht nur ganz eindeutig als Marxist und benutze unsere Terminologie, sondern auch folgendes findet sich in dem Aufsatz:

„Über das Verhältnis von Arbeitslohn und Konsum-
mittelproduktion ist zu bemerken, *daß die Krisen jedesmal gerade vorbereitet werden durch eine Periode, worin
der Arbeitslohn allgemein steigt und die Arbeiterklasse
real größeren Anteil an dem für Konsumtion bestimmten
Teil des jährlichen Produkts erhält.*

Vor der Krise steigt also der Anteil der Arbeiter an
dem für die Konsumtion bestimmten Teil der Produktion. Wozu zu bemerken ist, daß natürlich trotzdem zuviel Lebensmittel produziert werden, da die Produktion
von Lebensmitteln stärker steigt als die gesamte zum
Kauf von Lebensmitteln zur Verfügung stehende Kaufkraft aller Schichten der Bevölkerung. *Es werden perio-
disch* sowohl *zuviel Arbeitsmittel* als auch zuviel *Lebensmittel produziert.*"

Die hier kursiv gesetzten Worte sind aus Marx zitiert
– allerdings ohne Anführungsstriche und Quellenangabe
(in einem „Die Struktur des Wirtschaftszyklus" betitelten
Artikel in der Nummer 41/42 vom 14. November 1931
der „F. K." hatte ich die gleichen Worte von Marx ordnungsgemäß in Anführungsstrichen wiedergegeben).

Damals sagte ich mir: Sobald wir gesiegt haben, gebe
ich den Studenten der Berliner Universität als Examens-

aufgabe zu überprüfen, welche Stellen des Artikels von Marx sind. Und welche Freude hatten wir Genossen und auch die Sowjetfreunde in Berlin an diesem Husarenstreich! Später erzählte mir Genosse Varga, daß er meinen Trick natürlich gleich erkannt hätte.

Gewissermaßen als Abschlußvignette unter dieses Abenteuer sei erwähnt, daß in der folgenden Nummer ein Buch von Upton Sinclair, ein Werk von Anthony Bimba (Gründungsmitglied der KPdUSA) und Theodor Meissners „Geschichte der österreichischen Bauarbeiter" besprochen werden.

Als J. K. seinem Verbindungsmann zur RGO wieder einmal eine Nummer der „F. K." gab, faßte der ihn unter und meinte: „Du hast wohl die Losung: Wenn schon frech, dann total!" Natürlich hatte er recht. Das war auch die einzige Linie, die sich lohnte.

Am 11. Januar 1934 folgte die Ankündigung:

„An unsere Abonnenten!

Die Finanzpolitische Korrespondenz stellt ihr Erscheinen ein, da der Herausgeber, Herr Dr. Jürgen Kuczynski, als Nichtarier nicht mehr als Schriftleiter auf Grund des Schriftleiter-Gesetzes fungieren darf.

Verlag der Finanzpolitischen Korrespondenz".

Julius Alpari sagte J. K. Jahre später in Paris: „Wie erfreulich offen und einfach war deine Mitteilung an die Abonnenten. Die meisten anderen so betroffenen Zeitschriften oder Korrespondenzen formulierten entsetzlich verklausuliert." Noch heute freut sich J. K. über das Lob dieses guten Genossen.

Anfang 1934 reiste Christel Wurm nach Paris, und bald nach seiner Rückkehr wurde das Büro, in dem J. K. mit ihm arbeitete, aufgelöst. J. K. blieb aber weiter in Kontakt mit ihm und arbeitete für die Parteiführung wie zuvor, nur jetzt zu Hause.

Das bedeutete eine Wandlung in seinem Leben. Als dann seine Mutter mit den drei jüngsten Schwestern nach England zog, wo der Vater an der London School of Economics eine Stellung als Lehrer für Demographie gefunden hatte, wurde sein persönlicher Lebenskreis noch weiter verengt.

Mit dem Jahre 1934 gestalten sich seine Arbeitsbeziehungen zur Sowjetunion wesentlich enger. Darüber soll er selbst berichten:

So schön für mich die weitere Arbeit in der Reichsleitung der Partei aus offenbaren Gründen war, machte ich nicht den Fehler, ihr größere Bedeutung beizumessen, sie als besonders nützlich oder gar wichtig für die Partei zu betrachten.

Anders ist dagegen eine Arbeit einzuschätzen, mit der ich im Laufe des Jahres 1934 begann. Schon in der Zeit der Legalität stand ich gut mit Bessonow von der Sowjetbotschaft. Er nahm damals an einem theoretischen Parteizirkel teil, zu dem außer Winternitz, Kunik, Wurm und mir auch der heutige Theoretiker des Antikommunismus bei der SPD-Führung Rex – Richard Löwenthal (Sering) – sowie der uns später verlassende Luxemburgianer R. Schlesinger (Gerber) und Herbert Wehner (mit dem zusammen ich Ende 1932 den Parteiauftrag erhalten hatte, einen Band zum fünfzigjährigen Gedenktage des Todes von Marx 1933 herauszubringen) gehört hatten.

Bessonow, später in einem der Stalinschen Prozesse verurteilt, wurde in den Jahren der Illegalität zu einem guten Freund. Theoretisch trefflich gebildet, eine große Gestalt mit großen Gesten und voll warmer Freundlichkeit, umfassend interessiert – er konnte mit Marguerite eine halbe Stunde lang über Fischsaucenzubereitung ernst und sachverständig diskutieren –, schien er uns das Vorbild des neuen Menschen, den die Sowjetgesellschaft schuf.

Bessonow brachte mich mit dem Wirtschaftssachverständigen der Botschaft, Genossen Hirschfeld, in Verbindung, den ich bald regelmäßig sah, ohne ihm jedoch persönlich näherzukommen. Er hatte mich gebeten, alle vierzehn Tage Wirtschaftsanalysen für den Genossen Litwinow, den damaligen Außenminister der Sowjetunion, zu schreiben und außerdem für die Botschaft alle nur möglichen Wirtschaftsnachrichten zu sammeln.

Was meine Berichte für den Genossen Litwinow betrifft, so müssen sie ihn genügend interessiert haben, um sie sich direkt zeigen zu lassen und sie zu lesen – denn von Zeit zu Zeit bekam ich Rückfragen oder auch kritische Bemerkungen von ihm. Faktisch waren die Berichte sicherlich nicht von besonderem Niveau, mit Ausnahme einiger nützlicher, von mir speziell berechneter Statistiken und eingestreuter Tatsachenmitteilungen. Denn noch immer hatte ich nicht begriffen, daß auf der objektiv gesetzmäßig bedingten Aufschwungswelle nach der Krise das faschistische Wirtschaftssystem eine ganze Weile würde funktionieren können. Vielleicht liegen meine Berichte noch heute in den gewaltigen Haufen solcher Arbeiten, die aus aller Herren Ländern eingingen, in irgendwelchen Archivkellern in Moskau.

Ihre Bedeutung bestand darin, daß sie das einzige waren, was wir von der Partei an Wirtschaftsberichten aus dem Lande boten, und sie färbten zumindest die sowjetische außenwirtschaftspolitische Reaktion in dieser oder jener Sache und Richtung. Das konnte ich aus der ersten Kritik durch den Genossen Litwinow schließen. Ich hatte nämlich gemeldet, daß die Regierung bestimmte finanzielle Maßnahmen ergreifen würde, die auch von Regierungsseite als inflationsgefährlich angesehen wurden. Mir hatte das ein Bekannter erzählt, der es von Wagemann wußte, Leiter des Konjunkturinstituts, dessen Schwager, wenn ich mich recht besinne, Ministerialdirektor im Wirtschaftsministerium war. Das Ganze hatte ich ohne genaue

Quellenangaben in meinen Bericht eingebaut. Litwinow verlangte – natürlich mit Recht, und seitdem arbeitete ich in dieser Beziehung akkurater – künftig genaue Quellenangaben, und Hirsch erklärte mir, daß sie diese Meldung wegen ungenügender Einschätzungsmöglichkeit ihrer Bedeutung bei finanziellen Verhandlungen nicht entsprechend berücksichtigen konnten. Die Tatsache, daß ich diese Angelegenheit noch heute so genau weiß, ist auf zweierlei zurückzuführen: einmal auf die Lehre, die ich erhielt, dann aber auch, weil ich heute noch nachfühlen kann, wie ich mich damals freute, aus der Kritik und der Erklärung ihrer Bedeutung durch Hirsch zu erkennen, daß meine Analysen vom sowjetischen Außenminister „wirklich gelesen" wurden und auch einen winzigen „unmittelbar praktischen" Nutzen für die Sowjetpolitik hatten.

Wichtiger für die Botschaft als solche Analysen waren wohl die zahlreichen kleinen Nachrichten, die ich brachte, ungeordnete Mosaikstückchen, aus denen die Sowjetgenossen mit vielen aus anderen Quellen kommenden Mitteilungen ein zusammenhängendes Ganzes zu konstruieren suchten. Mit Billigung der Genossen nahm ich Verbindungen zu englischen Korrespondenten und amerikanischen Diplomaten und Journalisten auf. Bisweilen verfertigte ich auch einen Bericht für den „Manchester Guardian", mit dessen Korrespondenten ich bekannt wurde. Wie schon bemerkt, schrieb ich eine Zeitlang regelmäßig Berichte über die Berliner Börse für den Korrespondenten der „Herald Tribune". Mein Vater kannte den stets ausgezeichnet informierten amerikanischen Generalkonsul Messersmith, über den ich einige Leute aus dem Konsulat kennenlernte, die wesentlich offener sprachen als er, weniger im Schweigen oder belanglosen Schwätzen geschult als er selbst, der ein ganz gerissener Diplomat war. Dazu kamen noch eine Reihe Bekannte, Freunde und Verwandte aus Bankkreisen und der Wirtschaft, ausländische Besucher, die einflußreichere Beziehungen hatten und mir erzählten. Schließlich hatte ich mein Training bei dem inoffiziellen Vertreter der Sowjetunion in Washington gehabt – Training im Beobachten und Kombinieren, im Lenken von Gesprächen und im Zuhören. So ist es nicht verwunderlich, daß ich keine allzu schlechte Nachrichtenquelle war, da ich wußte, was zu berichten sich lohnt, und es verstand, Nachrichten zu deuten.

All diese Kleinigkeiten arbeitete ich in Stichworten in ein wissenschaftlich aussehendes Manuskript ein, aus dem ich dem Genossen Hirschfeld dann die entsprechenden Mitteilungen vorlas, während er sich Notizen machte.

Anders meine Berichte für den Genossen Litwinow, die ich voll ausgearbeitet bei mir trug. Etwa vierzehntäglich schlenderte ich mit meiner Mappe die Wilhelmstraße hinunter, bog nach rechts in die Linden ein, schlenderte weiter, bis ich unmittelbar an der Tür der Botschaft stand, machte dann eine scharfe eilige Rechtswendung zur Klingel und hatte immer eine gespannte halbe Minute, bis die Tür sich öffnete. Sicher wurde die Botschaft scharf bewacht, aber niemals wurde ich angehalten.

J. K. hatte die „Finanzpolitische Korrespondenz" verloren. Doch innerhalb eines halben Jahres gründete er eine neue Zeitschrift, die „Konjunkturstatistische Korrespondenz" – in der Schweiz.

Über das Programm der Zeitschrift heißt es im Geleitwort der ersten Nummer (Juli 1934):

„... Die Aufgabe, die sich die Korrespondenz dabei stellt, ist eine bewußt begrenzte und doppelter Natur:

Einmal sollen durch größere Beiträge Fragen zur Behandlung gelangen, die die Konjunkturforschung seit Jahrzehnten beschäftigen. Es sollen zunächst die wichtigen Beziehungen zwischen Großhandelspreisen, Lebenshaltungskosten, Löhnen und Produktion auf der einen und der allgemeinen Wirtschaftslage auf der anderen Seite eingehender erörtert werden. Im Laufe der Zeit neu auftretende Probleme sollen durch Behandlung in der Korrespondenz schnell zur Diskussion gestellt werden. Die Beiträge werden sich keineswegs auf rein theoretische Ausführungen beschränken, sondern durch ausführliches Tatsachenmaterial historisch-statistisch unterbaut sein.

Sodann wird die Korrespondenz die laufende Wirtschaftsentwicklung in regelmäßig monatlich veröffentlichten Statistiken, die auf eigenen Berechnungen beruhen, jedoch zumeist amtliches Material zur Grundlage haben, beobachten. Sie wird sofort in monatlichen Übersichten die Entwicklung der Löhne in den Vereinigten Staaten von Amerika, England und Deutschland darstellen und dieses Beobachtungsfeld fortlaufend durch Daten für weitere Länder erweitern. Ferner wird sie allmählich eine Anzahl von selbsterrechneten Konjunkturanzeigern veröffentlichen, um für eine Reihe von Ländern eine laufende Beobachtung der Wirtschaftslage zu ermöglichen."

Daß es sich um eine Fortsetzung der „Finanzpolitischen Korrespondenz" in etwas veränderter Form handelt, wird schon aus dem Inhalt der ersten Nummer offenbar, die die Weiterführung der regelmäßigen Studien zur Lage der Arbeiter in Deutschland, England und den USA bringt. Zugleich beginnt J. K. mit der Berechnung von Konjunkturanzeigern: zuerst mit einem für die Schweiz, um im Erscheinungsland mehr Interesse zu erwecken. Außerdem enthält die Nummer 1 noch einen etwas größeren (in der Nummer 2 fortgesetzten) Artikel über das Problem der Langen Wellen, wohl den ersten von marxistischer Seite außerhalb der Sowjetunion. Dieser Artikel beziehungsweise seine spätere Veröffentlichung in einer Broschüre fand international Beachtung.

Denn damals wurde von marxistischer Seite vielfach gegen Kondratieff argumentiert, daß sich solche Langen Wellen in der Theorie von Marx nicht fänden. Das ist natürlich kein Argument, und vielleicht stießen J. K.s Ausführungen deshalb auf ein gewisses Interesse, weil er seine Argumente gegen Kondratieff und andere auf einer statistischen Analyse aufbaute.

Seine heutige Auffassung zur Theorie der Langen Wellen faßt J. K. folgendermaßen zusammen:

Auch heute noch halte ich diese Theorie für falsch. Aber im Gegensatz zu damals scheint es mir, daß es in der Geschichte des Kapitalismus längere Perioden stärkeren Aufstiegs und solche gedämpfter Entwicklung gibt. Wir alle kennen die längere Periode der „great depression" im letzten Viertel des 19. Jahrhunderts, die vor allem England traf. Wir alle wissen, daß es eine ähnlich lange Depressionsperiode zwischen den beiden Weltkriegen gab, der zwanzig Jahre starken Aufschwungs nach dem zweiten Weltkriege folgten, und im „Neuen Deutschland" vom 2. April 1968 deutete ich an, daß mir eine neue Zeit nur gedämpfter Entwicklung durchaus möglich scheine. Ich glaube zwar, daß es sich bei den Ursachen für solche Erscheinungen um historische, nicht gesetzmäßig wiederkehrende und um Ursachen recht verschiedener Art handelt – aber das kann sehr gut auch an meiner Unfähigkeit liegen, hier gesetzmäßige Tendenzen zu entdecken. Wenn es also auch meiner heutigen Überzeugung nach keine Langen Wellen beziehungsweise Langen Zyklen gibt, die wie die zyklischen Überproduktionskrisen gesetzmäßig und regelmäßig wiederkehren, so gibt es doch zweifellos – früher für einzelne Länder und spätestens seit dem ersten Weltkrieg für eine ganze Reihe von Ländern – längere Perioden eines bestimmten Trends der Entwicklung, dessen Umschlag wir zumeist nicht erklären können. So hat zum Beispiel noch niemand einen ernsten Versuch gemacht, den Unterschied der Entwicklung nach dem ersten und nach dem zweiten Weltkrieg begreiflich zu machen.

Die Zeitschrift wurde international schnell bekannt. Der führende französische Konjunkturforscher Jean Lescure schrieb J. K. zum Problem der Langen Wellen, H. C. B. Mynors, Leiter der Forschungsabteilung der Bank von England, zu seinen Konjunkturstudien über England und Eugen Varga aus Moskau allgemein ermutigend. Doch der Schweizer Verleger bekam es mit der Angst, und bald ging auch diese Zeitschrift ein.

Bevor wir uns der wissenschaftlichen Entwicklung von J. K. in diesen Jahren der Illegalität zuwenden, sei die Entwicklungslinie des Kommunisten, des Parteimitgliedes weitergeführt.

Vor allem ist das große Erlebnis seiner Reise in die Sowjetunion zu erwähnen, über das J. K. in eigenen Worten berichten soll:

Als ich im November 1934 wieder eine Analyse für den Genossen Litwinow abgab, händigte mir Genosse Hirschfeld einen Brief aus: eine Einladung des Genossen Varga, ihn in Moskau zu besuchen.

Niemand unter den Jüngeren kann sich heute vorstellen, was eine solche Einladung damals bedeutete. Die Aussicht, Moskau wiederzusehen, genügte schon, um alles mit Glanz zu überstrahlen. Und dazu kam die Hoffnung, meine Genossen zu treffen und zu sprechen. Nicht einfach so, wie man sich auf ein Zusammensein mit guten Freunden freut, war es. Denn wieviel hatte man sich doch zu erzählen, und wieviel mehr noch wollte man hören! Und all das in einer Umgebung, in der man mit den Genossen laut sprechen und laut lachen konnte!

Manches galt es vorzubereiten. Mein Paß war fast abgelaufen, und es schien unter den verschiedensten Gesichtspunkten günstig, einen neuen zu beschaffen. Würde man ihn mir geben? Und würde ich es einrichten können, daß ich den alten behielt – denn abgelaufene Pässe, die man leicht „modernisieren" konnte, waren wichtig für die illegale Arbeit. Es klappte ausgezeichnet. Ich bekam ohne Schwierigkeit einen Paß und verhielt mich dabei so, als würde ich keinen alten besitzen.

Mit beiden Pässen traf ich am 14. Januar 1935 in Prag ein, wo ich, bis alles geregelt war, die Zeit mit Forschungsarbeiten in der statistischen Abteilung der Staatsbank und in anderen Instituten verbrachte.

Am 20. Januar schreibe ich an Marguerite: „Das ist der letzte Brief aus Prag. Ob ich Zeit und viel Gelegenheit habe, aus der Provinz und von meinen Streifen durch das Land zu schreiben, weiß ich nicht. (Das war für die Zensur bestimmt. – J. K.) Heute vormittag in der Bibliothek gearbeitet und nachher in der Bildergalerie; trotz einiger Holbeine und Cranache bei weitem die schlechteste, die ich je gesehen habe... Habe drei Deteks (Detektivromane – J. K.) gekauft; gleiche Serie wie Peril at End-House, kosten hier (umgerechnet) 0,42 Mk. pro Stück. Wozu soll man in einem so gesegneten Land auch gute Bilder sammeln!"

Die Fahrt nach Moskau verlief ohne Komplikationen. Am Bahnhof holte mich Genosse Varga ab. Ich sollte bei ihm wohnen, da es zu gefährlich schien, mich frei herumlaufen und durch irgendeinen der deutschen Spitzel in Moskau entdecken zu lassen – ich sollte doch selbstverständlich wieder nach Deutschland zurückfahren.

Die Tage bei Vargas waren ein ganz großes Erlebnis, und die Genossin Varga verwöhnte mich in jeder Weise, auch mit zahlreichen ungarischen und sowjetischen Spezialgerichten. Wir diskutierten Fragen der ökonomischen Analyse und sprachen über die früheren Zeiten in Ungarn (als Varga 1919 Mitglied der Revolutionären Regierung war) und in der Sowjetunion.

Zwei Tage nach meiner Ankunft hielt ich im Institut für Weltwirtschaft, das Varga leitete, einen Vortrag über die Lage in Deutschland. Nach kurzem schon merkte ich, daß ich nicht „ankam", obgleich mich die Genossen herzlich begrüßt hatten und mein guter Freund Genosse Erich Kunik den Vorsitz führte. Nach zwanzig Minuten unterbrach man mich heftig und scharf: Ich hatte gesagt, daß das Sinken der Zahl der Arbeitslosen auch einen Einfluß auf die Ideologie der Arbeiterklasse hätte. Wir diskutierten dann zwei Stunden. Erich Kunik seufzte über mich, manche fanden, daß ich völlig unklar geredet habe und selbst von der Naziideologie verwirrt sei. Niedergeschlagen kam ich zu Varga und ging früh schlafen.

Am nächsten Morgen, beim Frühstück, erzählte mir Genosse Varga, es sei noch spätabends angerufen worden, ich solle zum Genossen Walter Ulbricht kommen.

Nun würde ich nach all den Jahren der Illegalität den Genossen Ulbricht wiedersehen, und er würde nur mit mir sprechen, um mich zu kritisieren für das, was ich gestern gesagt habe, dachte ich bei mir.

In einem engen Zimmer saß Genosse Ulbricht an einem kleinen Schreibtisch, dicht beim Fenster, durch das ein etwas trüber Wintertag schien, so ganz zu meiner Stimmung passend. Er kam auf mich zu, umarmte mich in der in Rußland üblichen Weise, freundlich-herzlich.

Ach, er weiß noch nichts, dachte ich und war völlig verwirrt, weil ich nun gar nicht mehr verstand, was er von mir wollte.

Noch während ich den Mantel auszog, erzählte ich von dem Vortrag und der Diskussion, und als ich mich auf einen Stuhl neben seinen Schreibtisch gesetzt hatte, sagte er: „Ja, ich habe schon davon gehört" – und lächelte, wie er es manchmal tat, verschmitzt. Ich aber dachte bei mir: Da gibt es doch wirklich nichts zu lächeln.

Doch nach wenigen Minuten war der Vortrag vergessen. Er forderte mich auf, ausführlich von „zu Hause" zu berichten, von Deutschland, von der Arbeit, von allem, schien es mir. Über eine Stunde dauerte das „Verhör". Die Bedeutung der Fragen und meiner Antworten war mir vielfach nicht klar – ich hatte doch keine Ahnung von den Meinungsverschiedenheiten, die es damals in der Analyse der Verhältnisse in Deutschland unter den Genossen gab (sie betrafen unter anderem auch die Größe des Einflusses der Naziideologie, das Ausmaß der Verwirrung unter den Werktätigen), und das war gut, denn ich konnte so viel unbefangener berichten. Wie geschickt der Genosse Ulbricht mich ausfragte, habe ich erst viel später begriffen. Er ging zum Beispiel, außer wenn es sich um Wirtschaftsfragen handelte, sofort auf etwas anderes über, sobald er merkte, daß ich nicht aus eigener Erfahrung berichten konnte. Mit Recht gab er bei einem in vielen politischen Fragen noch unerfahrenen Genossen nichts auf Vermutungen und Meinungen. Wenn er sich Notizen von dem, was ich sagte, machte, waren sie sicherlich ganz sachlich und nüchtern, einfache Tatsachen.

Zum Schluß fragte er mich, wie lange ich meiner Meinung nach noch in Deutschland bleiben sollte. Natürlich sagte ich: „So lange wie möglich." Doch mußte ich hinzufügen, dabei ärgerlich grienend: „Es wird aber wohl immer schwieriger, bei einem ‚Treff' darauf zu achten, daß ich nicht mit einer blonden Genossin zusammenkomme, die ich durch mein jüdisches Aussehen gefährde." Der Genosse Ulbricht war für einen Augenblick tiefernst, vielleicht hatte er im Moment nicht an diese spezielle Schwierigkeit bei einem „Treff" gedacht.

Als er mir beim Abschied die Tür öffnete, sagte er eindringlich: „Schreib nur gleich, wenn du nicht mehr in Deutschland bist."–

Mehr als dreißig Jahre später hielt ich vor Mitarbeitern unseres Finanzministeriums und der zentralen Banken die Festrede zum fünfzigsten Jahrestag der Oktoberrevolution. In wenigen Sätzen erzählte ich dabei auch von meinem Wiedersehen mit dem Genossen Walter Ulbricht in Moskau und fuhr dann fort: „Auch das verdanke ich der Oktoberrevolution: sie ließ mich meinen Genossen Walter Ulbricht in der schwersten Zeit unserer Partei sehen, mich mit ihm aussprechen, in Ruhe und in Sicherheit. Und wie mir erging es so manchen anderen illegal in Deutschland arbeitenden Genossen."

Sicher können auch andere Genossen von Begegnungen mit dem Genossen Walter Ulbricht in Moskau berichten. Und sicher kamen die meisten dieser Genossen mit wichtigeren Informationen und verließen ihn mit wichtigeren Aufträgen, um nach Deutschland zurückzukehren, als ich damals. Doch wohl für keinen von ihnen kann dieses Zusammentreffen bedeutsamer und eindrucksvoller, froher machend und ernster zugleich gewesen sein als für mich, dem die Erinnerung daran oft im Leben gekommen ist, oft in schweren Situationen geholfen hat. –

Viele schöne Stunden verbrachte ich mit Kuniks.

Einen Vormittag war ich bei dem Genossen Radek. Er lag mit einer leichten Grippe auf einem Sofa, das mitten im Zimmer stand. Zu beiden Seiten stapelten sich Zeitungen und Zeitschriften zu mächtigen Bergen. Wieder mußte ich ganz ausführlich über die Situation in Deutschland berichten.

Plötzlich unterbrach er mich und fragte – wie er bemerkte, im Einverständnis mit dem Genossen Stalin –, ob es mir bei meiner Arbeit in Deutschland nutzen oder schaden würde, wenn ich zum Korrespondierenden Mitglied der Akademie der Wissenschaften gewählt werden würde. Einen Augenblick – ich war damals dreißig Jahre alt – verschlug mir die Frage den Atem. Dann aber antwortete ich ohne jede weitere Überlegung und ganz heftig: Niemals würde ich Mitglied werden wollen, bevor wir nicht die Faschisten aus unserer Akademie vertrieben hätten. Radek sah mich einen Augenblick erstaunt an und sagte dann lächelnd: „Ich werde Ihre Antwort dem Genossen Stalin berichten."

Die letzten Tage meines Moskauer Aufenthalts verbrachte ich im obersten Stockwerk des „Lux", eines Hotels, in dem zumeist ausländische Genossen permanent wohnten. Hier traf ich Fritz David von der „Fahne", der wenig später – zusammen mit „Emel", den ich auch kurz sah – in einem der politischen Prozesse angeklagt und erschossen wurde. Oft habe ich später an seine lieben kleinen Kinder, an seine Frau gedacht. Einen Abend verbrachte ich auch mit dem ungarischen Philosophen Fogarasi und seiner Frau Ilse – öfter noch sollten wir uns nach 1945 sehen.

Am 3. Februar war ich wieder zu Hause, ganz erfüllt von den Erlebnissen in Moskau und sicher, daß ich die deutschen Genossen, die ich dort getroffen, bald wieder in Berlin sehen würde – trotz der Abschiedsworte des Genossen Ulbricht.

Ja, J. K. war ganz sicher, die Genossen noch 1935, „spätestens 1936" wieder in Deutschland zu sehen, und voll intensivster Hoffnung darauf, denn seine Arbeit innerhalb der Partei wurde immer schwieriger.

Anläßlich eines Besuches von Lubin – damals in der Brookings Institution; später, unter Roosevelt, wurde er Commissioner of the Bureau of Labor Statistics – schrieb er am 10. Februar an seine Mutter: „Mit Lubin war es ganz besonders nett, und er ließ mich durch die Blume wissen, daß er, wenn ich es brauchte, mir eine Stellung verschaffen könnte. Natürlich brauche ich es nicht, aber es ist vor allem für Marguerite beruhigend, zu wissen, daß die Möglichkeit besteht."

Im April hatte er wohl an die Eltern geschrieben, daß er gern für einige Zeit nach Indien fahren würde; doch offenbar dachte er nur an einen etwas längeren Studienaufenthalt, denn am 9. Mai heißt es in einem Brief an seine Mutter: „Du hast die Sache mißverstanden. Ich suche keine Arbeit irgendwo auf der Welt, sondern ich würde zu bestimmten Studien gerne nach Indien fahren: ob ich dort einen job bekomme oder auf Grund eines Stipendiums oder irgendwie anders hinfahre, ist mir gleichgültig. Nach USA denke ich gar nicht, denn ich will doch nach Indien... Mit fünfzig Prozent Wahrscheinlichkeit meinte ich nur, falls irgend etwas Konkretes vorliegt, würde ich zu einer Besprechung rüberkommen. Bitte macht Euch aber keine Mühe. Wenn es für nächstes Jahr etwas geben würde, würden wir es tun; wenn nicht, dann eben nicht. Keinesfalls sucht irgendwie intensiv. Nur wenn Ihr irgend etwas zufällig hört, könntet Ihr ja der Sache nachgehen. Macht Euch nur keine Gedanken oder Sorgen. Dann täte es mir leid... Wir sagen uns nur, wenn wir überhaupt für einige Zeit fortwollen, dann etwas ganze Neues in jeder Beziehung, und da reizte uns Indien."

In jedem Fall aber ist jetzt die Sicherheit, bis zum Ende des Faschismus bleiben zu können, vorbei.

Im Antwortbrief hatte seine Mutter auf die Auswanderung gedrängt. Darauf antwortete J. K. am 23. Mai: „Dein Brief hat mich natürlich nicht sehr glücklich gemacht. Du kannst sicher sein, daß mich Deine Gefühle und Anschauungen natürlich hinsichtlich meiner Stimmung immer sehr beeinflussen werden, aber daß sie ebensowenig wie meine eigenen Gefühle etwas an dem Gang der Tatsachen ändern können. Du mußt verstehen, daß ich vor dem Frühjahr (1936) nicht für länger von hier fort kann."

Ein Jahr wollte J. K. unter allen Umständen noch ausharren. Denn wie gern war er trotz allem weiter in Deutschland, gerade auch wegen der Art der politischen Arbeit! Durch die Blume schreibt er am 12. Juni an seine Mutter: „Ich halte mich ja schon immer in den

Briefen zurück, um nicht das Riesenglück, das wir durch unser Hierleben haben, allzu deutlich werden zu lassen. Du kannst Dir aber denken, wie wir es zu jeder Jahres- und Tageszeit genießen."

Am 22. Juni heißt es anläßlich eines Besuches amerikanischer Freunde – der Bradys: „Bob sprach davon, ob ich nicht im nächsten Sommer Lust hätte, nach Kalifornien zu kommen. Dann wäre ich zwar Ursula (die in China war – J. K.) näher, aber weiter von Europa fort. An sich bin ich riesig gespannt, was das nächste Jahr an Überraschungen bringt."

Im Januar 1936 ist die Zeit zur Emigration gekommen. J. K. geht mit der Familie nach England, wo auch die Eltern leben. Am ersten Tag seiner Ankunft schreibt er an den Genossen Ulbricht, um sich zu melden und zu erfahren, was die Partei mit ihm vorhat. Am zweiten Tag nimmt er über seine inzwischen aus Basel nach London gezogene Schwester Brigitte die Verbindung zur Gruppe der deutschen Genossen in England auf. Am dritten Tag meldet er sich bei der englischen Partei. Ein neuer Abschnitt im Leben des Genossen J. K. beginnt.

Er glaubt, seinen Reifeprozeß in den drei Jahren der Illegalität so einschätzen zu können:

Überschaue ich die drei Jahre der illegalen Arbeit in Deutschland im Hinblick auf den Verlauf meines ganzen Lebens, dann waren sie nicht die gesellschaftlich nützlichsten, wohl aber die entscheidendsten für meine Bildung als Genosse und Mensch. Sie waren die Jahre der Bewährung und formten meinen Charakter endgültig.

Seitdem habe ich mich wohl kaum verändert, weder zum Schlechten noch zum Guten;

seitdem war die Parteiführung zwar oft mit mir unzufrieden, hat mir ernste Vorwürfe in dieser oder jener ideologischen Beziehung gemacht – aber niemals hat sie an meiner Parteitreue gezweifelt;

seitdem klagen mir liebe Menschen über meine Härte im Urteil und meine Rücksichtslosigkeit dem privaten Leben gegenüber, wenn es um Partei und Wissenschaft geht.

Die Jahre der Illegalität haben bessere Genossen aus uns gemacht, bessere Kämpfer für den Fortschritt – doch nicht liebenswertere Menschen. Sie haben uns eine besondere Sicherheit gegeben, weil wir lernten, wie weit wir uns selbst trauen konnten, und das war, wenn wir durchhielten, unbegrenzt weit. Sie haben uns selbstverständlich auch verkrüppelt, denn die natürliche Unbefangenheit dem Leben gegenüber, die manche von uns hatten, war verlorengegangen. Mußte verlorengehen, wenn wir in der Zeit, in der wir lebten, etwas leisten wollten dort, wo die Partei uns brauchte. Mißtrauisch sind wir geworden im täglichen Leben und um so vertrauensvoller in den großen Gang der Welt, in den Weg der Menschheit, in die Zukunft, in die Jugend, in den Sieg des Guten und Schönen. Bescheidener sind wir geworden in den kleinen Freuden des Lebens und grenzenlos in den Erwartungen der Zukunft der Menschheit.

Wie vieles hatte ich in den folgenden Jahren noch zu lernen, und wie so manches Nützliche konnte ich noch leisten – für die Partei, für die Wissenschaft und persönlich für diesen und jenen. Aber meine Lehrzeit als Kommunist war zu Ende. Ich war ein wirklicher Kommunist geworden und wußte es.

Die Lücke zwischen der politischen und der wissenschaftlichen Entwicklung des J. K. hatte sich geschlossen.

Dabei hatte seine wissenschaftliche Entwicklung – im Unterschied zu seiner publizistischen (mit bisweilen eingestreuten winzigen wissenschaftlichen Neuheiten) – einen beachtlichen Fortschritt gemacht.

Er begann, wie schon erwähnt, historisch-statistisch zu arbeiten. Noch schrieb er keine Wirtschaftsgeschichte, hinter das 20. Jahrhundert zurückgehend, wohl aber machte er entsprechende Berechnungen.

Seine Kritik der Kondratieffschen Langen Wellen basierte auf Preisuntersuchungen von über hundert Jahren.

Von weit größerer und internationaler Bedeutung wurde eine andere Untersuchung, über die er direkt gehört werden soll:

Ein ganz großes statistisches Erlebnis hatte ich, als mir der alte Freund meines Vaters Carl Snyder, Chefstatistiker der Federal Reserve Bank of New York, eine Tabelle schenkte, die seine neuesten Berechnungen der „Weltproduktion der Hauptgrundstoffe" von 1850 bis 1933 enthielt.

Ich machte mich sofort an eine Untersuchung der langfristigen Entwicklung der Weltindustrieproduktion, die ich in der „Konjunkturstatistischen Korrespondenz" unter dem Titel „Alternde Welt – absterbende Industrieproduktion? Ein Überblick über die Entwicklung der Weltindustrieproduktion in den letzten fünfundachtzig Jahren" veröffentlichte.

Ausgangspunkt meiner Untersuchung ist die folgende Fragestellung:

„Seit einiger Zeit ist es Allgemeingut der Wirtschaftsstatistik, daß die Industrieproduktion in den letzten Jahren und Jahrzehnten nicht mehr so stark steigt wie während des 19. Jahrhunderts. Eine Art von Erschlaffung scheint die Produktionskraft ergriffen zu haben. Wohl steigt die Produktion noch weiter, aber das Tempo dieser Steigerung hat sich sehr beträchtlich vermindert.

Und zwar läßt sich beobachten, daß diese Erschlaffung besonders in den Ländern zu finden ist, die in früheren Jahrzehnten die stärkste industrielle Entwicklung aufzuweisen hatten, wie zum Beispiel England und Deutschland.

In anderen Ländern, in denen die eigentliche industrielle Entwicklung erst in jüngster Zeit stattfindet, wie zum Beispiel in Japan und einigen südamerikanischen Staaten, hat dagegen die Akkumulation von industriellem Kapital ein Ausmaß angenommen, das vielfach die Entwicklung in England oder Deutschland während der Zeit ihres schnellsten industriellen Aufbaus übertrifft.

Kann man wirklich zum Beispiel in Deutschland und England von einer absterbenden Produktion sprechen? Gleicht die schnelle Steigerung der Industrieproduktion in Japan und anderswo die Verlangsamung der Entwicklung in anderen Ländern aus? Oder muß man von einer absterbenden Weltindustrieproduktion sprechen? Ist der Prozeß der Verlangsamung der Industrieproduktion in einzelnen Ländern vielleicht nur ein vorübergehender? Sollten sich Lange Wellen der Industrieproduktion feststellen lassen? Oder ist auf anderem Wege eine erneute starke Steigerung der Industrieproduktion in Deutschland, England und so weiter zu erwarten?"

In der im nächsten Jahr erweiterten Veröffentlichung als Broschüre beantworte ich diese Fragen so:

„Man ist nicht berechtigt, bereits von einer absterbenden Produktion in England zum Beispiel zu sprechen; wohl aber läßt sich für dieses wie für zahlreiche andere Länder, wie auch für die Weltproduktion als Ganzes eine allmähliche Erschlaffung, eine deutliche Verringerung im Zuwachstempo, ja bisweilen für einzelne Länder bereits ein Stillstand im Wachstum der Produktion feststellen. Dieser Erschlaffungsprozeß ist insofern kein vorübergehender, als er so lange dauert, wie der Monopolkapitalismus dauern wird. Lange Wellen lassen sich bei der Industrieproduktion ebensowenig feststellen wie bei der Preisentwicklung, und darum wäre eine Begründung der Wachstumsverlangsamung der Industrieproduktion etwa damit, daß wir uns seit einiger Zeit in einem ‚Lange-Wellen-Tal' befinden, dem nach einiger Zeit wieder ein lang dauernder Aufschwung folgt, falsch."

Die These von dem Rückgang der Steigerungsraten der Produktion als einer gesetzmäßigen Erscheinung, gesetzmäßig, da sie dem monopolistischen Kapitalismus eigentümlich, habe ich so lange aufrechterhalten, wie die faktische Produktionsentwicklung etwa so verlief. Varga, zunächst nicht mit ihr einverstanden, übernahm sie dann. Schließlich wurde sie auch von Stalin, der sie für den Handel lange zuvor ausgesprochen hatte, übernommen.

Später ließ man mich aus der Komintern wissen, daß man mit dieser Statistik und Analyse besonders zufrieden sei.

Faktisch jedoch waren meine Schlußfolgerungen falsch, und mehr als dreißig Jahre später schrieb ich:

„Was war der Fehler, den Stalin, Varga, Kuczynski, den die Komintern in der Einschätzung der Entwicklung gemacht haben?

Niemand kann uns vorwerfen, daß wir nicht von den Tatsachen ausgegangen sind. Aber Tatsachen sind zumeist das Resultat von Grundtendenzen und von Gegentendenzen, die bisweilen die Grundtendenzen überdecken. Unser Fehler war, daß wir aus den Gegentendenzen eine ‚prinzipielle Theorie‘ entwickelten.

Und diese ‚Theorie‘ hat die Wirklichkeit der letzten Jahre gründlich widerlegt. Wir Marxisten hätten uns manche falsche Auffassungen der Entwicklung von Weltproduktion und Welthandel, vom Charakter der allgemeinen Krise des Kapitalismus ganz allgemein im letzten Halbjahrhundert ersparen können, wenn wir genauer auf Lenins Ablehnen einer Theorie der notwendigen Verlangsamung der Produktionszunahme im Zusammenhang mit dem Monopolisierungsprozeß geachtet hätten."*

Weitere Lange Reihen berechnete J. K. für Löhne in Deutschland, England, Frankreich, Belgien und den

* Vgl. Bd. 37 meiner Geschichte der Lage der Arbeiter unter dem Kapitalismus, Berlin 1967, S. 26.

USA. Zunächst erschienen sie als Einzelartikel in der „F. K." 1933, sodann erweitert als Broschüren und schließlich als Büchlein zusammengefaßt, das er in der Schweiz herausbrachte. Im Vorwort des Büchleins heißt es:

„Im folgenden geben wir in gedrängter Form die Resultate statistischer Studien über die Lage der Arbeiterschaft in Europa und Amerika wieder.

Unsere Untersuchungen beziehen sich auf eine Reihe von Jahrzehnten, und zwar auf eine ununterbrochene Folge von Jahren, so daß es uns möglich ist, bisher noch nicht angewandte Methoden statistischer Zusammenfassung der Resultate, die vielleicht von Nutzen auch auf anderen statistischen Gebieten sein können, anzuwenden."

Bei den neuen Methoden statistischer Zusammenfassung handelt es sich vor allem um die von J. K. entwickelte Methode der Zusammenfassung einer Reihe von Jahreszahlen in Zyklendurchschnitten statt in Fünf- und Zehnjahresdurchschnitten. Auf diese Weise wird vermieden, daß in einen Durchschnitt von zehn Jahren etwa zwei Depressionen oder zwei Höhepunkte der Konjunktur fallen.

Wichtig auch und in Zusammenhang mit der Lehre von Lenin über die Arbeiteraristokratie von Interesse sind in dem Lohnbuch die ersten überhaupt unternommenen Versuche von Lohnberechnungen für diese und für die Große Masse der Arbeiter. Als J. K. Anfang 1935 in Moskau war, wurden diese Berechnungen heftig diskutiert. Er berichtet:

Es gab viel Kritik an meinen Methoden der Berechnung der Reallöhne von Arbeiteraristokratie und Großer Masse der Arbeiter. Natürlich war ein beträchtlicher Teil der Kritik berechtigt. Als ich aber zum Schluß etwas ärgerlich fragte, ob irgend jemand mit dem vorhandenen statistischen Material bessere Zahlen berechnen könnte, herrschte zu meiner Genugtuung absolutes Schweigen. Und Varga, der sich nicht an der Diskussion beteiligt hatte, lächelte mir fröhlich befriedigt zu – da er in gleicher Weise an ebenso richtiger wie, unter den gegebenen statistischen Umständen, billiger Kritik zu leiden hatte.

Damals lebte J. K. in dem Gefühl einer „glücklichen statistischen Zeit". Und in der Tat hatte er die marxistische Statistik methodisch und faktologisch weitergebracht. Er hatte den Zyklendurchschnitt gefunden, die Basis für eine Quantifizierung des Unterschiedes der Entwicklung der Lage von Arbeiteraristokratie und Großer Masse der Arbeiter gelegt und ein großes, weit zurückgehendes statistisches Material für die Lage der Arbeiter und die Entwicklung der Weltwirtschaft zusammengebracht sowie zu analysieren begonnen. Der Fehler aber, den er in der Interpretation der Entwicklung der Weltproduktion machte, hatte, als er international ein Vierteljahrhundert später korrigiert werden mußte, beachtliche theoretische Bedeutung gehabt.

In diesem Zusammenhang ist noch eine letzte statistische Arbeit zu nennen, für seine wissenschaftliche Entwicklung von gewisser Bedeutung, obgleich sie theoretisch und analytisch überhaupt keine Beachtung verdient. Sie erschien erst 1937 unter dem Titel „Löhne und Ernährungskosten in Deutschland 1820 bis 1937" und war eine reine Fleißarbeit. Rückblickend bemerkt J. K.:

Um zu einer einigermaßen zuverlässigen und materialreichen Statistik zu kommen, hatte ich Tausende von Handelskammer- und Gewerkschaftsveröffentlichungen sowie Firmenfestschriften nach Material durchzusehen. So schrieb ich am 22. Juni an meine Mutter: „Meine Arbeiten gehen gut vorwärts, wenn auch langsam, da ich meistens fünfzig Schriften durchzublättern habe, bis ich etwas finde, aber dann ist es auch sehr lohnend." Und am 1. August: „Meine Lohnstatistiken fließen überaus reichlich. Ich habe mehr Material, als alle anderen zusammen nicht etwa haben, sondern sich überhaupt vorstellen können, daß vorhanden ist. Allerdings bin ich dafür jetzt dreimal (in der Woche) in der Stadt." In der Tat sind die Lohnindizes, die ich damals auf Grund meines Materials berechnete, mit einigen Ergänzungen, bis heute, also rund ein Dritteljahrhundert lang, die besten geblieben.

Diese Arbeit ist mir später, als ich über das, was wissenschaftliche Arbeit bedeutet, nachzudenken lernte, ein Beweis geworden dafür, welch nützliche Leistung man ganz einfach durch stetigen Fleiß, ohne „neue" Gedanken und praktisch ohne Darstellung, ohne Text bringen kann.

Jedoch beschränkte sich die wissenschaftliche Entwicklung von J. K. keineswegs auf sein tieferes Eindringen in die Probleme der marxistischen Statistik und die Sammlung und Aufbereitung statistischer Materialien. Von Bedeutung für ihn ist auch, daß er, da er seit 1934 nicht mehr an Büroarbeit gebunden ist, wieder liest, und zwar weit stärker als je: allgemein Bücher über Kunst und Geschichte, Werke schöner Literatur, aus Deutschland und Frankreich, England und den USA. Sein Blick weitet sich von neuem, und wie immer genießt er es, in all dem Schönen und Klugen, das die Weltliteratur bietet, zu leben.

Vielleicht hängt damit zusammen, daß er im letzten Jahr der Illegalität sein erstes historisches Buch schreibt, eine Vorgeschichte der Französischen Revolution, die Marguerite unter dem Titel „Les antecédents d'une révolution. Etudes sur le développement de la société française de 1715 à 1789" parallel ins Französische übersetzt – das Buch sollte 1937 in Paris erscheinen. Es enthält eine ganze Reihe falscher Einschätzungen, vor allem der Physiokraten. Doch die Grundproblematik – warum die Revolution nicht schon 1715 beim Tode Ludwigs XIV., sondern erst 1789 ausbrach – sowie ihre Lösung und manches andere übernahm J. K. bis in die letzte Ausgabe seiner „Geschichte der Lage der Arbeiter in Frankreich", die 1967 erschien.

Über das Schreiben des Buches und dessen Schicksal erzählt er:

Wie gern schrieb ich dieses mein erstes historisches Buch. Am 30. März meldete ich nach Fertigstellung des Manuskripts von „Weltproduktion und Welthandel" an meinen Vater: „Gestern ging das Manuskript meines neuen Buches ab, und heute habe ich mein historisches Werk über Frankreich begonnen. Ich bin riesig gespannt, wie es wird." Am 18. April an meine Mutter: „Gestern kamen die ersten Korrekturen von ‚Weltproduktion und Welthandel in den letzten hundert Jahren' – ich hoffe, es wird Vat gefallen. Mit dem Buch über Frankreich bin ich schon auf Manuskriptseite fünfundsechzig. Ich denke, es wird im Juni fertig werden." Doch schon am 9. Mai teilte ich der Mutter mit: „Das Buch über Frankreich ist heute fertig geworden" – das Manuskript umfaßte aber weniger als zweihundert normal beschriebene Manuskriptseiten.

Unsere amerikanische Freundin Elsie Gluck hatte, da sie nicht nach Nazideutschland kam, Marguerite für ein paar Tage nach Paris eingeladen, von wo sie am 20. Juni an meine Mutter schrieb: „Heute nachmittag sehe ich noch mal meinen Bruder und dessen Frau, heute abend Roger Picard, Jürgens Arbeit über Frankreich 1715–1789 betreffend. Er wird die Arbeit lesen und einen Brief darüber an beau-père schicken. Er war sehr nett zu mir und bat mich, Euch sehr zu grüßen."

Roger Picard sorgte dann auch dafür, daß das Buch bei Rivière erschien. Da ich gewissermaßen bis zum letzten Moment hoffte, nicht in die Emigration gehen zu müssen, hatte ich als Pseudonym Pierre Olivier gewählt. Später stellte sich heraus, daß so ein französischer Trotzkist hieß, und die französischen Genossen waren erstaunt, was für ein relativ vernünftiges Buch dieser Mann geschrieben hatte. Sie taten selbstverständlich nichts, um es zu fördern, und so ging es schnell auf dem Büchermarkt unter. 1938 erzählte mir ein Genosse in den USA, daß er ein Buch über die Französische Revolution von einem Pierre Olivier mit einer sehr interessanten Fragestellung gelesen hätte. Im ganzen hat das Buch wohl wenig Anregung gegeben, war als wissenschaftliche Erscheinung recht nutzlos. Was ich selbst von Wert hielt, habe ich, wie bemerkt, später in meine „Geschichte der Lage der Arbeiter" übernommen.

Noch einer kleineren, etwa fünfzig Seiten umfassenden Studie sei gedacht, einer Reportage, die J. K. wohl Ende 1934 schrieb, die aber erst 1935 erschien – in irgendeiner sowjetischen Zeitschrift; ein sowjetischer Korrespondent hatte sie mitgenommen. Es handelte sich um den Untergang der Morro Castle, eines Vergnügungsreisenschiffes, das zwischen New York und Habana verkehrte. Das Ganze war zu einer politischen Skandalaffäre mit Korruption, Kommunistenhetze und so weiter geworden und in gewisser Weise typisch für amerikanische Verhältnisse, so daß J. K. eine verkürzte Fassung der Studie in den Band 31 seiner „Geschichte der Lage der Arbeiter" aufnahm. Mit einem Dritteljahrhundert Verspätung erschien diese Reportage also auch noch in deutscher Sprache.

Die Jahre der illegalen Arbeit haben einen Riesensprung in der Entwicklung von J. K. zum Kommunisten gebracht – nicht durch auffällige Leistung oder Anstrengung von seiner Seite, sondern ganz einfach durch die Umstände, in denen sich gewisse seiner Anlagen entwikkeln mußten, wenn er nicht als Kommunist versagen wollte. Viele andere Genossen im Lande haben unendlich viel Größeres, sachlich und persönlich, geleistet.

Gleichzeitig schritt seine Entwicklung als marxistischer Wissenschaftler weiter. Ja sie machte zwei kleine Sprünge – in der Vertiefung seiner Kenntnisse und Erkenntnisse als Statistiker und in der Ausweitung seines Arbeitsgebietes sowohl in die Vergangenheit wie auch in die Breite.

Jetzt ist die Harmonie in der Entwicklung als Kommunist, als Parteimitglied, und als Wissenschaftler, als marxistischer Gesellschaftswissenschaftler, hergestellt.

Das heißt aber nicht, daß man nicht auch ferner beide Entwicklungswege getrennt weiter beobachten muß. Denn es gibt, besonders in den sozialistischen Ländern, marxistische Gesellschaftswissenschaftler, die nicht Parteimitglieder sind; und es gibt Gesellschaftswissenschaftler, die Parteimitglieder sind, ohne daß ihre Entwicklung als Wissenschaftler und Kommunist (Parteimitglied) parallel läuft und zu gleichwertigen Leistungen auf beiden Gebieten führt.

Dritter Teil

In der Emigration

Kapitel X England:
1936 bis zum Ausbruch des Krieges

Eingeordnet in die Emigration – nach drei Tagen. Wie gern wollte J. K. sich das vormachen! Aber zweimal noch fuhr er in kurzen Abständen zurück nach Deutschland, um Freunde zu sehen, um zur Sowjetbotschaft zu gehen und um den weiteren Zeitschrifteneingang in der Bibliothek und die Sendung von Sachen nach London zu regeln. Tausend Ausreden hatte er, um die direkte Verbindung nicht abreißen zu lassen – ganz gleich, wie groß das Risiko. Er war wohl der einzige in die Emigration „eingeordnete" Genosse, der legal nach Deutschland fuhr. Das zweite Mal, erklärte die Auslandsleitung in Paris, müßte aber auch das letzte sein! Im Juli 1936 verabredete er in der Berliner Sowjetbotschaft für vierzehn Tage später ein Treffen mit Bessonow in Kopenhagen. Auf der Reise von Berlin nach Prag las er in der Zeitung vom Ausbruch des Bürgerkriegs in Spanien. Von Prag fuhr er nach Warschau, wo die Schwester Ursula jetzt lebte, von dort über Danzig nach Kopenhagen, wo er – wie sich später herausstellte, zu seinem Glück – Bessonow nicht traf, und dann endgültig, das heißt ohne Aussicht auf eine nächste Reise nach Deutschland, nach England.

Er wurde Mitglied der Parteileitung der in England lebenden Gruppe der deutschen Genossen.

Die wenigen Genossen, die es 1936 in England gab, gehörten überwiegend zur Intelligenz, kamen aus bürgerlichen Familien und waren zumeist jüdischer Herkunft. Unter ihnen fand J. K. bald in Ernst Hermann Meyer einen guten Freund. Er arbeitete damals vor allem musikhistorisch – über frühe englische Kammermusik, über Purcell; oft diskutierten sie über soziologische Probleme jener Zeit.

Bis 1939 wuchs die Gruppe der Genossen schnell an. Es kamen: aus der Schweiz Grete Wittkowski, die mit J. K.s Schwester Brigitte in Basel studiert hatte; aus Frankreich – sie waren nach dem Ende des Bürgerkrieges dort interniert und von deutschen Genossen in England mit Hilfe englischer Freunde herausgeholt worden – Sabine und Kurt Hager (damals Käthe und Felix Albin), Hans Kahle und Erich Henschke (damals Karl Castro); 1938 und 1939 die meisten der deutschen Genossen aus der Tschechoslowakei, unter ihnen Wilhelm Koenen, Rosa und Siegbert Kahn, Ruth und Kurt Krenn. Nur ganz wenige deutsche Emigranten, die nicht schon vor 1933 Parteimitglieder waren, wurden es in diesen Jahren. Das lag teils an ihnen selbst, teils daran, daß die Partei nur selten Mitglieder in der Emigration aufnahm. J. K. sind in England nur zwei Aufnahmen bekannt: von Marguerite und Alfred Meusel, dessen Bürge er war. Seit Herbst 1936 kam nur noch ein Genosse direkt aus Deutschland, Hans Fladung. Unter den tschechoslowakischen Genossen, die nach England emigrierten, war J. K.s alter Freund Josef Winternitz.

Im Laufe der Zeit fanden praktisch alle Genossen Arbeit in England, vielfach in der Produktion. Eine relativ kleine Zahl, Kranke und hauptberufliche Funktionäre, wurde von der englischen Partei, von Quäkern und vor allem durch eine für die Flüchtlinge aus Österreich und der Tschechoslowakei gegründete halboffizielle Hilfsorganisation unterstützt.

Über die Aufgaben der Gruppe, das intensive, streng disziplinierte Parteileben soll J. K. direkt berichten:

Die Gruppe hatte drei Hauptaufgaben:
Erstens die Arbeit nach Deutschland. Sie bestand darin,

daß wir gelegentlich von uns verfaßte Flugblätter mit Hilfe der englischen Genossen abzogen oder druckten und an deutsche Seeleute einkommender Schiffe verteilten beziehungsweise sie ihnen direkt für Deutschland mitgaben. Sie wurden aber auch von englischen Seeleuten, die auf englischen Schiffen in deutsche Häfen fuhren, zum Verteilen in Deutschland mitgenommen. Bisweilen sandten wir Flugblätter mit der Post nach Deutschland – was jedoch zumeist zu teuer war.

Zweitens die Arbeit in England. Das hieß für uns, auf jede nur mögliche Weise: in Artikeln, Vorträgen, Diskussionen, Broschüren über die Situation in Deutschland aufzuklären, über die Arbeit der fortschrittlichen Kräfte dort, über den Charakter des deutschen Faschismus.

Drittens die Arbeit innerhalb der deutschen Emigration in England. Wir mobilisierten alle Kräfte für den Kampf gegen den Faschismus und bemühten uns darum, daß die Hoffnung auf eine Rückkehr in ein fortschrittliches Deutschland erhalten blieb.

Die Disziplin war, wie oft unter Emigranten – wenn nicht völlige Anarchie und Auseinanderflattern herrschen –, sehr gut in jeder Beziehung. Natürlich sprang die Partei ein, wenn ökonomische Hilfe notwendig war; natürlich fühlte sich die ganze Gruppe verantwortlich, wenn einer von uns politische Schwierigkeiten mit den englischen Behörden hatte. Die Autorität der Leitung, besonders des Politischen Leiters, war sehr groß. Wer mit wem zusammen lebte, wer Kinder hatte, wurde zu Anliegen der Partei, die sich selbstverständlich verantwortlich dafür fühlte, daß eine Geburt keine finanziellen Schwierigkeiten brachte, und die es ungern sah, wenn Ehen auseinandergingen oder Freund und Freundin häufig gewechselt wurden. Wie echt die Autorität war, die manche Leitungsmitglieder genossen, sei an einem fast schon amüsanten Beispiel illustriert. Im Februar 1944 sagte ich, ich rechnete damit, daß der Krieg innerhalb eines Jahres zu Ende gehe. Wir würden nach der Rückkehr in Deutschland wohl so viel zu tun haben, daß die Frauen für einige Zeit keine Kinder haben würden. In den darauffolgenden Tagen wurden drei Kinder gezeugt, darunter auch unser Sohn Thomas (daß alle drei dann Thomas hießen, unterlag natürlich keiner Disziplin oder Autorität). Geburten waren im allgemeinen kein häufiges Ereignis. So sandte mir unser Freund Toni Ruh, später unser Botschafter in Rumänien, als sein Sohn zur Welt kam, voller Stolz ein Telegramm: „Sohn geboren, sieben Pfund und vierundzwanzig Gramm; drei Gramm davon von mir." Ich telegraphierte ihm zurück: „Warum übertreibst Du Deinen eigenen Beitrag?"

Die Auslandsleitung der Partei saß damals in Paris. Bald nach seiner Ankunft in London war J. K. vom Genossen Ulbricht zu einer Besprechung dorthin bestellt worden. Das hatte zur Folge, daß er seinen Plan, nach Indien zu fahren, um dort statistisch zu arbeiten und Erfahrungen im kolonialen Befreiungskampf zu sammeln, aufgab und in England blieb. Im Juni, vor seiner letzten Reise nach Deutschland, war er wieder in Paris und dann, bis zum August 1939, etwa alle drei Monate.

Bei seinem Besuch im Oktober 1936 wurde ihm mitgeteilt, daß er die Leitung der Partei in England übernehmen sollte. Er blieb Politischer Leiter zunächst bis 1939 und war es dann wieder von 1940 bis 1941.

Die Aufgaben des Polleiters in der Emigration waren in mancher Beziehung wesentlich komplizierter als die einer entsprechenden Funktion im Kreis- oder Bezirksmaßstab im Lande unter legalen Bedingungen.

Einmal hatte er eine weit größere Verantwortung, war er viel mehr auf sich selbst angewiesen, denn die übergeordnete Stelle – im Falle von J. K. die Auslandsleitung der Partei – war nicht einfach telefonisch oder durch eine Reise von ein paar Stunden zu erreichen.

Mit der größeren Verantwortung war die Notwendigkeit einer viel größeren persönlichen Autorität verbunden. Denn die Genossen, die unter den schwierigen Umständen der Emigration lebten, mußten ein ausgeprägteres persönliches Vertrauen in den Polleiter haben als unter „normalen Umständen".

Klarheit in der Ausrichtung der politischen Linie, gute, eindringliche Argumentation und ruhige Sicherheit den Ereignissen und den Genossen gegenüber waren mehr denn je erforderlich.

Alles das lernte J. K. im Laufe der Zeit. Dafür nur ein Beispiel. Selbstverständlich mußte der Abschluß des Paktes zwischen der Sowjetunion und Hitlerdeutschland im August 1939 zunächst Erstaunen hervorrufen. Sofort besprach er darum die Situation mit den führenden Genossen. Ehe er sich mit ihnen zusammensetzte, ging er in den besten Tabakladen von Belsize Park und kaufte sich eine große Zigarre. Alle Genossen wußten, wie gerne er Zigarren rauchte und daß man diesen Genuß, da Zigarren in England überaus teuer waren, als Emigrant eigentlich nur haben konnte, wenn man sie geschenkt bekam. Als J. K. sie anzündete, erklärte er den Genossen: „Zur Feier des Paktes, der die Sowjetunion aus einem möglichen Kriege heraushalten kann." Eine Geste, aber noch heute erinnert ihn gelegentlich ein Genosse an diese Sitzung, in der ihnen seine Zigarre Sicherheit gegeben hat.

Außerdem galt es für den Polleiter, mit stärkster Unterstützung des Orgleiters, des für Organisationsfragen verantwortlichen Genossen, Cliquenbildungen, Intrigen, Gehässigkeiten, die in der Emigration eine viel größere Rolle spielen als im normalen Leben, zu verhindern, ausgleichend zu wirken, mit einem Wort, die moralische Disziplin zu sichern. Über diese Seite seiner Arbeit bemerkt er:

Während der meisten Zeit meiner Polleiterarbeit war Grete Wittkowski „Org". Meine damalige Funktion war die erste in meinem Leben, in der ich Leitungsfähigkeiten zeigen mußte, und wie stets später hatte ich auch hier Glück, indem mir ein großartiger „Zweiter" zur Seite stand. Als ich Präsident der Deutsch-Sowjetischen Freundschaftsgesellschaft wurde, war es Hans Mark, als ich das Deutsche Wirtschaftsinstitut leitete, Siegbert Kahn, und in meiner Arbeit als Wirtschaftshistoriker Wolfgang Jonas. Ebenso großes Glück hatte und habe ich mit meinen Sekretärinnen: beginnend mit Gertrud Wiese, die ich noch von meinem Vater übernahm, dann von 1947 bis 1956 Ruth Hoppe, später meine Assistentin, und von 1956 bis heute im Hause Gretel Kreipe und im Institut Erika Behm, die jetzt ebenfalls teilweise als meine Assistentin arbeitet. Sie alle waren und sind jeder in seiner Art eine großartige Hilfe für mich, glichen und gleichen Schwächen in meiner Arbeit aus, arbeiteten und arbeiten in ihrer Funktion völlig selbständig. Siegbert Kahn und Wolfgang Jonas wurden meine Nachfolger als Institutsleiter und waren, beziehungsweise sind besser als ich in dieser Funktion – was übrigens nur für mich spricht, denn meiner Ansicht nach ist es eine der wichtigsten Aufgaben eines Leiters, einen ihm überlegenen Nachfolger heranzuziehen. Nur Genies ist im allgemeinen das Glück, einen besseren Nachfolger zu haben, verwehrt.

J. K. und dem Orgleiter wurde die Arbeit sehr erleichtert dadurch, daß es unter den Genossen eine Anzahl ganz hervorragender Charaktere gab – wie Siegbert Kahn, Alfred Meusel, Ilse Kroner und andere –, sie waren nicht nur aufrechte, parteiergebene Genossen, sondern bis ins Letzte saubere, ehrliche Menschen, die überall eine prächtige Atmosphäre verbreiten.

Viel zur Erhaltung einer guten Moral trug auch bei, daß die Genossen – im Gegensatz etwa zu Frankreich – in England sicher sein konnten, nicht plötzlich ausgewiesen zu werden, daß ihre Position als Emigranten (natürlich nicht als Genossen) legalisiert war, daß keiner, wie in anderen Emigrationsländern, wirklich Not leiden, hungern oder frieren mußte. Ebenso wichtig war, daß sie – wieder im Gegensatz etwa zu Frankreich – durch Arbeit und auch im menschlichen Verkehr in das tägliche Leben eingeordnet waren.

Im ganzen schätzte die Parteiführung die Tätigkeit von J. K. als Polleiter als ordentlich ein. Er bewies, daß er die für diese mittlere Leitungsebene notwendigen Fähigkeiten hatte, vor allem das politische und persönliche Vertrauen der Genossen besaß und daß er es verstand, die Genossen richtig einzusetzen, daß er eine „glückliche Hand" in der Auswahl der Kader hatte.

Und noch eines ist anzumerken – vielleicht ist es auch schon aus dem bisher Berichteten klargeworden: J. K. begriff sehr schnell, daß alle Autorität des Leiters nur echt und wirksam ist, wenn sie in das Kollektiv der Leitung eingebettet ist. Alle wichtigeren Entscheidungen, die die Arbeit der Genossen in der Emigration betrafen, waren kollektive Entscheidungen und nicht selten das Resultat langer und bisweilen auch heftiger Diskussion.

Es ist notwendig, diese Kollektivarbeit im folgenden stets im Auge zu behalten, da wir keine Geschichte der Partei in der englischen Emigration schreiben, sondern uns ganz auf J. K. konzentrieren und seine Arbeit analysieren, die auf den Beschlüssen der Leitung basierte.

Von größter Bedeutung für sein Parteileben und seine Arbeit als Polleiter waren die vierteljährlichen, etwa vier bis acht Tage dauernden Besuche in Paris, wohin er zu Besprechungen mit der Auslandsleitung fuhr. Hier wurde er mit Genossen vertraut, die auch später, nach dem Mai 1945, eine führende Rolle spielten. So relativ bescheiden seine politische Funktion auch war, der freundschaftliche Verkehr mit der Parteiführung wurde ihm ganz selbstverständlich.

An der Spitze der Auslandsleitung standen in diesen Jahren entweder Walter Ulbricht oder Franz Dahlem. Über sein Verhältnis zu Walter Ulbricht hat er in dem Festband zu dessen fünfundsiebzigstem Geburtstag geschrieben. Mit Käthe und Franz Dahlem bildete sich im Laufe der Zeit eine Freundschaft heraus, die bis heute fortwirkt; menschliche Wärme, echte Kameradschaft und bei Franz eine gewisse ironische Weisheit – die letztere ihm erst später spürbar – umgaben J. K., wenn er mit ihnen zusammen war.

Innerhalb der Auslandsleitung war Paul Merker speziell für England verantwortlich. J. K. lernte ihn erst in Paris kennen. Bald standen sie gut und freundschaftlich miteinander, nicht zum wenigsten auch seine Frau Grete und J. K. Paul Merker strahlte Ruhe und Sicherheit aus. Oft saßen sie sich in fast behaglicher Aussprache in irgendeinem Café gegenüber, und da beide gerne Zigarren rauchten, die in Frankreich schlechter, aber billiger als in England waren, zog Paul Merker nach einiger Zeit sein Etui heraus und bemerkte: „Da ich weniger Geld habe als du" (was gar nicht stimmte – J. K.) „und da ich mein weiches Herz kenne, habe ich vorsichtigerweise nur eine Zigarre für mich eingesteckt."

Ganz besonders eng wurde J. K.s Verhältnis zu Gerhart Eisler, der in der Auslandsleitung für Propaganda verantwortlich war und damit für alle Arbeiten von J. K., die von der Auslandsleitung veröffentlicht wurden. Wann immer es die Gesetze der Konspiration erlaubten, zog er in das gleiche billige Hotel, in dem Gerhart und seine Frau Hilde wohnten.

J. K. erinnert sich an ihn in der Pariser Zeit:

Was war er für ein prächtiger Mensch! Was für ein guter Freund!

In dem, was man seine politische Karriere nennen könnte, hatte er viel Pech gehabt. Seine Schwester Ruth

Fischer, Parteifeindin, einst führend in unserer Partei als „radikale Linke", begleitete ihn wie ein dunkler Schatten – ohne daß ich je einen führenden oder einfachen Genossen traf, der ihm deshalb Vorwürfe gemacht hätte. Gleichzeitig stand er wegen eines Zusammenstoßes mit Ernst Thälmann und wegen „rechter Abweichungen" unter einem zweiten, selbstgeschaffenen Schatten. Jetzt, nach „Jahren der Bewährung" in China und der Sowjetunion, war er „Prop" in der Auslandsleitung. Erhalten hatte er sich, trotz allem Sarkasmus, Wärme der Persönlichkeit und Begeisterung für unsere Ziele, wie sie einem heute, in solcher Verbindung mit gesundem Sarkasmus, fast nur noch bei guten alten Genossen begegnet. Dazu kam eine wundervolle Einfachheit der Haltung im täglichen Leben; sie vereinte die Fähigkeit, alle edlen und natürlichen Genüsse, die das Leben bot, voll auszukosten, mit der Gabe der Bescheidenheit und des Verzichtes auf alle solche Genüsse, wenn die Verhältnisse das erforderten.

Oft haben wir auf seinem Bett in dem sonst fast unmöblierten winzigen Hotelzimmer halb liegend gesessen, sind Manuskripte von ihm oder mir durchgegangen, eingehüllt in Rauch, oder haben allgemein über politische Fragen diskutiert, über den Verlauf der Weltgeschichte spekuliert, Pläne für die Zeit nach der Revolution geschmiedet oder auch über Kunst und Literatur gesprochen – denn nie vergaß man, daß sein Bruder und Freund Hanns Eisler war.

Stets werde ich bereuen, wegen irgendwelcher Arbeiten, die mir heute ganz unwichtig erscheinen, zwei Wochen Ferien auf einer nordholländischen Insel mit Gerhart, Hanns, seiner Frau und Brechts abgesagt zu haben. Wie gut paßten wir zusammen, wieviel gaben wir uns, zumal wir alle die Fähigkeit hatten, den anderen in seiner Art zu schätzen und von ihm alles zu haben, was man nur haben konnte.

Die Verantwortung für Kader hatte Paul Bertz. J. K. sah ihn nur selten, aber er schätzte diesen aufrechten und grundehrlichen Genossen sehr hoch. Ihm lag alles fern, was auch nur im geringsten einem Mißbrauch seiner über das Schicksal so vieler Genossen großen Macht ähneln konnte – und das in einer Zeit, in der unberechtigtes Mißtrauen und sinnlose Übertreibung der Wachsamkeit vielfach großes Unglück anzurichten begannen! J. K. hatte ihm natürlich anläßlich der Prozesse genau über sein Zusammentreffen mit David und Emel 1935 in Moskau und über seine Verabredung mit Bessonow in Kopenhagen berichtet. Wie leicht hätte Paul Bertz unter dem Einfluß von Übervorsicht oder „Ehrgeiz in Wachsamkeit" über ihn nach Moskau berichten können! Doch als J. K. das nächste Mal nach Paris kam, teilte ihm Paul, ganz offenbar selber befriedigt und erfreut über den Bescheid aus Moskau, mit, daß alles in Ordnung. Natürlich schien J. K. das damals eine Selbstverständlichkeit, er hatte nicht das mindeste Gefühl der Dankbarkeit gegenüber Paul für die Art seines Berichtes. Erst viel später begriff er ganz, was für ein großartiger Mensch er als „Kaderchef" gewesen. Das heißt aber nicht, daß er ihn nicht schon damals „wirklich gern" hatte.

Öfter sah er in Paris auch Ernst Reinhardt (Alexander Abusch) und seine Frau Hilde, Konni (Albert) Norden und seine Frau Herta, Lex Ende, früher Chefredakteur der „Roten Post", an der J. K. gelegentlich mitgearbeitet hatte, und Walter Beling, den Parteikassierer. Sie alle standen – im Gegensatz zu den allgemeinen Emigranten in Frankreich, mit denen J. K. aus konspirativen Gründen praktisch keinen Kontakt hatte – direkt mit der Auslandsleitung in Verbindung.

Doch zwei Freundespaare der „allgemeinen Emigration" sah J. K. regelmäßig, obgleich sie nichts mit der Auslandsleitung zu tun hatten: Egon Erwin Kisch,

Egonek, und seine Frau Gisela sowie Anna Seghers und ihren Mann Johannes L. Schmidt, den er von der MASCH in Berlin kannte. Beide, Egonek und Anna, hatten 1930 zu seinem Band „Rote Arbeit" einen Beitrag geliefert, beiden kam er jetzt persönlich sehr nahe.

Über sie soll er direkt berichten:

Besonders eng verband Egonek und mich ein wilder Karrierismus im Finden von Schüttelreimen. Jeder wollte der anerkannt Erste auf diesem Gebiet unter den Marxisten sein. Schließlich einigten wir uns darauf, daß er mich im erotischen Schüttelreim übertraf, ich ihn in Technik und Phantasie. Damals hatte ich den gefälschten Schüttelreim erfunden, der Kisch sehr imponierte. Es handelte sich dabei darum, Wörter zu prägen, die jeder für echt hielt. Zum Beispiel:

Und das süße Wickelkind
machte mit dem Kickel Wind.

Jeder glaubt das Wort „Kickel" irgendwie zu kennen beziehungsweise traut sich nicht zu fragen, was ein Kickel ist. Am 7. November 1938 berichtete ich Marguerite von meinem großen Einfluß auf Kisch als Schüttelreimer, denn er hatte gerade, durch meine neue Technik inspiriert, gedichtet:

Siehst du auf dem Kastanienbaum
die Affen an den Bastanien kaun.

Natürlich blieb uns die tiefe Achtung vor dem klassischen Schüttelreim, und am 6. Februar 1939 schrieb ich Marguerite:

„Kisch findet:

Man soll nicht unter Möbel pischen
und sich nicht untern Pöbel mischen."

Sein eigentliches Gebiet aber war der leicht anrüchige Schüttelreim. Etwa so:

Erschrocken sieht die keusche Magd,
wie hintern Zaun der Moische kackt.

Dem Namen nach kannten wir uns seit langem, Persönliches von ihm hatte ich durch seine Besuche bei Ursula in Shanghai gehört. Aber nahe kamen wir uns erst jetzt. Die Nachmittage bei ihm in Versailles waren eine reine Freude. Stets fand sich dort eine Runde geistvoller, lustiger, witziger Genossen, voll guter Geschichten – an der Spitze natürlich Egonek. Damals begann, wie er behauptete, sein Gedächtnis nachzulassen, und wenn er anhub, eine seiner unglaubwürdigen Geschichten mit einer Nutte zu erzählen, unterbrach er sich gelegentlich plötzlich und fragte seine Frau: „Gisela, wie hieß doch die Nutte, mit der ich damals das Erlebnis in ... hatte?" Gisela, die ihn sehr liebte und verehrte, kannte sein Leben ganz genau und nannte sofort Namen und Ort.

Gut war es, mit ihm zusammen zu sein, bis ihn Alter und Tod frühzeitig erreichten. –

Sooft ich konnte, versuchte ich, anschließend an den Nachmittag bei Kischs in Versailles den Abend bei Anna in Meudon zu verbringen, wo sie mit dem Mann und den beiden Kindern lebte.

Was für ein Erlebnis war Anna! Wie lustig und wie ernst und traurig konnte sie sein. Wie verblüffend präzis und genau im Denken und wie oft verwirrt scheinend und verschlungen im Gedankengang. Wie lieb und einfach, wie kompliziert und komplex, wie herzlich und wie herb, wie zugetan und wie abweisend, wie vertraulich und wie mißtrauisch, wie direkt und wie auf Umwegen pirschend.

Damals hatte sie noch nicht ihre größten Werke geschrieben – den „Ausflug der toten Mädchen" und vor allem die Einleitung zum „Bienenstock" –, noch nicht ihr populärstes Buch, „Das siebte Kreuz". Aber schon sah ich in ihr eine ganz große Persönlichkeit. Doch mein Verhältnis zu ihr war anders als etwa zu Einstein, den ich viel länger gekannt hatte. Sie war zugleich meine Genossin und wurde in oft auch persönlich-politisch schweren Zeiten eine gute Freundin.

An einer ihrer hausfraulichen Eigenschaften hatte ich besondere Freude, weil sie mich an meine Mutter erinnerte: beim Kochen warf Anna die unwahrscheinlichsten Dinge zusammen in den Topf, fügte zum Schluß dieses oder jenes noch Unwahrscheinlichere hinzu – auch Kochlappen und Asche, wie ich behauptete –, und was dann auf den Tisch kam, schmeckte immer großartig. Ihre Kochkunst hatte etwas Genialisches.

Immer waren die Tage in Paris für J. K. ein Erlebnis, ein vielfaches Erlebnis. Auch auf dem Gebiet der Kunst, wie zwei Briefe an Marguerite andeuten. Der eine vom 22. Juli 1937 lautet: „Da ich heute abend infolge zweier halber Flaschen Wein zu müde, beschloß ich, die Nachtbeleuchtung im Louvre mir anzusehen, früh schlafen und morgen früh an die Arbeit zu gehen. Die Nachtbeleuchtung (nur Plastiken) ist doch recht eindrucksvoll und macht die Plastiken weit lebhafter als Tageslicht. Zuerst ärgerte ich mich über diesen Vorteil, den die Faulköppe Praxiteles und so weiter von der elektrischen Beleuchtung hatten, aber dann sagte ich mir, daß Rembrandt ja umgekehrt von der Verdunkelung seiner Farben profitiert, und so versöhnte ich mich mit meiner etwas freundlicheren Stimmung gegenüber der Antike. In dem Saal, wo der Hermaphrodit herumliegt, sah ich ein paar erstaunliche Satyrn und einen fabelhaften Hund. Überhaupt haben sie die Umstellung jetzt beendet und den einzelnen Figuren mehr Raum gegeben, wodurch alles stark gewinnt. Jetzt ins Bett mit Margot (Asquith*)."

* Ich las gerade deren Autobiographie.

Der andere, beim nächsten Aufenthalt, vom 30. September 1937, berichtet: „Heute vormittag etwas Zeit und ging, beschwingt durch den ersten Brief von Dir, in die Greco-Ausstellung. Unerhört schön, besonders eine Madonna, die mir endlich die sexuelle Unbeherrschtheit des lieben Gottes einer verheirateten jüdischen Frau gegenüber wenigstens verständlich machte, wenn ich sie natürlich auch nicht billige. Nachher noch in eine andere Ausstellung europäischer Kunst seit Cézanne – vieles gut." Am 8. Dezember 1937 schrieb er vor seiner Rückreise nach London: „Ich war diesmal kein Mal im Louvre. Zum ersten Mal mir in Paris passiert." – Aber wohl auch nie wieder!

Einmal ging J. K. ins Theater – am 1. Oktober 1937 schreibt er an Marguerite: „Gestern abend – Du wirst es nicht glauben – nein! nicht eine Frau, auch nicht zwei – sondern ich war in der Operette! Dreigroschenoper. Gerhart hatte zwei Billetts umsonst bekommen, da Brecht hier ist. Das Haus halb leer – das ganze schlecht – nur eine Szene ganz großartig mit Yvette Guilbert."

Die Hauptzeit der Parisaufenthalte war, wie die folgenden Auszüge aus Briefen an Marguerite zeigen, mit Besprechungen, aber auch mit dem Schreiben von Artikeln und Broschüren gefüllt:

19. August 1938: „Heute eine Besprechung, die um neun Uhr begann und um halb sechs endete – als einzige Nahrung zwei Tassen Kaffee und zwei Bissen von jemand anderes Stulle."

8. November 1938: „Ziemlich viel zu tun. Aus einem Artikel wird eine Fünfzigseitenbroschüre, und daneben viel Leute zu sehen."

7. Februar 1939: „Heute kurz nach sieben Uhr aufgestanden. Gegen halb neun Rudi (Rudi Feistmann – J. K.) für eine halbe Stunde besucht und dann arbeiten gegangen. Zehn amüsante Seiten für die Wirtschaftsbroschüre geschrieben. Dann mit Konni und Herta (Nor-

den – J. K.) essen und darauf sie ins Wiener Café eingeladen; ich hatte solchen Hunger nach gutem Kuchen, den ich dann auch gestillt habe. Heute nachmittag bis sechs Uhr wieder arbeiten, dann eine Besprechung und dann wieder arbeiten."

30. Juli 1939: „Heute vormittag fünfzehn Seiten erledigt; jetzt bin ich wieder an der Arbeit."

Folgende Erinnerung von J. K. sei noch angeführt:

Eines der schönsten Erlebnisse war ein Tageskursus, den ich auf einer illegalen Parteischule in Hauteville (Burgund) abhielt. Dorthin waren Genossen aus zahlreichen Emigrationsländern gekommen, und da sie wußten, wie sehr ich Zigarren liebte, hatten mir viele welche mitgebracht. Ich sprach wohl acht Stunden, ausschließlich der Pausen. Doch keiner von uns wurde müde – es war alles aufregend und schön: die illegale Schule in einem Keller, das Wiedersehen vieler alter Freunde und Genossen, die Thematik, der Landwein, die Intensität, mit der jede Minute genutzt wurde.

Einiges über die allgemeine Parteiarbeit in England war schon angedeutet worden. Und über die innerparteiliche Arbeit ist wenig zu sagen, denn sie verlief kaum anders als in anderen Emigrationen. Mit der anwachsenden Zahl von Genossen nahm im Laufe der Zeit die Anzahl von Gruppen zu, die über ganz England und Schottland verstreut waren: in Birmingham und Manchester, in Liverpool, Glasgow und anderswo. Auch in London bildeten sich mehr und mehr Wohngruppen. Auf den zumeist wöchentlichen Gruppenabenden wurden sowohl politische wie organisatorische Probleme besprochen.

Mit der Entfaltung der Volksfront-Politik gewannen die Verbindungen zu den sozialdemokratischen Gruppierungen und zu bürgerlichen Kreisen an Bedeutung. Im

ganzen waren sie zur offiziellen SPD recht schwach, etwas enger zur Gruppe Neubeginnen, deren Theoretiker
Rex Löwenthal in London lebte und den J. K. aus der
Zeit kannte, als jener noch Parteimitglied war. Sie sahen
sich öfter. Auch den SPD-Außenseiter Siegfried Aufhäuser traf J. K. gelegentlich. Am 15. März 1939 hatte jener
ihm geschrieben: „Ich bin seit einiger Zeit in London,
nachdem ich mein Domizil in Prag aufgeben mußte. Ich
hätte Sie sehr gern gelegentlich aufgesucht, um Sie sprechen zu dürfen. Indem ich Sie bitte, mir eine Nachricht
zu geben, ob und wann ich Sie besuchen darf, bleibe ich
mit besten Grüßen Ihr ergebener S. Aufhäuser." Wahrlich
nicht der Brief eines sozialdemokratischen an einen kommunistischen Genossen!

Unter den „Freischwebenden", die der Partei damals
nahestanden, sind Alfred Meusel zu nennen, der dann
auch Parteimitglied wurde, und Heinrich Fraenkel, der
sich aber während des Krieges von der Partei ent-
fernte.

Alfred Meusel und J. K. kamen sich zwar persönlich
nicht besonders nahe, hatten aber hohe Achtung füreinander und mochten sich gern. Schon damals war Alfred
Meusel erstaunlich elegant in seinen Formulierungen und
ein hervorragender Essayist. In der Volksfront-Politik
leistete er gute Arbeit, bessere als irgend jemand anders
in England hätte leisten können.

Fraenkel, von dem Ivor Montagu in seiner Autobiographie sagt, er sei „befähigter für Schach als für die
Filmkunst, interessierter für die Filmkunst als für Schach"
– er wurde später unter dem Namen Assiac der Schach-
sachverständige der Wochenschrift „New Statesman" –,
war ein geschickter Publizist, der nützliche journalistische
Arbeit im Kampf gegen Hitler leistete, aber doch recht
bohémien dachte und lebte.

Eine besondere Gruppe bildete ein Kreis um F. Demuth, der die Notgemeinschaft Deutscher Wissenschaft-

ler im Ausland leitete. Außerdem gründete Demuth eine Deutsche Wissenschaftliche Gesellschaft in London sowie einen Londoner Ausschuß Deutscher und Österreichischer Ausgewanderter. Er scharte alle „wohlanständigen Bürger" um sich – Veit Valentin, den Historiker, Moritz Bonn, den Ökonomen, den Publizisten Rudolf Olden, den konservativen Politiker und Minister der Brüning-Regierung G. R. Treviranus und auch einige Sozialdemokraten wie Friedrich Hertz und P. J. Mayer. Seinen Kreis versammelte er alle vierzehn Tage zu einem lunch im „Rendez-Vous"-Restaurant in der Dean Street. Das Essen kostete wohl fünf Mark, war also für J. K.s Verhältnisse recht teuer. Im Interesse der Volksfront-Arbeit ging er jedoch gelegentlich hin, was sich, wie man noch sehen wird, als nicht ganz nutzlos erwies.

Als Prinz Hubertus zu Löwenstein – wie jeder seines Geschlechts voller Haß auf die Wittelsbacher, seit diese ihnen vor Jahrhunderten Bayern „geraubt" hatten, und jetzt hatten sich die Wittelsbacher mit Hitler verbündet! – nach London kam, sah J. K. ihn öfter. Einmal war er bei Kuczynskis und schrieb ganz gerührt: „Lieber Dr. Kuczynski, es war ein sehr schöner Abend und eine Luft von Freundschaft und Kameradschaft, für die ich Ihnen und Ihrer lieben Frau herzlichst danke. Ich möchte Sie gerne bald wiedersehen. Freundschaftliche Grüße, Ihr Hubertus Löwenstein." Heute ist er ein Reaktionär und wilder Antikommunist. Geblieben aus dieser Zeit ist nur sein Haß auf die Wittelsbacher.

Verbindung gab es auch zu W. Schütz, der seit Jahren in Westdeutschland das Kuratorium „Unteilbares Deutschland" leitet.

Gelegentlich gelang es, den alten Freund seiner Eltern und hervorragenden Friedenskämpfer Otto Lehmann-Russbüldt zu gewinnen, doch immer seltener, da er unter dem Einfluß seiner neuen Frau immer frommer wurde.

Recht kompliziert waren die Beziehungen zu Pastor Wolfgang Büsing, der einen protestantischen Kreis um sich gesammelt hatte, ungern sich selbst engagierte, aber bereit war, andere „Brüder" zu empfehlen, mit denen sich gelegentlicher Kontakt ergab.

Die erfolgreichste Aktion, die vor dem Krieg in England zur Einigung der Emigration unternommen wurde, war die Gründung des Freien Deutschen Kulturbundes. Der Bericht J. K.s über die Bemühungen, ihn in jeder Beziehung zu einer überparteilichen Organisation zu machen, mutet schon leicht komisch an:

Der Freie Deutsche Kulturbund in England oder die Free German League of Culture wurde auf Initiative der deutschen Kommunisten in England offiziell am 1. März 1939 gegründet. Marguerite hatte die Räumlichkeiten beschafft. Da ich damals Polleiter war, erhielt ich die erste Mitgliedskarte, die ich noch besitze, die aber die Nummer 251 trägt; weil ich den überparteilichen Charakter auch in Einzelheiten betonen wollte, hielt ich es für falsch, daß ich die Mitgliedsnummer 1 erhielt, die wie auch möglichst viel andere „frühe" Nummern Parteilosen oder anderen Parteien Angehörenden vorbehalten bleiben sollten.

Bald besaß der Kulturbund eine gute Bibliothek, die Marguerite mit großem Erfolg aufbaute und leitete und die von zahlreichen, auch bürgerlichen Emigranten mit Eifer benutzt wurde.

Die tägliche Kulturbund-Arbeit leisteten im allgemeinen Genossen, die von anderen Funktionen entlastet waren, vor allem Hans Schellenberger und später Hans Fladung. Durch den Kulturbund gelang es, viele der Partei nicht angehörende Menschen mit ihr zu verbinden, und manche von ihnen, die sonst in England geblieben wären, sind nach 1945 in unsere Republik zurückgekehrt.

Im ersten Mitteilungsblatt des FDKB vom 4. Dezember 1939 konnte sein Präsident, der Schriftsteller Hans Flesch, so zurückblicken:

„Der Freie Deutsche Kulturbund
Was er kann, was er ist, was er will
Gerade vor einem Jahr, Dezember 1938, haben wir angefangen. Es waren die berühmten vier Leute, und sogar Bier hat es gegeben. Aber damit hört die unerfreuliche Parallele eigentlich schon auf. Während unsere braunen Gegenspieler sehr bald zum Gummiknüppel und zu militärischen Organisationen übergingen, kamen bei uns die gründenden Mitgliederversammlungen, eine demokratische Vorstandswahl und unsere erste Veranstaltung im Haus der Quäker, Ende März, bei der Wickham Steed, Kerr und Viertel sprachen.

Wir sind von den vier Gründern auf tausend Mitglieder angewachsen. Wir haben fünf große Veranstaltungen mit durchschnittlich fünfhundert Besuchern gehabt, die Ausstellung unserer Malergruppe in der Wertheim Galerie, verschiedene, ich glaube, sechs, Schriftstellerversammlungen, schließlich das Kabarett ,24 schwarze Schafe', das Ende Juli vierzehn Tage lang im Arts Theatre vor vollem Haus gespielt hat. Wir hatten viele musikalische Abende, Vorträge in unserer Malergruppe, Vorlesungen aller Art.

Unsere Vortragenden und Sprecher waren von englischer Seite: Wickham Steed, Stephen Spender, Kingsley Martin, Storm Jameson, J. B. Priestley, Hannen Swaffer. Von unseren deutschen Freunden und Kollegen haben wir Oskar Kokoschka, Berthold Viertel, Stefan Zweig, Alfred Kerr, Ludwig Renn und viele andere Schriftsteller und Schauspieler auf dem Vortragspodium begrüßen dürfen. Wir sind ihnen allen dankbar, und wir bitten sie, weiter bei uns zu bleiben und an uns zu glauben. Denn wir sind immer noch am Anfang.

Wir sind weder eine unverbindliche Teegesellschaft noch eine politische Gruppe. Als man uns am Anfang fragte, ob wir uns entschließen wollten, eine Gewerkschaft, ein Klub oder eine Arbeitsgemeinschaft zu werden, haben wir stolz geantwortet: Alles zusammen. Und dabei bleibt es. Nichts spielt sich heutzutage im luftleeren Raum der ‚reinen Kunst‘ und ‚reinen Wissenschaft‘ ab, darum haben wir auch ein großes politisches Credo: Wir sind Antifaschisten, die geschworenen Feinde des Hitlersystems.“

Nicht unwichtig, wenn auch nicht sehr erfolgreich waren die Versuche, eine Volksfront-Organisation zu bilden. J. K. berichtet darüber:

Zu Beginn des Jahres 1939, mit der immer stärkeren Bedrohung des Friedens durch das Hitlerregime, wurden die Bemühungen der Partei, eine breite Volksfront-Bewegung in der Emigration zu schaffen, intensiver. Sie führten am 25. März in Paris zur Gründung eines Aktionsausschusses „Deutscher Oppositioneller“ unter der Präsidentschaft von Heinrich Mann.

Auch wir in England hatten in dieser Richtung gearbeitet, und am 22. April hatte Alfred Meusel an Heinrich Mann geschrieben und ihn gebeten, „eine Art geistiger Schirmherrschaft“ über unsere Bewegung zu übernehmen.

Wir waren mit der Breite unserer Volksfront recht unzufrieden und faßten den Plan, Heinrich Mann zu gewinnen, zu uns nach England zu kommen, mit dem ehemaligen Staatspräsidenten von Danzig Rauschning eine Konferenz abzuhalten und so einen wirklichen Durchbruch zu machen. Zugleich sollte das Auftreten Manns mit einer großen Geldsammlung unter Engländern für die Pariser Organisation verbunden werden. Als ich das nächste Mal nach Paris fuhr, war es meine Aufgabe,

Mann zu einer positiven Antwort an Meusel zu bewegen und ihn (nach Zustimmung unserer Auslandsleitung) für sein Auftreten mit Rauschning in England zu gewinnen. Am 3. Mai konnte ich dann aus Paris an Marguerite schreiben: „Heute eine ausführliche Unterhaltung mit Heinrich Mann. Sehr erfreulich." Drei Tage später schrieb Mann dann positiv an Meusel.

Rauschning scheute aber schließlich zurück – Mann schrieb mir am 10. Juli richtig, R. habe „auf Anraten seiner Freunde einen Nervenzusammenbruch" erlitten.

Mit unseren Volksfront-Bemühungen kamen wir nicht über Anfänge hinaus. Die Verbindung zu Heinrich Mann aber dauerte noch bis in die ersten Kriegsmonate hinein. Seine letzte Nachricht (vom 20. Oktober 1939) an uns war die Begrüßung einer neuen Zeitschrift, die wir gegründet hatten.

Fest und klar stand Heinrich Mann bei uns! Und auch Arnold Zweig – ich zitiere aus einem Brief vom 20. Dezember 1939:

„Schreiben Sie mir bitte, wie es Ihnen allen geht, oder veranlassen Sie Ihre liebe Schwester, das zu tun. Leider ist die ‚Weltbühne‘ eingestürzt und von Budzislawski nichts zu hören. Daß man gerade die entschlossensten und klarsten Antinaziorgane jetzt nicht zur Verfügung hat, ist ein Unglück, an dem wir freilich unschuldig sind. Ich sehe, wie wahrscheinlich auch Sie und Ihr Herr Vater, die Dinge sehr zuversichtlich. Deutschland kann eine wirkliche Demokratie aus diesem Kriege davontragen, wenn es gelingt, der Welt einsichtig zu machen, daß es immer dieselbe herrschende Klasse ist, die sich bald der Hohenzollern und bald der Nazis bedient, um in der Herrschaft zu bleiben: die preußischen Junker, der Feudaladel, der preußische Großgrundbesitz, dem jede Neuaufteilung des Bodens erspart worden ist. Wir müssen das Jahr 1789 in Deutschland nachholen. Aber anstatt einen Leitartikel zu schreiben, verabschiede ich mich von

Ihnen und bin mit besten Grüßen an Ihre ganze Familie, in der Hoffnung, daß es Ihrer Schwester wieder
gut geht,

Ihr

Arnold Zweig"

Schließlich ist in diesem Zusammenhang noch ein
Buchplan von J. K. zu erwähnen, über den er wieder
selbst berichten soll:

Als ich Anfang Mai 1939 in Paris mit Heinrich Mann
zusammentraf, besprach ich mit ihm auch ein Projekt,
das unsere Volksfront-Bemühungen unterstützen sollte:
die Herausgabe eines Buches „Das Deutschland, das wir
uns wünschen", an dem alle antifaschistischen Gruppierungen der Emigration mitarbeiten sollten. Der englische
Verleger Gollancz hatte mir die Veröffentlichung zuge-
sagt.

Heinrich Mann hatte sofort zugestimmt und auch versprochen, seinen Bruder Thomas für die Mitarbeit zu
gewinnen. Leider scheiterten wir mit Thomas Mann,
der sehr freundlich am 1. Juni aus Princeton schrieb:
„Sehr geehrter Herr Kuczynski,

haben Sie vielen Dank für Ihre interessante Mitteilung
vom 13. Mai. Gern wäre ich zu einem anderen Zeitpunkt
Ihrer Aufforderung gefolgt; leider aber erreicht sie mich
nach Monaten höchst ermüdender Lehr- und Vortragstätigkeit und unmittelbar vor einer Reise, auf der ich
zunächst einmal ausspannen, dann aber das Versäumte
nachholen will: die eigene Arbeit ist allzulange liegengeblieben, und ich muß, so leid es mir tut, Sie zu enttäuschen, im nächsten halben Jahr alles andere zurückstel-
len. Ich rechne mit Ihrem Verständnis für den ‚Egois-
mus' des Autors und bin, mit guten Wünschen für den
Erfolg Ihres Unternehmens,

Ihr ergebener

Thomas Mann"

Erstaunlich für mich (wie auch für die Auslandsleitung der Partei) war der anfängliche Erfolg, den ich bei den Sozialdemokraten hatte, bei Gestalten wie Stampfer & Co. Am 5. Mai, zwei Tage nach meiner Unterhaltung mit Heinrich Mann, konnte ich Marguerite berichten: „Die Sache mit der SPD hat geklappt"; und vier Tage später über die Besprechung mit österreichischen Sozialdemokraten: „Heute früh befriedigende Unterhaltung mit Deutsch." Das Manuskript von Julius Deutsch ist das einzige, das ich, auf deutsch und in schon angefertigter englischer Übersetzung, noch von den Vorbereitungen dieses Buches besitze, dessen Fertigstellung durch den Krieg dann verhindert wurde.

Von Alfred Kerr erhielt ich eine amüsante Zusage-Postkarte:

„Dear Sir,

Two thousand words? No.

Twenty words? Yes.

Sincerely yours   Kerr"

Helmut Rehbein, Pastor in England, wollte vom Standpunkt der „Bekennenden Kirche" einen Beitrag liefern. Auch Prinz von Löwenstein sagte zu.

Mittlerweile waren, wie so oft, wieder Schwierigkeiten zwischen uns und den Sozialdemokraten in Paris aufgetreten. Daher schrieb mir Stampfer am 3. August zwar keinen Absagebrief, wohl aber hinhaltende Zeilen voller Angriffe auf die Führung meiner Partei.

Wieder einmal meinten wir: So viele Haare kann kein Mensch haben, wie man sich über diese oder jene Gruppe in der Emigration raufen möchte, obwohl wir sicher auch gelegentlich Grund zum Haareraufen gaben, aber eine normale Glatze hätte immer noch reichlich Haare zu diesem Zweck geliefert!

Man kann nicht sagen, daß J. K. irgend etwas Besonderes bei solchen Verhandlungen geleistet hat, trotz der

Voraussetzungen, die er dafür mitbrachte: einen Ruf als Wissenschaftler, keine „Abstempelung" als kommunistischer Funktionär außerhalb der Partei (wenn er natürlich auch als Kommunist bekannt war), eine gewisse Geschicklichkeit, sich gesellschaftlich zu bewegen. Die Tatsachen, daß die Situation politisch sehr kompliziert war und daß die Parteiführung ihm nie eine Enttäuschung gezeigt hat, sind kein Grund, mit seinen Leistungen auf diesem Gebiet zufrieden zu sein.

Entscheidend nützlicher für die Partei erwies sich seine Tätigkeit für den Freiheitssender 29,8.

Wohl erst nach der Umwandlung des Freiheitssenders aus einem Organ der KPD in ein Instrument des Vorbereitenden und später des Ständigen Ausschusses der deutschen Volksfront wurde J. K. zu seinem „Beauftragten in Großbritannien" ernannt.

Das bedeutete, daß er nicht nur, wie auch zahlreiche andere Genossen, für den Sender schrieb – stets über Wirtschaftsfragen –, sondern auch Botschaften aus England an die Antifaschisten in Deutschland anzuregen und an die Redaktion des Senders zu vermitteln hatte und für die Propaganda des Senders in der englischen Presse sorgen sowie Geld für ihn sammeln sollte.

Bei der Geldsammlung kam es darauf an, an Kreise heranzukommen, die nicht schon für andere wichtige Zwecke gaben. Das wurde erleichtert durch das Geheimnis, das den Standort des Senders damals umgab, und die Kontrolle, die dem Spender möglich war, da er ja den Sender hören konnte. J. K. sammelte bei dieser Arbeit so viel Erfahrungen, daß die Partei 1938 beschloß, ihn zu einer größeren Geldbeschaffungsaktion nach den USA zu senden. Dort spezialisierte er sich auf jüdische Geschäftsleute, die unabhängig von ihrer Weltanschauung natürlich gegen den Antisemitismus der Hitlerregierung waren, und auf reiche Humanisten. Ganz kühl gesagt: Seine Aufgabe war nicht in erster Linie, antifaschistische oder gar kommunistische Propaganda zu machen, sondern dringend benötigtes Geld zu beschaffen. Und so bewunderte er denn auch gebührend den Blick von dem im einunddreißigsten oder einundvierzigsten Stock oder gar im Penthouse, ganz oben auf dem Dach, gelegenen Geschäftsraum oder Wohnzimmer auf New York mit immer wieder gleichen Begeisterungsausrufen, um dann einen Scheck über hundert Dollar oder mehr in Empfang zu nehmen, während Marguerite unten auf der Straße stand, um, wenn er wegen seiner (damals schon bei ganz geringer Höhe eintretenden) Schwindelanfälle herabfallen sollte, noch einen letzten Blick auf ihn werfen zu können. Die Partei war mit dem Ertrag seiner Sammlung, den er nach Paris brachte, einige tausend Dollar, zufrieden.

Von seiner Publizitätsarbeit für den Sender ist das einzig Erwähnenswerte die Herausgabe einer Broschüre „Freedom Calling. The story of the secret German radio", die in England in zwei Auflagen erschien; die erste, wohl zehntausend Exemplare, war in wenigen Wochen verkauft.

Weit wichtiger jedoch war, daß es ihm gelang, zahlreiche Abgeordnete der Labour Party und Gewerkschaftsführer zu Botschaften, die über den Sender nach Deutschland gingen, zu gewinnen, unter ihnen hervorragende Wissenschaftler und Schriftsteller.

Es trafen auch Briefe aus Deutschland ein – so von „Antifaschisten eines der größten Kriegsbetriebe" in Berlin an die Führung der Labour Party oder der Schmähbrief eines Nazis an D. N. Pritt, den großen Anwalt, der uns deutsche Antifaschisten in England so rührend befreundete.

Im Zusammenhang mit J. K.s Tätigkeit für den Sender ist etwas allgemeiner über seine Arbeit für die Partei zu sprechen. Doch das soll er selber tun:

Auch wenn meine Aktivität als „Geldsammler" für die Partei nicht unwichtig war, muß ich sie doch mit einem gewissen zynischen Amüsement betrachten. Schon die Umstände haben etwas Groteskes: während ich nur zögernd und sie häufig überspringend, zu den Lunchs von Demuth ging, weil sie wahrscheinlich fünf Mark kosten würden, sammelte ich in den dreieinhalb Jahren von Mitte 1936 bis Ende 1939 wohl an hunderttausend Mark für die Partei. Davon nicht viel weniger als zwanzigtausend Mark auf der Sammelreise für den Freiheitssender 29,8 in den USA, auf die mich die Partei schickte und von der ich zunächst berichten möchte.

Der Briefwechsel mit Marguerite (die mit unserer Tochter Madeleine mitgekommen war, aber zumeist getrennt von mir lebte und sammelte – wir logierten, auch um Geld zu sparen, zumeist bei einem unserer vielen Freunde aus der alten Zeit und, um unser „Suchfeld" möglichst auszudehnen, in verschiedenen Städten) bestand zu einem wesentlichen Teil aus gegenseitigen Mitteilungen über Sammelerfolge und -mißerfolge. Gleich der erste Brief (5. Mai 1938) an Marguerite beginnt:

„Der heutige Tag gemischt. Seligmann (der bedeutende Ökonom mit der schönsten Bibliothek alter ökonomischer Schriften damals, vor allem 17. und 18. Jahrhundert – J. K.) gab mir keinen Cent, wohl aber einen Aufruf an die deutschen Universitäten und wird mir eine ganze Reihe Einführungsschreiben geben. Justine (die Tochter des führenden Rabbi der USA Stephen Wise – J. K.) sandte hundert Dollar, dagegen ein anderer sagte mir, daß er überhaupt nicht an Germany interessiert wäre."

6. Mai: „Der heutige Tag erfolglos, und zum weekend ist niemand da. Habe bisher rund vierhundert Dollar – immerhin etwas, und die tausend werden schon erreicht werden, wenn ich auch betreffend die fünfzigtausend etwas zweifelhaft geworden bin."

7. Mai: „Heute nur fünf Dollar gesammelt – aber es ist auch niemand in der Stadt. Nächste Woche wird enddrive gemacht, und wenn ich nicht tausend zusammenbekomme, soll mich der Teufel holen, aber in Deiner Nähe absetzen."

Am 13. hatte ich an Marguerite geschrieben: „Erhielt eine Zeile von Einsteins Sekretärin für Montag, so daß ich Montag mittag hier (von New York – J. K.) abfahre, den Nachmittag in Princeton bin und, wenn es zu spät wird, was sehr wahrscheinlich, eventuell erst den Nachtzug nehme... Ich muß übrigens zu Dodd* nach Virginia rausfahren."

J. K. lernte Einstein durch seinen Vater schon in der Schulzeit kennen – jedoch nicht nur als den berühmten Physiker, sondern auch als Menschen mit einer, wie es der Vater nannte, „so klugen Bescheidenheit". Diese Eigenschaft beeindruckte den jungen J. K. viel tiefer als die Relativitätstheorie – was ein guter Freund jener frühen Jahre ihm einmal boshaft so erklärte: Das ist doch ganz verständlich, wo es doch viel wahrscheinlicher ist, daß du eine noch bessere Relativitätstheorie entwickelst, als daß du je Einsteins „kluge Bescheidenheit" erreichst.

Später kam er ihm näher, wenn er ihn zur Vorlesung, die Einstein von Zeit zu Zeit an der MASCH hielt, abholte oder ihn nach Hause begleitete.

Über seinen Besuch bei Einstein erzählt er:

Schön waren die Stunden mit Einstein in Princeton. Es war das letzte Mal, daß ich ihn sah. Traurig-weise beurteilte er die Weltsituation. Nicht bitter, aber auch ohne fröhliche Kampfeslust, die er früher bisweilen zeigte. Sechs Jahre waren seit unserem letzten Zusammensein vergangen. Mit großem Interesse hörte er mir zu,

---

* In den ersten Jahren des Faschismus Botschafter der USA in Berlin.

als ich von dem Sender berichtete, von unserer Arbeit überhaupt. Einen Tag nach meinem Besuch ließ er mir durch seine Sekretärin eine weitere Adresse, die einem gemeinsamen Freund eingefallen war, mitteilen, um weiteres Geld zu beschaffen.

Nach der Erledigung der „Geldangelegenheit" sprachen wir über Gott und die Welt, seine erste Ehe und die Rolle der Mathematik in ihr, über Hölderlin, über das Princeton Institute. Seine Arbeiten streifte er in einer für einen Laien wie mich verständlichen Art. Ich hatte den merkwürdigen Eindruck, daß er noch viele Jahre Arbeit vor sich sah, aber ebensogut auch sofort abzuschließen bereit war.

Zum letzten Mal wohl hörte ich von ihm in einem Brief vom 4. Mai 1939, fast genau ein Jahr nach diesem Besuch:

„Sehr geehrter Herr Kuczynski:

Ich danke Ihnen herzlich für die Zusendung Ihres Werkchens, dessen Klarheit und Überzeugungskraft ich aufrichtig bewundere. Obwohl Sie sich sichtlich bemüht haben, Betrachtungen über die internationale politische Lage und speziell über das Verhalten der Franzosen und Engländer zu vermeiden, sehe ich doch aus einigen Andeutungen, daß wir bezüglich der Interpretation der sonderbaren Haltung Frankreichs und Englands übereinstimmen: Klassen-Interesse vor Staats-Interesse.

Wenn Sie glauben, daß ich irgend etwas für Sie tun kann, so verfügen Sie jederzeit über mich.

Freundlich grüßt Sie
Ihr A. Einstein"

Über eine andere Zusammenkunft im Zusammenhang mit der Geldsammlung in den USA berichtet J. K. so:

Martha Dodd, die ich in New York besuchte, war ebenso reizend wie hilfreich. Einer ihrer Briefe im Mai begann: „Ich meine, Sie sollten sofort an Stern schreiben. Ich glaube, Sie können so was wie fünfhundert Dollar von ihm bekommen." Es waren nur zweihundert Dollar – und trotzdem habe ich Martha nicht unbedingt abgeraten, als sie mich fragte, ob sie ihn heiraten solle. Sie hat es dann auch getan, und wir haben in den letzten dreißig Jahren manche nette Stunde zusammen verbracht.

Wenig später lud sie mich zu ihren Eltern auf ihre Farm in Virginia ein. Den Vater kannten Marguerite und ich schon von einem Vortrag, den er zehn Jahre zuvor in der Brookings School gehalten hatte. Während seiner Botschafterzeit in Berlin hatten wir ihn nicht gesehen. Schöne vierundzwanzig Stunden verbrachte ich bei ihnen auf der Farm. Der Vater erzählte Interessantes aus seiner Botschafterzeit – aber im Grunde war er ein etwas naiver Liberaler. Das zeigt auch deutlich der folgende (in Übersetzung gegebene) Brief – eine Antwort auf die Übersendung der gleichen Broschüre, die Einstein erhalten hatte:

„Vertraulich   9. Mai 1939

Lieber Herr Kuczynski:

Ich danke Ihnen für Ihre Schrift ‚Germany's Economic Position'. Sie überraschen mich mit dem, was Sie über Dr. Schacht sagen. Er sah mich im allgemeinen fast jeden Monat. Meine Frau und ich haben ihn in seinem Landhaus besucht und oft in seiner Berliner Wohnung; er sprach ganz offen, aber vertraulich. Er hat, glaube ich, drei Söhne beim Militär, und seine Frau fürchtete sich stets, in unser Land auszuwandern. Ich habe dafür Verständnis.

Doch Ihr Buch ist interessant. Ich glaube, Deutschlands Position ist noch kritischer, als Sie sie beschreiben. Und die Annexionen helfen Hitler nicht. Er hat den Ehrgeiz, Europa zu beherrschen. Wenn unser Land, England und Frankreich im Oktober 1935 gemeinsam gehandelt hätten, hätte Hitler keine Allianz mit Mussolini abschließen können. Deutsche hohe Beamte genau wie die große Masse der Mittelklasse waren absolut dagegen, daß Hitler Italien hilft. Ich war überrascht, sie so bei dinners reden zu hören. Wenn man Präsident Roosevelts Appell an England und Frankreich gefolgt wäre, wäre Hitler nicht in der Lage gewesen, Mussolini zu helfen.

Ihr William E. Dodd

Und Schacht hielt einmal eine Rede, in der er Freundliches über unseres Präsidenten Rede vom Oktober 1935 sagte; sie fand Beifall."

Während all der Jahre, bis in die ersten Wochen von 1940, konnte ich Geld nach Frankreich schicken: an den Sender, an unsere Hilfsorganisationen (insbesondere über meine Freunde Maria und Siegfried Raedel), an Heiner Rau für die Spanienkämpfer, an die „Weltbühne", an die „Deutsche Volkszeitung", an die Volksfront, an die Schriftsteller.

Die Spender in England waren ganz anderer Art als die auf der Amerikareise. Von den meisten wird noch die Rede sein – aber nicht als von Spendern, sondern als von guten politischen und oft auch persönlichen Freunden, linke Intellektuelle zumeist, Wissenschaftler, Schriftsteller, Publizisten, die Antifaschisten waren.

Nur einer sei hier schon genannt, weil er uns in den Jahren von 1939 bis 1944 wohl insgesamt an die zwanzigtausend bis dreißigtausend Mark aus einem Fonds, den er verwaltete, gegeben hat: Leo H. Myers, ein enger Freund von Marguerite und mir, ein guter Schriftsteller, ein fester und treuer Antifaschist, der uns auch manchen anderen englischen Antifaschisten und gelegentlichen Geldspender zuführte. Gut war er zu uns, bis zu seinem letzten Brief an mich, den er am Tag vor seinem Selbstmord schrieb.

So nützlich die Sammlung von Geld für die Partei war, wichtiger blieb für J. K. die propagandistische und wissenschaftliche Arbeit für die Partei. Hier soll nur von gedruckten Arbeiten die Rede sein, nicht von internen Materialien wie Memoranden, Analysen und so weiter. Alle waren deutsch geschrieben, mit einer Ausnahme, über die zuerst berichtet werden soll, zumal sie in gewisser Weise seinen öffentlich effektvollsten Schlag gegen das Hitlerregime darstellte. Doch hören wir ihn dazu selber:

Es handelt sich um die einzige Schrift, die ich für die Partei geschrieben habe, die vor allem, ja fast ausschließlich an das faschistische Kapital, einschließlich des Monopolkapitals, gerichtet war – sie wurde von uns trotz aller Schwierigkeiten für englische Monopolkapitalvertreter gedruckt: in Paris, auf Anweisung unserer Auslandsleitung! mit einer großen Reklame für den „Stürmer"! – sie wurde von uns wie auch von Vertretern des englischen Monopolkapitals nach Deutschland versandt.

Die Schrift ist eine dem Äußeren nach bis ins letzte genaue „Nachahmung" der „Zeitschrift der Deutsch-Englischen Wirtschaftskammer in Großbritannien". Sie ist datiert vom März 1939 und beginnt mit zwei Begrüßungsschreiben, einem von Lord Simple-Ton, natürlich einer ausgedachten Figur, und einem von Friedr. Schmitt, Dr. h. c., Sturmbannführer, Mitglied des Aufsichtsrates der Hermann-Göring-Werke. Letzterer bemerkt: „Mit ganz besonderer Freude begrüße ich die Veröffentlichung dieser überaus nützlichen Nummer der Zeitschrift."

Was für einen Text lasse ich nun den Sturmbannführer so besonders erfreut begrüßen:

Da ist zunächst ein ganz ausführlicher „Bericht der Wirtschaftskammer für das Jahr 1938". Dort heißt es unter anderem:

„Niemand kann bestreiten, daß sich der deutsche Außenhandel im Jahre 1938 recht ungünstig entwickelt hat. Die Steigerung unserer Aufrüstung hat eine fortgesetzte Erhöhung unserer Rüstungsrohstoffeinfuhr notwendig gemacht. Gleichzeitig erforderte der Schutz gegen eine mögliche Blockade im Kriegsfalle eine rasche Erhöhung unserer Nahrungsmitteleinfuhr zum Zwecke der Anhäufung von Vorräten. Auf der anderen Seite ist unsere Ausfuhr bedeutend zurückgegangen. Das hat seine Gründe einmal in der Tatsache, daß die Maschinen-, optische, Elektro- und zum Teil auch die chemische Industrie so stark mit Rüstungsaufträgen beschäftigt waren, daß sie einfach nicht Zeit und Produktionskapazitäten zur Verfügung hatten, um auch noch für den Export zu produzieren; weiterhin stieß unsere Ausfuhr von Konsumgütern auf Widerstand infolge der Verschlechterung der Qualität unserer Exportartikel, infolge des neuen Boykotts deutscher Waren auf Grund der Novemberaktion gegen die Juden sowie auch infolge starker Befürchtung in zahlreichen politischen Kreisen des Auslands betreffend Angriffs- und Kriegsabsichten der deutschen Regierung."

Man kann sich wohl vorstellen, mit welcher Freude ich diese Satire schrieb.

Und groß war unser Erstaunen, als die Weltpresse – Zeitungen in England, Frankreich, den USA, Japan, auch in der Sowjetunion – mit Freude von diesem Streich berichtete, während die Hitlerregierung in England intervenierte, nachdem alle Exemplare ihre Empfänger wohlbehalten erreicht hatten.

Ein Freund in der Auslandsleitung der Partei schrieb J. K. zu dem Unternehmen unter anderem folgendes:

„Dank für Deine Zeilen. Ich bin hoch erfreut, insbesondere natürlich über die ‚Sache'. Sie hat hier gleichfalls einen sehr großen Eindruck gemacht. Seit Tagen schreiben fast alle Zeitungen darüber. Eine Seite des ‚Paris-Soir‘ schicke ich an Deine Drucksachen-Adresse, ebenso eine Seite des ‚Peuple‘ mit einem illustrierten Artikel über unsere sonstigen Materialien.

Die ‚Sache‘ ist insofern der größte bisherige Erfolg, als Klumpfuß* antworten mußte. Folge eins: Vervielfältigung der Wirkung. Folge zwei: Der Verdacht, daß es sich um eine Provokation handeln könne, der bei solchen Briefen immer eine gewisse Rolle spielt, wurde abgeschwächt. Ein gewisser Nachteil wird aber für die Zukunft eine stärkere Kontrolle sein. Darüber liegen bereits Meldungen vor. Wir werden also in Zukunft bei solchen Aktionen noch viel mehr Postwege benutzen müssen, den Versand noch besser vorbereiten, mehr detaillierter, verschiedenartiger, mit einem Wort: besser organisieren.“

Wer steckte von englischer Seite hinter der Sache? Wie erhielt J. K. die Adressen der Abonnenten der „Zeitschrift der Deutsch-Englischen Wirtschaftskammer in Großbritannien“ in Hitlerdeutschland?

Bald nach seiner Ankunft in England hatte er in einer anderen Angelegenheit an Churchill geschrieben, der nach einiger Zeit über einen Auslandsredakteur der „Financial News“ eine indirekte Verbindung zu ihm aufnahm. Churchill führte damals einen kleinen Kreis von Anti-Hitler-Tories, zu dem auch der permanente Unterstaatssekretär des Außenministeriums Robert G. Vansittart und der Zeitungskonzernbesitzer Brendan Bracken, der später im Kriege ein einflußreiches Mitglied der Churchill-Regierung wurde, gehörten. Der Verbindungsmann diente vor allem als Nachrichtenquelle und gab gelegentlich auch Geld für die Versendung von Materialien, die die Partei hergestellt hatte.

Für das Unternehmen der gefälschten Handelskammerzeitschrift, die von der Partei in Paris gedruckt wurde,

* Goebbels.

stellte er nicht nur das Geld, sondern auch die Adressen der Abonnenten zur Verfügung und übernahm sogar einen Teil des Versandes. Die Zahl der allein von England verschickten Exemplare betrug fünfzehntausend.

Natürlich gelangen propagandistische Husarenstreiche solcher Art, in solcher politischen Kombination, mit solch weltweiter Wirkung, nicht häufig. Sie sind nicht typisch für die Arbeit, aber sie gehören dazu.

Die propagandistische Arbeit von J. K. umfaßt auch seine Mitwirkung an der „Deutschen Volkszeitung", dem Wochenorgan der Partei in Paris, deren Chefredakteur Lex Ende war. Aus einem Brief von Lex Ende an J. K. sei zitiert, um zu zeigen, welche Probleme eine solche Zeitung in der Emigration aufwarf:

Mein Lieber!   „Paris, den 12. Februar 1938

Heute komme ich endlich dazu, Dir für Deine bisherige Mitarbeit und auch für Deine Kritik zu danken. Freund Gr. (Gerhart Eisler – J. K.) übermittelte mir den Auszug aus Deinem Brief an ihn mit der Stelle, die sich auf die DVZ bezog. Ich hoffe, daß Dir unsere letzte Nummer wieder so gut gefallen hat wie die Sondernummer. Es ist nicht so leicht, wie Du weißt, das Blatt immer so aus einem Guß zu machen, wie es zweifellos erwünscht ist, da sehr viele Köche daran mitarbeiten, die zwar nicht nach dem bekannten Sprichwort den Brei verderben, sondern immer zuviel in jeder Nummer unterbringen wollen. Das würde sich auch nicht ändern, wenn wir sechzehn Seiten hätten. Da muß dieses und jenes berücksichtigt werden, und zu kurz kommt immer der Teil der Zeitung, der einem allgemeinen Interesse der Leser entspricht. Bei solchen Situationen wie der jetzigen ist es natürlich leichter. Da interessiert sogar wieder einmal ein Aufruf. Es ist, wie Du Dir denken kannst, nicht mein böser Wille, wenn ich einige Deiner Beiträge in der letzten Zeit nicht abdruckte. Es blieb ganz einfach kein Platz. Dein Beitrag über Kolonien steht seit vier Wochen im Satz. Du bist ein guter Freund, der sich davon nicht abhalten läßt, weiter zu schreiben, bei anderen Freunden habe ich infolge meines Unvermögens, verabredete Artikel nachher auch unterzubringen, die größten Schwierigkeiten ... Unser lieber Freund stellt immer neue Ansprüche an das Blatt, doch könnte ich sie nur verwirklichen, wenn ich alles liquidiere, was wir über die ČSR, Elsaß-Lothringen oder sonstige Gebiete berichten. Ich persönlich habe kein Bedürfnis nach solchen Beiträgen, aber danach kann ich nicht gehen. Die Wünsche der Leser ignorieren heißt, das Blatt ruinieren. Sie wollen aus ihren Gebieten etwas lesen. Davon hängt die Verbreitungsmöglichkeit ab. Das sind einfache Jungs im Sudetengebiet oder in Elsaß-Lothringen, die mit einem Eifer sondergleichen sich für das Blatt einsetzen. Soweit sie Kritik üben, wollen sie noch mehr aus ihren Gebieten gedruckt sehen. Im allgemeinen kann ich wohl sagen, daß unsere Leser nicht nur zufrieden, sondern auch begeistert sind. Es gibt mehr als fünfzig Briefe dieser Art. Es bestätigt sich hundertprozentig die Richtigkeit unserer Auffassung, daß die Mehrzahl unserer Leser das Blatt hält, weil wir so intensiv über das Land informieren – auf Kosten mancher interessanten Themen aus der Weltpolitik. In Prag konnten wir mehr Beiträge dieser Art veröffentlichen, daß das nicht mehr so möglich ist, hat uns aber keineswegs geschadet. Dir im Vertrauen, daß wir seit der Übersiedlung zweitausendfünfhundert Leser mehr haben, bezahlende Leser, daß es also sehr gut vorwärtsgeht."

Dazu kam die Mitarbeit an anderen Veröffentlichungen der Partei, vor allem auch an der „Internationale", dem theoretischen Organ. Über sie und einen politischen Fehler, den er dabei machte, hat J. K. ausführlicher in einer Festschrift zum fünfundsiebzigsten Geburtstag von Walter Ulbricht berichtet.

Damit gehen wir von seiner überwiegend propagandistischen zu seiner wissenschaftlichen Arbeit für die Partei über. Hier sind vor allem ein Buch, das 1937 erschien, zu erwähnen und ein Manuskript, dessen Veröffentlichung durch den Ausbruch des Krieges verhindert wurde.

Das Buch kam unter dem Pseudonym Peter Forster in Strasbourg heraus, wurde aber auch in Kleinstformat unter dem Titel „Dr. Eugen Fischer. Rassen und Rassenentstehung beim Menschen. Berlin 1937" camoufliert nach Deutschland geschickt. Es schien damals vor allem deshalb nützlich, weil J. K. in einfacher Art unsere Auffassungen von der Wirtschaftslage und den Wirtschaftsperspektiven Hitlerdeutschlands darlegte und es dabei verstand, die amtlichen faschistischen Statistiken diesem Zwecke dienstbar zu machen. Es stellt für ihn wohl einen weiteren Fortschritt in der Analyse auf Grund amtlicher Statistiken dar, nämlich Erkenntnisse der Realität aus amtlichen Daten herauszuholen, die sie verschleiern sollen.

Theoretisch bedeutsamer ist das Manuskript, das wegen des Ausbruchs des Krieges nicht mehr gedruckt wurde. Am wichtigsten schien J. K. damals die Polemik, die er gegen seinen Freund und Meister Varga führte. Varga hatte in einem am 22. Februar 1939 in der „Rundschau", der Nachfolgerin der „Internationalen Presse-Korrespondenz", erschienenen Artikel folgende These über die Situation in der kapitalistischen Weltwirtschaft aufgestellt: „Je nach dem Grad der Umstellung der kapitalistischen Wirtschaft in eine Kriegswirtschaft ergibt sich eine ganz und gar verschiedene ökonomische Entwicklung. Es ist klar, daß die inneren Bewegungsgesetze des Kapitalismus für ein kriegführendes Land beziehungsweise für ein Land, das seine Wirtschaft auf die Kriegswirtschaft umgestellt hat, keine Geltung haben. Eine zyklische Überproduktionskrise ist in einer Kriegswirtschaft unmöglich. Dieser Umstand erklärt die noch nie dagewesene Ungleichmäßigkeit der Wirtschaftslage nach Ländern, die eine für alle kapitalistischen Länder gültige Charakteristik des gegenwärtigen Krisenverlaufs unmöglich macht."

In seiner „Geschichte der Lage der Arbeiter"* schrieb J. K. dazu vierundzwanzig Jahre später: „Schon damals polemisierte ich gegen die Auffassung von Varga, daß eine zyklische Überproduktionskrise in einer ‚Kriegswirtschaft'** unmöglich sei, und wenig später legte Stalin . . . eine andere Auffassung als die von Varga dar. Auch in einer ‚Kriegswirtschaft' kann es, wie die Entwicklung in den USA nach dem zweiten Weltkrieg gezeigt hat, zyklische Überproduktionskrisen geben. Aber das Entscheidende ist, daß damals zuerst von marxistischer Seite die ‚Ökonomie der Rüstungswirtschaft', die Problematik ‚Rüstungswirtschaft und Krise' untersucht wurde, während die bourgeoise Literatur noch schwieg, daß Stalin damals die Grundlagen einer entsprechenden Theorie legte, die auch heute noch voll gültig ist, und daß Varga in seinen Untersuchungen schon sehr früh auf die in so mannigfacher Beziehung verschiedene Entwicklung in den Ländern mit steil aufsteigender Rüstung und in den anderen Ländern mit relativ niedrigem Rüstungsniveau (USA, England u. a.) hinwies."

„Schon damals", die Eingangsworte des Zitats, bezieht sich auf das Manuskript sowie auf zwei Artikel, die J. K. im „Labour Monthly" schrieb. Er hatte sicherlich recht gegen Varga – wohl das einzige Mal, wenn er in einer wichtigen Sache nicht mit ihm übereinstimmte. Merkwürdig ist nur, daß er 1963 meinte, Varga hätte die Problematik aufgebracht, obwohl J. K. und Winternitz

* Bd. 15, Berlin 1963, S. 156.
** Heute würden wir Rüstungswirtschaft sagen.

schon in den vorangegangenen Jahren einen ganz intensiven Briefwechsel zu dieser Frage gehabt hatten. Die Polemik von J. K. gegen Varga hatte natürlich für die sechziger Jahre eine große Bedeutung, als zahlreiche Marxisten glaubten, daß die Rolle des Staates als Käufer echte zyklische Überproduktionskrisen verhindern könnte. So erwies sich die alte Polemik aus dem Jahre 1939 auch später noch von Nutzen für die Partei. Darum ist es nicht unerfreulich, die Erinnerung an die wissenschaftliche Arbeit von J. K. für die Partei in den Jahren 1936 bis 1939 mit diesem Bericht über seine Polemik mit Varga abschließen zu können. –

Doch spielte sich seine wissenschaftliche Aktivität keineswegs nur im Rahmen seiner Arbeiten für die KPD ab. Der größere Teil seiner wissenschaftlichen Arbeiten erschien in England und war vor allem für die englische Partei geschrieben.

Das erste, 1936 fertiggestellte Buch „Labour Conditions in Western Europe, 1820 to 1935" basierte auf seinen statistischen Arbeiten während der illegalen Zeit in Deutschland. Wirklich aktuell und bedeutsam war das zweite Buch: „New Fashions in Wage Theory", das zum Teil in der englischen Partei, so bei Emile Burns, dem Agitpropleiter der Partei, und bei Maurice Dobb, Gründungsmitglied der Partei und ihr hervorragendster Politökonom, auf Widerstand stieß.

Es ist vor allem eine theoretische Arbeit, die er als Parallelstudie zu dem vorangegangenen Buch betrachtete. Sie gliedert sich in zwei Teile. Der erste behandelt die Lohntheorien von Jacques Rueff, später engster Berater de Gaulles auf dem Gebiet des Währungswesens, von Keynes und seiner damals hervorragendsten Schülerin Joan Robinson sowie von Hicks. Der zweite Teil befaßt sich mit einer Reihe statistischer Probleme, darunter – sowohl statistisch wie auch theoretisch nicht unbedeutsam – ein Versuch, Durchschnittsreallöhne für das Empire als Ganzes, also Löhne des „Mutterlandes" und der Kolonien vereinend, zu berechnen.

Und nun lassen wir J. K. direkt berichten:

Das stärkste Interesse rief natürlich die Polemik gegen Keynes hervor, da sie nicht nur die erste von marxistischer Seite war, sondern auch von bürgerlicher Seite als genügend treffend empfunden wurde, um heftigste Abwehrreaktion zu erregen.

Unter den ersten, die mir schrieben, war Joan Robinson, die mich wütend attackierte und ihren Meister Keynes mit allen Mitteln verteidigte. Nach einem Briefwechsel von mehreren Wochen bat mich Harry Pollitt, der Generalsekretär der englischen Kommunistischen Partei, ihn abzubrechen. Grund: Sie sei im fünften Monat, rege sich furchtbar über mich auf, sei im ganzen doch, wie auch Dobb noch einmal bestätigt hätte, nicht reaktionär, und wir sollten nicht schuld daran sein, daß sie ihr Kind in einer Polemik mit mir verliere. Später, nach 1945, sah ich diese prächtige und kluge Frau, die uns inzwischen, nicht zum wenigsten dank den Bemühungen von Dobb, wirklich nahegekommen war, öfter und immer mit Freude wieder. Auch ihre Tochter hatte mich damals gut überstanden und wohlbehalten das Licht dieser Welt erblickt. Als ich Dobb 1968 mit meiner Schwester Renate zusammen in Trinity College besuchte, war sie wieder einmal auf der „chinesischen Linie" und auf Dobb nicht gut zu sprechen. Da wir bei Dobb auf dem Zimmer aßen – Renate durfte als Frau nicht am high table mit den anderen fellows essen* –, fand Joan Robinson keine Zeit für mich, und ich mußte mich mit einer längeren Unterhaltung mit ihrem Mann begnügen,

* Als Marguerite 1971 in Cambridge war, war diese seit Jahrhunderten geltende Regelung aufgehoben worden, und Sraffa, der mit Dobb die Werke von Ricardo herausgegeben hat, lud sie entsprechend zum Essen am high table ein.

mit dem sie, seit Jahren von Tisch und Bett getrennt, in einem Haus wohnte.

A. P. Lerner, damals noch ein kleiner, aber hochintelligenter Keynes-Schüler, schrieb eine ebenso wütende wie unsachliche Kritik im „Journal of the Royal Economic Society", das von Keynes geleitet wurde. Keynes weigerte sich, eine kurze und scharfe Entgegnung von mir zu bringen.

Douglas Garman, der unseren Parteiverlag leitete, war, flankiert von Dobb und Burns, bedrückt über die scharfe Reaktion der Keynes-Schule und lehnte es ab, einen Nachfolgeartikel über Pigou im „Modern Quarterly" zu bringen, ebenso meine Antwort an Lerner und meine Korrespondenz mit Keynes.

Seitdem war ich das bête noire der englischen Politökonomen.

Am 9. Dezember 1938 schrieb ich aus Paris an Marguerite:

„Liebes:

ich schreibe schnell noch einmal, um Dir die letzten Zeilen einer Besprechung meines Buches im ‚Economist' zuzusenden. Ich bitte Dich sehr, mir zu bestätigen, daß, wie immer ich auch meine maîtressen behandeln mag, zu welch unwahrscheinlichen Zwecken ich sie auch ausbeute, in meinem Verhältnis zu Dir weder von kalter Ausbeutung noch irgend etwas Ähnlichem die Rede sein kann.

Gefaßt Deinem Urteil entgegensehend,

Jürgen"

In der Besprechung hieß es:

„Die Mängel seines Buches liegen nicht so sehr in der statistischen Technik als vielmehr in einer bewußten und offen erklärten Parteinahme. ‚Die Statistik ist eine hinterhältige maîtresse, die ihre Anbeter in die Irre führt', hat einmal jemand gesagt. Kuczynski aber ist kein eifriger Sucher nach der Wahrheit, der durch zu unkritisches Vertrauen in die Statistik irregeleitet wurde. Um das Gleichnis fortzusetzen: er ist kein Don Juan, den eine unbeständige maîtresse verführt und betrogen hat. Ganz im Gegenteil hat er sie kalt für seine eigenen Zwecke ausgebeutet, die Zwecke, die er im Vorwort erklärt: ‚Das Buch ist geschrieben, um in die Hände der Arbeiter Berechnungen, basierend auf amtlichen Statistiken, zu legen, die ihnen im Kampf um höhere Löhne helfen, Gewerkschaftler zu unterstützen bei Verhandlungen für bessere Lebensbedingungen ... für all die ..., die bereit sind zu kämpfen für das allgemeine Wohl des Volkes und für soziale Gerechtigkeit.'"

War das erste Buch noch von dem damals hervorragendsten englischen Statistiker Bowley gelobt worden, so war ich jetzt „verfemt". Alles, was Bowley Achtung abgerungen, alles, was ihm ehrliche Freude gemacht hatte, die ganze technische Beherrschung des statistischen Intrumentariums und seine präzise Handhabung, verbunden mit umfassender Materialsuche, hatte sich nach dem Angriff auf die „Elite der Ökonomen" in ein Argument gegen Kuczynski verwandelt. Gerade seine Beherrschung der Statistik ist sein Hauptverbrechen, er beutet die arme maîtresse kalt aus – für seine Zwecke: das heißt für die Arbeiterklasse und den Fortschritt.

Anders war die Aufnahme des Buches in der amerikanischen Partei! Anläßlich meiner Geldsammlungsreise 1938 sprach ich dort auch vor dem Politbüro der amerikanischen Partei über die Lage in Deutschland – doch in den nachfolgenden Diskussionen mit Earl Browder und seiner sowjetischen Frau, mit Jack Stachel, mit Bob Dunn tauchte immer wieder meine Polemik mit Keynes auf. Mit Bob sprach ich auch ausführlich über den Charakter der damaligen Krise, die ich als Zwischenkrise kennzeichnete, während die Auffassung der Komintern dahin ging, daß es eine Hauptkrise war. Nach einem zweistündigen Streit meinte Bob: „Das wichtigste ist, daß es eine Krise ist, mit der auch Keynes nicht fertig wird." Und damit waren wir wieder bei Keynes.

Selbstverständlich erkannte ich damals nach dem Erscheinen des Buches von Keynes ebenfalls nicht die ganze Bedeutung, die sein Werk für die Bourgeoisie haben würde, aber mir war doch ganz klar, daß es sich hier um eine hoch wichtige Publikation handelte. Und noch eines war mir klar. In dem Vorwort zu meinem Buch heißt es: „Der Leser dieser Studien wird feststellen, daß diese neuen Theorien leicht die Basis einer allgemeinen faschistischen Theorie der Löhne und Beschäftigung abgeben können." Wie recht ich damit hatte, zeigt eine Reihe Veröffentlichungen der folgenden Jahre in Deutschland, zeigt insbesondere auch die Achtung, die Schacht stets für Keynes gehabt hat.

Das nächste Buch, „Hunger and Work", erschien 1938, wiederum im Parteiverlag, mit einem Vorwort des Generalsekretärs der Bauarbeitergewerkschaft R. Coppock, in dem es am Schluß heißt: „Ich hoffe, jede Gewerkschaft wird sich dies Buch beschaffen."

Über dieses und das nachfolgende Buch meint J. K.:

Das Buch ist theoretisch bedeutungslos, enthält aber eine Fülle von Material über die Lage der Arbeiter in vielen wichtigen Industrien. Jedes Industriekapitel sandte ich der entsprechenden Gewerkschaft zu, die es zumeist direkt durch ihren Generalsekretär überprüfen ließ. Einige Gewerkschaften trugen auch zur Materialsammlung bei. Durch dieses Vorgehen war ein für die englische Partei wichtiger Schritt der Verbindung der Gewerkschaften mit einer Parteiveröffentlichung getan – und auch die deutsche Partei hatte natürlich Nutzen davon. Die Sendungen englischer Gewerkschaftsführer über 29,8, von denen ich zuvor gesprochen habe, sind ein Beispiel dafür.

Ein Jahr später, im August 1939, gab ich im Left Book Club ein Büchlein heraus „The Condition of the Workers in Great Britain, Germany and the Soviet Union 1932–1938", von dem allein über fünfzigtausend Exemplare am Tag des Erscheinens an die Club-Mitglieder versandt wurden.

Bemerkenswert an dem Büchlein war der Versuch eines statistischen Vergleichs der Lage der Arbeiter in möglichst umfassender Weise in verschiedenen Ländern, von denen eines noch eine andere gesellschaftliche Ordnung hat. Der erste Teil, ein Vergleich der beiden kapitalistischen Länder, ist nicht so kompliziert wie der im zweiten Teil gemachte Versuch des Vergleichs aller drei Länder.

Noch zweier wissenschaftlicher Veröffentlichungen von J. K. sei hier gedacht – wenn auch die zweite einen stärker propagandistischen Charakter hatte.

In der Februar-Nummer 1937 der englischen Finanzzeitschrift „The Banker" veröffentlicht er seine Berechnungen der faschistischen Rüstungsausgaben. Bekanntlich gab die deutsche amtliche Statistik keine Daten mehr über den Staatshaushalt bekannt – und es wurden später in den Millionen Aktenstücken der Hitlerregierung auch keine gefunden –, aus denen man auch nur ungefähre Angaben über die Rüstungsausgaben entnehmen konnte. Er mußte also mit indirekten Mitteln aus zahlreichen verschiedenen amtlichen Angaben zu einer Gesamtsumme der jährlichen Rüstungsausgaben kommen. Und diese statistische Detektivarbeit gelang J. K. so gut, daß seine Zahlen (mit einigen nicht sehr bedeutenden Verbesserungen im letzten Dritteljahrhundert) noch heute gültig sind und von unseren offiziellen und halboffiziellen Partei- und Staatsschriften zitiert werden.

Diese Nummer des „Banker" erregte allgemein international großes Aufsehen und wurde wenig später, erweitert, in Buchform herausgebracht. Sie stellte gewissermaßen das erste öffentliche Auftreten der Churchill-Gruppe innerhalb der City gegen die Hitler-Regierung dar, sie war eine Art von Manifest und Demonstration – und wurde mit J. K.s Artikel (natürlich ungezeichnet) über die deutschen Rüstungsausgaben eröffnet. Leicht vorstellbar ist die „Diebesfreude" der Genossen der KPD, einen deutschen Genossen an der Spitze eines Teiles der Londoner City gegen den deutschen Faschismus marschieren zu sehen.

Über die zweite Veröffentlichung wollen wir wieder J. K. direkt hören:

Eine zweite Schrift, eine kleine Broschüre, ebenfalls gewissermaßen vom englischen konservativen Standpunkt geschrieben, erschien um die gleiche Zeit unter dem Titel „Hitler and the Empire" mit einem Vorwort von Air Commodore L. E. O. Charlton C. B., C. M. G., D. S. O., also einem ordengeschmückten hohen Offizier der englischen Luftwaffe. Ich wählte das Pseudonym James Turner, und das ganze war wieder ein etwas unwahrscheinlicher Streich. Im Vorwort erkläre ich ausdrücklich, daß ich nicht aus Haß gegen den Faschismus, seine politischen Theorien oder Moral schreibe. Meiner Meinung nach wäre der Faschismus in Deutschland eine Angelegenheit der Deutschen – wenn er nicht, ja wenn er nicht eine solche Gefahr für das britische Weltreich darstellte. Während es natürlich war, daß Text und Erscheinen der Broschüre mit der englischen Partei abgesprochen wurden und selbstverständlich auch unsere Auslandsleitung ihre Zustimmung gegeben hatte, war es wahrlich nicht natürlich und selbstverständlich (aber sonst hätte ich mich wohl auch nicht auf ein solches Abenteuer eingelassen), daß die Broschüre im Verlag der englischen Partei erschien und daß in wenigen Wochen zehntausend Exemplare abgesetzt wurden.

Mit der Nummer des „Banker" und „Hitler and the Empire" haben wir Kreise erreicht, die sich zwar erst im Frühjahr 1940 mit der Absetzung von Chamberlain und Halifax durchsetzen würden, aus denen ich aber schon vor dem Kriege Geld für Veröffentlichungen unserer Parteiführung und manche interessante Information für uns und die Sowjetunion herausholte. Auch solches gehörte zum Leben eines Genossen in dieser Zeit.

„Hitler and the Empire" enthält statistische Berechnungen und ist gekennzeichnet durch eine wirklich freche Kombination von Wissenschaft und Propaganda. Der Schlußabsatz lautet: „Caveant consules! Mögen die Staatsmänner Großbritanniens sich über die Gefahr für das Empire klar sein und entsprechend handeln! Mögen sie die ihnen zukommende Stellung als die hervorragendsten Beschützer des Weltfriedens und des Weltwohlstandes einnehmen!" Lustig mit den Augen zwinkernd und mit emphatisch deklamatorischer Stimme, las mir der Sowjetbotschafter Maiski diese Stelle vor, als wir uns zum ersten Mal trafen!

Wie am Schluß der Berichterstattung über J. K.s wissenschaftliche Arbeiten für die deutsche Partei soll auch hier noch von einem unveröffentlicht gebliebenen Manuskript gesprochen werden. Am Ende der illegalen Jahre schrieb er ein Buch über die französische Revolution von 1789, jetzt, am Ende der „friedlichen Jahre" in England, ein Manuskript über die englische Revolution von 1640.

Dieses Manuskript und eine das gleiche Thema behandelnde Buchbesprechung von J. K. entfachte eine wissenschaftliche Diskussion, die bis heute unter den Marxisten noch nicht abgeschlossen ist. Ihre ersten Protagonisten waren der großartige Historiker des 16. und 17. Jahrhunderts in England Christopher Hill und J. K. Als beide sich fast dreißig Jahre nach Ausbruch des

Streites in Oxford wiedertrafen, fragten sie sich wie aus einem Munde: „Stehen Sie immer noch auf Ihrem so falschen Standpunkt von damals?"

Es ging um die Frage, ob England vor der Revolution von 1640 in der Basis schon überwiegend kapitalistisch war (die Auffassung von J. K.) oder, wie Hill meinte, überwiegend feudal. Von dieser Einschätzung hängt natürlich die Beurteilung des Charakters der Revolution sehr entscheidend ab. J. K. und Hill haben in zahlreichen Veröffentlichungen bis heute an ihrem jeweiligen Standpunkt festgehalten. Robert Weimann – in unserer Republik als der bedeutende Erforscher jener Zeit bekannt, der sich vor allem mit Shakespeare beschäftigt, jedoch mit großer Kenntnis auch die allgemeinen wirtschaftlichen und sozialen Verhältnisse studiert hat – setzte sich ausführlicher mit der Polemik von J. K. und Hill auseinander und nahm eine Zwischenstellung ein.*

Das Manuskript von damals schätzt J. K. heute als völlig ungenügend ein – an seiner zentralen These hält er jedoch fest und hat sie bis zur letzten Auflage des entsprechenden Bandes seiner „Geschichte der Lage der Arbeiter in England" aufrechterhalten. –

Die wissenschaftlichen Arbeiten von J. K. in dieser Zeit stellen keine besondere Weiterentwicklung dar. Natürlich hat er sehr viel neues Material gesammelt, besonders auf dem Gebiete der Lage der Arbeiter, aber Arbeit dieser Art hatte er auch zuvor geleistet. Natürlich hatte er einige neue theoretische Ideen, aber keine hatte besondere Bedeutung.

Zweierlei muß jedoch festgestellt werden: er bewährte sich und erreichte ein höheres Niveau in seiner Fertigkeit, amtliche Statistiken gegen den Klassenfeind zu gebrauchen; und er zeigte in seiner Polemik gegen Keynes ein feines Gefühl für eine Variante in der Ideologie des

* R. Weimann, Drama und Wirklichkeit in der Shakespearezeit, Halle 1958.

Feindes, die von größerer Bedeutung im Klassenkampf sein würde.

Dazu kommt eine beachtliche Erweiterung in der Kenntnis der bürgerlichen Ideologie durch intensives Studium der Veröffentlichungen in Deutschland, Frankreich, den USA und insbesondere in England, wo er auch historisch vieles aufholte.

Seine Kenntnis des Marxismus-Leninismus weitet sich, seine Solidität als Marxist festigt sich, und einmal – das einzige Mal in einem wichtigen Meinungsstreit mit dem größten Politökonomen seiner wissenschaftlichen Lebenszeit – hat er auch recht gegenüber Varga.

Vergleicht man seine Entwicklung als hauptberuflicher Parteifunktionär und als marxistisch-leninistischer Wissenschaftler, wird man zwar feststellen, daß die als Parteifunktionär stärker war, nützlicher für die Parteiarbeit waren aber wohl seine wissenschaftlichen Arbeiten.

In vieler Beziehung war J. K. in die Bewegung der englischen Partei eingebaut, wie wohl keiner der Funktionäre der KPD es in die Bruderpartei des Landes war, in das er auswandern mußte. Das trug zweifellos zu seiner Entwicklung als Kommunist bei.

Dieses Eingebautsein bezieht sich vor allem auf seine propagandistische Tätigkeit, speziell als Mitglied der Redaktion des „Labour Monthly". Darüber soll er wieder selbst berichten:

Die Redaktion des „Labour Monthly", in der ich von Ende 1936 bis Ende 1944 arbeitete, umfaßte einen Kreis ganz prächtiger englischer Genossen, zumeist Gründungsmitglieder der englischen Partei, klug und freundlich, politisch erfahren und reif, ergeben der Partei, jeder unterschied sich vom anderen, und doch arbeiteten sie gut zusammen.

Uns alle dominierte die Gestalt von Raji Palme Dutt,

der das „Labour Monthly" herausgab. Er war der Sohn eines indischen Arztes und einer Schwedin, verheiratet mit Salme, einer Estin, die, bei aller Strenge ihrer Haltung zum Leben, mir stets Freundlichkeit entgegenbrachte. Raji war ein Glanzstudent (griechische und lateinische Kultur) in Oxford gewesen, mit zahlreichen Auszeichnungen und Stipendien. 1916 kam er zum ersten Mal ins Gefängnis – der Zwanzigjährige hatte den Kriegsdienst verweigert. 1920 schrieb er sein erstes Buch, über die zwei Internationalen, und seit 1921 gab er das „Labour Monthly" heraus. Als ich zum „Labour Monthly" kam, waren seine „Notes of the Month" der beste monatliche Kommentar zu Weltereignissen oder Geschehnissen in England, der von marxistischer Seite irgendwo in der Welt veröffentlicht wurde. Und sie sind es heute noch. Belesen in Englisch und Russisch, Französisch und Deutsch, in der Weltliteratur, der Politik und Ökonomie und schönen Literatur, verfügt Raji über ein unglaubliches Wissen, das sein scharfer Geist und sein immenses marxistisches Verständnis großartig ordnet. Ich habe keine Ahnung mehr, wie er mich fand, aber er zog mich gleich zur Arbeit heran. Wir waren bald gute Freunde, obgleich ich ihm an Parteierfahrung und Lebensreife sehr unterlag. Da ich ihn bei sich zu Hause, beim Redaktionstreffen, zu dieser oder jener Gelegenheit oft sah, besitze ich nur wenige Briefe von ihm aus der englischen Zeit. Aber wie freut es, etwa den ersten Absatz eines Briefes vom 8. April 1939 zu lesen: „Der Artikel erscheint mir ganz ausgezeichnet und ein Wunder an Verdichtung (compression)." Oder, vom 14. Juli 1937: „... sehr gut; genau das, was notwendig war." Häufig folgte dann aber noch diese oder jene Bemerkung, deren Berücksichtigung stets das Geschriebene verbesserte. Nie fand ich ihn einem Genossen gegenüber überheblich – wohl aber oft voll beißendem Hohn gegenüber dem feindlichen Autor, Politiker oder wen immer er bekämpfte.

1967 sah ich ihn in England wieder. Wenig zuvor aber war er – auf der Rückreise aus der Sowjetunion anläßlich der Verleihung eines Ehrendoktors – bei uns in Weißensee gewesen. Immer schien es das letzte Mal, daß wir uns sehen würden, jedes Zusammentreffen war herzlicher als das zuvor, auch so, als hätten wir uns eben erst gesprochen.

Raji war groß – heute geht er wegen eines Rückgratleidens gekrümmt –, über einen Meter fünfundachtzig. Er überragte uns alle auch körperlich, besonders Robin Page Arnot, klein und rundlich, verheiratet mit Olive, beide von eh und je in der Partei. Sie stolz und groß, wie Salme Dutt voll Strenge, aber menschlich zugänglicher – wie schön ist sie auf einem Bild aus den zwanziger Jahren mit Harry Pollitt auf der berühmten Treppe in Odessa, auf der im „Panzerkreuzer Potjomkin" der Kinderwagen herunterrollt.

Robin stammt aus Schottland, ist aber stolz, kein Schotte, sondern ein Pikte, also ein „Ureinwohner Schottlands", zu sein, und noch heute, wenn er im Norden gewesen ist, berichtet er Marguerite von irgendeinem historischen Fund, von dieser oder jener literarischen Entdeckung aus früheren Jahrhunderten. Er hatte viele „Kleinigkeiten" geschrieben – bis er nach dem zweiten Weltkrieg zum großen Historiker der englischen Bergarbeitergewerkschaften wurde.

Immer war er voll guter Geschichten, in der Redaktion oder bei einem Glas Bier in der Kneipe. Wen hat er nicht alles gekannt – von William Morris bis zu G. B. Shaw! Und von jedem wußte er die komischsten Anekdoten zu erzählen. Auch von sich – so von einer Theateraufführung, die er bei einem Gefängnisaufenthalt leitete und bei der er eine große Shakespeare-Gestalt spielte.

Neben ihm Andrew Rothstein, der wie Raji eine Russin geheiratet hatte. Edith, wesentlich älter als er und, wenn ich mich recht erinnere, wie Salme Goldmedaillistin eines russischen Frauengymnasiums. Er sprach fließend russisch, war wohl auch eine Zeitlang gleich Robin Vertreter der englischen Partei in der Komintern. Später leitete er viele Jahre hindurch die Londoner TASS-Agentur. Ebenso gut wie die Sprache kennt er die englische und die russische Geschichte. Andrews Vater war ein berühmter Historiker, dessen Buch über den Chartismus auch in der deutschen Bewegung viel gelesen wurde.

Wieder ganz anders in jeder Beziehung Ivor Montagu, dessen Frau Hell die erste und einzige Frau ist, die ich im Kremlgarten geküßt habe – weil unsere Freude so groß war, uns anläßlich einer Friedensratstagung nach vielen Jahren in Moskau wiederzusehen. Ivor, Sohn eines jüdischen Lords, ursprünglich Zoologe und bis vor kurzem Präsident des internationalen Tischtennisverbandes, zeitweilig beim Film tätig, ist ein glänzender Journalist und Organisator. Sein fröhliches Lachen reizt unweigerlich jeden, der mit ihm zusammen ist, gute Geschichten zu erzählen.

Auch Allen Hutt gehörte zu unserem Kreis, der beste Zeitungsseitenarrangeur Englands, der dem Parteiorgan öfter den Preis für das beste Layout vor den reichsten bürgerlichen Zeitungen eingebracht hat. Allen stand mir in der Thematik seiner Arbeiten am nächsten. Sein damals wohl einziges Buch handelte von der Lage der Arbeiter in England; außerdem war er bei der ältesten Arbeiterzeitung, „Reynolds News", angestellt – erst später kam er ganz zum „Daily Worker".

Allen Hutt und Ivor Montagu hatten in ihrer Studienzeit in Cambridge einen linken Studentenklub gegründet und dort die weit Älteren R. P. Dutt und R. P. Arnot als Redner kennengelernt.

Es war ein Genuß, eine Belehrung, mit solchen Genossen acht Jahre lang zumindest einmal im Monat zur

Redaktionssitzung des „Labour Monthly" zusammenzutreffen! Nie zuvor und nie mehr danach habe ich einer Redaktion angehört, die mir so viel an Lehre und Freude geben konnte und gab wie diese.

Ich konnte über alle nur möglichen Themen, die unserer oder der englischen Partei wichtig waren oder die mich speziell interessierten, schreiben und auch alle Bücher, die mich dazu reizten, besprechen. Im allgemeinen tat ich das unter dem Pseudonym John Knight. Hauptthema meiner Beiträge waren deutsche und englische Wirtschaftsfragen wie Probleme der Weltwirtschaft.

Nach einer Aufstellung von Robin Page Arnot – ich selbst konnte es nicht überprüfen, da mir einige Bände verlorengingen – leistete ich an Beiträgen für den „Labour Monthly" während meiner Redaktionszeit: 1936 einen, 1937 sechs, 1938 vier, 1939 acht, 1940 vier, 1941 einen, 1942 drei, 1943 einen, 1944 zwei.

Bisweilen tauchten auch andere Genossen in Redaktionssitzungen auf, etwa Dona Torr, die Historikerin und Frau von Walter Holmes, der am „Daily Worker" arbeitete und den ich schon von meiner Reise 1930 in die Sowjetunion kannte; Jonny Campbell vom „Daily Worker"; Clemens Dutt, der Bruder von Raji; Harry Pollitt, während meiner ganzen englischen Zeit Führer der Partei, außer in den Jahren von Oktober 1939 bis zum Sommer 1941, als Raji Generalsekretär war, und seine Frau Marjorie; Frank Pitcairn (Claude Cockburn), der tausend diplomatische Geheimnisse kannte, bisweilen als einziger in der ganzen Welt, und sie mit riesigem Erfolg in seiner Korrespondenz „The Week" enthüllte; und so manche andere.

Noch ein anderes Zentrum propagandistischer Arbeit, nicht zum wenigsten auch für die deutschen Antifaschisten, ist zu erwähnen. J. K. hielt sehr häufig Vorträge in englischen Organisationen – der Labour Party, den

Konsumgenossenschaften, in Studentenvereinigungen – über den Kampf der deutschen Antifaschisten. Diese häuften sich anläßlich einer Vortragsreise im Sommer 1939 für den Left Book Club.

Der Left Book Club, für den J. K. auch ein schon erwähntes Buch geschrieben hatte, war von dem Verleger Victor Gollancz zusammen mit dem bekannten Politologen Harold Laski, der während und nach dem Kriege zum „Theoretiker" der Labour Party wurde, und John Strachey gegründet worden.

Mit Gollancz stand J. K. gut, und während der Kampf gegen den Faschismus sie politisch zusammenbrachte, einte sie die Liebe zu Detektivromanen und Zigarren. Als der Krieg sie auseinanderbrachte – Gollancz meinte, es sei ein antifaschistischer Krieg –, standen sie so, daß sie sich eine gute Zigarre versprachen, bevor einer den anderen standrechtlich erschießen würde. Sie kamen zwar nicht dazu – aber immerhin während J. K.s Lagerzeit schrieb Gollancz an Marguerite, um eine Methode zu finden, ihm trotz ihrer politischen Meinungsverschiedenheiten Zigarren zukommen zu lassen. Gollancz stand der Partei in den Jahren vor dem Krieg sehr nahe und gab auch englischen Parteimitgliedern vollste Freiheit, in den Left-Book-Club-Gruppen zu sprechen, von denen weit über tausend im Lande existierten. Alle führenden Genossen der Partei machten von dieser Möglichkeit starken Gebrauch. So sind in der letzten Vorkriegsnummer der „Left News" als Redner angezeigt: Harry Pollitt, William Gallagher, Arthur Horner, Wal Hannington. Häufig waren auch mehrere Sprecher verschiedener Gruppierungen für die gleiche Versammlung angezeigt, zum Beispiel: „Harry Pollitt, The Dean of Canterbury and Victor Gollancz", also der Generalsekretär der englischen Partei, der „rote Kirchenfürst" und der Parteilose Victor Gollancz – oder Ellen Wilkinson (linke Labour Party), Victor Gollancz und John Morgan (linke

Labour Party) – oder Sir Richard Acland (liberaler Abgeordneter) und John Strachey. Der Left Book Club war eine echte volksfrontartige Organisation, die agitatorisch und propagandistisch, durch das gesprochene und das gedruckte Wort, enorme nützliche Arbeit leistete, nicht zuletzt durch die unermüdliche Aufopferung und Hingabe von Tausenden von Mitgliedern der Intelligenz unter Führung von Victor Gollancz und Betty Reid als Organisationssekretärin. (Betty wurde damals die Frau des auch in der DDR übersetzten englischen marxistischen Philosophen John Lewis.)

Schließlich konnte der Club großartige belebende und belehrende Sommerschulen abhalten. Auf der in Digswell Park vom 5. bis 19. August 1939 stattfindenden – J. K. sprach dort ebenfalls – konnte man Lektionen hören von: Robin Page Arnot; Maurice Dobb, Genosse und Ökonom; Hyman Levy, Genosse und Philosoph; Vladimir Pozner, französischer Schriftsteller; John Strachey; K. Zilliacus, Diplomat und linker Labour-Abgeordneter; und von noch einer ganzen Reihe anderer.

Von den Vorträgen im Sommer 1939 soll J. K. direkt berichten:

Mein Vortragsreiseprogramm bestand aus zwei Teilen: vom 4. bis 14. Juni elf Reden in elf Städten – und vom 18. bis 27. Juni zehn Reden in zehn Städten. Schöne Kathedralenstädte wie Norwich, Ely, Lincoln und Canterbury und auch reine Industriestädte wie Huddersfield, Oldham oder Burnley waren darunter. Überall durfte ich am Ende der Zusammenkünfte Geld für die deutsche Partei sammeln.

Die Briefe, die ich täglich an Marguerite schrieb, geben manchen Einblick. Am ersten Tag sprach ich in Norwich, einer der ältesten Städte Englands – ausgerechnet an einem Sonntag. Also berichtete ich von einem englischen Provinzstadtsonntag: „Sitze hier in einer

Teestube auf dem Marktplatz. Auf dem Bahnhof war der Gepäckraum geschlossen, so daß ich mit Koffer zur Kathedrale ging; da diese aber nicht auf einem Platz steht, war dort keine Kneipe oder ähnliches, wo ich meine Sachen lassen konnte. Ein Polizist nannte mir den einzigen tea-room, der am Sonntag auf hat, und hier esse ich Kuchen. Die Stadt scheint sehr nett, die Sonne scheint, Leute habe ich kaum gesehen. Sie beten wohl, und die, die es nicht tun, ruhen sich hoffentlich für heute abend (meinen Vortrag) aus, was ich nicht tun kann." Diese Stadt mit einer einzigen am Sonntag offenen Teestube (die Kneipen waren alle geschlossen) hatte immerhin etwa hundertfünfundzwanzigtausend Einwohner. Englischer Sonntag!

Der nächste Brief, noch vor der Fahrt nach Ely geschrieben, berichtet von dem Vortragsabend: „Sehr nett gewesen. Die Sekretärin (der Left-Book-Club-Gruppe) sagte mir heute zum Abschied, daß sie zwei Nächte nicht geschlafen: die vorletzte, weil sie Angst hatte, daß wegen schönen Wetters keiner kommen würde, und die letzte, weil fünfunddreißig gekommen waren und der Abend so gut verlaufen, und als sie feststellte, daß die Lokalzeitung eine ganze Spalte (über den Abend) hatte, fiel sie mir fast um den Hals. Mein chairman war ein Vikar aus der Umgebung, der Hammer und Sichel in seiner Kirche hat ... Gestern abend nach dem meeting hatten wir noch eine Tasse Kaffee bei meiner Wirtin mit dem Arbeiterparteikandidaten (für die nächsten Unterhauswahlen – J. K.) und anderen Fortschrittlichen des Ortes."

Der Brief vom 6.: „Sitze hier in Cambridge auf dem Bahnhof. Gestern in Ely. Die Kathedrale unbeschreiblich schön. Als ich ankam, stellte ich fest, daß mein Versammlungsverantwortlicher in einem Dorf drei Meilen draußen wohnt und der Bus dorthin nur alle zwei Tage geht. So ließ ich Gepäck in der Stadt, borgte mir ein Rad und fuhr durch die Landschaft. Abends meeting in der Stadt, etwa fünfzig Leute, viele Farmer, Landarbeiter und Eisenbahnarbeiter. Besonders gute Versammlung. Übernachtete bei einem Cambridge Don, Davies*, lecturer on literature und chairman der Divisional Labour Party. Ganz herrliches Haus zwischen Ely und Cambridge . . . Bisher erst £ 2.12.0 gesammelt, aber jeder hat etwas gegeben, und der Wert der ganzen Sache, auch abgesehen vom Finanziellen, ist ein großer."

8. Juni, Grantham: „Gestern abend wieder sehr gut. Etwa fünfzig Leute, darunter zahlreiche Bergarbeiter . . . Wahrscheinlich komme ich nächstens wieder in diese Gegend, da ein Garagenbesitzer aus der Nachbarschaft ein weiteres meeting organisieren will, zu dem ich kommen soll."

9. Juni, Scarborough: „Wohne hier sehr behaglich zwei Tage, da Middlesborough ausgefallen, bei einem reizenden Lehrerehepaar. Gestern abend sehr gut. Chairman war Howard Rowntree aus der bekannten Familie. Ein Nazifreund war in der Versammlung, ein Geldverleiher und dementsprechend beliebt. Heute früh eine Stunde deutsche Geschichte der Neuzeit in der sechsten Klasse der hiesigen High School gegeben. Sehr nett. Soeben einen Brief aus Gloucester, daß ich dort zweimal am gleichen Tage sprechen soll. Da mich die ganze Sache weit weniger anstrengt, als zur London School of Economics zu fahren, nehme ich natürlich an."

12. Juni, Burnley: „Gestern die stärkstbesuchte Versammlung – achtzig Leute. Ganz gut gesprochen. Sehr gute Diskussion . . . Draußen regnet es. Ich sitze friedlich in einem geheizten Zimmer und lese nach Steak und Spiegelei zum Frühstück einen Detektivroman . . . In Gloucester werde ich übrigens neben dem Left Book Club auch vor einer konservativen Organisation sprechen. Ich

---

* Hugh Sykes Davies. Er arbeitete damals an Studien, die er 1943 in seinem Büchlein: The Poets and Their Critics. Chaucer to Collins, zusammenfaßte.

freue mich, wenn ich bei ihnen für nützliche Zwecke Geld sammele."

13. Juni, Oldham: „Das gestrige meeting sehr gut. Etwa achtzig Leute und gute Diskussion. Übernachte der Oldhamer Tradition entsprechend bei einem Baumwolltextilarbeiter. Sehr interessante Geschichte gehört. In vieler Beziehung an südliche USA-Verhältnisse erinnernd. Heute in Huddersfield. Ich will versuchen, ob ich Wood, der vor vierzig Jahren mit Bowley zusammenarbeitete, sehen kann."

Vom zweiten Teil der Reise stammt der erste Brief vom 19. Juni aus Canterbury: „Gutes meeting gestern. Fünfundzwanzig Left-Book-Club-Mitglieder aus Margate, einige aus Ramsgate und Dover. Im ganzen etwa fünfundsiebzig, die Halle besetzt, einige mußten stehen. Gute Diskussion. Mein Pfarrer sehr angestrengt, da er in der letzten Woche im Canterbury Festival in Dorothy Sayers'* Stück ‚Faust‘ jeden Abend den Papst gespielt hat."

Maidstone, 20. Juni: „Gestern nur etwa fünfundvierzig – aber das meeting war sehr gut. Den Dean of Canterbury sprach ich übrigens nicht, da er fort war."

Der Dean of Canterbury, Hewlett Johnson, war der oberste Beamte des englischen Kirchenapparates, während der Erzbischof von Canterbury der oberste „Hirte" der anglikanischen Kirche ist. Der rote Dean, wie er genannt wurde, stand der englischen Partei ganz nahe. Am 16. Februar 1939 hatte er mir auf Anregung von Gollancz geschrieben, ich möchte doch ein von Deutschland handelndes Kapitel eines Manuskriptes durchsehen, was ich natürlich tat. Ganz rührend schrieb er mir: „Lieber Herr Kuczynski. Was für ein freundlicher und wertvoller Brief! Ich bin Ihnen besonders dankbar und

---

* Dorothy Sayers war damals die bedeutendste Detektivromanschriftstellerin der Welt; sie schrieb auch fromm-religiöse Sachen. Ihre Detektivromane wurden von Gollancz verlegt.

habe alle Ihre Anregungen aufgenommen. Ihr dankbarer Hewlett Johnson." Zehn Jahre später trafen Marguerite und ich ihn in Moskau, wo wir alle drei im Hotel National wohnten. Wir riefen ihn von unserem Zimmer aus an und fragten, ob wir ihn besuchen dürften. Es dauerte zu meiner Verwunderung etwa fünf Minuten, bis wir den Fünfundsiebzigjährigen dazu bringen konnten, daß er nicht zu uns heraufkam. „Sehen Sie, Sie sind gute Freunde, und so habe ich nachgegeben. Aber es ist doch etwas peinlich für den höchsten Kirchenbeamten Englands, in einem solchen Raum zu empfangen", erklärte er uns und wies – von den Sowjetfreunden im besten Hotelappartement des zaristischen Moskau untergebracht – auf die Wände seines saalartigen Salons voller Spiegel, an deren Seiten nackte Putten Liebespfeile abschossen.

24. Juni: „Wohne hier bei einem Metallarbeiter. Sehr nett und behaglich. Gestern abend nicht schlecht. Besuche heute hier in Hereford eine alte Sozialistin, die mir Briefe von Wilhelm Liebknecht und Eleanor Marx an sie zeigen wird."

25. Juni: „Beim Abschied schenkte mir die Frau des Metallarbeiters eine Rose aus ihrem Garten (die Frau ist fünfundfünfzig etwa!), und wir fuhren zu Mrs. Baker mit den Briefen; sie ist eine geborene Hines, und ihr Vater war einer der frühen Fabians – daher zahlreiche Beziehungen zu diesen alten Kreisen. In Shrewsbury ein meeting mit Film und zirka zweihundertfünfzig Leuten. Wie üblich fing ich die Audienz mit meinem ersten Satz, der sich mit Dir beschäftigt. Heute werde ich wieder zweimal sprechen. Wohne hier bei einem Kohlenhändler. Sehr nette Leute. Dies ist mein letzter Brief."

Die Juli-Nummer von „The Left News" brachte unter der Überschrift „Die Kuczynski-Tour" einen kurzen Bericht meiner Reise, der uns Freude machte:

„Im Juni besuchte Jürgen Kuczynski ... zwanzig

Gruppen und hatte überall außerordentlich erfolgreiche Versammlungen. Wir zitieren einen typischen Bericht aus der kleinen Stadt Ely, wo siebzig Leute zur Versammlung gekommen waren:

,Die ganze Gruppe ist mit unserer ersten öffentlichen Versammlung sehr zufrieden. Unseren Besuchererfolg schreiben wir der Tatsache zu, daß wir zuvor persönlich die Menschen aufsuchten und mit ihnen sprachen. Nachher gratulierten uns viele bekannte Konservative. Ich habe niemals unsere Mitglieder so angeregt gesehen. Lange nach Schluß der Versammlung standen noch Gruppen von Menschen auf der Straße. Noch nie habe ich es in Ely erlebt, daß Menschen auf der Straße diskutierten. Vielen Dank für dieses schöne Erlebnis.'"

Man kann sich vorstellen, daß unsere Partei froh war, auf solche Weise den antifaschistischen Kampf in England intensivieren zu können. Die Leitung des Left Book Club war so zufrieden mit dem Ergebnis der Reise, daß sie sofort eine zweite, ähnliche für den Herbst arrangierte; der Ausbruch des Krieges verhinderte sie. Die Genossen in Paris hatten schon erklärt, endlich die für mich passende Funktion gefunden zu haben: Wanderredner. –

Doch ich muß noch von dem dritten Leiter des Left Book Club sprechen, von John Strachey, einem damals wirklich guten Freunde. Er kam aus einer seit über hundert Jahren hochangesehenen, geadelten und vielfach im indischen Reich und im Militär, teils auch literarisch tätigen Familie.

Strachey war ein Meister einfacher, propagandistischer Darstellung marxistischer Probleme, ohne tiefe theoretische Ansprüche. Er arbeitete regelmäßig für den „Daily Worker" und schrieb überaus erfolgreiche Bücher, die im Left Book Club erschienen.

Zuerst lernte ich seine Frau Celia kennen, die sich wohl schon 1936 um zwei meiner Bücher bei einem amerikanischen Verlag, für den sie arbeitete, (vergeblich) bemüht hatte. Später dann John, der mir Manuskripte von sich zur Kritik sandte und eine Zeitlang auch eine Gruppe von fortschrittlichen Ökonomen bei sich versammelte, auf deren Mitglieder ich mich jedoch nicht mehr besinne.

Erst im letzten Jahr vor dem Krieg kamen wir uns wirklich nahe. Bei seinem Ausbruch nahm Celia bei der Evakuierung unsere Kinder mit den ihren aufs Land, während John mehrmals in der Woche bei uns frühstückte. Er neigte zum Standpunkt von Gollancz und Laski, seinen beiden Kollegen in der Leitung des Left Book Club, daß der Krieg ein antifaschistischer war. Doch gelang es Marguerite und mir, ihn von einer endgültigen Entscheidung abzuhalten. Als ich jedoch interniert wurde, war niemand mehr da, der ihn immer wieder zurechtbiegen konnte, und so ging er uns verloren. 1943 besuchte ich ihn in seiner Wohnung auf Wunsch der Sowjetfreunde, die versuchen wollten, wieder Kontakt mit ihm aufzunehmen. Es war aber eine recht gezwungene und für uns beide unbehagliche Sache.

Dann, nach dem Krieg, wurde er Mitglied der Labour-Regierung und Kriegsminister. Wir hatten nichts mehr miteinander zu tun.

Und doch meldete er sich noch einmal.

Während ich mich auf Reisen befand, war er in Westberlin gewesen und hatte telefoniert, um mich zu sprechen. Da ich keinen Anlaß zur Wiederaufnahme der Beziehungen sah, ließ ich nach meiner Rückkehr vorerst nichts von mir hören. Später, auf Grund einer Besprechung seines letzten Buches im „Economist", schrieb ich ihm an das Unterhaus, daß Marguerite und ich uns freuen würden, ihn zu sehen, wenn er wieder nach Berlin käme. Darauf erhielten wir völlig unerwarteter-, völlig unbegründeterweise einen ganz herzlichen Brief (16. Juli 1962), beginnend: „Mein lieber Jürgen: Wie reizend, von Dir zu hören!" Was war passiert? War er wieder vernünftiger geworden? Ahnte er den Tod und wollte unsere Beziehung im Geiste der Freundschaft abschließen? Ich weiß es nicht, und, offen gesagt, es interessiert mich auch nicht – und doch freut mich dieser so überraschende und zufällige Abschluß unserer Beziehungen.

Ich glaube, er war ein ehrlicher Mensch, der ehrlich der englischen Partei diente und ehrlich in sein Familien-Establishment und die Atmosphäre und Klasse, aus der er zu uns gekommen, zurückgekehrt war. Ein guter Gefährte auf einer kurzen Wegstrecke – wie viele solcher Art hatte ich! Und von keinem fühlte ich mich getäuscht oder enttäuscht, denn mehr soll man in einer Welt wie der unseren nicht erwarten. Diejenigen aber, die stetige Freunde bleiben, soll man als Wundergeschenk des Lebens nehmen.

In den reichlich acht Jahren seines Aufenthaltes in England wird J. K. schätzungsweise auf dreihundertfünfzig Versammlungen vor englischem Publikum und auf hundertfünfzig Versammlungen vor deutschen Emigranten gesprochen haben.

Vielleicht ist es angebracht, an dieser Stelle etwas über ihn als Redner zu sagen. Leider hat die KPD (und die SED) im Gegensatz zur alten SPD, besonders vor dem ersten Weltkrieg, nie etwas für die Ausbildung ihrer Funktionäre als Redner getan, so daß auch J. K. ein völliger Amateur geblieben ist. Ein „Volksredner", der große Massen mit sich reißen kann, ist er nie gewesen. Wohl aber hatte er eine gewisse Begabung als Lehrer-Redner, als Propaganda- zum Unterschied vom Agitationsredner. Er spricht so, daß die Versammelten ihm aufmerksam und auch gern, in gelockerter Stimmung zuhören. Das hängt damit zusammen, daß er stets frei spricht, was eigentlich selbstverständlich sein sollte, außer bei Festreden, die er von einem sehr sorgfältig vorbereiteten, sehr durchgefeilten Manuskript liest und mit denen er bisweilen guten Erfolg hat.

Auf verschiedene Weise war J. K. in den allgemeinen Strom der englischen Bewegung für Fortschritt eingebettet. Er hatte viele gute Bekannte und auch Freunde außerhalb der Partei.

Über einige soll er selbst berichten:

Es ist eine merkwürdige Sache, wenn man solche Aufgaben zu erfüllen hatte wie ich: Geld aus diesem oder jenem für die Partei herauszuholen, politisch wichtige Nachrichten zu sammeln, Leute kennenzulernen, die uns als Parteigruppe in England oder in weiterem Rahmen nützlich sein können, sie unter solchen Gesichtspunkten kühl und sachlich anzusehen, abzuschätzen – und dann plötzlich Menschen in ihnen zu entdecken, die einem nahekommen, zu denen man voll tiefer Achtung aufsieht, die gute Freunde werden oder gute Bekannte, die man zu treffen sich immer wieder freut. Vielfach hatte ich solches Glück, und das machte meine Arbeit nicht nur leichter und schöner, sondern vermischte sie und „privates Leben" in guter Weise.

Leo H. Myers war ein international anerkannter Schriftsteller, Sohn eines bekannten Psychologen, mit einer älteren Frau, Elsie, der Tochter des amerikanischen Generals William J. Palmer, verheiratet. Palmer zählte zu den typischen amerikanischen Kapitalisten-Pioniergestalten: Eisenbahnbauer, Städtegründer, Herrscher über riesigen Landbesitz, dessen älteste Tochter Elsie natürlich mit spätestens sechs Jahren über das Land reiten können mußte. Leo gewann für seine Romane den englischen James Tait Black Memorial Prize wie auch den französischen Prix Femina Vie Heureuse; einige seiner Arbeiten sind ins Deutsche übersetzt. Im Sommer 1938, als ich ihn kennenlernte, war er nicht mehr literarisch tätig, vielmehr brennend politisch interessiert, durch und durch antifaschistisch, allgemein fortschrittlich gesinnt. Während des Krieges begann er ein Buch über politische und allgemein kulturelle Fragen zu schreiben. Als er gegen Ende des Krieges das Gefühl hatte, daß die alten Kräfte der Reaktion sich wieder durchsetzen würden – in England und in den USA –, hatte der über Sechzigjährige keine Lust mehr, sich dem Zwang des Weiterlebens auszusetzen.

Oft verbrachten wir den Tag oder ein Wochenende in einem der beiden Landhäuser, in denen er lebte, bisweilen mit Freunden Leos, von denen manche auch unsere Freunde wurden, wie Lilian Bowes Lyon, die Dichterin, und Geoffrey Pyke.

Lilian traf ich 1938 zusammen mit Leo in einem Londoner Restaurant. Leo, wie immer gut und einfach gekleidet, elegant in den Bewegungen, freundlich, doch mit bitterer Weisheit gemischt, mir aufmunternd zulächelnd; neben ihm Lilian, ebenso einfach, aber nicht so gut, ja fast salopp gekleidet, gar nicht, wie ich mir eine Cousine der Königin von England, die sie war, vorgestellt hatte. Beide ehrlich interessiert an allem, was ich erzählte, von unserem Sender wie auch von unserer Arbeit in England.

Lilian blieb später während des „Blitz" in London, half im Luftschutz, bei der Evakuierung, durch nichts ließ sie sich schrecken – ihre Gedichte aber haben bei aller Herbe und Strenge etwas Zartes. C. D. Lewis schrieb das Vorwort zu einer Sammlung.

Ihn lernten wir durch Lilian kennen. Heute ist er der offizielle Dichter Englands, poet laureate – wir hatten manche nette Stunde mit ihm, nicht nur weil er ein guter Antifaschist, Dichter und Literaturkritiker war, sondern weil er auch unter dem Pseudonym Nicholas Blake ganz ausgezeichnete Detektivromane schrieb.

Es mag merkwürdig erscheinen, daß ich damals ausgesprochen literarische Beziehungen hatte – denn zu den genannten kommen noch John und Rosamund Lehmann, Rosa Macaulay, Olaf Stapledon, Stephen Spender, Anabel Williams-Ellis, Sylvia Townsend Warner, Randall Swingler, Edgell Rickwood. Diese Beziehungen wurden selbstverständlich, wenn man bedenkt, welche Rolle damals die Schriftsteller, nicht zum wenigsten gerade die Dichter Englands, in der Bewegung für die Unterstützung des antifaschistischen Kampfes in Spanien und gegen Hitler spielten. Es war die große politische Zeit der englischen Literatur im 20. Jahrhundert, und es war schön, in diesen Kreisen viele Menschen zu finden, die auch uns deutsche Antifaschisten unterstützten. Natürlich standen wir persönlich recht verschieden zueinander – mit John Lehmann blieb es beim dear Mr. Kuczynski, bei C. D. Lewis wurde daraus bald dear friend, während Rickwood und Swingler schnell zu Jürgen übergingen. Aber uns alle einte der politische Kampf, sie alle halfen uns deutschen Antifaschisten in dieser oder jener Weise – zumeist, wenn direkt, über mich.

Leo stand sich auch gut mit Bernal und seiner damaligen Freundin Margaret Gardiner. Sie besonders half uns deutschen Antifaschisten, nicht zum wenigsten Marguerite, wenn sie Schwierigkeiten beim Aufbau des Kulturbundes hatte.

Viel näher als Bernal kam uns damals ein anderer Freund Leos: Geoffrey Pyke. In seiner Biographie von Pyke beginnt David Lampe das Vorwort: „Landkarten, Zigarettenstummel, leere Milch- und Bierflaschen, Zeitungen und bekritzelte Zettel lagen auf dem Bettvorleger. Lord Mountbatten* saß auf dem Fußende des Bettes, von Zeit zu Zeit Notizen in einen Schreibblock, den

---

* Damals u. a. Schöpfer der Commandos, Admiral, 1942/45 Oberbefehlshaber der alliierten Streitkräfte in Südostasien, später der letzte Vizekönig Indiens, ein Vetter des Königs.

er auf dem Knie balancierte, machend. Ein Halbkreis einiger der höchsten Offiziere von Combined Operations Headquarters stand hinter ihm, ungeduldig die Stirn runzelnd, aber doch ebenso achtungsvoll wie Mountbatten dem Mann im Bett zuhörend – einem Zivilisten ... Dieser war nicht etwa krank, sondern blieb im Bett ganz einfach, weil er zuviel zu tun hatte, um sich auch noch anzukleiden."

Der Mann im Bett war unser Freund Geoffrey Pyke. Als wir ihn kennenlernten, war er unter uns, besonders aber unter allen Mitgliedern der Internationalen Brigaden, geliebt und gerühmt, weil er, angeregt durch den Mangel an Watte, den Nutzen von Sphagnummoos als vollwertigen Ersatz wiederentdeckt hatte.

Eine andere „geniale" Idee dieser Art brachte uns im Sommer 1939 näher. Pyke plante ein „Referendum" in etwa fünfundzwanzig deutschen Städten, nach der damals aufkommenden Gallup-Poll-Methode mit Fragen, betreffend Haltung zum Hitlerregime, Haltung zu einem möglichen Krieg wie: Billigen Sie die Haltung des Regimes zu den christlichen Kirchen? Zu den Juden? Sagen Sie Heil Hitler? Bringen die englischen Radiosendungen irgend etwas, was Sie nicht schon wußten? und so weiter. Er hatte bereits eine Reihe junger Engländer für dieses Unternehmen gewonnen, und ich sollte vor allem wohl bei der Aufstellung des Fragebogens, beim Aussuchen der Städte und so weiter helfen. Der Krieg machte das Unternehmen dann unmöglich.

Nie hatte er Geld, brachte aber immer für andere etwas auf. Ein großartiger Mensch und guter Freund, voller ausgefallener und immens praktischer Ideen.

Ein anderer Kreis gruppierte sich um die „Tribune", die Wochenschrift der linken Labour-Leute. Hauptfinanzier der „Tribune" in der Zeit vor dem Krieg war der Sohn eines konservativen Abgeordneten, George R. Strauss, der, wenn ich mich recht erinnere, viel Geld im Metallhandel verdient hatte. Strauss unterstützte während des Krieges auch eine Evakuiertenschule, die unsere Kinder eine Zeitlang besuchten. Uns deutschen Antifaschisten gegenüber zeigte er sich finanziell leider recht zurückhaltend. Ich habe eigentlich nie verstanden, warum er die „Tribune" finanzieren half, es sei denn, aus verfehltem politischem Ehrgeiz. Aber er war eine nützliche politische Verbindung und bot mir, wenn ich ihn in seinem teuren Haus aufsuchte, eine gute Zigarre an.

Ganz anders Aneurin Bevan, wohl der führende Geist in der „Tribune" – Harold Wilson war noch zu jung, um dort eine größere Rolle zu spielen. Ein ganz großartiger Redner, Anarchist in vielem, aber gerissen und gleichzeitig doch ungestüm, eine Freude für jeden, der nicht laufend mit ihm zu tun hatte. Er war Kohlenbergarbeiter gewesen und Sohn eines Kohlenbergarbeiters, in der Bergarbeitergewerkschaft von South Wales hatte er sich als tüchtiger Klassenkämpfer erwiesen und im Labour College sich durch seine Brillanz hervorgetan. Jenny Lee, seine Frau, später Minister in der Wilson-Regierung, wie ihr Mann Minister in der Attlee-Regierung gewesen war, traf ich dort auch gelegentlich. Vor allem auch Ellen Wilkinson, die uns deutschen Antifaschisten in so vielem half.

Unter den Labour-Leuten möchte ich weiter Ben Tillett erwähnen. Ich traf ihn öfter im National Trade Union Club, dessen Associate Member ich war. Ben, damals schon über achtzig Jahre alt, hatte mit acht Jahren zu arbeiten begonnen und gehörte in den achtziger Jahren zu den drei Führern des New Trade Unionism, der die Organisation der Ungelernten brachte. Man kann sich vorstellen, wie ich ihm zuhörte, wenn er von Eleanor Marx und ihrer Arbeit in der englischen Gewerkschaftsbewegung erzählte.

Andere Labour-Leute traf ich mehr oder weniger häufig: zum Beispiel Konni Zilliacus, der wohl dreimal wegen „zu linker Haltung" aus der Labour Party hinausgeworfen wurde, aber immer wieder zurückfand; G. Sirnis, die Frau eines alten Mitglieds der russischen Sozialdemokratie, Verbindungsmann der Labour Party zu Litwinow, als dieser im ersten Weltkrieg Vertreter der Bolschewiki in England war; Dorothy Buxton, die Marguerite viel in ihrer Kulturbund-Arbeit half; Douglas Jay, später Wilsons Finanzminister, damals Redakteur am „Daily Herald"; John Parker von der Fabian Society; Tom Driberg, stets auf der Linken in der Labour Party.

Und dann ist noch Bob Stewarts zu gedenken, Leiter der Zentralen Kontrollkommission, während des Krieges trug er eine letzte Kaderverantwortung für uns. Bob war ein Schotte, und als er das erste Mal zu uns kam und Marguerite ihm den stärksten Tee vorsetzte, den sie je gemacht hatte, fand er ihn „nicht so schwach wie sonst in England"; seitdem kochte sie für ihn den Tee. Als Bob uns um 1960 in Weißensee besuchte, hatten wir wieder „seinen" Tee für ihn. Er erzählte ein wenig von seinem Leben und seiner Familie; unser jüngster Sohn Thomas, etwa sechzehn Jahre, lauschte schweigend und voll Ehrfurcht den Worten des wohl über Achtzigjährigen; nur einmal konnte er sich nicht beherrschen und japste mit offenem Munde, als Bob eine Erzählung anfing: „Mein Großvater, der im Peninsular War (1808/14 Krieg der Engländer gegen Napoléon in Spanien – J. K.) ein Bein verlor..." Es ist wirklich selten, daß man von einem Großvater erzählen kann, der hundertfünfzig Jahre zuvor im Kriege invalidisiert wurde. –

Doch eines lieben und teuren Freundes, der damals der Labour Party angehörte und nach dem Kriege wegen seiner aufrechten Haltung hinausgeworfen wurde, sei besonders gedacht, zumal er heute über achtzig Jahre alt ist: D. N. Pritt, der große Anwalt aller Unterdrückten, der uns deutschen Antifaschisten in vielem half, auch Marguerite und mir ganz persönlich.

Pritt hat eine dreibändige Autobiographie zur Veröffentlichung geschrieben und für seine Freunde ein Manuskript von dreifachem Umfang. Beide Werke sind für den Historiker des 20. Jahrhunderts von großem Interesse – nachdem ich sie gelesen hatte, schrieb ich an Molly Pritt, seine Frau, daß sie nun eine Biographie von ihm herausgeben müsse, damit wir auch etwas über ihn selbst erfahren. D. N. Pritt, der größte politische Anwalt seiner Zeit, der in manchem Jahr ein Millioneneinkommen hatte, lebte immer bescheiden, viel gab er weg, auch die höchste richterliche Funktion und den Vorsitz im House of Lords, weil er auf unserer Seite stand.

Er spricht fließend englisch, deutsch, französisch und spanisch, ist überaus gebildet, hat aber seine blinden Stellen. Eines Tages besuchte er mit dem englischen Musiker Alan Bush Prag und zeigte ihm, der zum ersten Mal dort war, die Stadt. Nach einer Weile kamen sie auf einen Platz. „Der heißt Smetana-Platz", erklärte Pritt und fügte hinzu: „Eigentlich ein komischer Name für einen Platz. Smetana heißt nämlich Sahne."

Er, der sich in allen Kreisen jeder Gesellschaft bewegte, hatte bisweilen etwas reizend Linkisches. Als er den sowjetischen Friedenspreis erhielt, saß bei dem Festessen im Kreml ihm zur Linken eine reizende, kluge Frau. Nach dem Essen stand man zum Tanz auf, und Pritt führte seine Nachbarin. Erstaunt sagte er ihr: „Wie schön Sie tanzen! Wo haben Sie das gelernt?" Lächelnd antwortete sie: „Ich bin die Ulanowa*, Genosse Pritt."

Er ist lieb, menschlich und weise – auch in den schwierigsten Situationen. Als 1941 sein einziger Sohn starb, schrieben wir ihm, und er antwortete:

„Liebe Marguerite und Jürgen, es war gut von Euch, über Francis John zu schreiben. Der arme Junge war unheilbar krank – und wir leben in einer Welt, die man besser verläßt, wenn man nicht stark genug ist zu

* Die Ulanowa war die größte Ballettänzerin in der Sowjetunion.

kämpfen – und doch ist es so traurig, ihn zu verlieren. Immer Euer D. N. Pritt"

Noch ein Freund und auch die Namen einiger wissenschaftlicher Bekannten seien genannt. Beim Durchblättern meiner häufigen Korrespondenz aus den letzten Jahren vor dem Krieg mit Bob Dunn in den USA entdecke ich, daß ich plante, ja wohl bereits angefangen hatte, eine Geschichte der Lage der Arbeiter in den USA zu schreiben. Natürlich hatte ich auch über die „Varga-Frage" (Überproduktionskrisen) mit ihm diskutiert. Das Erfreulichste aber war, daß es Bob überhaupt gab, in all seiner treuen Zuverlässigkeit, Liebe und Wärme, Güte und Bescheidenheit, jederzeit bereit, nach besten Kräften zu helfen in Sachen der Wissenschaft, in der Not und durch Nachrichten von guten Freunden in den USA, von Anna Rochester und Grace Hutchins, George und Betty Marshall, Trachtenberg und so vielen anderen.

Ich pflegte auch Beziehungen zu Wissenschaftlern – nicht zum wenigsten zu der jüngeren Generation, zu Alfred Maizels und G. D. Champernowne, zu Altersgenossen wie Nicholas Kaldor und Thomas Ballogh, zu älteren wie Mannheim, den ich seit der Heidelberger Studentenzeit nicht wiedergesehen hatte. Ich hatte Kontakt mit Arnold Toynbee, der später eine so anregende und groteske Weltgeschichte schreiben sollte und den ich bei seinem Schwiegervater, dem großen Gräzisten Gilbert Murray, kennenlernte; mit David Glass, heute führender Bevölkerungswissenschaftler Englands, und seinem originellen Lehrer Lancelot Hogben wie dessen kluger Frau Enid Charles; mit Postan und Eileen Power, der so früh verstorbenen Wirtschaftshistorikerin; mit G. D. H. und Margaret Cole; mit Postgate und vielen anderen. Doch keiner wurde zum Freund, und das ist eigentlich merkwürdig. Nicht, daß ich mich nicht immer freue, Kaldor zu sehen, nicht, daß ich mich nicht gerne stundenlanger

Diskussionen und seitenlanger Briefe von Maizels oder Champernowne erinnere, doch ein wirklich persönliches Verhältnis, in das vielleicht auch noch Marguerite einbezogen wurde, entwickelte sich mit keinem von ihnen, obgleich doch die meisten von ihnen uns auch politisch nicht fernstanden, obgleich ich mich mit einigen beim Vornamen nannte.

Im August 1939 weilte J. K. zu einem seiner vierteljährlichen Besuche in Paris. Marguerite, die siebenjährige Madeleine und der fast zweijährige Peter begleiteten ihn, um von dort zu Ursula, die mittlerweile von Polen in die Schweiz übergesiedelt war, zu fahren.

Ein paar schöne Stunden verlebte die ganze Familie mit Gerhart und Hilde Eisler, die Madeleine mit riesigen Eismengen verwöhnten.

Der letzte Brief, den J. K. aus Paris an Marguerite schrieb, klang politisch hoffnungsvoll:

„Im Lande geht es ausgezeichnet vorwärts. Das Ganze spielt sich doch jetzt auf einer wesentlich höheren Ebene ab. Nach der Massenbewegung im Bergbau und der Westwallarbeiter jetzt eine mit Lohnerhöhungserfolg gekrönte unter den Werftarbeitern – wieder viele Tausende daran beteiligt. Wenn man nur noch ein halbes Jahr Frieden hätte, dann brauchte es wohl gar keinen Krieg zu geben."

Anders in der Emigration: „Die Sozialdemokraten sind jetzt so weit, daß sie sagen, man könnte unter keinen Umständen zusammen mit den Kommunisten gehen. Das heißt, unter Sozialdemokraten verstehe ich den Parteivorstand. Im Lande sieht es anders aus. Zilliacus hatte schon recht, als er mir sagte, es sei eine ganz dumme Theorie, zu glauben, daß man aus Erfahrung etwas lerne."

Sechs Tage später schreibt er aus London an Marguerite in die Schweiz (12. August 1939): „Heute bei den Eltern Mittag gegessen ... um zwei Uhr mußte ich zu einer langen Sitzung, die solches Ausmaß nahm, daß ich erst jetzt um drei Viertel elf zu Hause bin und Dir verspätet schreibe. Am Vormittag war ich in der Stadt. Elend viel zu tun ... Einen Brief von Franco Ruberl, dem Enkel von Frau Quarck, dem ein Brief der alten Frau beilag. Sie ist jetzt fünfundsiebzig, aber hält sich trotz zahlreicher Gestapo-Besuche sehr gut."

Das war einer der letzten Briefe, die ihn aus Deutschland erreichten. Einen anderen erhielt er von Grete Maldaque, deren Tochter Gerda bei der Familie K. einen Teil ihrer Ferien zugebracht hatte und dann in die Heimat zurückgefahren war. Seit der Verhaftung ihres Mannes hatte sich Grete Maldaque, wie sie schrieb, „fast immer in ‚würdevoll' dunkle Sachen verkrochen", jetzt aber, wo Marguerite ihr einen bunten Smock geschickt hatte, wollte sie sich „umstellen" – drei Wochen vor Ausbruch des Krieges.

Der letzte Brief aus Deutschland, vom 29. August, kam von Gertrud Wiese. Er beginnt: „Ich danke Ihnen vielmals für Ihre freundliche Einladung, aber sosehr ich mich freuen würde, Sie alle einmal wiederzusehen, muß ich doch leider der lockenden Versuchung widerstehen ..." Drei Tage später war der Krieg ausgebrochen.

Doch Mitte August, unmittelbar nach seiner Rückkehr aus Paris, schien der Krieg J. K. noch fern.

Eine Buchhandlung hatte ihn gebeten, an einem Nachmittag dort als „bedeutender Zeitgenosse" Bücher zu signieren. Am 17. August berichtete er an Marguerite: „Heute war ich in der Buchhandlung, um den Bewunderern Autogramme zu geben. Es kam ganz anders. Die Buchhandlung gehört Sylvia Pankhurst, und ich hielt vor etwa zwölf Leuten eine kleine Ansprache mit anschließender Diskussion, bei der auch noch etwas anderes (Geld für die Partei) herauskam. Sie ganz amüsant."

Sylvia Pankhurst war vor dem ersten Weltkrieg eine bekannte Suffragette, eine mutige Pazifistin – nach dem Krieg schrieb ihr Lenin einen berühmt gewordenen Brief –, im italienisch-abessinischen Krieg eine begeisterte Anhängerin des Kaisers von Abessinien, dessen Vertraute sie wurde, als er nach England ins Exil ging. 1966 traf J. K. ihren Sohn in Addis Abeba, wo dieser der offizielle Wirtschaftshistoriker Abessiniens war.

Die Tage scheinen mit Sitzungen gefüllt. Am 21. August schreibt er an Marguerite: „Gestern gar nicht geschrieben, weil um neun Uhr angefangen und um halb ein Uhr (nachts) erst zu Hause (Besprechungen). Heute wieder von zehn Uhr bis unbestimmt."

Am 22. August: „Gestern abend erst wieder um ein Uhr von Besprechungen nach Hause gekommen. Aber heute ist endgültig Schluß." So intensiv das politische Leben auch war, am 22. schien ihm alles für einige Zeit geregelt. Darum fährt der Brief ganz friedlich fort: „Zu Sonnabend habe ich Karl (Badtke) mit Frau und Hugo (Gräf) mit Frau für halb neun zu alkoholischen Getränken eingeladen. Ein Elend, daß Du nicht dabei bist. Freitag bin ich abends um halb elf (vorher leider anderes zu tun) bei Manasse (dem Arzt der Familie K. – J. K.), wo Büsing und der Sohn von Theodor Heuss sind ... Beunruhige Dich nicht über die politische Lage. Irgendwie wird sich alles gestalten, und am Ende sitzen wir doch obenauf."

Entsprechend am 23.: „Ich hoffe, Du liest keine Zeitungen und widmest Dich ganz der Erholung. Mach Dir bitte keine Sorgen, da doch nichts in der nächsten Zeit passieren wird (dazu eine Fußnote: Karl sagte gestern, ich soll Dir ein Telegramm senden: sei friedlich und glücklich). Ich bin mit der ganzen Entwicklung sehr zufrieden. Habe mir gestern zur Feier des neuen Ereignisses (deutsch-sowjetischer Vertrag – J. K.) eine Zigarre gekauft."

Am 24.: „Bitte mache Dir keine Sorgen über die Welt-politik. Bleibe friedlich und glücklich, wo Du bist, erhole Dich und komme erst Ende September gestärkt und frisch zurück. Es wird vorläufig keinen Krieg geben aus Grün-den, die nur allzu klar. Laß Dich nicht in irgendein Bocks-horn jagen. Denke an den vorigen September, falls Du Gerüchte hörst, wenn sich die Sache auch ganz anders als damals abspielen wird."

Am gleichen Tag hatte Marguerite aus der Schweiz geschrieben: „Ich höre so viel Radio, und jede neue Mel-dung bringt Schlimmeres. Ungeahnt Schlimmes. Dabei fürchte ich nicht einmal so sehr, daß es jetzt Krieg gibt. Wie oft habe ich heute gewünscht, auch nur eine halbe Stunde bei Dir zu sein und mir von Dir, vielleicht, zeigen zu lassen, daß die Zustände nicht so schlimm sind, wie sie aussehen. Swastikas auf dem Flugplatz in M.!... Die letzten Bulletins aus Danzig, Polen und Frankreich sind unheimlich. Ich freue mich, daß Du ein bißchen mehr ge-sellschaftlich lebst, aber all mein Denken steht so unter dem Druck der unglaublichen Ereignisse, daß auch die Freude sehr blaß in die Welt guckt."

Am Sonnabend, während J. K. mit Hugo Gräf und Karl Badtke (die Frauen hatten irgend etwas zu tun) friedlich Whisky trank, erschien plötzlich Marguerite mit den beiden Kindern im Zimmer. Sie war sich nicht sicher gewesen, ob es nicht doch zum Kriege kommen könnte, und den wollte sie nicht in der Schweiz erleben.

Merkwürdig: da sitzen drei doch in manchem ganz erfahrene Genossen zusammen beim Trunk. Selbstver-ständlich sehen sie die Möglichkeit eines Krieges – aber nicht mehr, ja sie wehren sich gegen jede „Kriegspanik", gegen die Idee, daß der Krieg eine ganz unmittelbare, reale Drohung sei – und da kommt Marguerite, noch nicht in der Partei und doch soviel realer sehend. J. K. streichelt sie, überlegen lächelnd ob ihrer Sorgen, und auch die beiden anderen sind ganz gerührt über Marguerites unnötige Beunruhigung und ihre Entschlußkraft, die schönen Ferien mit den Kindern in der Schweiz so energisch abzubrechen.

Kapitel XI England:
vom Ausbruch des Krieges
bis zum Herbst 1944

So wie Marguerite die Bedrohlichkeit der Situation überlegen erkannt hatte, zeigte sich J. K.s Vater in der Einschätzung des Charakters des Krieges überlegen. Während J. K. und die Leitung der deutschen Genossen in England (ebenso wie die englische und die französische und noch andere kommunistische Parteien) den Krieg in den ersten zwei Wochen als einen gerechten und antifaschistischen von seiten Englands und Frankreichs betrachteten, war der Vater von J. K. der Ansicht, daß der Krieg ein auf allen beteiligten Seiten ungerechter, ein imperialistischer Krieg sei, wie es (allen in England zuerst noch unbekannt) die Führung der Komintern, die KPdSU und zum Beispiel auch die indische Partei klar erkannt hatten. Und genau wie J. K. Marguerite wegen ihrer Kriegsbesorgnisse „überlegen" gestreichelt hatte, fand er jetzt seinen Vater „doch recht alt" geworden.

Natürlich ist es nicht immer leicht, den Charakter eines Krieges sofort zu bestimmen. Natürlich kennt die Öffentlichkeit nicht alle Tatsachen, um sich ein bis ins letzte Detail gehendes Bild zu machen. Doch in diesem Fall waren alle Grundtatsachen bekannt, und daß J. K. sie nicht von vornherein richtig einschätzte, ist ein Zeichen seiner relativ beschränkten politischen Fähigkeiten – insbesondere wenn man bedenkt, daß er bereits fünfunddreißig Jahre alt war und in den vorangegangenen drei

Jahren den Vorteil gehabt hatte, mit führenden Genossen zweier Parteien zu diskutieren.

Bei Ausbruch des Krieges hatte Wilhelm Koenen bereits die Funktion des Polleiters übernommen, und es gab für kurze Zeit zwei gewählte Leitungen, eine allgemeine, für die J. K. die Verbindung zu Paris hatte, und eine spezielle „Emigrationsleitung", die sich stark mit Fragen der Arbeitsbeschaffung, allgemein der Eingliederung für die aus der Tschechoslowakei gekommenen Genossen beschäftigte. In dieser Emigrationsleitung, zu der neben Wilhelm Koenen unter anderen Kurt Hager, Siegbert Kahn und Grete Wittkowski gehörten, wurde sehr bald nach Ausbruch des Krieges eine politisch richtige Haltung eingenommen, über die Koenen jedoch die allgemeine Leitung nicht genauer unterrichtete. Und da J. K. in diesen Tagen ganz intensiv „Außenarbeit", vor allem auch zur englischen Partei, zu leisten hatte und auch persönlich nicht mit den Genossen der Emigrationsleitung zusammentraf, war er nicht über deren Haltung informiert.

Die Genossen der Emigrationsleitung reagierten also schneller und richtiger auf die Wandlung der Situation als J. K. und die Genossen in der allgemeinen Leitung.

Die Ursachen für seine falsche Einschätzung sind leicht zu erkennen. Er sah in dem sowjetisch-deutschen Abkommen nur die Möglichkeit für die Sowjetunion, sich aus einem Krieg, der den sozialistischen Aufbau stören würde, herauszuhalten – einem Krieg, den er überdies nicht für sehr wahrscheinlich gehalten hatte. Dann, als der Krieg ausgebrochen war, war er der Meinung, daß der Krieg, wie jede Aktion gegen den deutschen Faschismus, „natürlich gerecht sei", so wie wir in den vorangegangenen Jahren jede solche Aktion mit Recht für gerecht gehalten hatten. Er wußte wohl, daß die englische und französische Regierung alles getan hatten, um die sowjetischen Friedensbemühungen zu torpedieren, und war angesichts der veränderten Situation der Meinung, daß sich die Sowjetunion mit ihrer Politik irgendwie durchgesetzt hatte, und zwar unter den besten Bedingungen für sie, während die englische und französische Regierung in einen „antifaschistischen Krieg" hineingeschlittert seien.

Natürlich gibt es, sogar sehr bedeutende, Führer von Organisationen, denen die Fähigkeit abgeht, Wendungen der Situation blitzschnell zu erkennen. Hier aber kam es auf blitzschnelles Erkennen gar nicht an, denn J. K. hatte reichlich Zeit, sich Gedanken zu machen. So fähig er ist, letzte wichtige Konsequenzen weiter bis in unwichtigere Einzelheiten selbständig zu durchdenken, so fähig er war, die ihm einmal klargewordenen wichtigen Konsequenzen eisern entschlossen in die Praxis umzusetzen, so mangelt ihm doch offenbar die Fähigkeit, im Falle einer neuen Strategie diese selbständig, andere dabei führend, bis ins Zentrum ihrer Problematik zu durchdenken.

Erst einige Zeit nach Beginn des Krieges, als die Analysen der Situation aus Moskau bekannt wurden, begriff J. K. die Lage. Und nun war er die führende Kraft in der allgemeinen Leitung. Klar und scharf vertrat er die Linie der Partei, der Komintern. Das war keineswegs leicht, denn führende Genossen der allgemeinen Leitung machten Versuche zu einem „Kompromiß" in den Auffassungen vom antifaschistischen und imperialistischen Krieg. In der englischen Partei brachten solche Versuche einen Wechsel in der Führung. Die Tatsache, daß jetzt R. P. Dutt die Führung der englischen Partei übernahm, erleichterte es J. K., die Linie der Parteiführung und der Komintern mit allen Konsequenzen darzulegen und im Laufe der Zeit auch durchzusetzen. In der neuen Monatsschrift der deutschen Parteigruppe „Inside Nazi Germany" dauerte es am längsten, bis schließlich auch hier eine klare Stellungnahme herausgearbeitet wurde.

Es war natürlich schwer für alle Genossen, wie durch eine Mauer von alten Freunden, von den englischen Mitbewohnern im Hause, von den englischen Kumpeln am

Arbeitsplatz getrennt zu werden, denn die Linie der Komintern wurde von der großen Masse der englischen Bevölkerung nicht verstanden; die sich zu ihr bekannten und sie durchsetzten, wurden isoliert. Der Mitgliederbestand der englischen Partei zum Beispiel ging so weit zurück, daß die Familie von J. K. (mit Schwestern und Schwägerin) schließlich 0,1 Prozent der Partei stellte.

Fast alle linken Bürger, fast alle linken Labour-Mitglieder, die den deutschen Kommunisten nahegestanden hatten, und die deutsche Emigration zogen sich geschlossen mehr oder weniger von den deutschen Genossen zurück und bekämpften sie zum Teil heftig. Der Kulturbund fungierte nur weiter, weil er, vollkommen richtig, nicht offen die Parteilinie vertrat und das wegen seiner zahlreichen nichtkommunistischen Mitglieder bis in die Führung hinein auch nicht konnte. Er wurde mehr und mehr zu einer Hilfsorganisation für Flüchtlinge mit der kulturellen Aufgabe der „Wahrung der fortschrittlichen deutschen Vergangenheit". In der Nummer 1 der „Nachrichten" des Kulturbundes vom 4. Dezember 1939 heißt es:

„Der Krieg hat uns die üblichen Kriegsschäden einer in einem Kriegslande lebenden ausländischen Bevölkerungsgruppe zugefügt. Die faire und großzügige Haltung der britischen Behörden, die Freundschaft unserer englischen Patrone und die Anhänglichkeit unserer Mitglieder ermöglichen uns ein Weiterarbeiten.

Wir sind keine Parteiorganisation. Wir wollen Brücken schlagen zwischen der in ihrer Heimat unterdrückten deutschen Kultur und dem Geistesleben Englands. Wir betrachten uns als einen im Ausland lebenden Teil der deutschen Opposition, die ein brennendes Interesse daran hat, bei der Erhaltung der deutschen Kunst- und Kulturwerte, bei ihrer Hinüberrettung aus der braunen Flut mit tätig zu sein ...

Während der letzten Wochen wurde – außer den beiden Konzerten und dem bunten Abend im Hampstead Music Studio, dem Freiheitsabend im Austrian Centre und einigen kleinen Veranstaltungen in Privatwohnungen – durch den FDKB eine Reihe von Veranstaltungen in den Hostels der gegenwärtig stellungslosen Hausangestellten durchgeführt, um auch diesen Flüchtlingen in ihrer besonders schweren Lage einige Stunden der Unterhaltung und geistigen Anregung zu bieten."

Die nicht wenigen als Hausangestellte beschäftigten Emigranten wurden vielfach entlassen. Im ganzen aber war die Situation besser als in Frankreich, obwohl jetzt „Tribunale" eingerichtet wurden, die die Emigranten auf ihre „Zuverlässigkeit" überprüften, und es gab Reisebeschränkungen.

Wie günstig die Situation in England im Vergleich zu Frankreich war, zeigt ein Brief aus Paris vom 6. September, noch nicht eine Woche nach Ausbruch des Krieges.

„Lieber Jürgen,

leider habe ich keine guten Nachrichten für Dich. Dein Freund ist seit einigen Tagen sehr krank und im Krankenhaus (verhaftet – J. K.). Sei so gut und schreibe seiner Frau und hilf ihr materiell. Natürlich kann sie hier keine Hilfe erwarten.

Ich bin ganz allein, alle sind fort. Es ist traurig hier, und ich weiß nicht, was ich tun soll. Schreibe mir auf englisch oder französisch.

Sehr herzlich grüßend..."

In einem Brief vom 22. September heißt es: „Du willst wissen, was die Freunde machen; es gibt keine Freunde mehr, nur noch Freundinnen." Fast alle Männer waren verhaftet.

Die Genossen in England begannen Kleidung und Geld zu sammeln. Marguerite war nicht nur dabei aktiv, sondern fertigte auch eine Dokumentation über die Lage der deutschen Emigranten in Frankreich an. J. K. sammelte Geld – er besitzt noch zwei Zettel, auf denen

Wilhelm Koenen am 27. Oktober und 7. November die Summe von insgesamt fast sechstausend Mark bestätigt.

Über die ersten Monate von 1940 soll J. K. selbst berichten:

Am 18. Januar 1940 erhielten Marguerite und ich die Aufforderung, am 20. Januar vor dem Tribunal zu erscheinen, das über unseren Status als „Fremde" entscheiden sollte. Mit uns kamen auch meine Eltern. Von den Genossen, die gleichzeitig bestellt waren, besinne ich mich nur auf Felix Albin (Kurt Hager).

Als einziger Genosse aus London wurde ich zur Internierung verurteilt, wurde gleich in die Polizeizelle in Hampstead und noch am selben Tag per Bahn unter Bewachung ins Lager – Warner's Camp in Seaton, Devonshire, gebracht.

Dort traf ich drei Genossen aus Birmingham. Ansonsten bestand die „Mannschaft" vor allem aus Seeleuten von gekaperten Schiffen, die fast ausschließlich Nazis und entsprechend organisiert waren, aus einer Anzahl bürgerlicher Deutscher, die aus Berufsgründen in England lebten, sowie einigen jüdischen Emigranten – darunter einem jüdischen Polizisten aus der Weimarer Zeit, der auch in einem Nazi-Konzentrationslager gewesen war und behauptete, dort weniger gefroren zu haben –, außerdem einem ehemaligen Genossen, der uns ganz nahe blieb.

Die Verhältnisse im Lager waren materiell durchaus erträglich. Das Essen „reichte", wenn man zusätzlich Pakete bekam und in der Kantine etwas zukaufte. Nur die Kälte war arg in den Hütten, in denen wir die Nacht zubrachten; wir schliefen zu viert, auf an den Seitenwänden übereinander angebrachten Holzpritschen, der Raum wurde durch eine kleine Glühbirne erwärmt, die wir kurz brennen lassen durften. Am Tag hielten wir uns in gut geheizten Holzbaracken auf, in denen man sich zum Beispiel durch das Schnitzen von Weberschiffchen etwas Geld dazuverdienen konnte. Es dauerte nicht lange, bis ich das Amt des „Lagerstatistikers" erhielt, das heißt die Buchführung über diese und ähnliche Arbeiten zu machen hatte.

Auf Grund meiner Funktion in der Leitung unserer Partei (Stellvertreter des Polleiters Koenen) wurde ich Leiter unserer Parteigruppe, bestehend aus vier Genossen, und Leiter der „Volksfront", die wir schnell bildeten, bestehend aus etwa acht weiteren Insassen. Ganz bald nach meiner Ankunft erreichten wir, daß wir eine „Volkshochschule" einrichten konnten, in der Sprachkurse und so weiter gegeben wurden. Einmal in der Woche durfte ich auch einen „unpolitischen" Vortrag halten. Das Lagerleben war langweilig, und da die Nazis auf Grund des „Pakts" uns gegenüber keine offen feindliche Haltung einnahmen und meine Vorträge nicht langweilig waren, kamen bald mehr und mehr von ihnen. Nach einiger Zeit sprach ich einmal in der Woche zur Mehrheit des Lagers, das heißt zu etwa zweihundert Mann.

Die Themen waren verschiedener Art: zumeist behandelte ich Fragen zur Weltwirtschaft, aber auch historische und literarische Probleme, immer mit der Gegenwart verbunden, niemals „proenglisch" (das gewann die Nazis für uns), stets auf der Linie des sozialistischen Humanismus.

Unsere Gruppe arbeitete wirklich gut. Wir gaben den Ton im Lager an; wir hatten die wichtigsten Funktionen in den Händen, und wir waren es, die die Interessen aller Internierten beim englischen Militär, das uns bewachte, vertraten.

Kein Wunder, daß Marguerite, die mich von Zeit zu Zeit besuchen durfte, unter dem Datum des 3. April 1940 folgenden Brief erhielt:

„Dear Madam, ich bedaure, Sie informieren zu müssen, daß Ihr Gatte es für richtig befunden hat, Ärgernis in diesem Lager zu erregen.

Unter diesen Umständen habe ich ihm alle Privilegien*
entzogen, und ich sehe mich nicht in der Lage, Ihren Besuch am 6. April zu erlauben.

Hochachtungsvoll

W. H. M. Freestun

Oberst

Kommandant, Warner's Camp"

Den größten Triumph feierten wir, als ich, dem man
wahrlich seine „jüdische Abstammung" ansah, von den
Lagerinsassen einstimmig für die „wichtigste" Lagerfunk-
tion, die des Revisors der Kantine, gewählt wurde.

Meine Funktionen, die politische Arbeit und die sonstigen Arbeiten, die wir für das Lager machen mußten –
am scheußlichsten war die Reinigung der Toiletten, die
ich so stoisch und penibel durchführte, daß ich von den
verschiedensten Gruppen erstauntes Lob einheimste –,
lasteten mich voll aus.

Ich glaube, wir haben uns in dieser Zeit gut geschlagen.
Als ich am 24. April das Lager wieder verließ, gaben
mir viele das Geleit zum Tor, und die Genossen sangen
die Internationale. Die Genossen der Parteiführung meinten, ich hätte meine Sache ordentlich gemacht, so wie es
sich gehört.

Natürlich erregte es Aufsehen, daß ein als Antifaschist
bekannter Wissenschaftler und Politiker wie J. K. einge-
sperrt worden war, und Marguerite wie gute Freunde in
aller Welt setzten sich für seine Entlassung ein.

Martha Dodd schrieb ihm zum Beispiel ins Lager:
„Liebster Jürgen:

Alle Deine Freunde, und sie sind zahllos in den Vereinigten Staaten, waren schockiert, zu hören, daß Du in
einem englischen Konzentrationslager bist. Wir können
das nicht verstehen, da England doch gegen die Faschi-

* Keine Post usw.

sten kämpft und Du doch überall als ein ehrlicher und brillanter Verteidiger der Demokratie bekannt bist. Wir glauben, daß da irgendein Fehler vorliegen muß und daß die Engländer unmöglich Deine Vergangenheit kennen können. Sonst wären sie nicht so gegen Dich vorgegangen.

Wie Du vielleicht weißt, kenne ich Lord Lothian, den englischen Botschafter in den Vereinigten Staaten, der ein enger persönlicher Freund meines Vaters war. Ich selbst, wie andere Deiner Freunde, habe ihm geschrieben und ihn gedrängt, daß etwas zu Deiner Entlassung unternommen wird.

Wir in den Vereinigten Staaten wollen England weiter als eine für Demokratie in der Welt kämpfende Macht betrachten, und ich hoffe, England wird uns nicht enttäuschen.

Mein Vater hatte solche Freude an dem Treffen mit Dir damals in Round Hill und sprach oft von Dir. Wir hoffen, Dich bald wiederzusehen, hier oder in England oder, wenn ,unser Kampf gewonnen ist', in Deutschland.

Herzlichst und schreib mir wieder

Deine Martha Dodd"

Die juristische Seite der Bemühungen um meine Entlassung hatte D. N. Pritt in der Hand. In seinen Erinnerungen (zitiert nach der privaten Manuskriptausgabe) hat er auch einen kleinen Abschnitt über den „Fall Kuczynski". Dort schreibt er unter anderem: „Der Kampf, ihn freizukriegen, wurde von mehreren Leuten geführt, darunter auch mehreren anderen Abgeordneten außer mir; und ich erinnere mich, wie rätselhaft es mir war, als Kuczynskis Frau mir einen Brief von Harold Laski zeigte, eine Antwort auf einen, in dem sie ihn gebeten hatte, bei den Bemühungen um die Entlassung ihres Mannes mitzuhelfen. Er schrieb in seinem Brief, daß er tun würde, was er könne, daß aber Jürgen ,die Sache sehr schwer für alle seine Freunde gemacht hätte, indem er offen mit englischen Kommunisten verkehrt hätte'. Ich war ganz naiv erstaunt, daß Laski einen solchen Brief geschrieben; er mußte natürlich, da er durch die Post an die Frau eines internierten, zum Feind erklärten Fremden ging, von dem Zensor gelesen werden und konnte seine Entlassung nur erschweren. Erst als ich erfahrener wurde, wurde mir klar, daß Laskis Methode war, sicherzugehen, daß die Behörden nicht ihn irgendwelcher linker Neigungen verdächtigen könnten." Auf der anderen Seite hat Laski sich zweifellos um J. K.s Entlassung bemüht, vor allem durch eine Intervention bei Präsident Roosevelt.

Pritt erzählt auch folgendes: Als der Kommandant J. K. mitteilte, er sei entlassen und könne noch am gleichen Nachmittag gehen, hätte J. K. ihm geantwortet, daß das unmöglich sei, er müsse noch einige Vorlesungen halten. Faktisch hatte er nur noch eine Vorlesung, und die war ein Vorwand, denn es kam ihm darauf an, seine Funktionen ordnungsgemäß zu übergeben und dafür zu sorgen, daß ihre gute Arbeit erfolgreich weitergeführt würde. Dazu brauchte er in der Tat noch zwei, drei Tage, die er auch „über seinen Termin hinaus" im Lager blieb.

Richtig ist, wenn Pritt weiter schreibt: „Bei seiner Rückkehr nach Hause sagte er zu seiner Frau, sie sollte vernünftigerweise den Koffer nicht auspacken, da er damit rechne, bald wieder interniert zu werden und sie mit ihm. Jedoch, wie sich zeigte, als nahezu jeder Deutsche jeder politischen Färbung in der natürlichen Panik, die der wirklichen Auslösung des Krieges durch Hitler zu Pfingsten 1940 folgte, interniert wurde, blieb er mit der Begründung, daß er ja eben erst überprüft und entlassen worden sei, frei; und weder er noch irgend jemand aus seiner Familie wurde wieder interniert."

Von seinen Briefen aus dem Lager ist nur der letzte erhalten, aus dem zitiert sei: „Gestern erhielt ich Deinen Brief mit der ‚großen Nachricht'. Natürlich freue ich mich sehr darüber – doch darfst Du erst daran glauben, wenn ich faktisch zu Hause bin. Es kann noch Meinungsänderungen geben, oder es kann eine ganze Reihe von Wochen dauern, bis die Anweisung durchgeführt wird, und ich möchte Dir irgendwelche Enttäuschung ersparen. Hier habe ich noch keinem davon erzählt. – Meine Lektion am Montag hatte einen neuen Rekordbesuch – über dreihundert Leute, von denen etwa hundert standen, ein und eine halbe Stunde lang..."

Marguerite war zu dieser Zeit ungeheuer beschäftigt. Zu ihrer anderen Arbeit kam der „Kampf um die Befreiung von J. K.". So schrieb sie ihm Ende Januar: „Baby sieht jetzt so wenig von mir, daß er, als er gestern einen Blick von mir erwischte, sehr formell sagte: ‚Guten Morgen‘ und dann sofort hinzufügte: ‚Auf Wiedersehen‘."

Am 10. Februar: „Gestern war ich eine ganze Stunde bei Laski. Er wollte einen ausführlichen Bericht vom Tribunal... Vorgestern sah ich Lawther (den Führer der Bergarbeitergewerkschaft – J. K.), der sehr väterlich zu mir war und mitfühlend. Nach Laski ging ich zu John (Strachey – J. K.)."

Am 12., nach einem Besuch bei Pritt: „Er strahlt solche Ruhe aus, daß schon die paar Minuten Unterhaltung mit ihm mir mein Vertrauen zurückgaben. Also beunruhige Dich nicht; es geht mir ordentlich."

Am 13.: „Auch ich habe das WC gesäubert. Einen kameradschaftlichen Händedruck also."

Am 9. April: „So viel ist zu tun, aber ich muß mich hinsetzen und Dir schreiben. Gerade hörte ich die Nachrichten um ein Uhr. Der furchtbare Schrecken! Nicht nur der Schrecken der Invasion für die armen Menschen in Kopenhagen und Norwegen, sondern dazu noch der Schrecken der Gestapo! Alles wird wohl genau vorbereitet gewesen sein – lange vor dem Ereignis, und ich nehme an, daß sie die landwirtschaftlichen Produkte Dänemarks und das norwegische Eisenerz dringend brauchten. Immer hast Du gesagt, wir sollten einmal auf Ferien nach Kopenhagen gehen, daß es so schön sei. Was wird wohl ganz bald davon noch übrigbleiben? So viel Schönheit wird zerstört. Erinnerst Du Dich, wie ich Madeleine auf die Spitze der Kathedrale von Strasbourg heraufschleppte, um ihr das Land da unten und die Stadt und das alte Steinwerk der Kirche selbst zu zeigen? Meine Mutter fand das recht albern, als ich darauf bestand, da es die einzige Chance für das Kind sein könnte, einmal zu sehen, was ich so oft gesehen und so sehr gemocht hatte. Noch nicht achtzehn Monate sind seitdem vergangen, und die Stadt ist leer."

Zwei Tage später: „Nun ist es endlich eingetroffen. Gestern abend erfuhr ich, daß Du entlassen werden wirst. Natürlich war ich gerade weg und hörte die Nachricht ein paar Stunden später als nötig. Du kannst Dir vorstellen, wie sich alle darüber freuen, einschließlich Deiner Frau. Osbert Peake (Staatssekretär im Innenministerium – J. K.) sagte nicht, wann Du nach Hause kommen würdest, und wie man mir sagt, kann es manchmal eine ganze Weile dauern, bis eine Anweisung durchgeführt wird. Doch das ist unwichtig. Wirst Du mir telegrafieren können, wenn Du das endgültige Datum weißt? Viele werden Dich vermissen, wenn Du weggehst, und da ich weiß, was Du einer Gemeinschaft solcher Art bedeutest, tut es mir leid für sie. Sonst aber bin ich so froh, wie man inmitten der vielen Unsicherheiten unserer Welt nur sein kann."

J. K., der einzige Genosse aus der Leitung, der im Lager gewesen war, sah sofort nach seiner Entlassung als seine Hauptaufgabe, sich für die Freilassung aller anderen Antifaschisten einzusetzen. Doch dann begann Hitler seine Westoffensive, und die englische Regierung (auch ein Großteil der Bevölkerung) geriet den Emigranten aus Deutschland gegenüber in Panik. Innerhalb weniger Wochen sah es in England fast so schlimm aus wie in Frankreich: unter den nichtinternierten Genossen gab es, mit wenigen Ausnahmen, nur noch Frauen. Und auch manche Frauen waren von der Internierung betroffen.

Die Arbeitslast der freien Genossen nahm entsprechend zu, denn zu allem anderen kam noch die Hilfsarbeit für die Eingesperrten, zum Teil nach Übersee Gesandten. Damals verlor Marguerite, die im Anfangsstadium der Schwangerschaft viel hätte liegen müssen, „natürlich" das Kind.

Wohl zu den ersten, die nach Übersee geschickt wurden, gehörten die Insassen aus dem ehemaligen Lager von J. K. Sie sollten auf der Andorra Star nach Kanada gebracht werden; das Schiff wurde jedoch auf der Fahrt torpediert; von den Genossen kam keiner um.

Die entscheidende Organisation für die politische Arbeit der Genossen war der Kulturbund, der weit stärker noch als zuvor als Hilfsorganisation fungierte, gleichzeitig aber und gerade in dieser Eigenschaft politisch moralhebend aktiv wirkte; dazu kam eine rege kulturelle Tätigkeit.

Im November begann J. K. wieder mit Vorträgen im Kulturbund. Bis zum Überfall auf die Sowjetunion sprach er über folgende Themen:

19. November 1940	Perspektiven der Weltwirtschaft
29. November 1940	Heiteres und Ernstes aus der Frühgeschichte der bürgerlichen Gesellschaft
17. Januar 1941	Sollen Köchinnen lesen lernen?*
7. März 1941	Ernstes und Heiteres aus der Statistik
30. Mai 1941	Das Testament des Fürsten Montecuccoli – eine Einführung in einige Finanzmysterien

* Anknüpfend an das Lenin-Wort, daß im Sozialismus jede Köchin versteht, wie der Staat arbeitet.

Es kam darauf an, die Themen mit Problemen der Gegenwart zu verbinden, ohne jedoch „politisch" zu werden, denn das war verboten. Und ebenso galt es, entsprechend dem Publikum so einfach und anregend wie möglich zu sprechen.

Die Lage in Frankreich war jedoch viel schwieriger als in England. So schrieb eine Freundin aus Frankreich:

„Der Kleine (ihr internierter Mann – J. K.) hat mir Deine Adresse gegeben, sei also nicht erstaunt, daß ich Dir schreibe.

Meine kleine Marylou (die dreijährige Tochter – J. K.), der kleine Peter mit seiner Mutter, wir haben uns (aus Paris – J. K.) nach Limoges gerettet, in das Maison des Enfants. Zuerst sind wir mit dem Kinderwagen und einem kleinen Koffer zu Fuß losgezogen. Nach vielen Kilometern haben wir endlich einen Zug gefunden, der uns hierhergebracht hat.

Ich habe verschiedene Bitten. Erstens, wenn der Kleine Dir schreibt, gib ihm meine Adresse und schreibe mir seine Adresse, denn wir sind völlig getrennt, und einer weiß nicht, wo der andere ist. Ich hoffe, niemand ist in Paris zurückgeblieben.

Sodann, wenn Du Verwandte (Parteimitglieder oder Sympathisierende – J. K.) kennst, die ein wenig Geld haben, wir befinden uns in einer schlechten Situation, wir haben nicht einen Pfennig. Wir sind froh, vorläufig in dem Maison bleiben zu können, wo wir auf dem Boden schlafen. Ich bitte Dich sehr, uns zu helfen, wenn das möglich ist...

Trotzdem bleibt meine Moral gut. Ich hoffe, Du schreibst mir so bald wie möglich."

Für diese Frauen, die unter furchtbar schweren Bedingungen leben mußten, fungierte J. K. im bombardierten London als Verbindung zu ihren Männern im französischen Lager, zu ihren Familien und Freunden außerhalb Frankreichs und auch nach Moskau!

J. K. hatte natürlich Kontakt mit Genossen, allgemein mit Antifaschisten, deutschen und anderen, besonders in den USA – mit Kurt Rosenfeld, dem großartigen „linken Sozialdemokraten", mit dem Prinzen Löwenstein und anderen –, um Hilfe, vor allem Visa, für die Freunde in Frankreich zu beschaffen. Er korrespondierte mit Louise Dahlem in Schweden und schrieb in besonderen Fällen auch nach Moskau, um Probleme jeder Art lösen zu helfen.

Viele konnten bis Juni 1941 nach den USA und Mexiko gerettet werden, unter ihnen Gerhart Eisler, Paul Merker, Albert Norden, Alexander Abusch. Viele aber mußten zurückbleiben – einigen von ihnen gelang es, aus den französischen Lagern zu flüchten. Sie schlossen sich der Résistance an, wo sie eine wesentlich nützlichere und bessere Arbeit leisten konnten als im allgemeinen die Genossen in England.

In Amerika versuchten die Genossen so bald wie möglich Zeitschriften herauszubringen. Rudi Feistmann, den J. K. vom „Roten Aufbau" in Berlin kannte und dessen Schwestern in England lebten, schrieb ihm am 29. September 1941 aus Mexiko:

„Heute schreibe ich Dir in einer Angelegenheit, deren Wichtigkeit Du sofort begreifen wirst. Wir bereiten eine in deutscher Sprache erscheinende antihitlerische Monatszeitschrift vor, die unter dem Titel ‚Freies Deutschland' Ende Oktober erscheinen soll. Bruno (Frei – J. K.), der sich seit einiger Zeit hier befindet, wird zusammen mit Bodo (Uhse – J. K.) die Redaktion führen, und alle, die hier sind, werden mitarbeiten. Wir hoffen natürlich, auch die Mitarbeit anderer in der westlichen Hemisphäre lebender deutscher Hitlergegner zu bekommen.

Diese Zeitschrift wird sowohl politisch wie literarisch sein, vor allem aber politisch. Über die politische Zielsetzung und Bedeutung brauche ich Dir nicht viel zu sagen, in einem Augenblick, in dem alles darauf ankommt, die größtmögliche Einheit im Kampfe gegen Hitler herzustellen. Wir brauchen Deine Hilfe, und zwar in folgender Weise: In jeder Nummer soll ein gut geschriebener Londoner Brief abgedruckt werden, in dem die aktuellsten Tatsachen, die vom Standpunkt des deutschen Freiheitskampfes aus wichtig sind, zusammengefaßt und mit einem Londoner Lokalkolorit übergossen werden. Wichtig wird dabei sein, auf die antihitlerischen Massenbewegungen auf dem Kontinent einzugehen. Aber auch sonst ist in diesem Brief alles, was im entferntesten mit der antihitlerischen deutschen Politik zusammenhängt, von Wichtigkeit: Vorgänge innerhalb der Emigration, Antinazienthüllungen und so weiter. Uns erscheint niemand geeigneter für eine solche Korrespondenz als Du, lieber Jürgen.

Als Leser der Zeitschrift mußt Du deutsche Emigranten aller Schattierungen, aber auch Deutsche in Amerika schlechthin vor Augen haben. Als Umfang stellen wir uns vier bis fünf Schreibmaschinenseiten, zweizeilig, vor. Der Brief müßte am Ersten jedes Monats geschrieben und per Luftpost aufgegeben werden. Wir rechnen damit, das Manuskript auf diese Weise in der Mitte des Monats in Händen zu haben. Für die erste Nummer wird es zu spät werden, aber für die zweite Nummer, die Mitte November abgeschlossen wird, rechnen wir mit Bestimmtheit auf Deine Hilfe.

Gerh. (Eisler – J. K.) ist immer noch in New York. Er wurde schwer operiert (Galle), befindet sich aber wieder auf dem Wege der Besserung.

Ich freue mich, auf diese Weise mit Dir in einem regelmäßigen Kontakt zu bleiben, und grüße Dich auch ganz besonders herzlich von Bruno."

So wurde J. K. abermals zum „Beauftragten für England" und zum Mitarbeiter der in Mexiko und in den USA erscheinenden Volksfront-Zeitschriften: er mußte Geld, Abonnenten, Artikel beschaffen.

Im Juni 1940 hatte J. K. wieder die Leitung der Partei-gruppe übernommen, die er bis zum Juli 1941 behielt. Über seine verschiedenen Aktivitäten berichtet er:

Man kann sich vorstellen, wie angefüllt unsere und auch meine Tage waren. Hilfs- und politische Arbeit für die Internierten in England, Kanada und Australien. Arbeit im Kulturbund.

Dazu wieder Vorträge in englischen Kreisen.

Und die Parteiarbeit. Die Organisation durfte nicht nur praktische Hilfsarbeit leisten und im Kulturbund mit sei-nen zahlreichen Sektionen und Komitees aktiv sein. Es galt in jener Zeit der Hitlersiege auch die Moral aufrecht- und die Ideologie klar zu erhalten.

Außerdem schrieb ich viel. So einen Artikel für „The Scientific Worker", einen für „Medicine Today and To-morrow" und vier Beiträge für das „Labour Monthly". Ferner eine Broschüre über „Labour Conditions in War and Peace", ein Nachwort zur zweiten Auflage von „Hun-ger and Work".

Gleichzeitig erfolgt eine Wende in J. K.s wissen-schaftlicher Arbeit, deren Folgen sich bis in sein Alter hinziehen werden. Er beginnt eine mehrbändige Ge-schichte der Lage der Arbeiter unter dem Kapitalismus – die englische Auflage wird fünf Bände umfassen, die letzte deutsche vierzig Bände. So viele andere und anders-artige Aufgaben er in den folgenden Jahrzehnten unter-nehmen wird, so viele Bücher er auch „zwischendurch" schreiben wird – historische, ökonomische oder literatur-wissenschaftliche –, stets wird er an einer neuen, erwei-terten Auflage der Geschichte der Lage der Arbeiter schreiben – bis der letzte Textband im Jahre 1967 beim Verlag abgeliefert sein wird.

Hören wir nun seinen eigenen Bericht über den Anfang an dieser Arbeit:

Marguerite war während meiner Internierung umgezogen, da der Kulturbund die Räume in unserer alten Wohnung brauchte – in ein apartment house, wo wir zwei Zimmer mit Küche und Bad hatten. Gleich zu Beginn der Luftangriffe schlug ganz in der Nähe eine Bombe ein. Marguerite schlief im Arbeits- und Wohnzimmer, ich mit den beiden Kindern nebenan. Wir waren alle mit Fensterscheibenglas bedeckt, und die Tür zwischen den beiden Zimmern hatte sich aus den Angeln gehoben. Merkwürdigerweise war keiner von uns verletzt. In dieser Situation, im späten Frühjahr des Jahres 1940, begann ich ein mehrbändiges Werk über die Lage der Arbeiter.

Da der Krieg ein „allseitig ungerechter war", bei einem auf englisch in England erscheinenden Buch also England als der Hauptfeind betrachtet werden mußte, schrieb ich als erstes über die Lage der Arbeiter in England und im englischen Imperium.

Als ich den Band im Rohentwurf fertig hatte, brachte ich ihn zum Leiter des englischen Parteiverlages, Douglas Garman. Dieser lehnte ab, er fand das Buch zu scharf im Urteil gegen England. Auch später erklärte er noch öfter, froh zu sein, daß die englische Partei dieses Werk nicht herausgebracht hätte. Emile Burns war ebenfalls nicht begeistert und hielt besonders in dem Kapitel über Indien einige Abschwächungen für notwendig.

Ich fand dann einen bürgerlichen fortschrittlichen Verlag, Frederick Muller Ltd., er hatte schon „Freedom Calling" veröffentlicht, der es annahm.

Frederick Muller war ein prächtiger, grundanständiger bürgerlicher Liberaler alten Stils (19. Jahrhundert); sein Mitdirektor, E. Penning-Rowsell, war ein Genosse. Auch mein Freund Pritt gehörte zu den Autoren des Verlages. Ich habe es nie bereut, zu Muller gegangen zu sein. Als ich später nach Deutschland zurückgekehrt war und Marguerite meinen letzten Band Frankreich herausgab, hatte auch sie nicht die mindesten Schwierigkeiten mit ihm.

Daß er später, mit Beginn des kalten Krieges, keine Neuauflagen brachte, scheint mir selbstverständlich, zumal er große Anstrengungen unternehmen mußte, um sich zu halten. Schließlich mußte er sein Geschäft praktisch doch abgeben; er wurde geschluckt, durfte aber noch „mitmachen". Wenn meine „Geschichte der Lage der Arbeiter" in ihrer ersten Fassung von Nutzen war, dann ist ihr Erscheinen unter den nicht leichten Kriegsbedingungen und nach der Ablehnung durch den englischen Parteiverlag Frederick Muller zu danken.

Am 30. Oktober 1941 hatte Muller mir geschrieben, daß das Manuskript zur Druckerei gegangen sei. Fast ein Jahr später sandte ich das Buch, das den Mitgliedern der Akademie der Wissenschaften der UdSSR gewidmet war, an W. L. Komarow, den Präsidenten der Akademie.

Damals hatte ich keine Schwierigkeit, gelegentlich dieses oder jenes mit einem Convoy nach der Sowjetunion zu senden, da ich regelmäßig für meinen Freund Anatole Gromow, den Presseattaché der Sowjetbotschaft, politische und wirtschaftliche Analysen über die Situation in England schrieb. Wir mochten uns auch persönlich gern – wie Bessonow früher kam er einmal zu uns nach Hause und erfreute sich an dem Festessen, das Marguerite bereitet hatte. Auch den Botschafter Maiski sah ich öfter, und immer war es ein Vergnügen für mich, mit ihm über die Lage zu plaudern. Beide, Gromow und Maiski, sagten mir, sie schätzten an meinen Arbeiten die „eiskalte bittere Logik" der Analyse. Der Ausdruck „bitter" verwunderte mich zuerst etwas, aber dann verspürte ich froh den Einfluß von Raji Dutt und die Richtigkeit meiner Haltung Garman, Emile Burns und manchen anderen Genossen gegenüber, die nur allzu gerne die Bitterkeit und Schärfe vermißt hätten – insbesondere, wo doch der Krieg inzwischen zu einem gerechten von seiten Englands geworden war.

Maiski und seine Frau sah ich noch öfter bei Besuchen der Sowjetunion in den folgenden Jahrzehnten – und immer waren diese Begegnungen eine herzliche Freude für mich. Er war ein kluger Diplomat, und er konnte ruhig beobachten. Wie schwer war die Zeit für ihn vor dem Juni 1941 und oft auch danach! Doch er gab sich ruhig und „durchschnittlich", war klar im Urteil und geschickt im Durchschauen komplizierter Verhältnisse.

Wie war die politische Haltung der Genossen, sagen wir, im Mai 1941, wenige Wochen vor dem Überfall auf die Sowjetunion? Sie kann nicht klarer dargelegt werden als in der Beurteilung der Situation des englischen Imperialismus durch R. P. Dutt im „Labour Monthly" vom Juni 1941:

„Der geschwächte britische Imperialismus hatte keine Karten mehr in der Hand, um die Friedensfrage in vorteilhafter Position aufzuwerfen, bis er das Gleichgewicht durch das Hineinziehen des amerikanischen Imperialismus wieder würde herstellen können. Die Friedensfrage könnte für die Imperialisten jetzt nur aufkommen als der Plan einer konterrevolutionären Allianz, entsprechend der stillen Hoffnung der britischen Imperialisten, unterstützt von einigen Teilen des deutschen Imperialismus, die die Auswirkungen einer engeren Verbindung mit der Sowjetunion und die letztliche Bedrohung durch die englisch-amerikanische Macht fürchten, die deutsche Offensive gegen die britischen Besitzungen im Mittleren Osten in eine Offensive gegen die Sowjetunion zu verwandeln. Solch eine Lösung wäre ideal vom Standpunkt der City und des Empire, wie Churchills wiederholte sehnsüchtige Andeutungen klargemacht haben. Doch entspricht ein solcher Plan weniger den Interessen des deutschen Imperialismus, im Augenblick seiner militärischen Siege den erhofften Preis der britischen Empire-Beziehungen aufzugeben und freundlicherweise das britische Empire zu retten, indem man sich mit einem viel gefährlicheren Gegner einläßt...

Alle Hoffnungen konzentrieren sich jetzt auf die Vereinigten Staaten als die einzige Macht, die in der Lage ist, das gegenwärtig ungünstige Kräfteverhältnis zu verändern. Die Frage des direkten Eintritts der Vereinigten Staaten in den Krieg wird zur entscheidenden, akuten Frage des Krieges...

Die britischen Imperialisten erhoffen ihr Überleben als Partner, wenn auch als Juniorpartner, des amerikanischen Imperialismus. Der dreiteilige Konflikt verwandelt sich in einen Konflikt zwischen zwei Lagern: dem anglo-amerikanischen und deutschen. Der Konkurrenzkampf zwischen den beiden stärksten Mächten des Weltimperialismus, zwischen dem amerikanischen und dem deutschen Imperialismus, wird immer schärfer; und als Hauptgewinn des Kampfes erscheint das britische Empire."

Von einer Betrachtung des Krieges als eines Kampfes, der mehr und mehr Elemente eines gerechten Krieges enthielt, war nicht die Rede, ebensowenig von dem Gefühl einer unmittelbaren (!) Bedrohung der Sowjetunion.

Und nun hören wir J. K. direkt über die ersten Wochen des Krieges gegen die Sowjetunion berichten:

Am 22. Juni 1941 überfiel Hitlerdeutschland die Sowjetunion. Am gleichen Tage schrieb ich an meinen Vater: „Was sagst Du zur Weltsituation? Scheußlich, aber zugleich der Beginn einer Wendung, wenn sie auch lange dauern kann."

Bald darauf hatten wir eine Sitzung des Redaktionskollegiums des „Labour Monthly". Sie stand ganz unter dem Eindruck der „Wendung", zugleich war die Diskussion nuanciert infolge der unglaublichen Anfangserfolge der faschistischen Armeen. Jeder von uns gab seinen Beitrag – des endgültigen Sieges gewiß. Am unsinnigsten und klügsten sprach vielleicht Ivor Montagu: Tausend Siege der Faschisten würden keine Entscheidung bringen. Wir werden uns, wenn notwendig, auch hinter den Ural zurückziehen und dort den Guerillakrieg führen.

So unsinnig sich das anhörte, konnte er zumindest mir nichts Klügeres sagen. Denn mir wurde völlig klar: Der Krieg gegen die Sowjetunion wird zuerst ganz anders verlaufen, als wir es uns, wenn wir früher an einen solchen Krieg gedacht hatten, vorgestellt hatten, mit möglicherweise schwersten Niederlagen für uns – aber wir werden am Ende siegen. Wie der Brief an meinen Vater zeigt, war ich auf eine solche Linie nicht ganz unvorbereitet.

Diese Haltung machte es mir leichter, gleich in den ersten Wochen des Krieges meine Genossen moralisch zu stärken, die über die Siege des Faschismus, über die vielen Niederlagen der Sowjetarmeen bedrückt waren. Ich glaube nicht, daß es ernstere moralische Einbrüche bei uns gegeben hat. Wir waren und blieben fest und siegessicher.

Der Überfall auf die Sowjetunion erforderte eine grundlegende Wendung unserer politischen Linie. Aus dem ungerechten imperialistischen Krieg war ein gerechter Krieg gegen den deutschen Faschismus geworden. Aber wie weit sollte man in der Unterstützung der englischen Regierung gehen?

In der englischen Partei, die auf siebentausend Mitglieder zurückgegangen war, gab es harte Auseinandersetzungen, in deren Folge Raji wieder durch Harry Pollitt als Generalsekretär abgelöst wurde.

Auch in unserer Parteigruppe kam es zu Auseinandersetzungen. Während ich in meiner Haltung zur englischen Regierung wohl keine genügend scharfe Wendung vollzog, trat als Sprecher der „anderen" vor allem H. Sch. auf, der, und da machte ich nicht mehr mit, so weit ging, zu sagen: Streiks etwa für höhere Löhne müßten jetzt aufhören. Die Churchill-Regierung müßte mit allen

Kräften im Kampf gegen den Faschismus unterstützt werden. Die Mehrzahl der Genossen folgte H. Sch., der mich als Polleiter ablöste. Im Laufe der Zeit korrigierte H. Sch. seine Linie; er eignete sich jedoch nicht zur Führung und wurde von Siegbert Kahn abgelöst.

Genau wie Raji Mitglied des Politbüros blieb, blieb ich Mitglied unserer Leitung.

J. K.s Ablösung als Polleiter wirkte sich in keiner Weise nachteilig auf die Parteiarbeit aus. Alle Genossen wurden der neuen politischen Situation mit vervielfältigter Anstrengung gerecht, und es gab keine störenden Meinungsverschiedenheiten zwischen ihnen.

Auch rein persönlich empfand J. K. diese Ablösung nicht als „einen Schlag". Weder litt sein Verhältnis zu den Genossen in der Leitung noch zu allen anderen Genossen darunter. Hatte er dadurch doch auch die Möglichkeit bekommen, sich seiner direkten Arbeit für die Sowjetunion weitaus stärker zu widmen. In der Sowjetbotschaft begrüßte man deshalb seine Ablösung mit offen ausgesprochener Freude.

Und dann darf man nicht vergessen, daß J. K. nie einen falschen Ehrgeiz in bezug auf Funktionen hatte — nicht aus einem guten Charakter heraus (zumindest wurde er nie durch eine Probe offenbar), sondern weil er immer seine wissenschaftliche Arbeit hatte und da vor allem die „Geschichte der Lage der Arbeiter".

Eines muß noch festgehalten werden: in der veränderten politischen Situation zeigte sich bei ihm die gleiche Schwäche wie zu Beginn des zweiten Weltkrieges: eine gewisse Unfähigkeit, sofort zum Zentrum der Problematik durchzudringen. Daher vollzog er die notwendige strategische Wendung nur zögernd.

Ohne sich in irgendeiner Weise mit der englischen Regierung zu identifizieren — ohne etwa am englischen

Radio nach Deutschland zu senden oder zum englischen Militär zu gehen, Tendenzen in dieser Richtung wurden auf das schärfste bekämpft –, war die Arbeit der deutschen Genossen ganz in den Krieg eingespannt.

Im August zum Beispiel sah das politische Vortragsprogramm des Kulturbundes so aus:

15. August: Oberstleutnant Hans Kahle: Die militärische Lage
21. August: Dr. J. Kuczynski: Strategische Probleme der Weltwirtschaft im Krieg
28. August: Prof. A. Meusel: Die Entwicklung der deutsch-russischen Beziehungen von Brest-Litowsk bis zur Gegenwart

Hans Kahle, ein prächtiger Genosse und führend im spanischen Bürgerkrieg, war die militärische Autorität der Parteigruppe.

Noch immer gehörte zu den wichtigsten Aufgaben die Befreiung der deutschen Antifaschisten aus den Lagern, die im Laufe der Zeit auch gelang.

Die Stimmung den Kommunisten gegenüber wandelte sich in England schnell, und allgemein konnte jetzt die Aktivität speziell auch der deutschen Genossen erweitert werden.

J. K. berichtet:

Überall, außer bei der offiziellen Führung der Sozialdemokratie, fanden wir freundliche Bereitschaft, mit uns zusammenzuarbeiten. Das mag nach dem Verhalten in der vorangegangenen Zeit verwundern. Aber man muß sich nur in die verzweifelte Situation Englands hineindenken, um das zu verstehen. Die Sowjetunion erschien den Imperialisten als der Retter insofern, als sie zwar „natürlich" nicht siegen, aber doch die Kräfte Hitlerdeutschlands für „länger" binden und sogar einige vernichten würde. Das Weitere würde man sehen; sicherlich würden die Vereinigten Staaten das Schlimmste verhindern. Die fortschrittlich denkenden Menschen freuten sich einfach über „die Wandlung bei uns"; sie hatten unsere frühere Haltung oft nicht nur nicht gebilligt, sondern auch nicht verstanden. Typisch für ihre jetzt freundliche und zugleich noch wirre Position ist ein Brief, den mir Lehmann-Russbüldt am 3. Juli schickte:

„Lieber Dr. Jürgen Kuczynski!

Nach meiner Ansicht hätte Hitler oder vielmehr das OKW nichts von Rußland zu fürchten gehabt, wenn Deutschland nicht diesen Selbstmordschritt riskiert hätte.

Jedenfalls hat die Menschheit noch einmal ein unverdientes Glück erfahren. Ich fürchte nur, daß wieder eine ganz große Dummheit von der anderen Seite erfolgen wird.

Als ich 1933 in Holland gefragt wurde, sagte ich: ‚Hitler geht kaputt.' – ‚Wodurch?' – ‚Weder durch den Völkerbund noch durch die II. noch durch die III. Internationale, sondern – nur durch sich selbst.' Bis jetzt stimmt's. Es wird aber noch jahrelang so weitergehen...

Ihr O. L.-R."

Auch die Vortragstätigkeit in englischen Organisationen intensivierte sich wieder. So sprach J. K. am 18. Oktober 1941 im Trade Union Club auf einem meeting der Socialist Medical Association und im Dezember in Cambridge auf einer internationalen Konferenz der National Union of Students zusammen mit je einem Redner aus der ČSR und Polen.

Über seine Arbeiten und allgemein über das tägliche Leben und „innere Stimmungen" in der zweiten Hälfte des Jahres 1941 bemerkt J. K.:

Vor allem aber arbeitete ich an meiner „Geschichte der Lage der Arbeiter".

Und dann schrieb ich mit Grete Wittkowski (unter dem Pseudonym Witt) eine stärkere Broschüre „The Economics of Barbarism. Hitler's New Economic Order in Europe".

Die Broschüre erschien kurz darauf in den Vereinigten Staaten und ein Jahr später auf spanisch in Argentinien.

Es handelt sich um einen ersten Versuch der Systematisierung und theoretischen Erfassung der faschistischen „Europa-Neuordnungs-Politik" von marxistischer Seite, und sie wurde viel gelesen.

Wenn man bedenkt, daß ich damals gewissermaßen der Auslandskorrespondent unserer Partei in England war, der Hauptgeldsammler, der „Hauptschreiber" für die Öffentlichkeit, der, der die meisten Vorträge hielt, und dazu die übliche Parteiarbeit rechnet, wird klar, wie ausgefüllt mein Leben war! Und Marguerite war ebenso intensiv tätig, daneben führte sie noch den Haushalt, der, auch wenn eines oder beide Kinder gelegentlich evakuiert waren, sehr oft zu groß war. Viele Genossen kamen zu allen möglichen Tageszeiten, und wenn Marguerite zu Hause arbeitete – sie machte viele Übersetzungen für uns: nicht nur aus dem Deutschen ins Englische, sondern, da sie Verbindung zu den Genossen in der Freien französischen Bewegung hielt, ebenso aus dem Französischen –, setzte sie ihnen stets etwas vor, denn wer von ihnen hatte nicht Lust auf mal wieder etwas „zu Hause Gebackenes" und „wirklich guten" Kaffee!

Es blieb keine Zeit mehr fürs private Leben. Als mein Vater Marguerite und mich einmal zu einem Restaurant-Lunch eingeladen hatte, liefen wir, noch fast den Nachtisch kauend, wieder fort an die Arbeit, und ich schrieb folgenden Entschuldigungsbrief:

„August 28., 1941

Lieber Vater:

Wir haben uns nachher beide geschämt, wie schnell wir nach dem Essen fortgelaufen sind – aber unsere Lust, mit Dir zu lunchen, war größer als unser Bedürfnis, unsere gute Erziehung zu zeigen, was nämlich bedeutet hätte, daß wir das lunch auf ein andermal hätten verschieben müssen. Entschuldige!

Gute Wünsche Dir und Mutt

Jürgen"

Am 18. Dezember schrieb ich an meine Mutter: „Marguerite wird bald an Überarbeit draufgehen. Dafür bin ich jetzt ein wenig freier. Also werden die Kinder doch keine Vollwaisen."

Man kann nicht verschweigen, daß, so klug und vorsichtig wir verstandesmäßig die Lage einschätzten, ein jeder von uns irgendwie auf ein ganz baldiges Ende hoffte – ganz im Innern, nur bisweilen im engsten Kreise es andeutend. So begann mein Geburtstagsbrief an meinen Vater vom 11. August: „Viele gute Wünsche zum 12. – nächstes Jahr in Schlachtensee!", und zum Hochzeitstag meiner Eltern schrieb ich am 30. November: „Liebe Eltern: Gott sei Dank der letzte Hochzeitstag außerhalb Schlachtensee! – siehe auch Stalins Rede vom 7. November. Alles Gute für die Zwischenzeit! Jürgen." Die kluge Marguerite fügte an: „. . . und von Marguerite, wenn auch nicht ganz so optimistisch über den Standort der nächsten Feier."

Natürlich und gut für die Arbeit der Genossen war es, daß sie jetzt ihre Politik öffentlich mit der der deutschen Genossen in der Sowjetunion abstimmen konnten, sich auch ihren Erklärungen anschließen und andere für die Unterschrift gewinnen konnten. Als Beispiel sei ein Brief von J. K. an seinen Vater zitiert:

„19. 2. 1942

Lieber Vater:

Einliegender Aufruf ist von Moskau aus per Radio nach Deutschland gesandt worden.

Aus Amerika haben bereits deutsche refugees (Wissenschaftler, Künstler und so weiter, zum Beispiel Rosenfeld und Boenheim für die deutsch-amerikanische Kulturliga) ihre Zustimmung gesandt. Wir wollen von überallher refugees mit Namen für Unterschriften gewinnen.

Dein Name wäre von größter Wichtigkeit! (Wenn es nach mir ginge – ich gebe zu, die Weltgeschichte geht nicht immer nach mir –, dürften nur Unterzeichner zurück nach D.) Er würde, genau wie alle anderen Namen, nach M. als zustimmender gesandt werden. Der Kulturbund sammelt Namen von Wissenschaftlern und so weiter, die Gewerkschaftler Gewerkschaftlernamen und so weiter. Bisher erklären die meisten prominenten Politiker hier (Hoelterman, Demuth), daß sie unterschreiben würden, wenn ‚der andere‘ auch unterschreibt. Die Feigheit dieser Bande übersteigt noch die inefficiency der Engländer.

Wann kommst Du mal wieder nach London?

Bitte laß uns zur Zeit wissen.

Alles Gute Euch beiden"

Von entscheidender Bedeutung wurde die Gründung der Freien Deutschen Bewegung im Anschluß an die Gründung des Nationalkomitees in der Sowjetunion. J. K.s Vater wurde zum Präsidenten gewählt, J. K. hat darüber ausführlich in der Biographie von R. Kuczynski berichtet. Wie jeder Genosse war J. K. aktiv in der Bewegung, war als Leitungsmitglied der Partei entsprechend mitverantwortlich, hielt sich aber nach außen sehr zurück, da ein Familienmitglied als führend in der Bewegung genügte.

Um so reger war seine allgemeine Vortragstätigkeit und vor allem auch seine Aktivität als „Auslandskorrespondent" der Partei. So erhielt er aus New York einen Brief vom 3. Dezember 1941, in dem er zur Mitarbeit an einer neuen Veröffentlichung der Genossen in den USA aufgefordert wurde:

„Lieber Kutsch,

das war eine große Freude, von Dir wieder zu hören. Ich hätte längst geschrieben und Hildes Mann (Gerhart Eisler – J. K.) auch, aber wir wußten keine genaue Adresse. In den letzten zwei Jahren hörte ich nur selten und auch dann ganz vage aus dritter und vierter Hand von Deinem und Deiner Verwandten (gemeint sind die Genossen in England – J. K.) Ergehen und bin froh, daß Du so munter bist. Den Leuten, die hier gelandet sind, geht es relativ gut. Ein Glück, daß wieder ein Transport unterwegs ist, der allerdings direkt nach Mexiko geht und dort diese Woche ankommen soll, der Mann von der anderen Hilde (Alexander Abusch – J. K.) auch dabei. Ende Dezember soll ein weiteres Schiff Flüchtlinge nach Mexiko bringen.

Mit Heißhunger verschlingt man hier jede Nachricht von England. Mir fielen zufällig einige ‚New Statesman and Nation‘ mit Briefen an den Editor in die Hand, die mich sehr interessierten.

Hier haben Deutschamerikaner den Plan gefaßt, in kürzester Frist eine Zeitschrift herauszugeben, die sich vorwiegend an Deutschamerikaner und nur in letzter Linie an Emigranten wenden soll, um die Politik Roosevelts zu unterstützen. Es soll wahrscheinlich eine wöchentliche Ausgabe werden, vermutlich im Magazinformat. Da es einerseits Millionen Deutschamerikaner, auf der anderen Seite aber kein einziges überparteiliches antihitlerisches Organ zu ihrer Beeinflussung gibt, kommt dieser Publikation natürlich eine große Bedeutung zu, besonders im jetzigen Augenblick. Du mußt wissen, daß es jetzt zum ersten Mal in den bisher recht kompakten Reihen der nazistisch beeinflußten Deutschamerikaner eine beträchtliche Ernüchterung gibt – das ist der richtige Moment, sie vollends von Hitler zu lösen und hinter die Politik der amerikanischen Regierung zu führen. Um stories und Behandlung inneramerikanischer Probleme wird die neue Zeitschrift nicht verlegen sein. Aber sehr verlegen ist man scheinbar um reichsdeutsche Zeitungen und die in den okkupierten Ländern erscheinenden deutschen Blätter, deren Material gegen die Nazis ausgewertet werden könnte. All diese Publikationen gelangen seit einigen Monaten nicht mehr hierhin.

Von äußerster Wichtigkeit und Dringlichkeit ist ein regelmäßiger wöchentlicher Beitrag von Dir, der, wenn irgend möglich, von Dir gezeichnet sein sollte; denn Dein Name hat auch in deutschamerikanischen Kreisen guten Klang. Was den Inhalt anbetrifft, so wäre es am besten, vor allem die Lage im Dritten Reich auf Grund der bei Euch vorhandenen Reichszeitungen und anderer Informationen zu behandeln, die wirtschaftliche Lage in Deutschland, die Situation der einzelnen sozialen Schichten, die durch den Krieg hervorgerufenen Mangelerscheinungen, die Stimmung, den kulturellen Niedergang, kurz, alle Fakten, die der Nazipropaganda über die Klassenharmonie in Deutschland, die Volksgemeinschaft, die Kriegsbereitschaft des ganzen Volkes ins Gesicht schlagen.

Du wirst sicher noch mehr und vielleicht bessere Vorschläge haben. Bitte, teile sie mit! Vor allem aber: setz Dich bitte gleich an die Maschine und schreib den ersten Deiner Beiträge (den man vielleicht als Brief aus London veröffentlichen sollte?). Natürlich sind auch interessante Mitteilungen aus England selbst sehr willkommen, besonders, soweit sie die dort lebenden und für England kämpfenden Deutschen betreffen.

Wenn ich so sehr auf einen wöchentlichen Beitrag von Dir dränge, so darum, weil es erstens vom Standpunkt des Magazins unerläßlich ist, von dort und Dir etwas zu haben, und zweitens, weil Du ein flotter Schreiber bist, so daß mein Gewissen nicht zu sehr schlägt, so viel von Dir zu verlangen.

Dann, Kutsch, bist Du der Mann guter Witze, Anekdoten und Dichterzitate. Schick bitte immer welche mit, soweit sie nicht zu unanständig sind und Du sie nicht in die Artikel einflichtst. Du ahnst kaum, wie die Leute hier für so etwas empfänglich sind. Wenn ich wüßte, daß Ausschnitte aus deutschen Zeitungen, die für die Wiedergabe im Magazin interessant sind (etwa Todesanzeigen oder Mitteilungen, die charakteristisch für die traurigen Zustände im Dritten Reich sind), von der Zensur durchgelassen werden, dann möchte ich Dich sehr darum bitten! Denn bei der Mentalität des deutschamerikanischen Publikums ist ein großer Teil fähig, Dir rundheraus zu erklären, daß sie nicht glauben, was da zitiert wird. Da wäre es natürlich wichtig, es den Leuten als Photokopie in der Zeitschrift zu geben, abgesehen davon, daß diese dadurch lebendig wird.

Wichtig wäre es auch, Begrüßungen und eventuelle Beiträge von bekannten englischen und in England lebenden deutschen Persönlichkeiten für die Zeitschrift zu haben, und es wäre großartig, wenn Du sie beschaffen könntest. Jedoch wird Dir das erst möglich sein, wenn Du den Prospekt in Händen hast, den die sponsors der Zeitschrift in einigen Tagen herausgeben wollen und der Dir sofort zugeschickt werden wird.

Leb wohl, Kutsch, grüß bitte Deine ganze Familie, schick spätestens vierundzwanzig Stunden nach Erhalt dieser Zeilen einen möglichst ausführlichen Privatbrief und Deinen ersten Beitrag! (Er braucht nicht lang zu sein, Umfang steht in Deinem Belieben, möglichst nicht weniger als vier Schreibmaschinenseiten.)

Herzliche Grüße

. . .“

Und so in einem Brief aus Mexiko vom 17. Februar 1942:

„Mein lieber Jürgen!

Ich danke Dir dafür, daß Du Dich nach mir erkundigt hast. Ich bin schon im Dezember mit vielen anderen

Freunden hier glücklich eingetroffen. Das wirst Du ja inzwischen aus unseren Beiträgen in Nr. 3 der Zeitschrift ersehen haben. Gerhart bleibt vorerst in USA.

Ich freue mich, mit Dir wieder in engen Kontakt und in eine fruchtbare Zusammenarbeit zu kommen, denn ich habe seit einem Monat hier die Leitung der Redaktion übernommen. Gemäß Deinem Brief habe ich veranlaßt, daß Du jetzt regelmäßig ab Nr. 4 je zwei Exemplare der Zeitschrift erhältst. Am 5. Februar wurden bereits Nr. 2 und 3 an Deine neue Adresse nachgesandt. Die Buchhandlung Preiss wird ab Nr. 4 regelmäßig fünfzehn Exemplare zugesandt erhalten. Wenn sie mehr haben will, bitten wir um neue Mitteilung. Es wäre äußerst wichtig, wenn wir das Geld dafür baldigst erhalten würden, denn von dem Eingang dieser Gelder hängt die Möglichkeit des Erscheinens unserer Zeitschrift ab.

Dich möchte ich nun bitten, uns einen ökonomischen Aufsatz über Hitlers ,neue Ordnung' in Europa zu schreiben, der tatsachenmäßig und theoretisch das Wesen dieser Raubordnung behandelt. Das scheint mir der wichtigste Beitrag, den Du uns – neben dem Londoner Brief – schreiben sollst. Ein solcher Beitrag wird auch nicht durch die große räumliche und zeitliche Entfernung beeinflußt.

Bitte veranlasse, daß sowohl ,Die Zeitung' wie die Zeitschrift des Kulturbundes, die Zeitung der Freien Deutschen Jugend, ,Die Frau' und so weiter regelmäßig an die Adresse unseres Postfaches: Antonia Castro Leal, Apartado 10214, Mexico D. F. geht, denn wir erhielten sie nur mehr oder weniger zufällig. Würden wir sie ständig haben, dann könnten wir mehr über das Leben und den Kampf der deutschen Antinazis in London bringen oder auch Eure Briefe eventuell zeitlich etwas ergänzen. Auch den ,Zeitspiegel' würden wir gerne an die Adresse unseres Postfaches haben.

Sobald wir Deine Broschüre erhalten haben, werden wir sie im ,FD' besprechen. Was ich Neues aus Frankreich mitgebracht habe, werdet Ihr inzwischen teils aus unserem Organ, teils aus den Stellungnahmen der verschiedenen Komitees ersehen haben. Entscheidend wäre vor allem, etwas zu tun, eventuell mit Hilfe amtlicher Stellen, um Franz Dahlem, Siegfried Raedel, Heiner Rau, Josef Wagner und Nielsen, alles aufrechte Hitlergegner, die sich gegenwärtig im Gefängnis in Castres befinden, vor der Auslieferung nach Hitlerdeutschland zu retten. Gäbe es nicht die Möglichkeit, bei den Vichy-Behörden einen Austausch gegen irgendwelche festgehaltenen Franzosen zu erreichen? Alle sind ausgebürgert, also keine deutschen Staatsbürger mehr in juristischem Sinne.

Für heute die herzlichsten Grüße, auch an Deine Frau und Deine Kinder ..."

J. K. war auch hier nicht nur publizistischer Mitarbeiter, sondern „Vertrauensmann, Geldeintreiber, Abonnentenwerber, Literaturbeschaffer", kurz, „Mädchen für alles" in London für die Zeitschriften und anderen Veröffentlichungen der Freunde in Mexiko und in den USA.

Neben seiner Vortrags- und publizistischen Tätigkeit, neben seinen Analysen und Memoranden für die Sowjetfreunde laufen seine wissenschaftlichen Arbeiten weiter, vor allem seine Arbeit an der „Geschichte der Lage der Arbeiter". Unter den auf englisch erscheinenden Broschüren seien nur zwei erwähnt: „Allies inside Germany", mit einem Vorwort des bekannten Labour-Linken H. N. Brailsford, und „300 000 000 Slaves and Serfs, Labour and the Fascist New Economic Order", die schnell in zweiter Auflage erschien, auch vom amerikanischen Parteiverlag herausgebracht wurde und zu der der Führer der Bergarbeiter Will Lawther ein Vorwort geschrieben, John Heartfield den Umschlag entworfen hatte.

Es ist offenbar, daß eine so vielseitige Tätigkeit sich gut auf die Entwicklung des marxistischen Wissenschaftlers auswirken mußte. Er wurde erzogen durch die Forderungen der Zeit, also durch die Partei in ihren verschiedensten Erscheinungsformen: als Gruppe in der Emigration, als englische Partei, als Genossen in der ganzen Welt verstreut, als Sowjetfreunde. Manchmal glaubt man, Erziehung durch die Partei sei in erster Linie ein pädagogischer Prozeß, wie an einer Schule, mit Beibringen von Wissen, mit Erklären der Lehren der Klassiker des Marxismus-Leninismus, mit Anleitung zur Kritik und Selbstkritik. Natürlich ist sie das auch. Und vielleicht muß sie das in einem sozialistischen Lande sogar in relativ hohem Maße sein. In der kapitalistischen Welt und im Leben von J. K. jedoch spielte die Erziehung durch Forderung – bei der bisweilen keine Hilfe gegeben werden konnte – eine ganz entscheidende Rolle. Wie oft wurde er ins Wasser geworfen und mußte schwimmen lernen – der Klassenkampf erlaubt selten die Anstellung eines Schwimmlehrers.

J. K. meint dazu:

Ich halte diese Art der Erziehung für die beste, die man überhaupt im Klassenkampf erhalten kann, und ich habe sie, abgewandelt, oft auch bei der Erziehung junger Wissenschaftler angewandt. Sie ist nicht die bequemste für den, der erzogen wird – doch wenn sie erfolgreich ist, gibt sie die besten Resultate, stärkt vor allem das Vertrauen in die eigene Kraft und Zuverlässigkeit und hilft der Partei, Kader zu schaffen, die sie, wie man das heute nennt, multivalent, überall, wo „es brennt", oder auf längere Zeit in gleicher Funktion einsetzen kann.

Um den Bericht über die Aktivitäten von J. K. in dieser Zeit abzurunden, muß noch ein Arbeitsgebiet erwähnt werden, das ihm viel Freude gemacht hat, über das er aber selbst berichten soll:

Wann immer nur die Möglichkeit gegeben war, hatte ich in den vorangegangenen fünfzehn Jahren gewerkschaftlich gearbeitet. Nach der Pause durch die Illegalität und die ersten Emigrationsjahre wurde ich am 22. Februar 1941 Mitglied der Association of Scientific Workers. Vom ersten Tage an habe ich mich unter den zumeist fortschrittlich gesinnten Kollegen der Central London Branch wohl gefühlt. Wir standen gut miteinander, und ich beteiligte mich regelmäßig und aktiv an den Versammlungen. Dabei spezialisierte ich mich auch auf die Versammlungsführungsregeln, las sorgfältig die entsprechende Literatur und gewann nach einiger Zeit das Vertrauen meiner Kollegen so weit, daß sie mich Anfang 1942 zum Vorsitzenden der wichtigsten Gruppe, der von Central London, wählten.

Wohl bald danach bildeten wir eine kleine Gruppe zur Diskussion von Gewerkschaftsfragen, und im Januar 1943 veröffentlichten wir eine Broschüre – einen Studienkursus für Wissenschaftler – über „Britisches Gewerkschaftswesen, prepared by J. Kuczynski and a study group of the Central London Branch", die später (1946) auch in Indien herauskam.

Neben meiner Aktivität in der Gewerkschaftsgruppe arbeitete ich im Büro des Gesamtlondoner Distriktkomitees als Mitglied des Rekrutierungskomitees sowie auf nationaler Ebene im Statistic und im Research Committee.

Im Spätsommer 1944 sollte ich als Kandidat für die nationale Exekutive meiner Gewerkschaft aufgestellt werden – mußte aber absagen, da ich statt dessen zur amerikanischen Armee ging.

Bis heute habe ich Kontakt zu meiner alten Gewerkschaft gehalten und bin ihr in dankbarer Erinnerung verbunden. –

In gewisser Weise parallel verlief Marguerites Aktivität bei den Konsumgenossenschaften, der Women's Co-operative Guild, Hampstead Garden Suburb Branch. In ihrer üblichen Zurückhaltung – denn sie war wirklich erfolgreich auch hier – berichtete sie später an die Partei über ihre Tätigkeit:

„Unsere neue Wohnung (South Square) lag in einem Teil Londons, wo nur ganz vereinzelt deutsche ‚Flüchtlinge‘ wohnten. Die Aufgabe, dort in einer englischen Frauenorganisation mitzuarbeiten, fiel mir also fast automatisch zu. Und obwohl offiziell als ‚feindliche Ausländerin‘ registriert, machten es die Regeln der Women's Co-operative Guild einem verhältnismäßig leicht, Mitglied zu werden, vor allem, wenn man der Konsumeinheitsgenossenschaft angehörte (wir waren 1936 beigetreten).

Nicht ganz so einfach war es, das Vertrauen der ein, zwei Dutzend ältlicher Kleinbürgerinnen zu gewinnen, die ziemlich regelmäßig zu den wöchentlichen Zusammenkünften in einem zur örtlichen anglikanischen Kirche gehörenden meeting-house kamen (die restlichen zwei, drei Dutzend erschienen höchstens zur jährlichen Gründungsfeier). Aber nachdem ich mich Anfang 1943 zu einem Referentinnenwettbewerb gemeldet hatte, den die Zentrale Londoner Propaganda-Abteilung für alle Gilden veranstaltete, und trotz* des Themas – Widerstandstätigkeit unter den Frauen in Hitlerdeutschland – gut abschloß, wurde ich in der regulären Wahlversammlung im April 1943 in den Vorstand gewählt und danach mit der Protokollführung beauftragt. Die Einladung zur Teilnahme an einem Ausbildungskursus im ‚Co-operative College‘, die an die erfolgreichen Kandidatinnen im Wettbewerb ergangen war, nahm ich nicht an; diese Schulungen dienten der Heranbildung von Propagandakadern für die der Labour Party affiliierte Co-operative Party. Daß ich von da an auch gelegentlich die Referentin bei unseren wöchentlichen Zusammenkünften machte, versteht sich von selbst.

Ob man nun redete oder eine Funktion hatte oder nur

* Da es kein England betreffendes Thema war.

einfach regelmäßig kam, die Aufgabe war einfach die, sich so zu benehmen und so zu wirken, daß das gewonnene Vertrauen sich, wenn auch in verschwindend bescheidenem Maße, umsetzte in ein Lockern der allgemein mißtrauischen Haltung gegenüber den fortschrittlichen deutschen Flüchtlingen, denn die Haltung dieser Frauen war gegenüber allem, was ihnen, auch im Falle englischer Mitglieder, ‚kommunistisch‘ vorkam, die übliche engstirnige und engherzige. Als einen Erfolg in der Kleinarbeit darf ich es deshalb wohl buchen, wenn sich ein besonders borniertes Vorstandsmitglied veranlaßt fühlte, mir (1. 9. 1944) in einem persönlichen Brief zu schreiben, daß ihre neuerliche Inaktivität ernste gesundheitliche Gründe hätte und sie nicht möchte, daß ich dächte, sie sei ‚vom Wege abgefallen‘.

Bis ich England verließ, wurde ich regelmäßig wiedergewählt, und zum Abschied bekam ich die Nadel der International Co-operative Guilds' Union."

Natürlich war es ein besonderer Triumph für uns, daß eine deutsche Antifaschistin in einem englischen Rednerwettbewerb gewonnen hatte!

1942 schrieb Marguerite auch einen Abschnitt für eine Broschüre, die der Kulturbund damals unter dem Titel „Women under the Swastika" herausgab.

Vielleicht hing es mit der Arbeit in der Konsumgenossenschaft, vielleicht aber auch mit ihrem allgemeinen Gesundheitszustand zusammen, daß sie im Juni 1942 ihre Funktion als Sekretärin des „Kriegshilfskomitees deutscher Flüchtlingsfrauen in Großbritannien" aufgab – eine von vielen Funktionen, die sie, wie manche von uns, hatte.

Bevor wir dieses Kapitel mit der Schilderung eines heftigen politisch wichtigen ideologischen Kampfes abschließen, sei noch eine wichtige Wandlung in der „Schreibweise" von J. K. erwähnt.

Wenn man sich seine Veröffentlichungen von der ersten größeren Buchbesprechung in der „Finanzpolitischen Korrespondenz" bis zu diesem Zeitpunkt ansieht, kann man zwei Etappen unterscheiden. Die erste ist die der „Pseudogelehrsamkeit" in der Sprache, das heißt, auch die vernünftigsten oder einfachsten Gedanken drückte er äußerst „gelehrt", geschwollen, nur für „Eingeweihte", möglichst kompliziert aus. Die zweite begann in Amerika, wo er gezwungen war, in einer Sprache zu schreiben, die er nicht meisterte; jetzt lernte er, sich einfach und klar auszudrücken. Das übertrug sich dann aufs Deutsche insofern, als er alle Allüren der „Gelehrsamkeit" in der Sprache ablegte und in agitatorischen Artikeln einen lebhaften Stil entwickelte, der ihm ganz natürlich kam.

1942 sollte er einen Vortrag über die Verhunzung der deutschen Sprache durch die Faschisten vorbereiten. Je mehr er sich in seine Aufgabe, die ihm zunächst als ein Vortrag wie jeder andere erschien, vertiefte, desto bewußter wurde er sich der sich daraus ergebenden Konsequenz für sich und alle Antifaschisten: der Rettung der deutschen Sprache. Waren die ersten Gedichtbände Bechers in der Emigration gewissermaßen ein literarisches Erlebnis für ihn gewesen, so wurde die Wandlung im Becherschen Gedicht zur einfachen Schönheit jetzt ein großes Beispiel. Hinfort wird er sich bemühen, nicht nur verständlich, sondern auch gut zu schreiben, und die folgenden, vom Kulturbund deutsch veröffentlichten Broschüren sind die ersten Produkte dieser dritten Etappe. Seine Bemühungen hatten später einen solchen „Erfolg", daß Genossen, wenn sie ideologisch nicht mit ihm übereinstimmten, meinten: „Diese Arbeit ist doppelt gefährlich, weil sie so gut geschrieben ist."

J. K. hat dieser Veränderung in seiner Schreibweise große Bedeutung beigemessen. Seitdem meint er, daß es zum marxistischen Gesellschaftswissenschaftler gehört, auch ein Meister der Sprache zu sein. Und zwar aus Verbundenheit zur nationalen Kultur und vor allem aus publizistischen Gründen, um dem Gesagten größere Wirksamkeit zu verleihen – mit welchem Recht konnte er sich dabei auf die Klassiker des Marxismus berufen, auf Marx, Engels und Lenin!

Im Gegensatz zu manchen freundlichen Kritikern meint er von sich, mit wenigen Ausnahmen bestenfalls ordentliches Mittelmaß erreicht zu haben, während im allgemeinen unter dem Mittelmaß geschrieben wird. „In allzu flachen Gegenden erscheint auch ein Hügel als kleiner Berg", zitiert er in solchen Fällen. Als Lehrer war er später immer bemüht, seine Studenten zu einem ordentlichen Stil in der Sprache zu erziehen.

J. K. war stets eng mit der deutschen Kultur und ihrer Tradition verbunden; er liebte sie im wahrsten Sinne des Wortes. Dank seiner Erziehung vereinte er kulturellen und später proletarischen Internationalismus und Liebe zur deutschen Kultur, zu Deutschland als natürlicher Basis seines Denkens und Wirkens, seines Lebens. Nie konnte ihm, der so viele Jahre im Ausland verbracht hatte, der so viele Kulturen freudig und voll Genuß in sich aufgenommen, der Gedanke kommen, nicht „für immer als Deutscher in Deutschland" zu leben. Der Hitlerfaschismus vertiefte dieses nationale Lebensgefühl – und auch das Erlebnis mit der deutschen Sprache im Jahre 1942.

Es kam das Jahr 1943, in dem sich auch unter den deutschen Genossen in England Tendenzen zur, sagen wir, ablehnenden Härte und zur Miserestimmung gegenüber der deutschen Geschichte, ja auch gegenüber der deutschen Arbeiterklasse der Gegenwart zeigten. Man begann Vergangenheit und Gegenwart Deutschlands abzuschreiben, und zwar unduldsam, gefühllos, bitter oder kühl.

„Deutschland muß vernichtet werden", „es gibt keine

‚guten Deutschen' " – lauteten die Parolen der Tories, die vor dem Kriege eine scharfe Antihitlerlinie vertraten und die als Vansittart-Gruppe – ihr offizieller ideologischer Führer war der Sir Robert G. Vansittart – eine immer größere Rolle zu spielen begannen.

Die Stimmung einiger der Partei an sich nahestehender Emigranten gibt der Brief vom 31. Dezember 1943 eines bekannten deutschen Schauspielers wieder, der auch an englischen Theatern Erfolge hatte:

„Lieber Jürgen Kuczynski!

Wir wünschen Ihnen und Ihrer lieben Frau und Ihren Eltern herzlichst ein gutes und produktives neues Jahr. Mit großem Vergnügen denken wir zurück an den bei Ihnen verbrachten Abend und freuen uns auf das Wiedersehen! Wir waren zweieinhalb Wochen im Lake District und genossen wunderbares Ausruhen (nach einem hektischen Jahr).

Hier erhielt ich Ihr Buch ‚Freie Deutsche, damals und heute' und habe es mit größtem Interesse gelesen. Herzlichen Dank! Wir müssen uns bald wieder unterhalten! Ich habe allerdings den Geschmack am ‚Nationalen' verloren! Habe ihn auch nie sehr stark besessen. Ich könnte bestimmt nicht ‚mit Dankbarkeit' Scharnhorsts gedenken und sehe auch nicht, was ein preußischer militärischer Reformer für den Fortschritt der ‚Menschheit' geleistet haben soll.

Hole der Teufel den Nationalismus, einschließlich des deutschen. Mir wird einigermaßen übel, wenn ich sehe, wie wir einem neuen Hexenkessel des Nationalismus entgegentreiben. Jede lausige Nation kräht sich national heiser! Wann erwarten Sie den nächsten Krieg? Ich hoffe, sämtliche Balkanstaaten verleiben sich in die Soviet Union ein – das wäre eine kleine Hilfe! (Natürlich tun sie's nicht – sie sind zu ‚national'.*) Aber der Soviet-Einfluß im Osten wird trotzdem wohltätig sein.

* „Auch die Soviet Union ist erschreckend national geworden."

Aber das ist eine Abschweifung – und ich möchte mich auch nicht weiter im Pessimismus ergehen.

Ich freue mich, Sie und Ihre Frau wiederzusehen.

Herzliche Grüße ..."

Unter den Emigranten der ČSR und Österreichs entwickelte sich eine heftige antideutsche Stimmung. Eine Ausnahme neben dem Literaturkritiker und Dichter Albert Fuchs bildete J. K.s alter Freund Josef Winternitz, der ihm zu seiner Schrift „Über die Unpraktischkeit der deutschen Intellektuellen" schrieb:

„Lieber Jürgen!

Besten Dank für Deine lieben Zeilen. Dein Büchlein hat mir deshalb besonders gut gefallen, weil es der sich bei uns hie und da bemerkbar machenden Tendenz, die deutsche Selbstkritik zur Selbstkastrierung zu erweitern, entgegenwirkt."

Die Broschüre – der Kulturbund hatte sie herausgegeben – wurde nicht nur in dem Organ „Einheit" der deutschsprachigen Tschechen heftig angegriffen, sondern auch von der Leitung der deutschen Gruppe aus dem Verkauf gezogen.

Die Linie der Mehrheit der deutschen Genossen in England wird in dem Leitartikel der Zeitschrift „Freie Tribüne" vom Januar 1945 deutlich, in dem es unter anderem heißt:

„Die Erfahrung in Großbritannien, in den Vereinigten Staaten und nicht zuletzt in der Sowjetunion lehrt, daß es nur durch Mobilisierung aller Kräfte und oft, wie auf dem schwierigen Gebiete der Kohlenförderung, nur durch die Weckung des Enthusiasmus breiter Massen möglich ist, die Kriegsproduktion auf der notwendigen Höhe zu halten. Es ist eine Tatsache, daß sich die deutsche Kriegsproduktion trotz der Luftoffensive der Alliierten, trotz der Transportschwierigkeiten und trotz der Knappheit von Rohstoffen und Arbeitskräften auf einer beträchtlichen Höhe hält, ja, daß die Ruhrkohlenförderung in den letzten Monaten ständig gestiegen ist und weit über dem Vorkriegsstande steht."

Damit sollte „bewiesen" werden, daß das deutsche Volk enthusiastisch hinter Hitler steht. Man verstehe: *enthusiastisch* im Januar 1945!

Und dann heißt es weiter:

„Es gibt, besonders unter deutschen Hitlergegnern in der Emigration, immer wieder Versuche, diese im Verlaufe des Krieges schrecklicher und schrecklicher hervortretende deutsche Wirklichkeit, die Unterstützung des verbrecherischen Hitlerkrieges durch die gewaltige Mehrheit des deutschen Volkes einschließlich der deutschen Arbeiterklasse dadurch zu bemänteln oder gar völlig hinwegzuerklären, daß man sich auf die Helden des illegalen Kampfes gegen Hitler beruft."

Obwohl die Minderheit der Genossen sich mit der Parteiführung in der Sowjetunion einig glaubte – und es auch war –, obwohl die Genossen in Mexiko die gleiche Linie hatten wie sie und obwohl Paul Merker eine öffentliche Polemik mit Wilhelm Koenen begann, gelang es nicht, sich gegen die Kombination der Mehrheit der deutschen Genossen und praktisch der Gesamtheit der österreichischen und deutschsprachigen Genossen aus der ČSR in England durchzusetzen.

J. K. beantwortete am 11. Februar 1945 einen Brief von Paul Merker so:

„Deine Bemerkungen zeigen, daß, wenn Du auch dreitausend Meilen fort bist, so ist Deine taktische Einsicht doch so, als ob Du mit mir im gleichen Raum säßest und die Geschehnisse in einer Entfernung von zehn Zentimetern beobachtet hättest... Diese Genossen haben praktisch alles abgeschrieben, alles, was gut an deutscher Tradition war, darum sind sie über jeden Hinweis darauf böse, alles, was die Opposition in den letzten zwölf Jahren getan hat, darum haben sie keinen Glauben in Aktionen heute und haben aufgegeben, zu solcher Aktion aufzurufen; sie sind kühle Beobachter statt heißer Kämpfer. Die Buchbesprechung (in der „Einheit" – J. K.), die Du erwähnst, war zu ihrer Unterstützung geschrieben, ja die Freunde des Kritikers sind die stärkste Stütze für eine solche Linie. Alle diese Leute betrachten Dich und ‚Freies Deutschland' als Stütze für Illusionen, die gefährlich sind, und als Nationalisten, die nichts aus den Ereignissen der letzten Jahre gelernt haben."

Am 24. März antwortete ihm Paul Merker:

„Mit dem Leitartikel in der Januar-Nummer der ‚Freien Tribüne' und einigen Glossen bin ich durchaus nicht einverstanden. Ich verstehe nicht, wie die Freunde dort so unsinnig schreiben können, ohne daß sich Protest erhebt. Ich schrieb darüber schon an K. B. Auch habe ich eine Bemerkung dazu in der No. 5 des ‚Freien Deutschland' gemacht. In der No. 6 werde ich ausführlich die Frage beantworten, ob die deutsche Arbeiterklasse ‚zu einer der wesentlichsten Stützen des Nazismus herabgesunken ist'."

Man muß über diese Polemik aus zwei Gründen hier ein wenig ausführlicher berichten.

Einmal, weil sie zeigt, wie tief J. K. seinem Lande verhaftet war. Zum anderen, weil sie deutlich macht, daß ihm eine sehr wesentliche Eigenschaft zur Führung fehlte: sich mit einer richtigen Linie gegenüber einer Mehrheit durch kluge Überzeugungsarbeit durchzusetzen.

Natürlich waren die Bedingungen für J. K. schwer. Ganz besonders durch die Unterstützung, die die Mehrheit von den praktisch geschlossen auf ihrer Basis argumentierenden Gruppen aus Österreich und der ČSR erhielt. Und die Freunde in Mexiko waren weit fort. Außerdem hielten sich die englischen Freunde aus dem Streit heraus. Und die Tatsache, daß er auf Grund seiner Haltung im Sommer 1944 nicht wieder in die Leitung der Parteigruppe gewählt worden war, machte die Situation auch nicht leichter.

Doch das darf unser Urteil nicht beeinflussen. Er war zweifellos der Genosse der Minderheit, der die größte Parteierfahrung hatte, er hatte nach Wilhelm Koenen die größte internationale Autorität – und er hatte recht! Trotzdem gelang es ihm nicht, die richtige, nationale, dem Fortschritt gemäße Linie durchzusetzen. Er versagte als führendes Mitglied der Parteigruppe in diesem für die englische Emigration wichtigen Fall.

Für die deutsche Partei als ganze war dieser Meinungsstreit bedeutungslos. Als J. K. im August 1945 in Berlin den Genossen Walter Ulbricht und Wilhelm Pieck darüber berichtete, gaben sie ihm sachlich recht, sie machten ihm auch keine Vorwürfe, daß er sich nicht durchgesetzt hatte. Als die Genossen der englischen Emigration 1947 nach Deutschland zurückkehrten, hatten sie ihre Auffassungen, soweit sie zur Mehrheit gehört hatten, revidiert und standen sofort für wichtige Aufgaben zur Verfügung.

Heute spielt dieser Streit unter den von ihm betroffenen Genossen keine Rolle mehr. Er wurde nur deswegen „aus der Geschichte hervorgeholt", um über die Entwicklung von J. K. zum Kommunisten zu berichten und unser Bild von ihm umfassender zu gestalten.

Kapitel XII Fast General

Das folgende erinnert im Anfang an eine jüdische Geschichte aus dem zaristischen Rußland.

Kosaken kommen in ein Dorf, um für die Armee Zwangsrekrutierungen durchzuführen. Die Bauernsöhne, die nicht zur Zarenarmee wollen, flüchten. Auch ein alter Jude eilt auf der Landstraße fort, wo er nach einigen Kilometern einen anderen alten Juden aus einem Nachbardorf trifft. „Wohin läufst du denn? Was ist denn los?"

fragt ihn dieser. „Bei uns wird rekrutiert. Komm mit mir, weg von hier", keucht jener. „Aber wir sind doch über sechzig", antwortet dieser ganz erstaunt. „Weißt du, ob sie 'nen General brauchen", meint jener.

Im Sommer 1944 hatte J. K. Band drei, Teil zwei seiner „Geschichte der Lage der Arbeiter im Kapitalismus" veröffentlicht: „Deutschland unter dem Faschismus. 1933 bis zur Gegenwart". Damals war das die ausführlichste theoretische, historische und statistische Behandlung der Wirtschaft des Faschismus – nicht nur vom marxistischen Standpunkt, sondern überhaupt. Es war ganz selbstverständlich, daß dieses Buch, gewissermaßen von Amts wegen, auch von den persönlichen Referenten der Minister der alliierten Regierungen sowie den „Intelligenz-Adjutanten" der führenden Militärs gelesen wurde.

Unter dem Datum vom 21. September 1944 erhielt J. K. einen Brief von der „Wirtschaftsführungsabteilung" der amerikanischen Botschaft, in dem man ihn um eine Unterredung bat. Der Brief war, wie sich bald zeigte, auf Veranlassung des United States Strategic Bombing Survey (U.S.S.B.S.) geschrieben worden, der J. K. für seine Untersuchungen der deutschen faschistischen Wirtschaft gewinnen wollte.

Was weiter geschah, soll J. K. selbst berichten:

Nach kurzen Verhandlungen – und nach Rückfrage meinerseits bei der entsprechenden Stelle, die meinen Eintritt in die amerikanische Armee in dieser Funktion für nützlich hielt – erklärte ich mich bereit, beim U.S.S.B.S. zu arbeiten. Das Gehalt, das man mir geboten hatte, entsprach dem eines Brigadegenerals. Da jedoch zwischen dieser Verabredung und meinem „Amtsantritt" eine Gehaltserhöhung in der amerikanischen Armee erfolgte (oder nur beim U.S.S.B.S.?), entsprach mein Gehalt dann nur noch dem eines Oberstleutnants, so daß ich meine militärische Karriere nicht im Generalsrang begann. Diese Degradierung schon vor dem Eintritt ließ sich jedoch ertragen, denn der Oberstleutnant wurde für alle „praktischen Zwecke" wie Messe (for generals and colonels) und so weiter zu den Spitzenoffizieren gezählt. Und meine zwölfjährige Tochter hatte noch Veranlassung zu fragen: „Daddy, wann hast du dich eigentlich heraufgearbeitet?"

Im Londoner Büro des Survey arbeiteten eine Reihe fortschrittlicher Ökonomen – unter anderen Tibor Scitowski, später führender Theoretiker der Welfare Economics in den USA.

(Man muß sich überhaupt klar darüber sein, daß in der Ära Roosevelt eine durchaus beachtliche Anzahl von „Zivilisten in Uniform" fortschrittlich gesinnt, einige auch Kommunisten oder der Partei Nahestehende waren.

Das änderte sich dann relativ schnell unter Truman; einer nach dem anderen der fortschrittlichen Besatzungsoffiziere wurde ausgebootet.)

Wir standen in heftigstem Kampf mit der englischen Bomberstrategie, die von der „Teppichideologie" beherrscht wurde – das Belegen ganzer Städte mit einem Bombenteppich. Der U.S.S.B.S. vertrat die Linie des pin-point bombing: Festlegung eines entscheidenden Teiles eines rüstungswichtigen Betriebes, etwa einer Ölproduktionsanlage, als Bombenziel, das unter ständiger Luftbeobachtung blieb und nach der Reparatur sofort wieder bombardiert wurde. Schließlich „einigte" man sich darauf, daß beide Strategien verfolgt werden sollten. Die sowjetischen Streitkräfte führten überhaupt keine Bombenangriffe solcher Art durch – und mit Recht, denn wie sich später herausstellte, war keine der Strategien erfolgreich, keine störte die Rüstungsproduktion der Faschisten ernstlich.

Die Pin-point-bombing-Strategie erforderte engste Zusammenarbeit mit der Spionage. Die Organization of Strategic Services (O.S.S.) war im gleichen Gebäude wie wir untergebracht. Wegen der Art meiner Arbeit hatte ich zwar sachlich nichts mit ihnen zu tun – meine Aufgabe war, zunächst zu versuchen, Volkseinkommensberechnungen zu machen; später konzentrierte ich mich auf Arbeitskräftebilanzen –, hatte aber Einsicht in all ihre Daten über die faschistische Produktion von Tanks, Flugzeugen und so weiter. Außer uns erhielten diese Zahlen, wie aus dem Verteiler hervorging, nur noch Roosevelt und Eisenhower, Churchill und Ismay.

Unter den O.S.S.-Mitarbeitern lernte ich damals, wenn ich mich recht erinnere, nur Richard Ruggles und einen Norweger namens Ohlin näher kennen. Beide haben durch einfachen gesunden Menschenverstand der Spionage glänzende Dienste geleistet. Ruggles hatte die Idee, die zerschossenen Tanks, die Motoren abgeschossener Flugzeuge und so weiter auf Seriennummern untersuchen zu lassen, die dann in der Tat auch festgestellt wurden. Unter der Voraussetzung, daß keine größeren Lager gehalten wurden, sondern Tanks, Flugzeuge und so weiter sofort zum Einsatz kamen, konnte man auf Grund der jeweils überprüften Nummern eine „Mindestproduktionszahl" errechnen. Spätere Vergleiche der faschistischen Produktionsstatistik mit den Schätzungen von Ruggles ergaben überraschend gute Ergebnisse für ihn. Ruggles wurde dann Professor in Harvard. Ohlin hatte eine noch einfachere Idee. Er überprüfte die Zeitschriften internationaler Organisationen und entdeckte, daß die deutschen Stellen auch während des Krieges – natürlich aus Unachtsamkeit – weiter über Güterzüge und ihre Ladungen an ein Schweizer Organ berichteten, so daß die amerikanische Armee über die wichtigsten Öltransporte bestens unterrichtet war.

Die Arbeit erwies sich als außerordentlich lehrreich für mich und nützlich für uns. Meine (persönliche) Hauptidee war, diese Funktion so zu nutzen, daß ich zu gegebener Zeit schnellstens nach Deutschland zurückkehren und dort für die Partei am Aufbau arbeiten konnte. Die Arbeitsbedingungen waren glänzend, wir erhielten alles nur irgendwie vorhandene Material über die wirtschaftliche Lage in Deutschland, auch das allergeheimste, und zwar sofort, meist vor dem Chef des Geheimdienstes oder Eisenhower.

In die militärische Disziplin fügte ich mich schnell ein. Da ich nichts von Militärangelegenheiten verstand, legte ich großen Wert darauf, wenigstens auf einem Gebiet ein Spezialist zu werden, und da wir selbstverständlich alle Experten in „Bomberstrategie" waren, natürlich auch ich, wählte ich als „mein Spezialgebiet" Protokollfragen. Zunächst setzte ich durch, daß wir als „zivile Militärs" nicht aufzustehen brauchten, wenn ein General den Arbeitsraum betrat, wie das gelegentlich der Brauch war. Meine größte Leistung jedoch erfolgte, das sei vorweggenommen, später, um Paul Baran zu rechtfertigen. Paul, der in der Folgezeit zu einem führenden marxistischen Ökonomen wurde, war damals Feldwebel, schlaksig, klug und schlagfertig. Er stand unter der Brause, als ein General vorbeikam. Paul grüßte nicht, und der General regte sich auf. Frage: Muß man, wenn man „unbekleidet unter der Brause" steht, grüßen? Da ich bereits ein gewisses Ansehen als „Protokollspezialist in militärischen Angelegenheiten" hatte, wurde ich von Paul und anderen „Zivil-Militärs", aber auch von uns nahestehenden „echten Militärs" konsultiert. Mein salomonisches Urteil lautete: „Ist die Brause im Freien, dann hat der unter der Brause Stehende selbstverständlich, mit jedem Glied seines Körpers in strammer Haltung, zu grüßen. Innerhalb eines bedeckten Gebäudes jedoch ist das nicht notwendig." Diese Formulierung wurde dann – leider unter Fortlassung von „mit jedem Glied seines Körpers in strammer Haltung" – von der militärischen Führungsspitze akzeptiert und allgemein in der Luftwaffe (beziehungsweise Armee-Luftwaffe, denn eine reinliche Scheidung gab es damals noch nicht) eingeführt. Sie stellt den einzig wirksamen Einfluß dar, den ich auf die amerikanischen bewaffneten Kräfte gehabt habe. Als ich, gegen Abschluß meines Dienstes, wegen „mutigen Verhaltens und allgemeiner Tüchtigkeit" zum Bronze Star eingereicht wurde und ihn nicht erhielt, schwankten die Freunde in U.S.S.B.S. und O.S.S. zwischen meiner Protokoll-Entscheidung und meinen politischen Ansichten als Begründung für die Ablehnung. Mir war die Ablehnung zunächst natürlich völlig gleichgültig – später tat sie mir leid, da ich so keine Gelegenheit hatte, sie bei der Verschärfung des kalten Krieges zurückzugeben.

Die ersten Monate der Militärzeit in London vergingen in denkbar erfreulicher Weise. Ich wohnte weiter zu Hause, las abends Korrekturen von meiner „Lage der Arbeiter", nahm an dem Manuskript des letzten Bandes (Frankreich), den Marguerite dann herausgab, als ich auf dem Kontinent war, Verbesserungen vor, nutzte meinen Paß für die Economic Advisory Branch des Foreign Office and Ministry of Economic Warfare, um englische Materialien zu studieren, hatte später nichts gegen die Eleganz der Flugwaffenuniform, besonders in der „Paradefassung", kam mir nützlich vor und war es auch, stand außerhalb der elenden Streitereien unserer Parteigruppe in England und in glücklichstem Kontakt mit der englischen Partei, gelegentlich auch mit den sowjetischen Freunden und wartete sehnsüchtig auf die Verlegung auf den Kontinent.

Endlich war es soweit, eine Order vom 27. November autorisierte mich zum Kauf der für den „Dienst auf dem Kontinent notwendigen Uniformteile". Unter dem Datum vom 14. Dezember erhielten Dick Ruggles und ich eine gemeinsame Order, uns ab 15. Dezember zum Flugplatz zu begeben, um nach Paris zu fliegen. Wir waren wohl eine Gruppe von etwa zehn. Auf dem Flugplatz wurde uns erklärt, es sei zu neblig zum Fliegen. Natürlich protestierten wir. Während wir mit dem Kommandierenden Offizier verhandelten, stießen über dem Flugplatz zwei Glider zusammen – ein Argument gegen uns, wie es eindringlicher nicht sein konnte. Am nächsten Tag wieder Nebel, und wieder ließ ein Zusammenstoß in der Luft jedes Argument verstummen. Endlich, am dritten Tag, klärte sich das Wetter auf.

Es war mein erster Flug, und ich war gespannt, wie er sich bei mir auswirken würde. Ich wurde nämlich schon schwindlig, wenn ich vom zweiten Stock eines Hauses heruntersah. Beim Einsteigen war ich der letzte und fand keinen Platz mehr. Der Pilot forderte mich freundlich auf, mir ein anderes Flugzeug zu suchen, da ja infolge des Nebels der Vortage noch mehrere starteten. Nach kurzer Zeit fand ich ein kleines Rotkreuzflugzeug, das in Kisten verpackte Blutspenden an Bord hatte. Als das Flugzeug anrollte, machte ich den Piloten auf die noch offene Tür aufmerksam. „Ach", sagte er, „die habe ich auf dem Hinweg verloren." Mutig, mit geschlossenen Augen, setzte ich mich hinter die Kisten. Und als ich die Augen wieder öffnete, sah ich, ohne schwindlig zu werden, nur Luft durch die Türöffnung. Ich kam wohlbehalten in Paris an und fand meine Einheit noch auf dem Flugplatz.

Die Tage in Paris gestalteten sich zu einem unbeschreiblichen Erlebnis.

Da war als Schönstes natürlich das Wiedersehen mit den deutschen Genossen, die in dem Maquis gekämpft hatten und sich jetzt auf die Rückkehr vorbereiteten. Am häufigsten traf ich mit Edith und Harald Hauser und mit Otto Niebergall zusammen. Florian, wie er damals hieß, war ein Wunder: Jahre hindurch hatte er illegal in Paris gelebt, die wichtigsten Fäden der Parteiarbeit in der Hand gehabt – und konnte am Ende der

Emigration noch nicht einen Satz auf französisch zustande bringen. Edith und Harald hatten sich prächtig bei dem Maquis bewährt (Haralds Vater lebte in der englischen Emigration), beide waren voller Lebens- und Tatenlust und warteten sehnsüchtig auf das Ende des Krieges und die Möglichkeit zurückzukehren. Unendlich viel gab es zu erzählen, Parteigeschichte von fünf Jahren nachzuholen, die Probleme der Gegenwart zu besprechen. Daß ich mit Nahrungsmitteln aus unserer Messe etwas aushelfen konnte, trug natürlich dazu bei, alles fröhlich und gemütlich zu machen.

Anstatt dann weiter, nach Deutschland hinein, zu fahren, mußte J. K. mit seiner Einheit wegen der Ardennenoffensive der Faschisten am 5. Januar 1945 nach London zurückkehren. Es folgten fast zwölf Wochen elenden Wartens, elender Büroarbeit.

Über die Folgezeit soll J. K. wieder direkt berichten:

Meine Reiseorder war vom 27. März datiert. Die militärische Leitung der Gruppe hatte Major Ellis H. Wilner, mittlerer Textilfabrikant aus der Umgebung von New York, ein grundanständiger, bürgerlich liberaler Mann, mit dem ich ausgezeichnet auskam. Während der nächsten Monate waren wir viel zusammen. Wann immer wir Expeditionen machten, leitete ich die Gruppe, während er mir als Militär zur Seite stand und allen militärischen Stellen gegenüber als Verantwortlicher auftrat. Eine selten gute Zusammenarbeit, bei der er im Rahmen des teams stets mein Zweiter war, sich ganz selbstverständlich meinen Anordnungen fügte, wie es in Notzeiten ein guter Org dem Polleiter gegenüber tut. Dem Militär, das unser team im Felde zu unterstützen hatte, trat er mit aller Energie und entsprechenden Hinweisen auf die Bedeutung der Arbeit der „civilians, die ihm anvertraut waren", gegenüber. Wenn er während der folgenden Monate in London zu tun hatte, rief er stets

Marguerite an, brachte ihr Post von mir und mir Nachrichten von ihr. Es war ein ganz großes Glück für mich, ihn an meiner Seite zu haben. Ihm unterstand der Erste Lieutenant Robert C. Stern, ganz prächtig, viel jünger als wir beide, ein guter, zuverlässiger Kamerad auf manchem Abenteuer. Sie waren „meine beiden Militärs" – im Gegensatz zu den Wissenschaftlern des U.S.S.B.S. –, und bessere konnte ich mir nicht wünschen.

Zuerst fuhren wir wieder nach Paris, wo ich die deutschen Freunde traf und mit Edith Hauser in ein Mozart-Konzert ging.

Die Nachrichten in diesen Tagen waren gut. Am 31. März schrieb Marguerite: „Aber was für ein Unterschied diesmal und als Du das letzte Mal weg warst! Damals die Nachrichtensperre nach dem Beginn der Rundstedt-Offensive (in den Ardennen – J. K.). Die Zeitungen berichten heute, daß Heidelberg ganz unbeschädigt ist. Du wirst glücklich darüber sein." Am 10. April schrieb sie: „Erhielt gerade Deinen Brief vom 31. 3./1. 4. mit der Nachricht, daß Du meine Mutter gefunden hast . . . Ich erzählte Peter, daß seine französische Großmutter am Leben ist . . . Gratuliere zum Fall von Königsberg (wegen meines Urgroßvaters – J. K.) . . . Jetzt warte ich auf Bremen, Danzig und Wien."

Am 31. März waren wir, von Paris aus, in Strasbourg eingetroffen. Marguerites Mutter kam gerade vom Einkauf nach Hause, als ich sie überraschte, und wir hatten eine „anregende" Stunde miteinander. Zwei Tage bevor sie abtransportiert werden sollte, war Strasbourg befreit worden; Marguerite selbst hatten die Faschisten das Betreten des Elsaß „auf Lebenszeit" verboten.

Von Strasbourg fuhren wir, wenn ich mich recht erinnere, direkt nach Lindau, wo wir im schönsten Hotel mit einem wundervollen Blick auf den See Quartier nahmen. Ich hatte den zweiten Stock für meine Einheit gewählt, das Hotel selbst war uns vom Ortskommandanten zugewiesen worden. Am nächsten Tag kam ein direkter Befehl von Eisenhowers Hauptquartier, daß wir in die viel vornehmere Beletage umziehen sollten. Mir war völlig unklar, warum das Hauptquartier mitten im Krieg sich darum kümmerte, ob ich im zweiten oder ersten Stock wohnte. Aber schnell klärte sich alles. Der ehemalige Kronprinz war gefangengenommen worden; man wollte ihn „standesgemäß" unterbringen, aber, um sich keinen Vorwürfen auszusetzen, innerhalb des Hauses nicht in der besten Etage. Für vierundzwanzig Stunden hatte ich die Möglichkeit, ihn und seine Umgebung zu beobachten: es lohnte sich nicht, es machte nicht einmal Freude, daß er mich um Zigaretten anbettelte. Ich war froh, als wir am nächsten Tag abzogen.

Am 4. April waren wir, wenn ich mich recht erinnere, in Augsburg, jedenfalls in der Stadt, in der die prominenten Nazis kurzfristig gefangengehalten wurden. Ich konnte mir vorführen lassen, wen ich wollte. Bob Stern schlug mir Göring vor, aber da wir den Befehl hatten, „firm but courteous", fest, aber höflich zu sein, verzichtete ich auf ihn. Dagegen sprach ich mit Funk über die faschistische Wirtschaftsverwaltung. Er war von unterwürfiger Feigheit, behauptete, als Wirtschaftsminister eigentlich nur Klavier gespielt zu haben, vor allem Wagner, und bat mich um eine Hose. Da ich nicht viel Zeit hatte und erkannte, daß in einem kurzen Verhör doch nichts herauskommen würde, verließ ich ihn, als er sabbernd und winselnd seine während der vorangegangenen zwölf Jahre im Grunde „uninteressierte Haltung" zu beteuern begann. Doch ich konnte mir nicht verkneifen, ihm an der Tür noch zu sagen: „Sobald wir Hitler gefangen haben, werde ich ihn fragen, ob das stimmt", worauf er ganz in sich zusammensank.

In der gleichen Stadt machte ich meinen ersten und einzigen Kriegsgefangenen. In einem Park fiel mir ein junges Paar auf, und weil es junge Männer kaum gab, starrte ich die beiden wohl an. Darauf kam die junge Frau auf mich zu und bat mich unter Tränen, ihren Verlobten gefangenzunehmen; er sei gerade aus dem Hospital entlassen und würde sicher als Spion betrachtet werden. Ich schickte die beiden erst noch für eine Stunde nach Hause, damit sie noch eine Stunde nett zusammen wären, und versprach, ihn danach an der gleichen Stelle im Park gefangenzunehmen, was ich dann auch tat. Die Militärs meiner Einheit waren etwas verärgert, weil wir keinen Platz für ihn hatten und es schwer war, eine militärische Stelle zu finden, die ihn als einzelnen aufnehmen würde. Wir gaben ihm ordentlich zu essen, und als wir am nächsten Tag abzogen, hatte Bob Stern ihn anderweitig untergebracht, und ich konnte seiner Braut seine neue Adresse nennen.

Von dort zogen wir über Würzburg nach Heidelberg. Vielleicht aber waren wir schon zuvor in Würzburg gewesen? In jedem Fall kamen wir wenige Tage nach dem furchtbaren Fliegerangriff dorthin. Die Stadt hatte sinnlosen Widerstand geleistet und war ebenso sinnlos zerbombt worden. Der Geruch von Tausenden verbrannter Leichen lag über uns, und ich war froh über die mangelnde Vorstellungskraft des Menschen, wenn ich versuchte, mir sie einzeln, die Kinder und Frauen und alten Leute, in ihrem Leben vorzustellen.

Ganz anders der Eindruck in meiner alten Lieblingsstadt Heidelberg, die, bis auf die Brücken, wirklich fast unzerstört war.

Ich wußte, daß Hermann Schmitz, Chef des I.G. Farben-Trusts, eine Villa in Heidelberg hatte. Wir stellten auch fest, daß er vor dem Einmarsch der Truppen noch dort gewesen war. Ich beschloß, ihn zu verhaften. Major Wilner wollte mich begleiten, aber ich lehnte ab mit der Begründung, ein Major sei ein zu hoher Rang für einen faschistischen Monopolisten. So nahm ich Bob Stern und einen Feldwebel mit.

Ein Hausmädchen öffnete uns die Tür; ihr folgte ein Mann, der sich als Schmitz vorstellte. Wir gingen mit ihm in das Wohnzimmer und nahmen zunächst kurz seine Personalien auf. Dann stellte ich einige Fragen. Sofort begann er zu beteuern, daß er nichts am Kriege verdient und seine Tantiemen für Kriegerwitwen bestimmt gehabt hätte. Als ich nicht antwortete und ihn nur scharf ansah und als er uns dann erklärte, daß er eine ganze Reihe schöner Photoapparate im Hause hätte und ob wir uns nichts aussuchen wollten, befahl ich, der Situation gemäß, wie ich meinte: „Feldwebel, nehmen Sie den Mann fest und übergeben Sie ihn dem Befehlshabenden in Heidelberg als Kriegsverbrecher", was dann auch geschah.

Später, als ich auf dem Auschwitz-Prozeß in Frankfurt am Main als Experte fungierte, erklärte der Naziverteidiger Laternser, daß Schmitz in Würzburg verhaftet worden sei. Es sollte mich nicht verwundern, wenn ihn die Amerikaner in Heidelberg wieder entlassen hätten und er später nochmals verhaftet worden wäre.

Natürlich suchte ich auch alte Bekannte und Freunde auf. Zuerst Jaspers, dessen Frau jüdisch war. Ich traf beide an, sie noch sehr bleich, da sie die vorangegangenen sechs oder acht Wochen in einem Keller bei Freunden gelebt hatte, um nicht noch in letzter Minute umgebracht zu werden. Sie war die Schwester des bekannten Engels- und Lassalle-Forschers Gustav Mayer, der in England lebte, und ich konnte ihr die ersten Lebenszeichen von ihm bringen. Beide steckten voller Pläne, teils realistisch, teils phantastisch, teils rührend. So suchte er zum Beispiel (Anfang April!, noch vor Ende des Krieges) einen Drucker für die Festgabe zu seinem siebzigsten Geburtstag, die nur im Manuskript vorlag, da die Faschisten ihre Veröffentlichung nicht zugelassen hatten. Seine Hauptfrage war: Wann wird die Universität wieder geöffnet?

Von Jaspers ging ich zu Marianne Weber, bei der ich fast ein Vierteljahrhundert zuvor schöne Sonntagnachmittage verlebt hatte. Als sie mich erkannte – nachdem ich ihr meinen Namen genannt, ihr von meinen Besuchen 1923/24 erzählt hatte und die Erinnerung an alte Freunde aus jener Zeit um uns war –, weinte die alte Frau und fragte, wann ich glaubte, daß sie wieder mit ihren Sonntagnachmittagen beginnen könnte, und ob ich „wie üblich gegen vier Uhr" kommen würde. Und dann, sich in Erinnerungen verwirrend an ihren 1919 verstorbenen Mann, den größten deutschen bürgerlichen idealistischen Gesellschaftswissenschaftler unseres Jahrhunderts, sagte sie: „Ach, wenn doch Max noch leben würde! Wie brauchten wir ihn heute!" Wie Jaspers wollte sie mit der Weimarer Republik wieder beginnen.

Ganz anders Alfred Weber, der Bruder von Max. Er war sich völlig klar darüber, daß man ganz neu beginnen müßte, wie er meinte, etwa auf der Basis einer „wirklich energischen Sozialdemokratie". Als ich ihn besuchte, fragte er gleich: „Habe ich Sie nicht einmal aus meinem Seminar hinausgeworfen?", und als ich, gar nicht schuldbewußt, lachend bejahte, vergab er mir sofort und wollte mit mir die Zukunft Deutschlands planen. Seine Vitalität – er fünfundsiebzigjährig, Marianne dreiundsiebzigjährig – war enorm, seine Pläne nicht unrealistisch. Er machte den Eindruck eines Mannes, mit dem wir Kommunisten würden zusammenarbeiten können, ganz anders als Jaspers oder als seine Schwägerin.

Noch einen alten Freund meines Vaters besuchte ich, Siegmund Schott, den Statistiker, der sich so freundlich zu mir in meiner Studentenzeit verhalten hatte. Er war zu seiner Schwägerin Fraenkel gezogen, bei der ich in meiner Studentenzeit gewohnt hatte, und lag auf dem Sterbebett, weinend, teils vor Zorn über die Ereignisse der vorangegangenen zwölf Jahre, teils vor Freude, daß er noch den Untergang des Faschismus erlebte und den

Sohn seines alten Freundes als Bindeglied zu einer für immer verloren geglaubten Vergangenheit wiedersah.

Irgendwo auf unserer Fahrt nach Deutschland, die ich mit meinem team unternahm, stießen wir auch auf eine Organisation des Statistischen Reichsamts, mit Quante, der einmal ein Buch mit meinem Vater zusammen geschrieben hatte, und Langelütke, der später eine größere Rolle in der westdeutschen Statistik spielte. Beide waren „natürlich" Antinazis und konnten sich „nichts Schöneres" vorstellen, als von mir über Statistiken ausgefragt zu werden.

Meine offizielle Aufgabe auf dieser Fahrt durch Deutschland bestand darin, statistische Materialien für den Bericht über die Auswirkungen der Bombardierungen zu sammeln, vor allem auf die Industrieproduktion im Rahmen der allgemeinen wirtschaftlichen Situation. In Saarbrücken oder Saarlouis stießen wir auf unseren ersten großen Fund, die Bibliothek der Handelskammer in einer Notunterkunft. Major Wilner wollte eine Pioniereinheit suchen, um die Räume nach booby-traps – von Bleistiften, die explodierten, wenn man sie berührte, bis zu kleinen „Bomben" in Büchern – untersuchen zu lassen. Da es sich um Bücher handelte und da unsicher war, wann wir Pioniere finden und wie lange wir bleiben würden, lehnte ich jede Verzögerung ab, ließ die Einheit draußen warten und untersuchte die Situation selbst, indem ich aus den Regalen Dutzende von nützlichen Schriften – die seit 1940 vertraulich und dann geheim gewordenen „Statistischen Jahrbücher des Deutschen Reiches", eine Fülle von internen Wirtschaftsmitteilungen und so weiter – nahm und herausbrachte. Später erfuhr ich, daß der gute Major danach einen Bericht über mein „mutiges Verhalten in einer gefährlichen Situation" machte, ohne eine Ahnung davon zu haben, daß mir beim „Erwerb" von Büchern jeder Sinn für Gefahren fehlte, ich also keinen Mut gezeigt hatte.

Dagegen legte ich die größte, bewundernswerteste Beherrschung an den Tag und hatte das Gefühl, alle Orden der Welt verdient zu haben, als meine Einheit in eine Salzhöhle geführt wurde, in der Hunderttausende von Aktenstücken des Geheimen Staatsarchivs lagerten – mein Blick fiel auch auf ein Bündel, in dem sich Akten über Bebel befanden –, und ich nichts an mich nahm, sondern nur den Kommandierenden General auf den unersetzlichen Wert dieses Schatzes aufmerksam machte. Irgendwo im Norden gelang es mir auch, die einzigartige Bibliothek des Kieler Weltwirtschaftsinstituts zu retten. Zufällig nahm ich an einer Besprechung teil, in der man die Meinung vertrat, diese Bibliothek sollte nach den USA übergeführt werden. Mit meinem Argument, die Armee brauche eine solche Bibliothek an Ort und Stelle, konnte ich den Abtransport verhindern. Sie befindet sich zwar heute in der Bundesrepublik, aber so manche Genossen auch aus unserer Republik haben sie seit ihrer Neuaufstellung in Kiel benutzt.

Wenn ich mich recht erinnere, waren wir zumeist eine winzige Erkundungsgruppe: Major Wilner, Bob Stern, ein Feldwebel und ich, die zur Materialsammlung mit einem Jeep nach Gutdünken durchs Land fuhren, bisweilen mit ähnlichen teams des Survey vereint, gewöhnlich jedoch allein. Einmal kamen wir in einer größeren Gruppe nach Frankfurt, um die I.G. Farben-Akten zu beschlagnahmen, die aber schon das Spezialteam einer anderen Gruppe an sich genommen hatte – wie wir damals glaubten, zum Schutz von I.G. Farben beziehungsweise der amerikanischen Chemie-Herren und der Patente wegen; doch tauchten von den Akten dann zahlreiche beim I.G. Farben-Prozeß auf. Wenn wir nach Weimar fuhren, gab es dafür natürlich keinen offiziellen Grund; es „schien" uns nur „auf dem Wege" zu einem mehr Material versprechenden Ort zu liegen, und man konnte ja auch nicht wissen, ob sich dort nicht verlagerte Materialien finden würden; jedenfalls suchten wir nach solchen zwei Tage lang, besonders im Goethe-Stadthaus und an anderen klassischen Stätten, die wir alle relativ unbeschädigt fanden.

Überall versuchte ich Kontakte mit Genossen aufzunehmen, was auch bisweilen gelang. Selten begegnete ich Mißtrauen, denn die Partei hatte in den Jahren 1934 bis 1944 nur relativ wenige Neuaufnahmen gemacht, und die Älteren kannten meinen Namen beziehungsweise verwechselten mich mit meinem Vater. Allgemein habe ich festgestellt, daß die Haltung der Genossen im April und Mai stark sektiererisch war. Erst im Laufe der Zeit, als mehr und mehr Genossen aus den Konzentrationslagern zur Arbeit zurückkehren konnten und als die Linie unserer Partei in der Sowjetischen Besatzungszone auch im Westen an Einfluß gewann, gab sich das Sektierertum ein wenig.

Über diese Reisen durch Deutschland hat J. K. in zwei sehr ausführlichen Berichten an Anna Seghers geschrieben. Sie wurden dann in „Freies Deutschland" in Mexiko veröffentlicht:

Doch hören wir J. K. weiter direkt berichten:

Im United States Strategic Bombing Survey hatte schon in London die Führung gewechselt. An der Spitze standen jetzt: Henry Clay Alexander, später Chef des Morgan-Trusts, mit dem ich wenig zu tun hatte, aber nicht schlecht auskam; Paul Nitze, später führend in der amerikanischen Militär- und Außenpolitik, gelegentlich Minister, mit dem ich recht kühl stand; George Ball, später führend im Außenministerium, mit dem ich so stand wie mit Nitze; und schließlich Ken Galbraith, heute wohl der bekannteste Politökonom der USA, ein Freund des Kennedy-Clans, mit dem ich trotz einer gewissen gegenseitigen Abneigung bald so stand, daß wir uns beim Vornamen nannten. Ein Vierteljahrhundert später, wir hatten seit unserem Ausscheiden aus dem U.S.S.B.S. nichts mehr direkt voneinander gehört, bat ich ihn, sich beim Außenministerium dafür einzusetzen, daß ich ein Visum für die USA erhielte. Er tat es, jedoch vergeblich. Ein brillanter, aber oberflächlicher Denker, mit einem gewissen Charme, der aber nicht ausreichte, um mich bei unseren weiblichen Militärs an die Wand zu drücken. Er meinte: „Jürgen, sie mögen dich nur deswegen mehr, weil sie dein Englisch nicht verstehen", worauf ich antwortete: „Nein, Ken! Sie mögen dich weniger, weil sie dein Englisch nur allzu gut verstehen." Während Alexander, Ball und Nitze uns Wissenschaftlern doch relativ fernstanden und wir nicht häufig mit ihnen zusammensaßen, gehörte Ken Galbraith zu uns – auch wenn er einer des Viererkopfes der Führung war und mit den drei anderen zusammen aß und wohnte.

Ken Galbraith gehörte zu uns: einer Gruppe, die, wohl in der zweiten Hälfte Mai, in Bad Nauheim festes Quartier bezog und den großen Bericht des Survey schrieb – mein Kapitel betraf die Arbeitskräfte. Wir waren ein team wirklich intelligenter Ökonomen – darunter Tibor Scitowski und Paul Baran, von denen schon die Rede war – außerdem Paul Sweezy, nach John Strachey der beste Interpret komplizierter Probleme bei Marx, heute teils chinesisch, teils kubanisch beeinflußt, wohl niemals Parteimitglied – Ernst Schumacher, Schwager von Werner Heisenberg, Sohn von Hermann Schumacher, einem konservativen Kollegen meines Vaters, mit dem dieser öfter Zusammenstöße gehabt hatte: Ernst wurde später erster Wirtschaftsberater des National Coal Board in England – Nicholas Kaldor, ein Ungar, der früh nach England gekommen war, später ein führender Cambridge-post-Keynesianer und enger Berater des Premierministers Wilson – John Kendrick, Burt Klein und Edward Denison, heute angesehene Politökonomen in den USA – und James Cavin vom amerikanischen Landwirtschaftsministerium, mit dem ich persönlich am besten stand, weil er ein grundanständiger Mensch, ohne jeden falschen Ehrgeiz und wirklich bürgerlich-human gesinnt war.

In Nauheim blieben wir bis gegen Ende August, bis zur teilweisen Auflösung beziehungsweise teilweisen Überführung des Survey nach Japan. Man kann sich vorstellen, wie die Mitglieder der Gruppe sich gegenseitig anregten, wieviel wir in vielfacher Beziehung voneinander lernten. Wenn auch nur wenige von uns Marxisten waren, so waren doch alle aufgeschlossen genug, mindestens die Argumente des anderen intelligent bekämpfen zu wollen. Auch persönlich standen wir zumeist gut miteinander, und nachmittags hatten wir oft eine Teestunde, an der einige weibliche Militärs, darunter ein reizender Hauptmann, teilnahmen. Natürlich machten wir keine Rangunterschiede – außer auf der Straße, wo der Feldwebel Baran den General Galbraith, wie wir behaupteten, „smartly grienend" grüßte.

Irgend etwas ist als Bindeglied aus dieser Zeit gemeinsamer Zusammenarbeit uns allen geblieben, denn wann immer ich nach vielen Jahren des kalten Krieges, in denen wir uns nicht gesehen haben, einen alten Mitarbeiter treffe, sind wir, nach einer Sekunde des Zögerns, auf du und du, und da wir alle in der Öffentlichkeit bekannt sind und voneinander wissen, gilt es auch nie eine Brücke zwischen „damals und heute" zu schlagen.

Gelegentlich wurde der Aufenthalt in Nauheim unterbrochen. Mehrmals war ich in London, einmal waren wir in Eisenhowers Hauptquartier bei Paris, wo mir mein einziger „ernster Protokollfehler" unterlief. Alexander hatte eine Mappe im Wagen zurückgelassen und bat mich, sie zu holen. Als ich durch die Tür des Schlosses die Treppe hinunterging, nahmen die Fallschirmspringer – sechs zu jeder Seite der Treppe – mit entsprechend zackigem Getöse stramme Grußhaltung ein. Ich sah mich nach dem General um, der mir offenbar folgen mußte, aber die Zeremonie galt mir, und ich grüßte verspätet zurück.

Im August fuhr ich für ein paar Tage nach Berlin. Sobald ich nur Gelegenheit fand, ging ich zum Zentralkomitee – natürlich in Uniform. Man wollte mich nicht einlassen, bis Richard Gyptner kam, der damals wohl Sekretär des Büros des ZK war. Er brachte mich gleich zu Walter Ulbricht. Obwohl ich meinen Besuch nicht angemeldet hatte, nahm er sich Zeit, und ich mußte lange und oft bis ins kleinste Detail erzählen. Anschließend gingen wir zum Genossen Wilhelm Pieck, wo wir zu dritt weitersprachen. An der Grenze zum Amerikanischen Sektor, wohin mich Walter in seinem Wagen brachte, sagte er: „Komm so schnell wie möglich ohne Uniform zurück." Er erzählte mir nicht, daß der am 27. Juli erlassene Befehl Nr. 17 des Obersten Chefs der Sowjetischen Militärverwaltung und Oberbefehlshabers der sowjetischen Besatzungstruppen in Deutschland mich zum Präsidenten der Zentralverwaltung für Finanzen ernannt hatte. Davon erfuhr ich erst nach meiner Rückkehr in London über den Berliner Rundfunk.

Vielleicht haben wir J. K. zu lang und zum Teil auch zu privat von seiner Militärzeit erzählen lassen, zu viele Erlebnisse persönlicher Art, die nicht unmittelbar mit unserem Thema, seiner Erziehung zum Kommunisten und zum Gesellschaftswissenschaftler, zu tun haben.

Aber es ist sicher erlaubt, ihn am Ende dieses Buches ein wenig umfassender zu zeigen, so etwa auch sein (etwas eitles?) Amüsement, Galbraith bei den weiblichen Militärs „ausgestochen" zu haben, oder seinen ebenso amüsierten und amüsanten Stolz auf seine militärprotokollarischen Leistungen und den nachfolgenden Reinfall im Hauptquartier...

Schlußbetrachtung

So erzogen, so vorbereitet kehrte J. K. im November 1945 nach Deutschland, nach Berlin zurück, um – nach den ersten Bemühungen im April 1945, nach seinen ersten Begegnungen mit deutschen Genossen in Deutschland – „für immer und ohne Unterbrechung" am Aufbau mitzuarbeiten.

Das Leben, die Partei hatten ihn gut vorbereitet. Als Gesellschaftswissenschaftler war er fertig, ausgereift – auch wenn er noch manches dazulernen würde, vor allem als Lehrer und Leiter wissenschaftlicher Institutionen. Als Parteifunktionär wird er noch viele, ganz neue und wichtige Erfahrungen sammeln, seine Leistungen als Parteifunktionär werden immer hinter denen des Wissenschaftlers zurückstehen – und doch hat er schon lange vor 1945 das Höchste erreicht, was ein Genosse erreichen kann: die Partei (und in seinem speziellen Fall auch die KPdSU) hat festes Vertrauen zu ihm, daß er die Aufgaben, die sie ihm stellt, nach besten Kräften und unerschütterlich erfüllen wird. Er ist ein tüchtiger marxistischer Gesellschaftswissenschaftler und ein zuverlässiger, brauchbarer Genosse geworden.

Sein eigener Anteil daran ist nicht allzu groß. Anlage, Familientradition, das moralische Beispiel des Vaters und von Marguerite im persönlichsten Kreis, die Genossen um ihn, Befreundung durch und Freundschaft mit hervorragenden Menschen in der Partei und allgemein in der fortschrittlichen Bewegung, der Einfluß verschiedener großer Kulturen und der Arbeiterbewegung von vier Ländern haben ihn geformt. Viel, unendlich viel Glück, im Sinne von Zufall günstigster Umstände, kam hinzu.

Weder die Zeit noch seine Entwicklung in ihr, sein Verhalten zu ihr können als Beispiel auf junge Genossen, auf junge Wissenschaftler in der Deutschen Demokratischen Republik, die so grundanders ist als die gesellschaftliche Umgebung von J. K. in den hier betrachteten Jahren, wirken.

Doch sein Leben war in vielem typisch für eine Welt, die unsere Vergangenheit ist. Einiges in der Geschichte der Partei, der deutschen Intelligenz, der marxistischen Wissenschaftsentwicklung wird vielleicht verständlicher nach diesem Bericht. Wir besitzen nur allzuwenige solche Berichte, und die Zahl derjenigen, die sie geben können – sie war nie groß, denn die deutsche Wissenschaftlerintelligenz hatte vor 1945 wenige Vertreter in der Partei –, schmilzt schnell dahin.

Ist der Bericht zu unkritisch? Man vergesse nicht: es war nicht unsere Aufgabe, die ganze Persönlichkeit J. K.s einzuschätzen. Dazu interessiert er uns zuwenig. Nur seine Erziehung galt es zu betrachten, die Umstände seiner Erziehung, und auch die nur, soweit sie den Kommunisten und marxistischen Gesellschaftswissenschaftler betrafen. Wenn wir gelegentlich abschweiften oder ihn abschweifen ließen, dann, um ohne Einschätzung bisweilen anzudeuten, wie er privat lebte, ja nicht einmal das, sondern nur, um zu zeigen, daß er auch nach dem Eintritt in die Partei Gelegenheit hatte, nicht oft, bedingt durch die Umstände, nicht viel Raum einnehmend, ein privates Leben zu führen und dieses natürlich nicht als Idylle neben der Partei und der wissenschaftlichen Arbeit.

Vielleicht zum Schluß noch eine naive Frage, die eigentlich gar nicht hierhergehört: War J. K., der soviel völlig unverdientes Glück in der hier betrachteten Zeit gehabt hat, auch ein glücklicher Mensch? Ich glaube, man kann diese Frage voll, uneingeschränkt in dieser Weise bejahen: er war so glücklich, wie es die historischen Umstände nur zuließen.

Nachwort Autobiographien
und was dieses Buch soll

Biographien und Autobiographien reichen in ihren Vorformen und ersten Versuchen weit in die Vergangenheit zurück. Georg Misch hat ein Werk von sieben Bänden mit über dreitausendfünfhundert Seiten geschrieben, um uns eine Geschichte der Autobiographie bis ins ausgehende Mittelalter zu geben.

Doch hatte Francis Bacon wohl ganz recht, als er sich 1605 in seiner Schrift „The Advancement of Learning" darüber beklagte, daß so wenige „Leben" geschrieben würden. Und wer wird nicht A. C. Judson, dem Biographen des Dichters Edmund Spenser, zustimmen, der bedauerte, daß der große Abenteurer und Staatsmann, Wissenschaftler und Flottenführer Walter Raleigh, nachdem die Königin Elisabeth ihn ins Gefängnis geworfen, nicht statt seiner Weltgeschichte eine Autobiographie geschrieben hat. Vielleicht aber wird man auch sagen, daß Raleigh niemals wieder aus dem Gefängnis herausgekommen wäre, wenn er eine Autobiographie geschrieben hätte. Manche Zeiten sind Autobiographien nicht günstig.

Wie immer man aber die Entwicklung von Biographie und Autobiographie beurteilen mag, ihre eigentliche Geschichte als wesentlicher Teil der Kultur, gefertigt nicht von einsamen Einzelgestalten, sondern von einer größeren Anzahl aus verschiedenen Schichten der herrschenden Klassen, beginnt eigentlich erst in der zweiten Hälfte des 18. Jahrhunderts – und zwar sogleich mit je einer klassischen Leistung: Boswells Leben Johnsons als Biographie und Rousseaus „Bekenntnisse" als Autobiographie. In

Deutschland strahlt in der Frühzeit der Autobiographie natürlich Goethes „Dichtung und Wahrheit"; Goethes Überlegungen ebenso wie die Wilhelm von Humboldts über das Wesen der Autobiographie haben bestimmende Bedeutung für so manche Autoren der Folgezeit gehabt.

Was ist der Sinn und Zweck von Biographien und Autobiographien?

Carlyle, der nicht nur selbst Biographien geschrieben hat, sondern auch Objekt einer durch ihren Realismus weltberühmt gewordenen Biographie (von Froude) geworden ist, meint als reiner Idealist, „Geschichte ist Inhalt und Wesen zahlloser Biographien", oder noch zugespitzter: „Die Geschichte der Welt ist nur die Biographie großer Menschen."

Andere, viel bescheidener und bisweilen idyllisch gesinnt, sehen den Sinn einer Autobiographie einfach darin, Menschen, die einem wert gewesen, in der Erinnerung der Nachwelt zu erhalten – Goethe rühmt in einer Besprechung von „Bildnisse jetzt lebender Berliner Gelehrten, mit ihren Selbstbiographien" aus dem Jahre 1806 an Johannes Müller: „Wie liebenswürdig hat er sich schon des großen Vorteils eines Selbstbiographen bedient, daß er gute, wackere, jedoch für die Welt im großen unbedeutende Menschen, als Eltern, Lehrer, Verwandte, Gespielen, namentlich vorführte und sie, als ein vorzüglicher Mensch, ins Gefolge seines bedeutenden Daseins mit aufnahm!"

Wieder andere halten viel vom didaktischen Nutzen einer (Auto)biographie. Oliver Goldsmith schrieb 1762, seinen verkürzten Plutarch einleitend: „Die Biographie... gibt uns eine Möglichkeit, kostenlos und ohne aufdringlich zu werden, Rat zu geben." Und als rund hundert Jahre später Frederick Lawrence eine Biographie von Henry Fielding schrieb, meinte er durch sie zu zeigen, daß „falsch verbrachten Stunden mit Sicherheit als Vergeltung Kummer und Leiden folgten". Nicht ganz unähnlich argumentierte zur gleichen Zeit Ralph Waldo Emerson in den Vereinigten Staaten.

Ganz anderer Art sind (Auto)biographien, die sich zum Ziel setzen, den Menschen in seiner Zeit zu zeigen, ja die vielfach den Menschen dabei so in den Hintergrund treten lassen, daß die Zeitschilderung überwiegt. Wenn Guizot seinen Memoiren den Untertitel gibt „pour servir à l'histoire de mon temps", dann wird der Zweck der Autobiographie, „der Geschichtsschreibung über meine Zeit zu dienen", ganz offenbar. Ohne ausdrücklich so im Titelblatt zu formulieren, war das wohl auch die Absicht Eichendorffs in seiner autobiographischen Studie „Erlebtes". Die berühmten Memoiren seines etwas älteren Zeitgenossen, des Ritters Karl Heinrich von Lang, hatten das gleiche Ziel. Jedoch besteht ein wesentlicher Unterschied zwischen den beiden letztgenannten und Guizot wie zahlreichen anderen Staatsmännern, die ihre Memoiren zu dem Zweck schreiben, ihre Politik und ihr persönliches Verhalten vor der Welt zu rechtfertigen und so selbst ihr Bild in der Geschichtsschreibung zu bestimmen.

Je stärker das mit einer (Auto)biographie verbundene Bedürfnis der Apologetik ist, desto ernster sind im allgemeinen auch die bewußten und unbewußten Verfälschungen. Jedoch darf man nicht glauben, daß nur Apologetik zur Fälschung führt. Bisweilen verführt auch ein kompositorisch-ästhetisches Motiv dazu. So schrieb zum Beispiel der Dichter Thomas Moore ganz offen an seinen Verleger John Murray, daß er in seiner Byron-Biographie die Liebesaffäre mit Angelica aus Reichtum an anderem Liebesmaterial fortgelassen und die mit Margarita zeitlich verlegt habe, da sie mit einer anderen Romanze zusammenfalle und so störe.

Und dann spielt natürlich die Subjektivität sowohl der Erinnerung wie auch des jeweiligen „Zustands" des Verfassers eine große Rolle. In den, wie sie Augustinus nennt, „Gefilden und weiten Hallen" des Gedächtnisses wird gar vieles, was nicht wichtig, aufbewahrt, und so manches von Bedeutung ist verlorengegangen; auch in sehr ehrlichen Biographien ist der Unterschied zwischen Offenheit und Einsicht darum groß. Was aber den wechselnden Standpunkt des Autors betrifft, so war sich Chateaubriand, der mehr als zwei Jahrzehnte hindurch an seinen „Erinnerungen von jenseits des Grabes" schrieb, dessen so bewußt, daß er einzelne Abschnitte mit Vorbemerkungen versah, aus denen der Leser den jeweiligen „Lebenszustand", in dem er gerade schrieb, erkennen soll.

Auch Goethe wählte zum Teil aus diesem Grunde den Titel „Dichtung und Wahrheit" für seine Autobiographie. Er hat sich viel mit dem Problem der Wahrheit in der Autobiographie beschäftigt. Als er an die Ausarbeitung seiner Lebensdarstellung ging (die erste Erwähnung der Arbeit datiert vom 3. Oktober 1809), notierte er (Annalen 1809) den „Entschluß, gegen sich und andere aufrichtig zu sein und sich der Wahrheit möglichst zu nähern, insoweit die Erinnerung nur immer dazu behilflich sein wollte". Zwei Jahre später jedoch bemerkte er (Annalen 1811): „In diesem Sinne nannt' ich bescheiden genug ein solches mit sorgfältiger Treue behandeltes Werk Wahrheit und Dichtung, innigst überzeugt, daß der Mensch der Gegenwart ja viel mehr noch in der Erinnerung die Außenwelt nach seinen Eigenheiten bildend modele." Und fast zwanzig Jahre später, am 15. Februar 1830, kommt Goethe noch einmal in einem Brief an Zelter auf diese Problematik zurück: „Was den freilich einigermaßen paradoxen Titel der Vertraulichkeiten aus meinem Leben: Wahrheit und Dichtung betrifft, so ward derselbe durch die Erfahrung veranlaßt, daß das Publikum immer an der Wahrhaftigkeit solcher biographischer Versuche einigen Zweifel hege. Diesem zu begegnen, bekannte ich mich zu einer Art Fiktion, gewisser-

maßen ohne Not, durch einen gewissen Widerspruchs-
geist getrieben; denn es war mein ernstestes Bestreben,
das eigentliche Grundwahre, das, insofern ich es einsah,
in meinem Leben obgewaltet hatte, möglichst darzustellen
und auszudrücken. Wenn aber ein solches in späteren
Jahren nicht möglich ist, ohne die Rückerinnerung und
also die Einbildungskraft wirken zu lassen, und man also
immer in den Fall kommt, gewissermaßen das dichte-
rische Vermögen auszuüben, so ist es klar, daß man mehr
die Resultate und wie wir uns das Vergangene jetzt
denken, als die Einzelheiten, wie sie sich damals ereig-
neten, aufstellen und hervorheben werde. Bringt ja selbst
die gemeinste Chronik notwendig etwas von dem Geiste
der Zeit mit, in der sie geschrieben wurde ... Ja, ein be-
deutendes Ereignis wird man, in derselben Stadt, abends
anders als am Morgen erzählen hören. Dieses alles, was
dem Erzählenden und der Erzählung angehört, habe ich
hier unter dem Worte: Dichtung begriffen, um mich des
Wahren, dessen ich mir bewußt war, zu meinem Zweck
bedienen zu können."

Wilhelm von Humboldt äußert sich in einem der letzten seiner „Briefe an eine Freundin" (150. Brief vom
Januar 1835) sehr skeptisch über die Wahrheitsmöglich-
keit der Selbsterkenntnis: „Ich halte die Selbsterkenntnis
für schwierig und selten, die Selbsttäuschung dagegen für
sehr leicht und gewöhnlich." Das bedeutet natürlich
nicht, daß Humboldt dem Autobiographen das Wahr-
heitsstreben im allgemeinen abspricht; er bezweifelt nur
dessen Vermögen, wahr zu sein, wenn es sich um ihn
selbst handelt.

Und ich glaube, daß Humboldt recht hat, wenn es
sich um Autobiographien handelt, die die „eigene Seele"
untersuchenden Charakter tragen. Diese sind natürlich
zu unterscheiden von solchen, deren Zweck eine Art
Selbstbesinnung sein soll, wie sie etwa H. G. Wells in
seinem „Experiment in Autobiography" versucht hat, an

dessen Schluß er bemerkt, daß dies Experiment ihm „die eigentliche Bedeutungslosigkeit der persönlichen Ärgernisse und Verworrenheiten der Vergangenheit" gegenüber dem „Zustand der Welt von heute" aufgezeigt habe. Gegen Versuche jedoch, zum Hauptthema einer Autobiographie das Ich in seinen „tiefsten Tiefen allseitig in allen seinen Regungen" zu erheben, sollte sich nicht nur der Zweifel an der Wahrheit der Aussage, sondern auch eine gesunde Scheu, so viel Überheblichkeit zu zeigen, wenden. Wie schön ist eine Einschätzung Roy Pascals (in seiner Untersuchung „Die Autobiographie") der „Erinnerungen aus dem äußern Leben" von Ernst Moritz Arndt, die lautet: „Er war ein zu bescheidener Mensch, um tief in sein Inneres zu dringen." Und wenn man nicht bescheiden genug ist, dann soll man wenigstens genügend Interesselosigkeit für „sein Inneres" aufbringen, um die Welt nicht damit zu langweilen.

Das heißt nicht, daß man nicht, wenn man eine große Gestalt ist, wie Petrarca seinen „Brief an die Nachwelt" beginnen darf: „Vielleicht möchtest Du wissen, was für ein Mensch ich war und wie es meinen Werken ergangen" – ja, das möchten wir durchaus wissen – besonders, „wenn", wie Goethe in seiner Winckelmann-Studie sagt, „die gesunde Natur des Menschen als ein Ganzes wirkt, wenn er sich in der Welt als in einem großen, schönen, würdigen und werten Ganzen fühlt" – so wie es heute „trotz alledem" ein Sozialist tun soll. Und auch der Weg zu solchem Wirken und Fühlen ist uns bedeutsam – sei es in der Autobiographie von J. S. Mill oder von C. G. Carus.

Die „Memoiren" haben sich natürlich ein viel bescheideneres Ziel gestellt: die Person von Jürgen Kuczynski ist viel zu uninteressant – Gott sei Dank auch für ihn selbst –, um zum Gegenstand einer „umfassenden" Lebensbeschreibung gemacht zu werden.

Doch schon zu Beginn des 19. Jahrhunderts beschäftigten sich Coleridge und Hazlitt in England mit dem Problem der geistigen Arbeit, und wenn diese Problematik in Biographien und Autobiographien auch bald wieder ziemlich vergessen wurde, ist sie nie ganz verschwunden, und gerade heute, eine Zeit, in der die Wissenschaft von der Wissenschaft sich so stark entwickelt, wird der Versuch der Schilderung des Werdens eines Gesellschaftswissenschaftlers auf Interesse stoßen. Und wenn der gleiche Mensch auch zum Kommunisten wurde, ja wenn das eine und das andere sich im Laufe der Zeit unauflöslich miteinander verflicht, wenn es sich um den Prozeß der Entwicklung zum marxistischen Wissenschaftler handelt und wenn dieser Prozeß in die Zeit härtester Klassenkämpfe unter den Bedingungen des Kapitalismus fällt, dann mag die in ihrer Thematik zwar beschränkte, aber doch von an sich Wichtigem handelnde Autobiographie wohl gerade für die Generationen in unserer Republik, die erst seit 1945 ein bewußtes Leben führen, nicht wertlos sein.

Wenn ich mich dabei nicht ganz streng an die Thematik gehalten habe, so, weil das Leben von Jürgen Kuczynski bisweilen in Berührung mit führenden Gestalten seiner Zeit verlief und der Leser es mit Recht als peinlich empfunden hätte, wenn nur von ihrem Einfluß auf J. K. die Rede gewesen und nicht auch einiges über sie selbst gesagt worden wäre, soweit J. K. einen Eindruck von ihnen gewinnen konnte. Dagegen werden, um nicht zu verwirren, die politischen Ereignisse, soweit das noch möglich ist, so gesehen, wie sie J. K. jeweils zu ihrer Zeit erlebte, denn es kam nicht darauf an, Geschichte zu schreiben, sondern das politische Werden von J. K. unter dem Einfluß der Ereignisse zu schildern. Wenn er heute manches nicht so naiv und unkritisch sieht wie in der Vergangenheit, wird und darf sein gegenwärtiges Urteil die Schilderung nicht verwirren – was natürlich einen

begleitenden Kommentar aus heutiger Sicht nicht ver-
bietet.

Noch ein Wort zum Problem der Erinnerung, des Gedächtnisses. Wie jeder Mensch erinnere ich mich „ganz
genau" an zahlreiche Szenen und Dinge, die entweder
ganz anders oder überhaupt nicht stattgefunden haben.
Ich besinne mich zum Beispiel, daß ich einer meiner
Schwestern zu ihrer silbernen Hochzeit schrieb, wie genau
ich mich an die silberne Hochzeit der Eltern erinnerte,
als es eine Bowle aus Sekt und Walderdbeeren gab –
fügte dann aber selbstkritisch hinzu: „Merkwürdig diese
Erinnerung, da das Datum doch der 1. Dezember war"
– wozu die Genossin Kuczynski noch eine Fußnote
machte: „Noch merkwürdiger diese Erinnerung, da wir
damals doch in Amerika, also gar nicht anwesend waren."
Zum Glück habe ich durch eine Reihe von Zufällen fast
alle meine wissenschaftlichen Arbeiten sowie zahlreiche
persönliche Dokumente in meinem Besitz erhalten können, so daß ich mich in diesem Buch nicht auf Erinnerungen zu verlassen brauchte, auch wenn ich seit Herbst
1926 kein Tagebuch mehr geführt habe.

Wenn aus diesen Dokumenten gelegentlich Briefe zitiert wurden, so weiß ich, daß ich gegen Goethes Rat-
schlag handelte, der (in einem Brief vom 3. Februar 1826
an C. M. Engelhardt) meinte, daß die Darstellung
durch Briefe, die er „eingestreute unzusammenhängende
Wirklichkeiten" nennt, gestört würde; ich habe jedoch die
Briefe nur in engstem Zusammenhang mit dem jeweils
Darzustellenden zitiert, niemals um ihrer selbst willen,
und hoffe so, nachträglich, die Verzeihung unseres größten Autobiographen zu erhalten.

Jürgen Kuczynski

Berlin-Weißensee, 9. Januar 1971
Parkstraße 94

Nachwort zur zweiten Auflage

Viele schöne Briefe habe ich zu den „Memoiren" von alten und jungen Menschen aus unserer Republik wie aus dem Ausland erhalten.

Besondere Freude machten Briefe, in denen mir ganz unbekannte, jüngere Genossen schrieben, daß die „Memoiren" ihnen „Auftrieb für die Arbeit" gegeben, „die Partei vor 1945 nahegebracht" oder „Mut zum eigenen Nachdenken" gemacht hätten.

Einer unserer besten jüngeren Gesellschaftswissenschaftler, deren Generation jetzt in leitende Funktionen hineinwächst, schrieb:

„Dir ist mit Deinen Memoiren etwas ganz Seltenes gelungen. Du gibst nicht nur Einblick in Werden und Bewähren einer ganzen Generation marxistischer Gesellschaftswissenschaftler, sondern, was ich noch für viel wichtiger halte, Du zeigst, wie man an sich arbeiten muß, um im Klassenkampf unserer Zeit bestehen zu können.

Ich meine, geradé für die kommunistische Erziehung der heranwachsenden Generation unserer Wissenschaft sind die subjektiven Erfahrungen Deiner Generation, sind der Optimismus und die Parteilichkeit, die Deine Memoiren ausstrahlen, genau so wichtig wie die Sensibilität und die Kompromißlosigkeit, mit der Du über viele Deiner Freunde, Mitkämpfer und Feinde zu berichten weißt."

Ganz offen muß ich gestehen, daß ich, als ich die „Memoiren" schrieb, vielmehr daran gedacht hatte, den Jüngeren heute sowie künftigen Generationen die „alte Zeit" näher zu bringen, ihnen zu zeigen, wie einer damals Wissenschaftler und Genosse wurde, wie wir damals kämpften und in der Wissenschaft arbeiteten – natürlich auch mit dem Gedanken, daß vielleicht dieses und jenes heute noch als nützlich übernommen werden könnte. Wie überrascht und froh war ich, als ich erkannte, daß die Hauptwirkung der „Memoiren" eine viel aktuellere, unmittelbarere, in das heutige Leben der Leser eingreifende ist. Vielleicht wäre es auch gar nicht gut gewesen, wenn ich eine solche Wirkung bewußt hätte hervorrufen wollen, denn nur ganz Große wären in der Lage gewesen, mit der Zielrichtung solcher Wirkung zu schreiben, ohne daß die „pädagogische Absicht" allzu bemerkbar gewesen wäre. Einfache Talente dagegen können bisweilen hier mehr geben, wenn sie unbewußt wirken.

Wenn darum die Memoiren nützlich sind in dem Sinne, wie sie ein sozialdemokratischer Marx-Forscher aus der BRD in einem freundlichen Brief charakterisierte: „alles in allem ein lebendig dargestelltes Stück Zeitgeschichte, eine bedeutende Wissenschaftler-Biographie und der erste kommunistische Erziehungsroman in deutscher Sprache (jedenfalls für mich)", wenn sie sich nicht nur allgemein im (historischen) Bildungsprozeß, sondern ganz unmittelbar im sozialistischen Erziehungsprozeß unserer Jugend heute, insbesondere unserer jungen Wissenschaftler, als brauchbar erweisen, dann erfüllt mich das natürlich mit um so größerer Freude.

Bisweilen hatte ich mich bei dem Schreiben des Manuskripts gefragt, ob ich nicht zu viel für den Nicht-Wirtschaftswissenschaftler auf Spezialprobleme, an denen ich gearbeitet habe, eingegangen bin. Hier gab es auch einige Beanstandungen, während andere Leser im Gegenteil, wie einer es ausdrückte, meinten: „spannend auch für Nicht-Ökonomen bei den wissenschaftlichen Passagen".

Viele alte Genossen schrieben mir – zum Teil mit eigenen Erinnerungen. So eine Genossin:

„Sehr schön Deine Schilderung von der Pünktlichkeit unseres Genossen Wilhelm Pieck. Auch für uns Mitarbeiter im ZK war diese Pünktlichkeit sprichwörtlich geworden. Sein Auto fuhr täglich punkt 9^{00} in den Hof. Man konnte seine Uhr danach stellen.

Als ich Anfang 1946, noch im ZK der KPD in der Wallstraße, mit einem Schriftstück in sein Zimmer kam, stand er auf dem Tisch und schlug einen Nagel in die Wand, um ein Bild aufzuhängen. ‚Aber Genosse Pieck, das kann doch ein Hausmeister machen‘, sagte ich erschrocken, denn ein Jüngling war Wilhelm damals auch nicht mehr. ‚Noch schöner. Bin ja Tischler‘, sagte er und hämmerte weiter.“

Ein alter österreichischer Genosse schrieb mir rückblickend: „Unter den Genossen, von denen Du schreibst, gibt es so viele, die mir so lieb waren wie Dir. Wenn ich an Egonek (Kisch – J. K.) denke, dem ich mit 19 Jahren eine Standpredigt gehalten habe, als er von uns weg als Lokalredakteur zur Wiener ‚Zeit‘ ging. Er bemerkte damals, daß er Kommunist bleiben werde, und ich sagte ihm mit meiner jugendlichen Unduldsamkeit, daß viele Renegaten sich mit solchen Erklärungen aus dem Staub gemacht haben. Immer, wenn wir uns gesehen haben, hat er mich daran erinnert. In Wien, in Versailles, in London, in Moskau.“

Besondere Freude machten mir zwei Briefe. Der eine von einem englischen Genossen, der mir folgenden Generation angehörig und seit über einem Vierteljahrhundert Parteimitglied. Er schrieb: „Wie oft war ich in den letzten zehn Jahren mit diesem und jenem in der Sowjetunion unzufrieden. Aber Ihre ‚Memoiren‘ haben meinen Blick wieder auf das Entscheidende gelenkt, und dafür danke ich Ihnen.“

Der andere Brief kam von einem alten Genossen aus der Sowjetunion, der schon im Bürgerkrieg gegen „Weiße“ und Interventen gekämpft hatte. Von einem anderen geschrieben, hätte ich ihn nicht zitiert, aber von einem so alten und verdienten Genossen, der wie ich heute im achten Jahrzehnt steht, und der der Sowjetmacht weit mehr als ein halbes Jahrhundert, so ganz ihr ergeben, gedient hat, kommend, sei er, nicht zum wenigsten als Zeugnis persönlicher Freundschaft alter Genossen in der Sowjetunion und der Deutschen Demokratischen Republik, teilweise wiedergegeben: „Immer habe ich vor Deiner ganzen Tätigkeit eine hohe Achtung gehabt, immer war ich stolz, daß ich zu einem Deiner Freunde geworden bin. Aber jetzt, wo ich Deine Memoiren mit spannendem Interesse und sogar Aufregung gelesen und wieder gelesen habe, weiß ich nicht, wie ich meine Gefühle ausdrücken kann. Wie richtig war es, daß Du ‚Die Erziehung des J. K. zum Kommunisten und Wissenschaftler‘ geschrieben hast: Ja! so muß und soll ein echter Kommunist und fortschrittlicher Wissenschaftler sein und nicht nur mit seinen Erfolgen auf dem Gebiet der politischen Tätigkeit und wissenschaftlichen Forschungen, sondern in seiner ganzen gesellschaftlichen Haltung und im Stil des Lebens. Ich könnte noch vieles, vieles sagen, aber ein zu großes Pathos gegenüber einem Genossen und Freund hat auch etwas Unpassendes."

Ich habe in meinen „Memoiren" viel von meinem „Glück" im Leben gesprochen. Zu diesem „Glück" gehören auch so manche gute Freundschaften mit alten Genossen in der Sowjetunion, gehört auch dieser Brief.

Interessant für den Leser sind vielleicht auch die folgenden zwei Reaktionen aus der Presse der BRD.

Die reaktionäre westdeutsche „Frankfurter Allgemeine Zeitung" vom 19. Oktober 1973 zeigt ihre unglaubliche Unfähigkeit, auch nur einen Hauch unserer Verhältnisse zu begreifen, wenn sie behauptet, daß J. K. seine „Position im Sozialismus" „seinem Geld" verdankt. Die Besprechung ist keineswegs bösartig gegen die Person von

J. K. gerichtet, im Gegenteil, es wird ihm sogar bescheinigt, daß die „Memoiren weithin aufregend-amüsant" sind. Aber der ganze Artikel trieft von Feindschaft gegen uns – und diese Feindschaft wird, wie schon dargelegt, nur noch übertroffen von der absoluten, wirklich absoluten Unkenntnis der Verhältnisse bei uns, zu der natürlich noch bewußte Verleumdungen unserer Partei und unseres Staates, des Sozialismus überhaupt, kommen.

Anders die bei weitem nicht so reaktionäre, ja bisweilen auch fortschrittlichen Schriftstellern offene, „Frankfurter Rundschau" (17. November 1973), in der der relativ linke Sozialdemokrat Walter Fabian unter der Überschrift „Ein erstaunlich naiver Kommunist" eine Besprechung schrieb. Die Naivität Kuczynskis besteht darin, daß er „so viel kritiklose jeweilige Linientreue" gezeigt, das heißt mit richtigen Worten: stets treu zur Sowjetunion und zu seiner Partei gestanden hat, schließlich das Minimum, was man von einem Kommunisten erwarten muß. Im übrigen findet Fabian die „Memoiren" ein „pedantisch-trockenes Erinnerungsbuch".

Erstaunlich, was sich ja so oft in der Geschichte gezeigt hat, wie weit überlegen der Feind dem so oft nur ständig nörgelnden und sich an Kleinigkeiten reibenden „linken Bürger", auch wenn er Mitglied der SPD, in der Taktik und Strategie des Klassenkampfes ist. Der Feind greift den Kommunismus an und ist, wenn es ihm taktisch richtig erscheint, sogar bereit, bei dem einzelnen Kommunisten „positive Züge" anzuerkennen. Bereit sogar, den einzelnen Kommunisten zu loben, um ihn und seine Mitstreiter zu verunsichern. Eine alte Genossin, die die Besprechung in der „Frankfurter Allgemeinen Zeitung" gelesen hatte, sagte mir: „Jürgen, denke an Bebel" und meinte damit, daß Bebel gesagt hatte, wenn ihn der Feind lobe, dann wisse er, Bebel, daß er etwas falsch gemacht habe. Ich sagte ihr: „Meinst du nicht, daß der Feind nicht auch diesen Spruch von Bebel gelesen und daraus taktische Konsequenzen im Klassenkampf gegen uns gezogen hat?"

Der „linke Bürger" aber greift oft den einzelnen Kommunisten an und dann erst über ihn die Kommunistische Partei und insbesondere die Sowjetunion. So erscheint sein Angriff viel kleinlicher, ohne daß er aber dadurch weniger übel gemeint ist.

Es ist notwendig, in diesem kurzen Nachwort noch auf zwei kritische Bemerkungen zu den Memoiren einzugehen.

Doch bevor ich mich mit ihnen befasse, möchte ich noch den Anfang eines kritischen Briefes zitieren (auf dessen Inhalt ich hier nicht eingehen kann), ganz einfach, weil seine ersten Worte so prächtig sind – er ist noch auf dem Krankenbett geschrieben und stammt von einer großartigen alten Genossin, die ich sehr verehre:

„Lieber Jürgen, da ich gerade einen Herzinfarkt überstanden habe, können mir Deine Memoiren auch nicht mehr schaden... Ich hatte eine Freundin, die nicht so unsterblich war wie ich..."

Die erste der beiden folgenden Kritiken nehme ich sofort an. Sie stammt von meinem alten Genossen Willi Schütt und bezieht sich auf meine Darstellung der Verhältnisse im Lager in England (S. 360 ff.). Er macht mich mit Recht darauf aufmerksam, daß unter den Seeleuten von gekaperten Schiffen sich auch Genossen – Willi Schütt und Herbert Sielaff – sowie Antifaschisten befanden, die gute Aufklärungsarbeit unter den Nazis leisteten. Auf S. 364 schrieb ich ja, daß meine Briefe an die Genossin Kuczynski aus dem Lager mit Ausnahme des letzten verlorengegangen sind; andernfalls hätte ich bestimmt irgendeine Andeutung darüber in ihnen gefunden und nicht diese wirkliche Unterlassungssünde begangen. Willi hat unrecht, wenn er schreibt „Alter J. K., Dein Gedächtnis läßt nach"; es war niemals besonders gut, weshalb ich ja auch die Memoiren nur schreiben konnte, weil mir soviel „Material" aus der alten Zeit erhalten geblieben war.

Die zweite Kritik bezieht sich auf meine Darstellung der „Linie der Mehrheit der Genossen in England" 1944 und 1945 auf den Seiten 395 bis 398. Eine Reihe von Genossen dieser Mehrheit meinen, ich hätte eine falsche Darstellung ihres Standpunktes gegeben, während andere Genossen, die zum größten Teil der Minderheit angehörten und meinen damaligen Standpunkt teilten, der Meinung sind, ich wäre „viel zu vornehm und zurückhaltend" in meiner Darstellung des Standpunktes der Mehrheit gewesen. Es kann hier nicht meine Aufgabe sein, einen alten Meinungsstreit in der Emigration ausführlich zu wiederholen. Aber ich halte es für meine Pflicht, den Leser darauf aufmerksam zu machen, daß Genossen der damaligen Mehrheit nicht mit meiner Darstellung, die ich auch heute noch für richtig halte, einverstanden sind.

Ende Dezember 1974   *Jürgen Kuczynski*

Zur dritten Auflage

Die dritte Auflage enthält das in der zweiten Auflage versprochene Namensregister.

J. K.

Namensregister
von Marguerite Kuczynski

435

Inhalt